LUGAR DE MULHER É NO TOPO DO MUNDO

PRESIDENTE DO CONSELHO
Maurício Sita

PRESIDENTE
Alessandra Ksenhuck

VICE-PRESIDENTES
Claudia Pires
Julyana Rosa

DIRETORA DE PROJETOS
Gleide Santos

CONSULTORA DE PROJETOS
Daiane Almeida

COORDENADORA EDITORIAL
Amanda Moura

EDITOR
Enrico Giglio de Oliveira

ASSISTENTES EDITORIAIS
Júlia Almeida e Lui Navarro

REVISORES
Angélica Mendonça, Daniela Braz, Luísa Bérgami e Sérgio Ricardo

CAPA
Cláudia Santana e Gabriel Uchima

PROJETO GRÁFICO
Gabriel Uchima

DIAGRAMAÇÃO
Ana Paula Nunes Medeiros

IMPRESSÃO
Printi'

Dados Internacionais de Catalogação na Publicação (CIP)
(Câmara Brasileira do Livro, SP, Brasil)

Lugar de mulher é no topo do mundo / [organização Naile Mamede]. -- São Paulo : Literare Books International, 2024.

Várias autoras.
Bibliografia
ISBN 978-65-5922-957-4

1. Coletânea - Miscelânea 2. Empreendedorismo 3. Empresárias - Biografia 4. Mulheres - História de vida I. Mamede, Naile.

24-226699 CDD-305.409

Índices para catálogo sistemático:

1. Mulheres : História : Relatos 305.409

Eliete Marques da Silva - Bibliotecária - CRB-8/9380

LITERARE BOOKS INTERNATIONAL LTDA.
Alameda dos Guatás, 102
Vila da Saúde — São Paulo, SP. CEP 04053-040
+55 11 2659-0968 | www.literarebooks.com.br
contato@literarebooks.com.br

MISTO
Papel | Apoiando o manejo florestal responsável
FSC® C196274

COORDENAÇÃO EDITORIAL

NAÍLE MAMEDE

LUGAR DE MULHER É NO TOPO DO MUNDO

EDIÇÃO PREMIUM

Instituto Amaaada

Grupo Mulheres do Brasil

Literare Books International
BRASIL · EUROPA · USA · JAPÃO

SUMÁRIO

PREFÁCIO

É professor emérito das universidades Mackenzie, Unip, Unifieo, FMU, do CIEE-SP, das Escolas de Comando e Estado-Maior do Exército - ECEME, Superior de Guerra - ESG e da Magistratura do Tribunal Regional Federal – 1ª Região. Também é professor honorário das universidades Austral (Argentina), San Martín de Porres (Peru) e Vasili Goldis (Romênia). Recebeu o mérito de doutor *Honoris Causa* das universidades de Craiova (Romênia) e das PUCs-Paraná e Rio Grande do Sul, além de ser catedrático da Universidade do Minho (Portugal); presidente do Conselho Superior de Direito da Fecomercio-SP; ex-presidente da Academia Paulista de Letras - APL e do Instituto dos Advogados de São Paulo - IASP.

IVES GANDRA DA SILVA MARTINS

Naíle Mamede é uma mulher que, nos velhos tempos da revista *Seleções de Reader's Digest*, mereceria uma lembrança na seção "Meu tipo inesquecível". É uma lutadora e vencedora.

O livro que coordena com a participação de uma plêiade de autores de ambos os sexos, intitulado *Lugar de mulher é no topo do mundo*, reveste-se de clara demonstração do que ela representa.

Eu, pessoalmente, aos 89 anos, continuo sendo um feminista contrário ao feminismo. Sou contrário à teoria que pretende igualar o direito das mulheres à promiscuidade que, não poucas vezes, caracterizou a presença do homem no mundo, reduzindo o seu nível moral. Mas sou favorável ao feminismo que pretende trazer o homem a igualar-se ao nível moral que caracterizou o papel da esmagadora maioria das mulheres na História, elevando-o ao seu nível de integridade.

Não sem razão, o ser humano mais perfeito da história humana foi uma mulher, a Virgem Maria, que poucos anos após a morte de seu filho Jesus, na linda oração do *Magnificat,* dizia: "Exulta, ó minh'alma, no Senhor meu Deus, porque o Todo-Poderoso fez em mim maravilhas. Santo é o Seu nome".

Talvez por ter sido casado com uma santa, mulher amada, esposa carinhosa, mãe dedicada, avó conselheira e amiga sincera de todas as pessoas que a conheceram, a minha saudosa Ruth, é que compreendi a esplendorosa realidade do matrimônio cristão, de vida saudável e fecunda, na paz de Cristo. É por isso que busco ser um cidadão não inútil no mundo, como filho de Deus, marido, pai e avô na vida familiar, profissional, embora medíocre, mas esforçado, levando aos outros, com minhas insuficiências, mas com força de vontade, a mensagem que Ruth me descortinou, como cidadão em uma sociedade em permanente contradição.

Sou, pois, um feminista que acredita muito mais na mulher sinalizadora dos caminhos retos do que nas que creem que a grande conquista do feminismo é a nivelação da mulher e do homem em um ambiente em que a moral passa à distância.

Por essa razão, concordei em prefaciar o livro coordenado por Naíle Mamede, que procura, no correto feminismo, exaltar o papel da mulher empreendedora, capaz de orientar o mundo do futuro para um padrão melhor de vida, com ética e laboriosidade no lar, no trabalho e na sociedade.

Naíle Mamede, a coordenadora deste projeto, dá uma fantástica lição de autorrealização, tendo frequentado escolas no Pará, para onde se dirigia de canoa, sempre superando desafios que, talvez, os grandes da História não conseguiriam fazê-lo se vivessem com toda a espécie de limitações que teve. Por isso, merece, em primeiro lugar, minha profunda admiração e é a quem se deve a iniciativa da obra.

Cumprimento, pois, a todos os que escreveram, não esquecendo minha filha que, para a alegria do pai, superou muito meus limitados atributos.

Só me resta, então, neste breve prefácio, dizer aos excelentes autores e autoras deste livro, que vocês marcam o momento na verdadeira história do feminismo no Brasil, abrindo espaço para a reflexão real em busca da "verdade verdadeira" do papel da mulher na sociedade brasileira e no mundo.

Parabéns à coordenadora e aos magníficos autores e autoras desta esplendorosa obra, decididamente feminista.

INTRODUÇÃO
DUAS PALAVRAS

Professor, doutor, mestre, pós-graduado e graduado pela Faculdade de Direito da USP; escritor e coautor de diversos livros sobre Direito e Filosofia, bem como artigos científicos jurídicos e sociopolíticos. Ex-coordenador e pesquisador do Laboratório de Política, Comportamento e Mídia da Fundação São Paulo (PUC-SP). Fundador do Diversidade Tucana em 2006 (primeiro diretório político partidário LGBTQIAP+ do país) e atual Corregedor Nacional. É uma das vozes mais reconhecidas sobre influência e comunicação de política nacional. Portador de ampla bagagem acadêmica, social e cultural, tem se consolidado como um expoente do debate político equilibrado, racional e genuinamente comprometido com tempos melhores para o país.

TIAGO PAVINATTO

CONTATOS:

@pavinatto

Sem Mimi do Pavivi

Revista Oeste (Faroeste à brasileira, com Pavinatto)

A existência (no sentido que Heidegger[1] dá a esse fenômeno) das mulheres foi, ao longo da história, aprisionada no mesmo armário em que, mais tarde, também se trancavam as suas calças. Sobre as calças, no século XIX, as mulheres podiam usá-las apenas para o trabalho nas indústrias e, a partir do século XX, para praticar alguns esportes com a autorização do pai ou do marido. As calças femininas começaram a sair do armário, lentamente, a partir da coragem escandalizante de Coco Chanel e Katharine Hepburn. No Brasil, o uso de calças pelas mulheres nos tribunais somente foi permitido em 1997.

Retiradas as calças do armário, as personalidades permaneceram, todavia, trancafiadas. Por aqui, a mulher só se tornou juridicamente igual ao homem com a Constituição de 1988. Antes, o ordenamento considerava a mulher menos capaz e validava a ideia anacrônica e odiosa da *propter sexus infermitatem et forensium rerum ignorantiam* (doença própria do sexo feminino e intrínseca ignorância forense), conforme escrevera Cícero meio século antes de Cristo vir ao mundo.

Apesar da garantia constitucional, nosso direito ainda tratou a mulher como "coisa para se casar" por mais 17 anos: continuava a falta da virgindade feminina uma causa de anulação do matrimônio; a mulher solteira e não virgem carregava, até 2003, um "erro essencial". Foi somente em 2005 que a mulher atingiu plena igualdade jurídica com a revogação do entendimento legal de que, para ser considerada honesta, ela deveria ser virgem, recatada e do lar.

Mas, entre o que a lei ensina e aquilo que a história escreve, há um abismo. Entretanto, por saberem que o seu lugar é no topo do mundo, bravas mulheres sustentam a solidez de uma verdadeira Golden Gate Bridge que conecta, sem cessar ou ceder, o legal ao real.

Silêncio, portanto! Elas vão falar!

---

1 Martin Heidegger (1889 –1976) cunhou o termo alemão *Dansei* (Ser-aí ou Ser-aí-no-mundo, em português). Na obra *Ser e tempo* (1927), Heidegger procura entender o que é o *ser* e afirma que o humano é um *ente* destacado dos demais por ser capaz de questionar e compreender o *ser*, diferente de outros animais, por exemplo. Esse *ente* destacado é o que Heidegger chama de *ser-aí*: o homem (ou mulher) que se percebe em um mundo que não é uma criação própria, mas que é onde se encontra inserido, ou seja, o *ser-aí* se faz no mundo, enquanto também é feito pelo mundo. [N. E.]

APRESENTAÇÃO

Filósofa, professora há 34 anos na Organização Nova Acrópole do Brasil, escritora e uma das palestrantes mais influentes do Brasil, tendo mais de mil palestras publicadas. Roteirizou peças de teatro, dentre elas *O profeta* e *Helena Blavatsky, a voz do silêncio*, estrelada por Beth Zalcman, que ganhou o Prêmio Cenym de Teatro Nacional, em 2023, por sua atuação como Blavatsky. A música "Prudência", cantada por Zizi Possi, também foi escrita por ela. Sua palestra sobre o Caibalion já soma 3,9 milhões de visualizações no YouTube. Aborda temas diversos ligados a filosofia, psicologia, mitos e simbolismo. Já foi convidada quatro vezes para palestrar no TEDx, a maior conferência de ideias do mundo. É autora de nove livros, dentre eles o *Para entender o Caibalion*, que explica de forma didática os ensinamentos contidos nessa obra de sabedoria milenar e *Caibalion: a viagem da vida*, que traz os conceitos herméticos de forma simplificada para crianças.

LÚCIA HELENA GALVÃO

CONTATOS:

lhgagenda@gmail.com

@kaliope_palestrantes
@profluciahelenagalvao

Diante de uma Dama
Por Lúcia Helena Galvão

A Délia Steinberg Guzmán

Diante de uma Dama,
perfilei o meu corpo
e abri bem os olhos
para ver quão complexo
e de extremo requinte
pode ser o que é simples.

Diante de uma Dama,
impostei minha alma
e fechei os ouvidos
aos ruídos do mundo
para ouvir a harmonia
delicada e rara
de uma voz que me fala
coisas tão naturais.

Murmúrio de um rio, essa Dama,
de água límpida e cristalina.
Pura poesia, essa Dama,
lirismo de amor e alegria.

Canção de um pássaro ao longe,
com timbre suave e profundo.
Fluidez do vento nos campos,
rompendo a inércia do mundo.

É fio cortante de espada,
temperada em tantas guerras.
É firmeza não abalada
de rocha, no eixo da Terra.

Fortaleza que se assenta
numa segurança plena,
seu poder se apresenta
de forma doce e serena.

Se existe, entre os polos, estrada
que extingue a dualidade.
Se existe, no mundo, verdade
que arde, qual mística chama.
Se há, na vida, um sentido
que está para além dos sentidos,
porém claro ao coração
do buscador que o reclama...

Tudo isso, qual canção,
ecoou em meus ouvidos
graças a, um dia, ter estado
na presença de uma Dama.

TOPO DO MUNDO, NOSSO LUGAR!

Coordenadora editorial desta obra, é autora do best-seller *Dos pés sujos de barro aos sapatos de solados vermelhos*, lançado em Dubai, e do best-seller *Quem manda na minha vida sou eu*, livros que estão entre os mais vendidos do Brasil. É advogada especialista em direito previdenciário, além de palestrante internacional, sendo eleita a melhor em Dubai e palestrante Top of Mind da Europa, por votação popular em 2024. Atuou como congressista em Direitos Sociais nas Universidades de Pisa, Coimbra, França, Londres e Chile, na Corte Interamericana de Direitos Humanos em San José, no Tribunal de Nuremberg, no Tribunal de Haia e na Suprema Corte de Manhattan. Foi condecorada com as medalhas Amiga da Marinha e Amiga do Exército. Foi presidente da Imagem Pública, gestão 2020/2021 e 2021/2022, e presidente da Comissão de Serviços Humanitários, gestão 2022/2023, ambos do Rotary Liberdade-SP. Foi diretora administrativa, por dez anos, da Associação dos Diplomados da Escola Superior de Guerra (ADESG-SP); é Voluntária Cisne Branco; embaixadora das Mães da Sé – grupo que ajuda famílias na busca por entes desaparecidos; e madrinha da ONG Jardim das Borboletas, que cuida de pessoas com epidermólise bolhosa (EB). Também é fundadora do Instituto de Mobilização para Acolher e Apoiar Mulheres em Ambientes Desafiadores (Instituto AMAAADA), organização sem fins lucrativos dedicada a promover a autonomia financeira, jurídica, odontológica e psicológica de mulheres vítimas de violência doméstica.

NAÍLE MAMEDE

01

CONTATOS:

@naile.mamede

11 96510 2222

Amados, minha jornada começou comigo descalça em um vilarejo amazônico, sonhando em tocar as estrelas. Hoje, como advogada e palestrante internacional, sei que cada passo foi forjado com garra e superação. Meu objetivo é despertar a coragem em outras mulheres. Este livro é um chamado à ação. Sinta cada palavra e libere a força inabalável que há em você. Agora é sua vez de romper barreiras e conquistar o mundo!

Desde quando vivia com os pés sujos de barro, sem sapatos, no pequeno vilarejo escondido no coração da Amazônia chamado Brasileiro, eu já sonhava com o topo do mundo. Morava em um lugar que nem no mapa existia, mas, dentro de mim, os sonhos eram maiores do que qualquer limitação. A simplicidade daquela vida, marcada pela ausência de recursos, moldou meus primeiros sonhos. Sob o teto de palha do casebre onde morava com minha família, eu olhava para as estrelas e, com a inocência de uma criança, imaginava que um dia cresceria tanto a ponto de tocá-las.

Desde então, aprendi a sempre olhar para o alto, a buscar o melhor dentro de mim, das pessoas e das circunstâncias. A pobreza do vilarejo nunca foi capaz de limitar o tamanho dos meus sonhos. Cada estrela que brilhava no céu era um lembrete de que, mesmo com os pés firmes no chão, eu podia alcançar o impossível.

Hoje, quando olho para trás, vejo que cada passo, cada desafio e cada sonho me trouxeram até aqui. Desde pequena, eu sonhava grande, porque é nos sonhos que encontramos a força para transformar a realidade. A cada noite estrelada, o firmamento prometia um futuro brilhante, muito além das dificuldades que minha família enfrentava. Mesmo diante das maiores adversidades, eu nunca deixei que a chama dentro de mim se apagasse.

Chegar a São Paulo foi uma virada de página

Quando conquistei meu primeiro emprego, eu olhava o imponente Edifício Itália e sonhava em subir ao seu topo, com o famoso restaurante Terraço Itália. E com garra, perseverança e um desejo inquebrável, eu cheguei lá. Porque, assim como naquela infância de pés descalços e sonhos imensos, eu sabia que nenhum obstáculo era grande demais para quem nasceu para tocar as estrelas.

Sentei-me à mesa do Terraço Itália ao ganhar a premiação por ser a melhor vendedora da Amil Assistência Médica. Esse prêmio, entregue por dois anjos, dr. Édson de Godoy Bueno e dr. Jorge Ferreira, não era apenas uma recompensa material, era a concretização de um sonho. Cada almoço naquele lugar não era sobre luxo, era sobre persistência e vencer o impossível. O Terraço Itália, com sua vista majestosa de São Paulo, representava mais do que um prêmio – era um lembrete de que, por mais humildes que fossem minhas origens, eu podia chegar em qualquer lugar. A cada vez que olhava a cidade lá de cima, sentia uma certeza inabalável: eu estava no caminho certo. Olhava aquela imensidão de concreto, aquela selva de pedra e pensava: "Este lugar é colo de mãe. Aqui, nesta terra, vou prosperar, meus filhos nascerão, terei os melhores amigos e as portas mais importantes da minha vida serão abertas". Nada, nem mesmo o barro nos pés do meu vilarejo, poderia me impedir de subir mais.

Mas a vida não segue uma linha reta de vitórias. Depois de alcançar aquele "ápice", mergulhei no ponto mais sombrio da minha existência: um casamento que quase me destruiu, física e emocionalmente. Cada cicatriz que carrego no corpo é um lembrete doloroso desse período. Fui despedaçada, dilacerada, e vi minha vida afundar na miséria novamente. Mas o que me manteve viva e de pé não foi apenas o desejo de sobrevivência, foi o sonho de voltar ao topo. Não por mim, mas pelos meus filhos. Eles precisavam ver o que o topo do mundo realmente significava: um lugar ao qual pessoas de bem, que sonham e lutam, pertencem.

A força que encontrei nos meus filhos foi a centelha que me fez ressurgir das cinzas. Lutar por eles me devolveu o rumo. A cada pequena conquista, eu tocava as estrelas novamente, agora de mãos dadas com eles. Levei-os para ver o melhor que o mundo tem a oferecer, mostrando que, com coragem e determinação, o topo é possível para todos. Realizei meu sonho de infância, tornei-me a "doutora do papai", como meu pai sempre dizia. Ele foi o primeiro a acreditar em mim e já me via no topo quando eu ainda estava no chão.

Hoje, sou uma advogada atuante, ainda lembro do meu primeiro escritório, que montei em uma praça ao lado de um telefone público. Papai dizia: "Minha filha, você escolhe se dará desculpas ou soluções, a decisão é sua".

Além de todas as minhas atividades, sou ativista em prol dos que mais precisam, porque aprendi que o topo do mundo não é um lugar reservado para poucos, ele é de todos que ousam sonhar e trabalhar por isso. Temos um papel a cumprir, e não podemos nos furtar de estender a mão aos que ainda lutam por sua própria subida. Cada passo e cada batalha trouxeram-me até aqui. E eu sei que ainda há muito mais para se conquistar.

Desde os meus primeiros passos descalços pelas ruas de barro daquele povoado, onde os sonhos eram o único luxo que podíamos nos permitir, sempre fui movida por uma inquietação: a necessidade de subir mais alto e de explorar o que parecia impossível. Cada conquista, por menor que fosse, acendia dentro de mim um desejo insaciável por novas vitórias. Não me contentava com o que já havia alcançado – a cada topo, vislumbrava um novo horizonte e uma nova estrela para tocar.

Essa minha inquietude me movia e é latente até hoje

Foi assim que, ao conquistar meu espaço, algo maior começou a pulsar no meu coração. Eu sentia que aquela vitória não era completa enquanto outras mulheres, cheias de potencial e histórias poderosas, não estivessem ali ao meu lado. Percebi que não bastava chegar ao topo sozinha. O verdadeiro triunfo seria ver outras mulheres rompendo suas barreiras, superando seus medos, para então, juntas, construirmos algo grandioso. Desse desejo nasceu este livro que você tem em mãos. Ele é mais do que palavras impressas, é uma convocação. Uma obra para quem está em meio aos próprios desafios, mas precisa lembrar que o topo é um lugar de direito para todos que ousam sonhar e lutar.

Amados, as histórias contidas aqui foram escolhidas para despertar uma faísca, para lembrar que não existe ser humano nesta Terra que não tenha o direito de ascender, prosperar e transformar a própria realidade. Este topo é de todos nós, de cada pessoa que escolhe dar o melhor de si para construir um mundo mais humano, mais justo e mais próspero. *Lugar de mulher é no topo do mundo* não é apenas um livro – é um movimento. É a soma de histórias que tocam a alma, que provocam e inspiram. E, porque acredito em um futuro verdadeiramente igualitário, homens extraordinários também foram convidados a fazer parte deste projeto; homens que não apenas apoiam as mulheres ao seu redor, mas que reconhecem sua importância e caminham ao nosso lado, como pais, filhos, maridos e amigos.

Este livro é um convite. Um chamado para todos que acreditam que o topo é um lugar compartilhado, onde as vitórias são celebradas em conjunto e as lutas são travadas com respeito e solidariedade. Convido você a mergulhar nessas páginas com o coração aberto, preparado para sentir, refletir e, acima de tudo, ser inspirado.

Cada capítulo explode como um grito de revolução, carregando a promessa pulsante de um futuro mais justo e glorioso. É o despertar de uma nova era, em que o impossível se curva diante da nossa coragem e os sonhos se transformam em realidade vibrante!

Juntos, podemos construir esse futuro – e ele começa aqui, agora, com você

Cada página deste livro foi cuidadosamente criada para ser muito mais do que um conjunto de palavras, é um chamado à sua alma, uma força que desperta sonhos, acende coragem e inspira ação. Aqui, você encontrará histórias e ideias transformadoras, escritas por coautores que abriram seus corações e compartilharam sua sabedoria. Reuni um time de pessoas extraordinárias – advogados, médicos, empresários, jornalistas e comunicadores –, todos generosos e solidários, com vasta experiência, e que ofereceram o que têm de melhor para iluminar o seu caminho.

Esses exemplos são bússolas para que você conquiste o topo na sua vida. Não entregue essa missão a ninguém, ela é exclusivamente sua. O topo é o seu destino e cada desafio que você enfrenta é uma oportunidade para crescer. Os coautores deste livro estão aqui para inspirar, orientar e caminhar ao seu lado. Acredite, a coragem já vive dentro de você, pronta para guiá-lo rumo a patamares inimagináveis. Deixe que essas páginas despertem essa força e levem você a um novo nível de realização e vitória.

Espero você no topo, porque esse é o lugar a que você realmente pertence

A vocês, coautores desta jornada, agradeço com toda a profundidade do meu coração. Cada palavra, troca e instante compartilhado foi marcado pelo amor e pela confiança que vocês depositaram neste projeto. O orgulho que sinto de caminhar ao lado de vocês é imensurável. Cada um trouxe não só o próprio talento, mas a alma e, por isso, esta obra é tão especial. Já sinto saudades desses momentos preciosos, que ecoarão para sempre em mim. Vocês são parte de algo maior, e o amor de cada um de vocês é o que fez esse sonho se tornar realidade. Meu coração transborda felicidade e sempre carregarei essa história viva em mim.

Agradeço à editora Literare Books que abriu as portas do mundo para mim de uma forma que eu jamais poderia imaginar. Sua confiança no meu trabalho e sua dedicação a cada detalhe desse projeto transformaram um sonho em realidade. Sou imensamente grata à equipe incrível que, com sensibilidade, profissionalismo e criatividade, fez desse livro uma obra que ultrapassa fronteiras. Meu muito obrigada ao amado presidente do conselho, sr. Maurício Sita, à presidente Alessandra, vice-presidentes Claudia e Julyana, e toda a equipe da Literare Books que não só acreditaram em mim, mas também me deram as ferramentas para alcançar patamares que antes pareciam distantes. Vocês fizeram muito mais do que publicar um livro, vocês abriram um novo horizonte de possibilidades em minha vida. Meu coração transborda de carinho por essa parceria, que elevou meu trabalho e permitiu que minha mensagem chegasse ao mundo. Obrigada por caminharem ao meu lado nessa jornada extraordinária!

A cada um de vocês, que transformou este projeto em algo muito maior, meu mais profundo agradecimento. Aos talentosos Enrico Giglio, Amanda Moura, Júlia Almeida, Lui Navarro, Ana Paula Nunes e Gabriel Uchima, vocês foram incansáveis. Com competência inabalável e um amor palpável em cada detalhe, criaram uma obra visualmente impactante e cuidaram do conteúdo com um zelo raro de se ver. À Luana Nascimento, Bianca Garcia, Daiane Almeida, Andreza Cristina Pena, Débora Luz e Margaret Miraglia pelo carinho e cuidado que transbordaram em cada interação, mostrando que a dedicação vai além do profissionalismo, é pura devoção pelo que fazem. E ao Jorge Takeda, Otavio Dias e à Maria Victória Aggio, pela sensibilidade, paixão e criatividade que, em cada detalhe, elevaram esta obra, levando-a ao mundo de forma única. Vocês foram imparáveis, dedicados de corpo e alma e, por isso, este livro não é apenas uma obra – é um pedaço de cada um de vocês. Meu coração transborda de felicidade por terem embarcado nesta jornada comigo e por terem dado vida a algo tão especial.

Aos meus queridos papais, Abdala e Violeta (*in memoriam*), vocês plantaram em mim as sementes do amor, da força e da fé que me guiaram por toda a vida. Mesmo à distância, sinto a presença de vocês todos os dias e em cada conquista. Tudo o que sou hoje devo ao amor, incentivo e apoio de vocês.

Aos meus amados filhos, Roberto, Nelson, Luana, Lucas e Mateus, vocês são a razão pela qual continuo a subir cada montanha e a luz que ilumina meu caminho. Vocês são o meu maior orgulho e a minha maior realização. Este livro é, também, para vocês, meus eternos tesouros.

Por fim, amado leitor, muito obrigada por ter em suas mãos este livro que foi escrito para você, com tanto amor, entrega e olhos nos olhos.

Meu beijo, abraço apertado e boa leitura!

Rumo ao topo, nosso lugar!

Com amor,

Naíle Mamede
Coordenadora editorial

À DISPOSIÇÃO DA FAMÍLIA, DO AMOR E DA JUSTIÇA

Possui bacharelado em Direito pelo Centro Universitário das Faculdades Metropolitanas Unidas (FMU), licenciatura em Letras pela Universidade de São Paulo (USP) e pós-graduação em Direito Processual Civil pela Universidade Paulista. Desde 1993, atua na Bialski Advogados Associados, na área de Direito Civil, Família e Sucessões; tornou-se professora da Unip em 1994. Foi assessora da 5ª Turma Disciplinar do Tribunal de Ética e Disciplina V, Ordem dos Advogados do Brasil (OAB/SP). Atuou como *Master Practitioner* em PNL, no julgamento *Manhattan Supreme Court* em Nova Iorque, no International Criminal Court, no Tribunal de Haia e no Tribunal Penal Internacional. Participou do Simpósio do Tribunal de Nuremberg, entre outros eventos da Organização das Nações Unidas (ONU). Esteve na palestra de Cooperação Judiciária Penal (EUROJUST) em Haia; na palestra Direito Internacional, da Universidade de Direito de Coimbra; e na Conférence de Droit Quia Eu Lieu, em Paris. Em seu currículo ainda constam outros eventos, como o 1º Congresso de Constitucionalistas do Mercosul, o 9º Encontro Nacional de Direito Constitucional, o seminário Legislação do Mercado de Capitais e o simpósio O Preconceito (USP). Entre seus cursos, estão: Evolução da união estável; Procedimentos especiais e contrato de seguro visto pelos tribunais; e Sistema recursal brasileiro, da Escola Superior de Advocacia, da OAB.

ADAMARES ROCHA

02

CONTATO:

adamaresrocha@uol.com.br

Encontrei no amor da minha vida o sentido verdadeiro para os planos de Deus e, em meus irmãos, a minha razão de viver. Guardo com carinho valores e ensinamentos que recebi dos meus pais, e caminho com eles, enfrentando os obstáculos da vida com alegria e coragem. Eu acredito e posso provar que a força do amor vence qualquer adversidade que encontramos por esta linda caminhada chamada vida.

Adamares era uma jovem belíssima no auge de seus 27 anos, uma filha amada que nasceu no seio de uma família abastada de São Paulo e se apaixonou uma única vez na vida, há mais de 30 anos. A partir dessa paixão, nasceu também uma linda história com o amor da sua vida, o então juiz, e hoje desembargador, dr. Aben-Athar de Paiva Coutinho, e seus seis filhos. Recém-formada, ela nunca teve dúvidas de que aquelas crianças eram suas, e seu amor por eles é tão imenso que, se houvesse palavras para descrevê-lo, não representariam nada mais do que apenas um fragmento do tamanho do sentimento de que estou falando.

No início, não foi fácil. Com mais de dez anos de diferença entre os dois, os seis filhos e até problemas financeiros, esse amor entrou em sua vida em forma de "combo", como um pacote pronto e cheio de desafios. Mas também veio recheado de amor incondicional e embrulhado para presente. Falando em presentes... No Natal, as crianças ganhavam o que eles tinham condições de comprar. "Lembro-me como se fosse ontem, quando compramos algumas bicicletas velhas e mandamos reformar para que nossos filhos pudessem ganhar uma bicicleta naquele Natal. Nossa família começou assim. Construímos aos poucos a nossa casa e também a nossa história, sempre com muito trabalho, paciência, dedicação, bom humor, e assim construímos uma família linda, abundante e próspera", conta Adamares, com o orgulho de quem conquistou e ergueu o seu próprio reinado.

Hoje, esses filhos já lhe deram mais de meia dúzia de netos, com quem ela brinca como se fosse um deles, rolando pelo chão, correndo e gritando pela casa, literalmente! Sua família foi lapidada com uma dose imensa de amor, um amor que transborda e salta aos olhos de qualquer pessoa. Ela constituiu uma família à moda antiga, na qual todos cuidam dos seus e se protegem, e ela, a matriarca, transformou-se, sem pedir licença, na mãe mais amada do mundo. É certo dizer que os nossos filhos, mesmo biológicos, devem também ser adotados por nós, tanto emocional quanto espiritualmente, e Adamares sempre amou os seis filhos do amor de sua vida, talvez até mesmo antes de conhecê-los. É inegável que a conexão entre eles está além da importância e do que significam filhos biológicos, porque seus filhos foram enviados por Deus, diretamente, quase como se tivessem chegado com um bilhete junto: "Tome, cuide, são seus, sempre foram".

Ela é certamente uma das poucas unanimidades que hoje caminham pelo planeta Terra, pois não há quem resista ao seu carisma e simpatia. Capaz de fazer uma nova amizade a cada passo que dá, seja por qual caminho esteja seguindo, está sempre sorrindo e fazendo rir a todos, sem tempo para reclamar e sem dar a mínima chance para o mau humor. É aquela pessoa que nos faz dizer: "Deus fez essa menina e jogou a forma fora", não somente pela alegria contagiante, mas por tantas outras qualidades que a fazem brilhar, pela generosidade exacerbada, por sua força de trabalho, disciplina e sabedoria. Apaixonada e dedicada à profissão, deixa seu exemplo de profissional responsável e incansável aos seus colegas e alunos da universidade em que leciona. Trabalha até os dias de hoje no mesmo escritório onde iniciou a sua carreira como advogada há mais de 30 anos; é a primeira a chegar logo após o sol nascer e, invariavelmente, é a última a sair, quando as estrelas já tomam conta do céu. Além de tudo isso, ainda é uma exímia cozinheira, digna dos títulos de supermãe e superavó, e, como tal, sua casa está sempre impecável. Ela faz a vida parecer fácil.

Essas qualidades estão vivas e presentes a cada momento que se passa ao lado dela. Não falta personalidade a esta mulher única, seja no jeito de se vestir, com roupas coloridas sem se importar com a moda, seja em seu comportamento espontaneamente altruísta, quando, por exemplo, pede o prato mais caro do restaurante e divide com todos que estão à mesa. E assim ela esbanja generosidade nas atitudes, nas palavras e em todos os âmbitos possíveis da vida. Ela é mesmo única.

Única e esbanjadora de piadas também, pois não perde, jamais, a oportunidade de fazer graça. Sempre é hora e lugar para fazer alguma coisa muito engraçada, e parece que as oportunidades de o fazer estão sempre à sua volta. Como em uma vez em que ela esteve na China e precisou solicitar papel higiênico à recepção, que logo enviou um robô à sua porta. Porém, o robô não estava entendendo o que ela pedia, os botões estavam em chinês e ele não parecia ser bilíngue! Foi então que surgiu uma funcionária no corredor, mas ela também não entendia nada em inglês e a comunicação foi ficando difícil, porque a moça chinesa só dizia "*no, no*" e acenava negativamente com a mão, querendo dizer que não entendia nada. Mas Adamares tinha uma missão: conseguir papel higiênico. Então, não teve dúvidas, virou o robô de costas para a funcionária do hotel, fazendo mímica como se estivesse limpando o bumbum dele, e a moça, obviamente envergonhada, entendeu imediatamente do que se tratava, e o papel foi então enviado ao seu apartamento.

Ela possui uma alegria pura de viver quase infantil, enfrenta as dificuldades e as dores como se estivesse rindo delas. Cuida do amor de sua vida com dedicação absoluta, enfrentam juntos dificuldades de saúde, mas juntos também desfrutam de momentos únicos e memoráveis, como ir ao teatro, fazer viagens, frequentar festas e restaurantes e até ir ao Rock in Rio! Não é à toa que ele diz: "Sem ela, eu não seria nada".

A família e a fé são como pontes para alcançarem suas realizações, tendo o amor como força motriz por trás das conquistas e para ultrapassar os desafios, que, com alegria, a autora atravessou. Uma experiência para engrandecer e convidar.

Por Naíle Mamede

***

A família não é algo em que você nasce. É algo que você constrói.
MAYA ANGELOU

Sinto-me à vontade para dizer, antes de qualquer parte desta história que eu venha a contar, ser o amor não apenas um mero sentimento; o amor é uma postura na vida que se dá a si mesmo e aos outros. O amor é uma ação. E foi pautada neste amor que costurei minha trajetória junto à família e ao Direito, e isso vou lhes contar agora.

Não venho nestas linhas para discorrer sobre as dificuldades, os sacrifícios e as batalhas como os inevitáveis degraus para a conquista e para o sucesso. Eu venho dar testemunho de que tanto o amor como a família são os alicerces que permitem alcançarmos as alturas, sejam elas quais forem. Diz-nos a escritora Sylvia Plath que a felicidade é o subproduto do esforço e, concordando com ela, posso também dizer a verdade – **assim é para mim** – que o esforço motivado pelo amor nos abre mais portas e nos permite facilidades, as quais, sem ele, não penso como poderiam ser possíveis.

Vejam, dei início a um relacionamento com o **grande e único** amor da minha vida, separado à época, e isto já faz mais de 30 anos – aliás, passou de 30, eu não conto mais! – não sabendo que grande também era a bagagem: seis filhos. Quando nos conhecemos e nos casamos, assumi e abracei a cada um deles como meus próprios frutos. Aos meus 27 anos, solteira, no auge da minha beleza, tranquila na própria vida, encontrei-me com meu grande amor e parceiro.

Poderia ter escolhido outro caminho? Sim, sem dúvida. Mas quando o amor nos encontra, obedecemos aos seus frutos. E, assim, não havia motivo para relutância ou resistência em assumir seus filhos como meus. Por isso lhes digo que o amor como postura e atitude me rege desde muito cedo.

Quando me perguntam – e já me perguntaram muito, viu? – como consegui, não posso deixar de mencionar as minhas referências e fortalezas de amor, determinação, garra e da própria ideia de família. Graças aos valores de vida transmitidos pelo meu pai, homem enérgico e bravo, mas justo, como eu, desenvolvi princípios e uma visão de mundo bem mais autêntica e ampla.

Lembro-me de quando, na infância, ia com a minha família visitar os parentes no interior, geralmente era época de Natal. Levávamos todas as vezes muitos presentes para todos eles, enquanto eu e os meus irmãos voltávamos de lá com um ou dois. Como criança, achava aquilo injusto e desproporcional – ainda que não fossem essas as palavras. Reclamei para o meu pai e, com a vívida lembrança que guardo com carinho, reproduzo a pergunta que ele me fez e que ecoa em mim até hoje:

— Filha, te falta algo? O mais importante é poder dar do que precisar receber!

Entendia ele, como hoje eu entendo, que é melhor poder dar do que apenas receber. O meu pai não era doutor, mas era um homem sábio, justo e honesto.

É importante mencionar aquilo que também absorvi e testemunhei ao longo da vida, como a facilidade de fazer amizades e a afabilidade demonstrada pela minha mãe, a cumplicidade entre meus irmãos – em especial, a parceria profunda vivida entre mim e eles, fortalecida de forma singular com minha irmã após a partida do meu pai durante a pandemia –, a sabedoria da minha avó, as virtudes e as convicções morais que encontrei na Bíblia; tudo isso a ser germinado, cultivado, colhido e integrado às características e qualidades tão minhas, como paciência, positividade e (muito) bom humor.

Quando aprendemos melhor, fazemos melhor, e isso é o que vivo e busco viver, lapidando a minha história e suas facetas e nuances. Não é difícil para mim enxergar o lado bom, reparar que a moeda sempre tem um lado só: aquele que é o melhor para mim. Vou dar-lhes um exemplo: como advogada, assumi um caso no qual o desfecho era para ser simplesmente uma dissolução de união estável. E o que aconteceu e no que eu o transformei? Em um casamento!

Por conta de toda a força herdada de minha família e vivida por mim no dia a dia, hoje trabalho com leveza e diversão no escritório; levo isso à faculdade na qual leciono – em ambos, também há mais de 30 anos, cultivo a minha paixão por viajar e busco no Direito aquilo que sempre tive como objetivo: realizar a justiça da maneira que me é possível.

Em suma, este texto anuncia a vitória do amor e da alegria sobre as dificuldades, as passageiras paixões e a esperança sempre presente, dizendo-lhes que, por pior que pareça uma situação, ela pode ser superada. Basta-nos fé no Divino, confiança em nós mesmos, no amor que cultivamos e celebramos e, em especial, na família, para recebermos as muitas riquezas que a vida nos dá.

Juntos, enfrentamos muitos desafios e celebramos inúmeras vitórias. Nossa casa sempre esteve cheia de risos, brincadeiras e momentos inesquecíveis. Com o passar dos anos, nossa família cresceu ainda mais, com a chegada dos netos, e a alegria de vê-los reunidos é indescritível.

Hoje, olho para minha vida com gratidão e felicidade. Sei que encontrei um amor verdadeiro que superou todas as barreiras e se fortaleceu com o tempo. No coração do meu amado, encontrei meu lugar no topo do mundo, e é lá que desejo permanecer para sempre, cercada pelo amor de nossa grande e maravilhosa família.

ASCENSÃO AO TOPO

RESILIÊNCIA FEMININA E SAÚDE MENTAL

É advogada trabalhista e previdenciarista, atualmente exercendo o cargo de vice-presidente da Comissão de Perícias da OAB-SP para o biênio 2022/2024. Também preside a Comissão de Perícias de Pindamonhangaba-SP a partir do mesmo período. É especialista em Direito Previdenciário pela Escola Paulista de Direito (EPD) e possui especialização em Transtornos Mentais Relacionados ao Trabalho pelo Instituto de Psiquiatria da Universidade de São Paulo (IPq/USP). Adriana é pós-graduanda em Saúde Mental nas Empresas pela Faculdade de Medicina da Universidade de São Paulo (FMUSP), em Gestão de Saúde Corporativa pela São Camilo, em Direito Marítimo e Portuário pela MLAW Academy e em Gestão de ESG e Sustentabilidade pela Faculdade Exame.

ADRIANA BELINTANI

03

CONTATOS:

adrianabelintani@belintani.adv.br

12 99156 5887

Sou Adriana Belintani, advogada e apaixonada pelos livros desde bem pequena. Durante a faculdade de Direito, percebi a importância de entender as questões emocionais que afetam os trabalhadores, uma visão que se tornou central em minha carreira. Essa é uma história de coragem, de luta e, acima de tudo, de esperança, pois tenho em minha família uma fonte constante de apoio e inspiração.

Desde jovem, aprendi que a força e a resiliência são essenciais para superar desafios e conquistar sonhos. Sou Adriana Belintani, advogada trabalhista e previdenciarista, e minha vida tem sido dedicada à promoção da justiça, à proteção da saúde mental dos trabalhadores e à inspiração de outras mulheres a alcançarem o topo do mundo.

Uma infância marcada pela leitura

Cresci em Belo Horizonte-MG, e desde cedo encontrei nos livros uma forma de explorar novos mundos e compreender a complexidade das emoções humanas. A leitura não apenas nutria minha curiosidade, mas também me preparava para uma carreira na qual a empatia e o conhecimento das leis seriam fundamentais. Recordo-me das longas tardes passadas na biblioteca, onde devorava livros sobre diversas temáticas, ampliando minha visão de mundo e desenvolvendo uma sensibilidade aguçada para as questões humanas.

Um destino revelado em uma brincadeira

Aos 16 anos, uma visita a uma cartomante com a turma da escola, como uma brincadeira, revelou que meu futuro estaria traçado entre o Direito e a Psicologia. Essa premonição foi um marco que acendeu em mim a chama do propósito. Aos 19 anos, escolhi estudar Direito em Divinópolis-MG, e, desde então, minha jornada tem sido uma busca constante por justiça e bem-estar. Durante a faculdade, envolvi-me em projetos de extensão que me permitiram ver de perto a realidade dos trabalhadores, suas lutas e seus sofrimentos. Foi nesse período que percebi a importância de entender as questões emocionais que afetam os trabalhadores, uma visão que se tornou central em minha carreira.

Início da carreira: resiliência e determinação

No início da minha carreira, enfrentei desafios comuns a muitos jovens advogados: baixos salários e falta de reconhecimento. Trabalhei em escritórios onde minha voz muitas vezes não era ouvida, e o peso das responsabilidades parecia esmagador. Em 2001, uma demissão inesperada mudou minha vida, mas também me deu a oportunidade de recomeçar em São Paulo. Foi ali que minha paixão pela saúde mental no trabalho se solidificou e me fez perceber que minha missão era maior do que apenas defender casos jurídicos; era ajudar a restaurar a dignidade e a saúde mental de trabalhadores e trabalhadoras.

Fortalecendo a missão: advogando pela saúde mental

Em São Paulo, aprendi a importância do networking e fortaleci minha carreira. Participei de seminários, workshops e conferências que ampliaram meu conhecimento e minha rede de contatos. Quando me mudei para Guaratinguetá, além de advogar, também ensinei filosofia e procurei inspirar jovens a valorizar a saúde mental e o bem-estar no trabalho. Essas experiências foram fundamentais para moldar minha missão de vida: promover a justiça e a saúde mental no ambiente laboral.

Amor e desafios pessoais

Em 2006, conheci meu marido e, juntos, construímos uma vida cheia de amor e desafios. Tivemos duas filhas maravilhosas, Mariana e Caroline. A chegada delas trouxe uma nova perspectiva sobre a importância da saúde mental e do bem-estar. Apesar das dificuldades financeiras iniciais, nunca perdemos a fé e a esperança. Em 2018, a perda do meu marido foi um golpe devastador, mas me ensinou a importância de viver plenamente e valorizar cada momento ao lado das pessoas que amamos. Durante esse período difícil, encontrei força em minha profissão e no apoio de minha família e amigos.

Um novo começo: reencontrando a felicidade

Após essa perda, continuei a me dedicar à minha carreira e ao bem-estar de minhas filhas. Com o tempo, reencontrei a felicidade e me casei novamente. Hoje, vivo momentos de alegria ao lado do meu novo marido, enquanto continuo minha missão de promover a saúde mental no trabalho. Minha família é uma fonte constante de apoio e inspiração, lembrando-me diariamente da importância de cuidar de nossa saúde mental e emocional. Juntos, enfrentamos os desafios da vida com coragem e determinação, sempre buscando criar um ambiente de amor e respeito.

A perda do meu pai e novos desafios

Em junho de 2023, enfrentei mais uma grande perda: a morte do meu pai. Esse evento trouxe uma nova série de desafios, especialmente quando minha mãe veio morar conosco e descobrimos que ela estava com Alzheimer. Cuidar dela tem sido uma jornada de aprendizado constante. A doença requer paciência, amor e dedicação, e transformou profundamente a dinâmica de nossa família. O Alzheimer me apresentou uma "nova" mãe, que demanda um cuidado e uma atenção que exigem de nós forças e habilidades que nunca imaginamos precisar.

O Alzheimer é uma doença neurodegenerativa que afeta a memória, o pensamento e o comportamento. Cuidar de uma pessoa com Alzheimer envolve enfrentar desafios diários, desde a gestão de medicamentos até lidar com a confusão e a frustração da pessoa amada. Esse processo tem sido uma lição contínua de amor incondicional e resiliência. Aprendi a importância de viver o momento presente e de valorizar cada pequeno avanço.

Conceito de saúde mental no trabalho

A partir de minhas experiências pessoais e profissionais, desenvolvi um entendimento profundo sobre a importância da promoção da saúde mental no ambiente de trabalho. Um local de trabalho saudável é aquele onde os empregados se sentem valorizados, respeitados e apoiados. Isso inclui a implementação de práticas e políticas que promovem a saúde mental, como a gestão eficaz do estresse, a promoção de um equilíbrio saudável entre trabalho e vida pessoal, e a criação de um ambiente inclusivo e seguro.

A promoção da saúde mental no trabalho envolve a implementação de programas de bem-estar, a formação de gestores para reconhecer e responder aos sinais de sofrimento mental, e a criação de uma cultura organizacional que valorize o bem-estar dos funcionários. Empresas que investem na saúde mental de seus colaboradores tendem a ter um ambiente mais produtivo, com uma força de trabalho mais satisfeita e comprometida. É essencial lembrar que o trabalho pode ser uma fonte de promoção de saúde, mas também pode desencadear doenças quando o ambiente é tóxico e carece de suporte adequado. Em parceria com uma equipe multidisciplinar, trabalho com empresas de todo o país para implementar esses programas e ministrar palestras sobre a importância da saúde mental, garantindo que cada aspecto da saúde mental dos trabalhadores seja abordado.

Os efeitos do estresse crônico no organismo

Ao longo de minha carreira, testemunhei os efeitos devastadores do estresse crônico no organismo. Esse tipo de estresse pode contribuir para uma série de problemas de saúde, incluindo doenças cardíacas, hipertensão, diabetes, depressão e ansiedade. Além disso, ele pode enfraquecer o sistema imunológico, aumentar o risco de infecções e dificultar a recuperação de doenças. No ambiente de trabalho, o estresse crônico pode diminuir a produtividade, aumentar o absenteísmo (faltas) e afetar negativamente a moral dos funcionários. O reconhecimento e a gestão adequada do estresse são cruciais para manter a saúde mental, o bem-estar geral e a realização pessoal.

Principais doenças da saúde mental comprometida

Como advogada e defensora da saúde mental, compreendi que as principais doenças decorrentes da saúde mental comprometida incluem depressão, ansiedade, transtorno de estresse pós-traumático (TEPT), transtorno bipolar e síndrome de burnout. Essas condições não afetam apenas a capacidade de trabalho de uma pessoa, mas também sua vida social, familiar e sua qualidade de vida.

- **Depressão:** caracteriza-se por uma tristeza profunda e persistente, que dificulta a realização de tarefas diárias. Pessoas com depressão frequentemente experimentam uma sensação de desesperança que pode ser debilitante.
- **Ansiedade:** manifesta-se como preocupação excessiva, medo constante e sintomas físicos, como taquicardia e sudorese. A ansiedade pode interferir nas atividades diárias e nas relações pessoais, tornando-se uma barreira significativa para o bem-estar.

- **Transtorno de estresse pós-traumático (TEPT)**: ocorre após a exposição a eventos traumáticos, causando flashbacks, pesadelos e evitação de situações que remetem ao trauma.
- **Transtorno bipolar**: envolve mudanças extremas de humor, com períodos de depressão seguidos de episódios de euforia e hiperatividade. Essa instabilidade emocional pode afetar gravemente o desempenho no trabalho e nas relações pessoais.
- **Burnout**: resulta de estresse crônico no trabalho, levando a exaustão emocional, ao cinismo e aos sentimentos de ineficácia. As pessoas que sofrem de burnout frequentemente se sentem esgotadas e incapazes de cumprir suas responsabilidades.

É crucial que todos estejam atentos a esses sinais e ofereçam apoio adequado. A saúde mental é um direito fundamental, e garantir que os trabalhadores tenham acesso a recursos e suporte é essencial para criar um ambiente de trabalho saudável e produtivo.

A advocacia como missão

Hoje, como advogada trabalhista e previdenciarista em Pindamonhangaba-SP, dedico-me a ajudar trabalhadores e trabalhadoras a superarem os desafios que comprometem sua saúde mental. Meu trabalho vai além de oferecer apoio jurídico; envolve também educar e conscientizar sobre a importância de ambientes de trabalho saudáveis e inclusivos para todos. Acredito que a saúde mental no trabalho é fundamental para a produtividade e o bem-estar dos funcionários. Isso inclui promover práticas de trabalho justas, estabelecer metas alcançáveis e criar um ambiente livre de assédio e discriminação.

Em 2025, minha família e eu enfrentaremos novos desafios, com nossa mudança para João Pessoa, na Paraíba. Essa mudança representa um novo capítulo em minha vida pessoal e profissional, em que me estabelecerei na nova cidade, mas continuarei atendendo clientes de todo o país. Minha capacidade de adaptação às mudanças tem sido uma constante ao longo da minha trajetória, e estou pronta para abraçar essa nova fase com determinação e entusiasmo.

Inspirando outras mulheres

Minha trajetória não é apenas uma história de superação pessoal, mas também um testemunho do poder transformador da justiça e da empatia. Cada vitória no tribunal é uma vitória pela dignidade e pelo bem-estar dos trabalhadores e trabalhadoras. Cada cliente que encontra alívio e esperança em meu escritório me lembra que meu trabalho tem um impacto real e significativo na vida das pessoas.

Além de lutar pela saúde mental no trabalho, dedico-me a inspirar outras mulheres a acreditarem em si mesmas e a buscarem seus sonhos. Participo de grupos de apoio e mentorias, onde compartilho minhas experiências e encorajo mulheres a enfrentarem seus medos e a romperem barreiras. Acredito que, ao nos apoiarmos, podemos criar uma rede de força e resiliência que nos impulsiona para o topo.

A luta continua

Minha jornada está longe de terminar. Continuo a lutar todos os dias para garantir que cada trabalhador e trabalhadora tenha os direitos e o apoio que merece. Sei que há muitos desafios pela frente, mas estou pronta para enfrentá-los com a mesma determinação e paixão que me trouxeram até aqui. O lugar da mulher é no topo do mundo, e estou determinada a mostrar que, com força, resiliência e empatia, podemos alcançar qualquer objetivo.

Minha história é um testemunho de que, não importa quantas vezes a vida nos derrube, podemos sempre nos levantar e seguir em frente. É uma história de coragem, de luta e, acima de tudo, de esperança. Espero que minha trajetória inspire outras mulheres a acreditarem em si mesmas e a lutarem por seus sonhos. Porque, no final das contas, o lugar da mulher é, sem dúvida, no topo do mundo.

Visão para o futuro

Olho para o futuro com otimismo e esperança. Vejo um mundo em que a saúde mental no trabalho seja uma prioridade, em que trabalhadores e trabalhadoras sejam tratados com dignidade e respeito, e em que as mulheres ocupem os lugares de destaque que merecem. Estou comprometida em continuar essa luta, em inspirar e apoiar outras mulheres a alcançarem seus sonhos e a construírem um futuro melhor para todos nós.

Mensagem final

Minha mensagem para você é simples: nunca desista de seus sonhos. Acredite em si mesmo, lute por aquilo em que acredita e saiba que, com determinação e coragem, você pode alcançar o topo do mundo. O caminho pode ser difícil, mas cada passo vale a pena. Juntos, podemos fazer a diferença e criar um mundo mais justo e igualitário.

Agradecimentos

Agradeço a você, cara leitora, caro leitor, por acompanhar minha história. Se desejar conhecer mais sobre meu trabalho, convido-o a seguir-me nas redes sociais ou a enviar-me uma mensagem. Juntos, podemos construir um mundo mais justo, onde o lugar da mulher é, sem dúvida, no topo do mundo.

Além disso, gostaria de expressar minha sincera gratidão à minha querida família: Ernani, Mariana, Caroline e minha mãe, Shyrlei. Seu amor incondicional e apoio constante têm sido pilares fundamentais ao longo da minha jornada. Sou verdadeiramente abençoada por tê-los ao meu lado, incentivando-me e inspirando-me a alcançar meus objetivos. Obrigada, do fundo do meu coração, por tudo o que fazem.

DE MENINA INDEFESA À ADVOCACIA

Servidora pública concursada do estado do Tocantins, exerce a advocacia nas áreas de família e sucessões, civil, bancária, previdenciária e criminal. Primeiro, licenciou-se em Normal Superior pela Universidade Estadual do Tocantins (Unitins), em 2003. Após isso, graduou-se em Direito pela Faculdade do Bico (Fabic-2013) e especializou-se em Direito Público pelo Instituto Damásio de Direito (2019). É pós-graduada em Direito Processual Civil, área de conhecimento Ciências Sociais, Negócios e Direito, pela Faculdade Batista de Minas Gerais (2021). Tem como frase favorita um dizer de Nelson Mandela: "Eu nunca perco. Ou eu ganho, ou aprendo".

ADRIANA BRAGA

04

CONTATOS:

adrianabragaadvogada@gmail.com
adrianabragadireito@hotmail.com

@adrianabragaadvogada

Adriana Braga

63 99962 9805 / 63 99944 6463

Minha história é sobre superação, sobre escalar as adversidades da vida usando os "nãos" como degraus. É acreditar no poder de Deus e focar nos resultados, e nunca nos momentos de medo e aflição. É sobre ter coragem de enfrentar o desconhecido e assumir o risco pelo amanhã incerto. É sobre acreditar que o aprendizado é um tesouro que ninguém subtrai e que o futuro será o resultado das escolhas que fazemos hoje.

A força, as lutas e o desejo de viver

O ano era 1980, mês de fevereiro, ano em que o inverno foi tão rigoroso que as estradas mais pareciam rios. Nascia a primeira de três filhas do casal, uma menininha linda, saudável. Porém, ao completar dois anos, foi acometida por uma doença infecciosa febril aguda, causada por parasitas do gênero *Plasmodium* e transmitidos pela fêmea infectada do mosquito *Anopheles*, a temida **malária**.

Em decorrência da doença, muito perigosa e bastante recorrente no norte de Goiás, na década de 1980, a medicina local se deu por insuficiente e, assim, só um milagre poderia devolver a saúde da garotinha. Todavia, milagrosamente, ela sobreviveu, por ser plano de Deus, a essa e mais outras ocorrências da malária em anos posteriores.

As dificuldades eram imensas: a família morava em uma casinha de pau a pique, com cobertura de palhas da palmeira Babaçu, chão batido, fogão a lenha, água de cacimba. Não havia energia elétrica e nem saneamento básico; a situação era absurdamente precária.

A família vivia na roça, plantava e colhia seu próprio alimento; não tinha incentivos técnicos e nem financeiros; seus membros contavam uns com os outros. Na troca de diárias, dividiam a colheita por um percentual de grãos e legumes colhidos.

Era tudo muito difícil. Sem veículos motorizados, contavam com a ajuda da Roxinha, uma jumentinha muito forte e mansa que carregava as crianças e os alimentos que vinham da roça. Ajudava também no transporte do coco babaçu (que a família usava para extrair azeite) e a levar e trazer as trouxas de roupas e latas de água do córrego, pois a água da cacimba era pouca e, em determinada época do ano, secava.

A escassez era tamanha que faltava tudo: moradia digna, água, vestimentas, itens de higiene pessoal, brinquedos, remédios; mas sobrava, na dispensa do coração, amor e muita esperança de um futuro melhor, além da certeza de que, com educação, dedicação e esforços, tudo ia melhorar.

A menina foi se desenvolvendo, apesar de morar na roça, e vencendo as adversidades da vida. Seus pais a matricularam na escolinha do povoado; entre os seis e sete anos, e a garota ia a pé, com seus tios e tias já maiores, todos os dias, para a escolinha. Percorriam uma distância de seis quilômetros entre ida e volta.

Percebendo a inviabilidade desse percurso e chegando à idade de suas outras irmãzinhas estudarem, seus pais decidiram mudar-se para o povoado. Assim, ficaria mais fácil para as crianças terem acesso à escola. No entanto, a escolinha do povoado só ministrava aulas até a quarta série do Ensino Fundamental.

No povoado, o pai da garota construiu um barraquinho de três cômodos. As paredes foram feitas de barro, com a ajuda das crianças. O telhado, coberto, com telhas usadas; e as ripas foram extraídas de palmeiras, por seu próprio pai, e carregadas nas costas da Roxinha.

A vida no povoado era boa; a garotinha era muito feliz, ia à escola, tinha amigos e se divertia com as brincadeiras da época. Apesar de não haver energia elétrica, televisores e celulares, as crianças se divertiam muito, brincavam de casinha, de bonecas de milho, entre outras brincadeiras. Aqueles dias ficaram, perpetuamente, gravados na lembrança daquela menininha e serviram como um impulso na sua caminhada. Frequentemente, lembrava-se das dificuldades extremas de seus pais para criá-la e educá-la. Portanto, retroceder jamais seria uma alternativa.

A vida na cidade

No ano de 1992, mês de janeiro, saiu do distrito de Natal, zona rural de Araguatins, uma caminhonete velha conhecida como “pau de arara”. Nela, estava a mudança de dona Terezinha, avó paterna da criança, que decidiu migrar para a cidade para ajudar nos estudos da filha caçula e dos netos. Na mudança ia, além de utensílios domésticos e pessoais, a neta mais velha, que se tornaria adolescente no mês seguinte e advogada décadas depois.

A mudança ocorreu nessa data e a mudança de endereço se manteve durante a adolescência e toda a fase adulta daquela menina inocente, que sonhava com um futuro melhor, diferente da realidade do interior do mais novo estado do Brasil, o Tocantins, na década de 1990.

Na cidade, tudo era novidade, mas dificuldade também. Não havia meios de comunicação e a saudade de casa era tamanha que todas as noites a menininha ia dormir engolindo sua dor em meio a seus soluços inocentes.

E, assim, foram se passando os dias, as semanas, os meses, os anos, e aquela criança se tornou uma adolescente sonhadora, que enfrentava seus desertos e anseios com muita fé e esperança por um futuro melhor, quando poderia viver dignamente, sem sentir a companhia da rejeição e o aperto do abraço da solidão.

Aos 12 anos, a menina meio vesga, que sofria bullying na escola e entre os coleguinhas e primos, em sua primeira consulta com o oftalmologista, descobriu que possuía uma condição diferente das demais crianças: ser portadora de visão monocular, uma condição irreversível.

O fato de ser portadora de visão monocular explica alguns sentimentos e comportamentos que rodeavam aquela menina, à época. O portador de visão monocular perde cerca de 25% do campo visual, além de ter problemas para definir profundidade, ter a sensação de espaço tridimensional limitada e o sentimento de insegurança na locomoção e em meio à multidão. Tudo isso fazia a menina ser meio estranha, arredia, insegura e, às vezes, não compreendida por seus pares.

Apesar de tanta dificuldade e sofrimento, aquela menininha nunca se entregou ao azar do destino, nunca pensou em ser uma vítima da sociedade, tampouco culpou Deus ou seus pais pela situação. Ela tinha um sonho: vencer na vida. E fez das lutas os esforços para superar suas limitações e dificuldades.

Em meio à dor, ela compreendia e acreditava que tudo era possível, apesar de, às vezes, parecer improvável. Mas não desistiu, continuou estudando mesmo tendo sua visão fisicamente limitada; preferiu acreditar que sua realidade iria mudar, que iria estudar e se formar. A garota não falava dessa situação para as pessoas, não queria ser vista como "coitadinha". Sempre quis ser capaz de conquistar tudo de igual para igual com as demais pessoas.

Nos primeiros anos na cidade, a menina viveu em vários lugares diferentes, casa de parentes e amigos, e sua dormida era onde fosse possível: na rede, no sofá, na sala, no quarto etc. Seu guarda-roupa, por muito tempo, foi uma caixa de papelão e o cabideiro, com pregos fincados nas paredes.

Meu Deus! Foram tantas dificuldades, tantos "nãos", tanta rejeição e tantos momentos de solidão e angústia. Entretanto, em meio às adversidades, a mocinha viveu momentos que estão e sempre estarão eternizados no seu coração – momentos de ternura e de afetos de pessoas que a rodeavam. Ainda na adolescência, decidiu trilhar um caminho de fé cristã e os seus primeiros passos foram orientados e guiados pela avó paterna, Terezinha, exemplo de fé, coragem, humildade e muito amor.

Com tantas dificuldades e lutas, a moça cresceu. Solidamente, enfrentou os "nãos" da vida, os áridos desertos, e prosseguiu firme rumo aos seus sonhos. E, apesar das dificuldades, cada dia ficava mais forte a certeza e a fé em Deus de um futuro melhor.

O começo de uma nova história

Em 1999, aos 19 anos, aliou-se àquele que seria seu amor, seu marido, seu amigo e seu companheiro de vida. Todavia, as dificuldades redobraram-se, visto que agora eram um casal, uma família, e precisavam assumir todas as responsabilidades de um lar.

Durante esse período, sob a orientação de sua sábia mãezinha, a já mulher fez um curso superior telepresencial, pois era a única oportunidade que tinha na região. E, no final do ano de 2003, concluiu a graduação, com um diploma extra: a certidão de nascimento de um de seus amores. No mês de setembro daquele ano, nascera sua melhor amiga, sua primeira filha; e juntamente com essa criança, vieram mais responsabilidades, pois precisava trabalhar, estudar e cuidar da filha, ganhando um salário-mínimo apenas.

Naquela época, moravam em uma casinha própria que construíram com muita dificuldade, mas sem acabamentos. E o transporte era uma moto Biz; inclusive, nos últimos meses do curso superior, seu esposo levava o carrinho de bebê para a faculdade, depois voltava para levar a criancinha e a mamãe para assistirem às aulas.

Ao concluir o curso superior, as coisas foram melhorando. A jovem trabalhou como professora contratada, comprou seu primeiro carro, passou no concurso de professores do município e, posteriormente, foi aprovada no concurso de professores do estado do Tocantins.

No ano de 2007, aprouve Deus lhe presentear novamente com outro bebê. No mês de janeiro, nasceu um ser humano incrível, um bebê lindo de olhos azuis, saudável e cheio de vida, seu grande amigo. E, a cada dia, via a sua vida fazendo mais sentido. Contudo, sentia-se mais responsável por buscar uma mudança significativa em seu caminho.

A decisão e a caminhada rumo ao objetivo

De repente, no ano de 2009, pela direção de Deus, surgiu a ideia e a oportunidade de cursar Direito na cidade vizinha, visto que seu esposo já cursava Enfermagem na mesma faculdade. Aí os imbróglios surgiram, pois a jovem senhora já tinha um curso superior, era concursada, tinha duas crianças pequenas; por que queria continuar estudando? Muitos não entendiam o propósito, não conseguiam ver o tamanho do seu sonho.

Gratidão nunca lhe faltou por todas as fases da sua vida, até por aquelas mais difíceis. No meio do deserto, Deus a ensinou a ressignificar e aprender com as adversidades. Fácil não foi! Cuidava de casa, era professora e tinha duas crianças pequenas; e, por ser uma mãe cuidadosa, não deixava seus filhos com qualquer pessoa – levava-os para a faculdade por quase todo o curso de Direito. Nessa fase, sua mãe foi a peça fundamental; com muito carinho, ajudou-a com as crianças, financeiramente e com suas palavras encorajadoras. A jornada foi árdua, mas, como tudo nessa vida, passou!

Faltavam dois anos para terminar a graduação de Direito e surgiu uma surpresa! Mais um filho estava a caminho. E agora? O que fazer? Ela já estava enfrentando tantas dificuldades para estudar, como seria agora com mais uma criança? Em março de 2012, nasceu seu filho caçula, um garotinho lindo, cheio de alegria e saúde. A chegada dessa criança completou ainda mais o lar, trouxe muitas alegrias e mais convicção de que estavam no caminho certo.

Tudo ocorreu da melhor maneira possível. Como sempre, Deus deu um jeito! Com o apoio de seus pais e esposo, não foi preciso trancar o curso. Percorria 70 km todos os dias para conseguir se formar em Direito aos 33 anos de idade. Tarde? Imagina! Pior seria se nunca tivesse começado!

Mas a luta não parou aí. Ainda tinha a prova da OAB, prova abstrusa, que deixa muitos bacharéis sob estresse. E a moça passou!

Bom, mas qual é a relevância dessa informação?

Veja! A lição é bem simples: nascer no isolamento, nos lugares mais remotos e improváveis possíveis não significa que você não possa conquistar seus sonhos, pois aquela menina pobre, da roça, que muitos jamais pensariam que poderia se tornar uma advogada, conseguiu! Foi à luta, mesmo tendo enfrentado desertos terríveis, derramado lágrimas, sentido desânimo, vontade de retroceder. Ela não desistiu!

Sempre que o desânimo a alcança, ela olha para o alvo, usa sua fé, pede reforços a Deus. Ele, em sua infinita misericórdia, revigora suas forças e a impulsiona a seguir acreditando que o melhor está por vir.

De mais a mais, ela literalmente foi longe! Aquela menina da roça superou as expectativas e desafiou as regras do jogo, frustrou o óbvio, quebrou os ciclos e foi em busca de realizar seus sonhos e também os sonhos dos seus. E, após conhecer vários lugares no Brasil, resolveu conhecer os Estados Unidos da América. E foi absolutamente possível: o fato de viver no interior do Brasil não a impediu de sonhar. Ela mesma providenciou todos os documentos exigidos para a viagem, com sua família, ao exterior. E, assim, viveram e venceram desafios, construíram suas vivências, e isso não tem preço, tem nome: coragem de enfrentar o novo, de se permitir, de sonhar, de aproveitar as oportunidades. Foram mais de cinco meses de aventuras, aprendizados e lembranças que jamais se apagarão.

Quando disseram que ela estava delirando, sorriu e pensou: "Você não imagina o que já vivi, a extensão do mar que atravessei, você não sabe o tamanho da minha fé, o tamanho da minha coragem e o tamanho do meu Deus".

Além disso, ela segue afirmando que sonhar, por si só, não é o bastante, é necessário arriscar. "**Se der certo, a gente vibra e agradece. Se não der certo, a gente aprende e agradece.**" A vida é um lindo presente de Deus! A cada manhã, quando acordamos, recebemos uma nova senha, uma nova oportunidade de fazer diferente até acertar!

Viver bem está intrinsecamente ligado ao seu poder de escolhas e decisão. Você decide se as frustrações te ensinam ou se elas te aprisionam. As decepções jamais poderão te parar!

É possível! É plenamente possível! Basta acreditar e fazer uma coisa de cada vez! Você pode mudar de rota quantas vezes quiser, ou quantas vezes forem necessárias, só não pode desistir!

Com muita gratidão a Deus, sua família, seus familiares, seus irmãos na fé e seus amigos, ela conclui, propositalmente, dizendo que toda luta e todas as dificuldades foram úteis ao seu crescimento pessoal, intelectual e espiritual. Como está escrito na Bíblia Sagrada, em Romanos 8:28: "Todas as coisas cooperam para o bem daqueles que amam a Deus". Ainda, no livro de Salmos 119:7, está escrito: "Foi bom que eu tivesse sido castigado, pois assim aprendi os teus mandamentos".

Acredite sempre, o futuro será o resultado das escolhas que fazemos hoje!

A FORÇA ESTÁ NAS RAÍZES

Nascida em Brasília, em 1976, é filha de Albino e Anaídes (seus heróis); casada com o amor da sua vida, Alexandre, tem dois enteados, Ágata e Marco, e atua como servidora pública. É advogada de formação e mediadora, com formação pelo Conselho Nacional de Justiça. Também atua com Constelação Familiar como facilitadora, terapeuta, palestrante, mentora, educadora e celebrante social de casamentos. Tem formações no tema nas áreas: educacional (Pedagogia Sistêmica), jurídica (Direito Sistêmico), organizacional (Constelação Estrutural SySt®) e familiar. Cursou a extensão universitária "A Constelação Familiar como Instrumento de Resolução de Conflitos no Judiciário" pelo Instituto Brasileiro de Ensino, Desenvolvimento e Pesquisa (IDP), e pós-graduação em Direito Sistêmico pela escola alemã Hellinger Schule em parceria com a Faculdade Innovare (São Paulo, 2016-2018). É coautora do livro *Estudos de Direito Sistêmico: abordagens | percepções* (2022), de organização do magistrado Sami Storch e outros.

ADRIANA CARNEIRO BATISTA

05

CONTATOS:

@adrianabatistaoficial

61 99605 4587

Autoestima é estar bem com quem se é, sentir-se confortável no corpo que a alma habita, autovalorizar-se mesmo nos erros e independentemente dos resultados. É, especialmente, honrar as próprias origens. Ora, se nossa matéria-prima é 50% pai e 50% mãe, ao rejeitarmos um, outro, ou ambos, não há como amar plenamente aquela pessoa que vemos no espelho.

Só tem êxito aquele que honra quem veio antes.
ADRIANA BATISTA

Se tens dúvida de que a força está nas raízes, venha comigo nesta breve história que vai te conduzir à sua própria jornada. As lembranças mais antigas que tenho são dos meus cinco anos de idade. Fui criada como terceira filha de quatro: Alaídes, Alessandro, Adriana (eu) e Alécio. Tenho ainda dois irmãos mais velhos por parte de pai, Vera e Damião, com os quais só passei a conviver na fase adulta. Naquela época, morava em Taguatinga, cidade satélite do Distrito Federal.

Nascida sob o signo de Áries, sempre demonstrei força, tanto física quanto emocional. Foi com naturalidade que, pouco antes de completar cinco anos, iniciei minha vida escolar. Após o primeiro dia, cheguei em casa orgulhosa de mim, contando a meus pais que muitas crianças bobas haviam chorado. "E eu nem chorei!" Meus pais riram daquela garotinha que demonstrava tanto bravura quanto braveza!

Minha infância era boa! Cresci no seio de uma família unida e com pais amorosos, que amavam um ao outro. Eu era uma menina desinibida e esperta. Por esses atributos, representei, ainda no pré-escolar, um papel de destaque na peça *A Cigarra e a Formiga*. Decorei o texto inteiro e, nos ensaios, dizia minha fala, da Formiga, e ajudava a atrapalhada Cigarra com a dela. Aos seis anos, fui oradora na formatura, com direito à parte do discurso decorado para, nos pontos altos, erguer a cabeça e olhar para o público. Um sucesso! Com tal desenvoltura, fui da alfabetização direto para o segundo ano escolar.

Meu pai, Albino, era carinhoso e muito incentivador. Lembro-me do dia em que, por volta dos meus oito anos, após me aventurar na cozinha com as amigas, entreguei-lhe um bolinho de chuva. Após a degustação, ele me elogiou efusivamente e, como não costumo aceitar mérito pelo trabalho alheio, falei, meio envergonhada, que eu só havia recheado os bolinhos, ao que ele respondeu: "Mas o segredo está justamente no recheio!". São belas lembranças como essa que tenho do meu pai! Até que um dia, aos nove anos, fui chamada na sala de aula da quinta série a retornar para casa, com a notícia de que ele (aos 46 anos) havia sofrido um acidente de carro. O episódio foi fatal e minha mãe, viúva aos 38, com 4 filhos menores de idade, alguns dias após, falou uma frase que me impactou: "Acabou o apoio de pai. Agora é com vocês!". Uma parte da minha criança interior foi enterrada com ele, juntamente com parte da minha alegria, e me tornei uma miniadulta, um tanto responsável e com certa tristeza no olhar.

Naquela época, morávamos na casa que os salários de vendedor e de professora estavam acabando de construir. A ida precoce do meu pai retardou o processo, então ficamos um bom tempo com a frente da casa no reboco e deixamos de ter um carro. Lamentavelmente, há menos de um ano, minha mãe também havia perdido sua melhor amiga e mãe, a avó Coló (como gostava de ser chamada a elegante sra. Clotilde). Por esse motivo, nosso querido avô João foi morar conosco. E foi assim que mamãe cumpriu o propósito de conviver com a enorme dor da perda, dar suporte ao pai e criar os quatro filhos sozinha, desprovida do importante apoio masculino, o que não foi fácil, pois o masculino descansa no feminino, assim como o feminino descansa no masculino. Quanta força nessa mulher que me transmitiu a vida! Sou fibra dessa fibra!

Nossos pais nos ensinaram a sermos gratos à vida. Ainda que nossos amigos tivessem mais recursos, brinquedos melhores e viagens de férias, não reclamávamos. Dos quatro irmãos, eu era a que buscava por algo a mais: me interessava por línguas (estudei inglês, francês e espanhol – a maior parte do tempo como não pagante), cinema europeu, arte, gastronomia e música, e sonhava em viajar pelo mundo. Estudávamos em escolas públicas próximas à nossa casa. Ao terminar o nível básico, com 13 anos, busquei por minha conta um estudo que me desse mais base. Passei no teste de seleção do Ceso, escola modelo que ficava na Asa Sul, a 30 km da minha casa, e lá cursei o nível médio dos 13 aos 16 anos. Essa decisão me custou outro afastamento precoce, agora do restante do meu querido núcleo familiar. Eu acordava antes do sol nascer e tomava café sozinha para pegar o ônibus das 6 horas, pois minha aula era das 7h10 às 12h45. Quando retornava para casa, requentava a comida e almoçava sozinha, pois todos já haviam saído para seus afazeres – isso quando não passava o dia inteiro na escola, que oferecia matérias no vespertino.

Durante esse período, ouvi com naturalidade outras frases marcantes de minha querida mãe: "Ao terminar o ensino médio, é preciso trabalhar para sustentar suas despesas" e "Universidade pública é para rico. Estude numa particular, à noite, para trabalhar durante o dia". Portanto, aos 15 anos, comecei a dar aula de reforço de inglês, e aos 16, já era professora numa escola de línguas. Aos 17, entrei na faculdade noturna de Direito e, aos 18, passei em um concurso público federal. Já no primeiro semestre da graduação consegui um financiamento que pagava 70% da mensalidade e cujo montante devedor eu saldei com carência de dois anos pós-formatura.

Todo dia, pegava ônibus ao nascer do sol, de Taguatinga para a Esplanada dos Ministérios. Passava 10 horas do meu dia no trabalho e às 18 horas pegava outro "busão" para a faculdade. De lá, também voltava de coletivo para chegar em casa por volta da meia-noite, enfrentando o medo de saltar na parada e caminhar até em casa naquele horário. Portanto, desde meu primeiro trabalho, guardava metade do pagamento para realizar meu sonho de independência: ter meu próprio carro. Para manter minha poupança, tive que cortar gastos onde era possível. Quem é da capital federal conhece o trio da Pastelaria Viçosa da Rodoviária de Brasília: dois pastéis e um caldo de cana, que na época eram vendidos a um preço módico. Por sorte, havia uma pequena filial da Viçosa próxima à parada de ônibus da faculdade, na Asa Norte, onde eu jantava diariamente por economia.

Assim, aos 19 anos, comprei meu primeiro carro: um Escort L azul-claro metalizado. De segunda mão, porém conservado! Para meu orgulho, fui a primeira dos amigos de infância a adquirir um veículo com o próprio dinheiro! Junto aos colegas do trabalho, minha conquista também foi vista como grande realização, já que outros, solteiros como eu, nem sonhavam com tal feito. Ainda que de forma inconsciente, segui os passos da minha irmã Alaídes, que passou no concurso público e adquiriu seu carro também precocemente. Nesse aspecto, nós duas, irmãs, fomos mais adiantadas que nossos dois irmãos, Alessandro e Alécio. Em contrapartida, eles se adiantaram na formação de suas respectivas famílias, pois casaram e tiveram o primeiro filho(a) por volta dos 20 anos! Hoje, cada um de nós tem dois filhos, sendo que eu não tenho filho de sangue, mas a vida me presenteou com dois belos e amados enteados.

Sempre tive muitos amigos, e mesmo trabalhando o dia todo, estudando à noite e cursando a Aliança Francesa aos sábados – continuei para não perder a bolsa de estudos –, ainda tinha fôlego para sair e me divertir. Não me entregava ao cansaço! Então, em um certo dia, ainda cedo da noite, me despedi dos amigos e, no caminho para casa, dormi ao volante na Estrada Parque e bati o carro contra um eucalipto. Saí inteira, porém, chorava, imaginando como iria arcar com aquele prejuízo, pois não me sobrava dinheiro para pagar o seguro, tampouco para consertos. Chamei o guincho e minha mãe só soube do acidente quando cheguei em casa, pois costumava cuidar dos meus problemas sozinha, um traço de quem cresceu sem o apoio masculino. Apesar do mau presságio, levantei a cabeça e barganhei o conserto do carro de forma que eu pudesse pagar. Depois, busquei em lojas de ferro-velho um capô inteiro para substituir o batido e, por último, consegui um superdesconto com parcelamento facilitado no serviço de pintura. Sempre fui boa na arte de negociar e entendia tudo de mecânica para não ser passada para trás.

Em 1999, graduei-me em Direito aos 23 anos. Na mesma época, passei no Exame da Ordem dos Advogados do Brasil, saí de licença do serviço público e fui contratada como advogada. Logo em seguida, aos 25 anos, tive a imensa alegria de viajar para o exterior, não uma, mas duas vezes no mesmo ano! E aquela garotinha de nove anos que era bolsista da Aliança Francesa sob protesto, pois queria falar inglês, realizou seu sonho mais cedo do que imaginava. Como Deus é perfeito, as oportunidades surgiram justamente para conhecer minhas três cidades preferidas no mundo: Nova Iorque, Paris e Barcelona.

Visitei os Estados Unidos no verão. Conheci as costas leste e oeste: Las Vegas, Los Angeles e Nova Iorque. O fato curioso sobre essa viagem é que, um dia antes de retornar ao Brasil, visitei as famosas Torres Gêmeas. O dia era 11/08/2001, exatamente um mês antes da queda delas no ataque terrorista estarrecedor de 11/09/2001, que acompanhei ao vivo na internet. Entendi como um livramento!

Naquele mesmo ano, fui à Europa no outono, com uma prima muito querida. Essa aventura estreitou nossos laços e demos muitas, muitas risadas juntas (correndo atrás de ônibus com malas enormes ou tentando, sem êxito, descobrir como acionar uma descarga). Em Madri, ficamos hospedadas na casa de um casal amigo dos meus tios e dali visitamos Toledo, Escorial e Segóvia. Partimos de ônibus até Lérida, na Catalunha, onde uma amiga da minha prima cursava Medicina. Foi a oportunidade para passarmos um dia na efervescente Barcelona. Dali, pegamos um trem noturno para a cereja do bolo: Paris! O trem foi uma formidável experiência à parte. Ficamos numa cabine-leito feminina com dois bancos laterais, um de frente para o outro. O encosto, preso à parede pela parte de cima, abria a partir da parte de baixo (que toca o assento) como a página de um livro, fixando em 90 graus, parado nessa posição. Paralelo ao assento, ambos se tornavam leitos, onde pudemos dormir deitadas, com roupa de cama disponibilizada pelo serviço de bordo (que fazia a verificação do tíquete e do passaporte, lançando fora do trem aventureiros desavisados, já que a entrada não é supervisionada). Outra novidade para mim foi a pia de lavar mãos e rosto dentro da cabine. Coisa de Europeu! Pensando bem, restringe as idas ao *baño* somente para o essencial.

Em Paris, tivemos a alegria de ficar num dos locais mais badalados da cidade, próximo ao nobre comércio da Champs-Élysées, avenida que liga o Arco do Triunfo à Praça da Concórdia. Lá, comi o melhor *chien chaud* (cachorro-quente) da vida, com um delicioso queijo na receita! Dessa vez, nos hospedamos na casa de um amigo francês, que morava ali mesmo no oitavo *arrondissement* (bairro nobre da Cidade Luz). Nos três dias que ficamos em Paris, conhecemos os principais pontos turísticos, porém, o auge foi uma caminhada com o anfitrião ao entardecer, que, de forma velada, nos levou à imponente Torre Eiffel. A emoção foi tão grande que, literalmente, caí dura no chão. Não foi propriamente uma queda, mas aproveitei a proteção do sobretudo longo e deitei-me no chão, deslumbrada, para contemplar a torre dali de baixo, enquanto chorava de alegria!

Somos o sonho dos nossos antepassados! Tudo o que fizeram, desde muitas linhagens atrás, até os nossos pais, permitiram que o nosso presente acontecesse. Nossas conquistas tiveram várias mãos invisíveis que criaram as condições necessárias para chegarmos aonde chegamos. Tive avós pobres, com pouco estudo, mas que foram bravos, tiveram visão e enfrentaram a pobreza e a ignorância para que os filhos estudassem e constituíssem família na capital do Brasil. Meus pais são dois heróis, vindos do interior do Maranhão para começar uma família do nada em Brasília, cada um com uma história mais linda e forte que a do outro.

O tempo passou e, do alto dos meus 48 anos, consegui realizar tantos outros sonhos! Vi minha vida transformar-se por meio da Constelação Familiar, tornei-me terapeuta na área, com especialização na primeira turma de pós-graduação da alemã Hellinger Schule no Brasil. Escrevi um livro sobre o tema (Direito Sistêmico), plantei um ipê, casei-me com um homem maravilhoso que compartilha dos meus ideais e com quem conheci tantos outros lugares no mundo! Tudo isso na força da filosofia das constelações (papo para outro livro), que transformou minha postura em relação à família, reconectando-me verdadeiramente com minhas raízes! Graças a esse movimento, tornei-me uma pessoa melhor e a prosperidade fluiu em todos os aspectos da vida.

Portanto, concluo enfatizando que, assim como uma árvore desconectada de suas raízes não prospera, uma pessoa desconectada dos pais e das próprias origens não vive plenamente toda a potência que Deus lhe deu! Ou seja,

A FORÇA ESTÁ NAS RAÍZES!

A LEITURA COMO CAMINHO PARA O CONHECIMENTO

É presidente e sócia-fundadora da Literare Books International, uma das Top 10 editoras do Brasil, segundo o ranking do PublishNews. Sua missão é dar protagonismo a autores com histórias, *cases* e métodos que têm o poder de transformar vidas.

Em seus 23 anos de mercado editorial, ajudou centenas de autores a se tornarem *best-sellers*, sempre movida pela crença de que a literatura vai além das prateleiras: ela molda, inspira e impacta profundamente.

Sua paixão pela literatura e pelo potencial humano a faz buscar incansavelmente por inovação e excelência editorial. Cada autor, cada livro é uma chance de tocar corações e transformar realidades. Ser editora é mais do que um trabalho; é uma forma de dar vida a histórias que conectam, elevam e mudam o mundo. Publicar é, para ela, uma maneira de deixar um legado que ecoa na alma das pessoas, criando impacto duradouro por meio da palavra.

ALESSANDRA KSENHUCK

06

CONTATOS:

alessandra@literarebooks.com.br

@alessandraksenhuck

Alessandra Ksenhuck

A leitura é uma poderosa ferramenta de transformação, conectando-nos à sabedoria acumulada ao longo da história. Grandes pensadores, como Einstein, Sócrates e Machado de Assis, encontraram nos livros inspiração e compreensão do mundo e de si mesmos. A leitura nos liberta, expande nossa imaginação e nos torna mais empáticos, sendo essencial para o crescimento pessoal e coletivo em uma sociedade mais consciente.

Desde a Antiguidade, a leitura sempre foi vista como uma das principais fontes de conhecimento. O simples ato de abrir um livro nos conecta a séculos de sabedoria acumulada pela humanidade. Quando lemos, temos acesso às mais variadas áreas do saber: da ciência à filosofia, da arte à história. Tudo está à nossa disposição nas páginas de um livro. E, para muitos, a leitura é o primeiro passo para a compreensão do mundo e de si mesmos.

Se pensarmos nas grandes mentes da História, veremos que todas eram ávidas leitoras. Einstein, por exemplo, encontrava na leitura uma fonte inesgotável de inspiração e aprendizado. Ele costumava dizer que a imaginação é mais importante do que o conhecimento. Mas como podemos alimentar a imaginação, senão por meio das palavras?

O que nos diferencia de outros seres vivos é nossa capacidade de registrar, partilhar e ampliar ideias – e a leitura é a principal porta de entrada para essa expansão infinita.

Grandes leitores e pensadores: um legado de sabedoria

Não é à toa que grandes pensadores da humanidade eram profundamente apaixonados pela leitura. Quando olhamos para Sócrates, que, embora não tenha escrito suas próprias ideias, inspirou gerações de leitores por meio das transcrições de seus discípulos, percebemos como o poder das palavras pode ecoar por milênios. Platão, um de seus principais seguidores, registrou diálogos que até hoje são lidos como grandes obras filosóficas, refletindo sobre a natureza da existência, da justiça e do amor.

Da mesma forma, Santo Agostinho, um dos pilares do pensamento cristão e filosófico, encontrou na leitura a oportunidade de compreender a si mesmo e o mundo ao seu redor. Seu livro *Confissões* é uma poderosa narrativa sobre autodescoberta, crença e a busca incessante por significado. Nessa obra, ele revela a luta de sua própria alma e nos lembra que ler não é apenas um processo de compreensão do externo, mas também uma viagem profundamente introspectiva.

Também encontramos em mentes revolucionárias, como Leonardo da Vinci, uma sede insaciável por leitura. Embora seja mais conhecido por suas invenções e obras de arte, Da Vinci também era um leitor curioso e detalhista. Ele lia para entender o funcionamento do mundo natural, da anatomia humana à dinâmica dos ventos e das águas. Sua habilidade de conectar diferentes campos do conhecimento era alimentada por sua constante busca por novas fontes de saber, mostrando que a leitura é, sem dúvida, a faísca que acende a chama da inovação.

O combustível das ideias

Para muitos, como Einstein, a leitura foi o que expandiu os limites da imaginação e possibilitou questionar o *status quo*. Um grande leitor não se contenta apenas em consumir informações; ele busca interpretá-las, questioná-las e aplicá-las de maneiras inovadoras. E foi essa inquietação que fez de Einstein um dos maiores gênios da física, alguém que sabia que as respostas que buscava iam além dos cálculos e que a chave para a verdadeira compreensão estava em explorar as ideias contidas nas páginas que lia com tanta avidez.

Outros grandes visionários, como Steve Jobs, também encontraram na leitura um solo fértil para novas ideias. Jobs, por exemplo, lia obras espirituais e filosóficas que ajudaram a moldar sua visão de mundo, influenciando a forma como conduziu a Apple e revolucionou a tecnologia. Ele acreditava que a leitura sobre diversas áreas do conhecimento, não apenas as relacionadas à tecnologia, era essencial para pensar de maneira criativa e fora da caixa.

O coração da humanidade

A leitura também tem o poder de nos fazer sentir. Quando lemos uma história, nos colocamos no lugar dos personagens, vivemos suas angústias, suas paixões e seus desafios. Essa capacidade de viver outras vidas nos faz mais empáticos, nos conecta com a experiência humana em sua diversidade e profundidade. Famosos escritores, como Dostoiévski, Tolstói e Virginia Woolf, conseguiram capturar a complexidade da alma humana de forma magistral, revelando-nos sentimentos e reflexões que muitas vezes não encontramos na vida cotidiana. Ao nos aproximarmos dessas experiências, ampliamos nossa compreensão dos outros e de nós mesmos.

Por exemplo, os romances de Jane Austen não são apenas sobre amor e casamento; eles nos ensinam sobre as sutilezas das interações humanas, sobre o poder da resiliência e sobre como as escolhas definem nossas vidas. Já a obra de Gabriel García Márquez nos transporta para realidades mágicas e, ao mesmo tempo, profundamente humanas, explorando questões de identidade, política e destino. Por meio dessas leituras, somos levados a compreender as complexidades do mundo de maneira mais íntima e significativa.

A leitura como ferramenta de libertação

Se há algo que a leitura nos proporciona, é a liberdade. Quando lemos, transcendemos o tempo e o espaço.

Não importa onde estamos, um bom livro pode nos transportar para um outro lugar, uma outra época, nos permitindo vivenciar múltiplas realidades. Essa liberdade não é apenas física, mas também mental e espiritual. Somos livres para questionar, imaginar e sonhar, e isso é o que torna a leitura tão poderosa.

Grandes líderes da História também compreenderam esse poder. Nelson Mandela, por exemplo, encontrou nos livros um refúgio e uma fonte de força durante os longos anos que passou preso. Ele sabia que a leitura era uma forma de resistência, uma maneira de manter viva sua esperança por um mundo mais justo. O equivalente se pode dizer de figuras como Malala Yousafzai, que viu na educação e na leitura uma arma poderosa contra a opressão e a ignorância, lutando pelo direito de todas as meninas frequentarem a escola e lerem o que quiserem.

O futuro nas mãos de quem lê

Hoje, mais do que nunca, a leitura é uma ferramenta indispensável para o crescimento pessoal e coletivo. Em um mundo onde a informação está ao alcance de um clique, é preciso saber discernir, questionar e aprofundar. E é por meio da leitura crítica que somos capazes de fazer isso. Aqueles que dominam a arte de ler são capazes de compreender o mundo com maior profundidade, e de enxergar além das aparências e das manchetes, de conectar pontos, de pensar de forma independente.

Além disso, em tempos de *fake news* e sobrecarga de informações, a leitura se torna uma âncora para a verdade, a reflexão e o discernimento. Ler nos ajuda a navegar com mais clareza em um mar de ruídos, oferecendo o privilégio de desacelerar, absorver e realmente entender o que nos rodeia. É por meio da leitura que aprendemos a escutar vozes diversas, a reconhecer narrativas plurais e a desafiar nossas próprias crenças, sempre em busca de uma versão mais ampla e inclusiva da verdade.

E é justamente esse o legado que grandes escritores brasileiros deixaram. Entre eles, Machado de Assis, que, com sua visão crítica e sua habilidade em explorar a alma humana, deixou obras como *Dom Casmurro* e *Memórias Póstumas de Brás Cubas*, as quais nos fazem questionar as nuances da moralidade e da existência; Cora Coralina, que, com sua simplicidade poética e profunda conexão com o cotidiano, nos relembra a força que reside nas pequenas coisas da vida, oferecendo a todos um vislumbre da riqueza emocional presente na experiência humana mais comum; Clarice Lispector, que, com sua prosa poética e introspectiva, nos revelou o universo interior de suas personagens, conduzindo o leitor por um caminho de autodescoberta e reflexão; Mário Quintana, com sua doçura e seu humor leve, nos encantando com versos que, em sua aparente simplicidade, revelam a profundidade de quem sabe ver a vida com os olhos da alma; e, claro, Graciliano Ramos, com sua sensibilidade para as questões sociais e humanas, que nos legou obras como *Vidas Secas*, a qual, em sua simplicidade narrativa, expressa uma profundidade de sentimentos e contextos que atravessam gerações.

Como editora de livros no Brasil, sinto o imenso prazer de ser uma ponte entre essas vozes literárias e novos leitores. É um privilégio poder trabalhar com histórias que têm o poder de transformar vidas, de inspirar mudanças e de provocar questionamentos profundos. Cada livro que editamos é uma nova oportunidade de plantar uma semente, de contribuir para um país que lê, reflete e cresce. Ser editora no Brasil é acreditar no poder das palavras e saber que, por meio delas, estamos construindo um futuro mais consciente, empático e repleto de possibilidades.

Assim, sigo com a convicção de que a leitura não é apenas uma prática individual, mas um ato coletivo de construção de pontes entre o passado e o futuro, entre realidades distintas e entre mentes criativas que, juntas, podem sonhar e fazer um mundo melhor. A leitura é, sem dúvida, o farol que ilumina nosso caminho.

MÉTODO CIM

ELEVANDO MULHERES AO TOPO DO MUNDO — INSPIRANDO-SE NA JORNADA DE NAÍLE MAMEDE

Cirurgiã-dentista com especialização em Periodontia. Além de sua formação em Odontologia, é advogada, especialista em Direito Médico, Odontológico, Hospitalar e Bioética. Atualmente, é mestranda em Direito Odontológico, aprofundando seus conhecimentos nessas áreas. Atua como vice-presidente da Associação de Mediadores e Árbitros do Estado de São Paulo (AMAR-SP) e Árbitra na Câmara de Mediação e Arbitragem Latino Americana (CALA). É *board member* e embaixadora da Board Academy. Também é membro da Comissão Especial de Direito Médico e da Saúde da OAB-SP, onde contribui com sua expertise para discussões e regulamentações importantes. Além disso, é sócia benemérita da Fundação Odontológica Presidente Castelo Branco (FOP-CB), em Recife/PE. É sócia e responsável técnica da GEOM Ltda – FACIALIS Odontologia Integrada, além de também ser sócia da CODEGEE – Consultoria, Desenvolvimento e Gestão Empresarial Ltda. Como consultora jurídica em Direito Aplicado à Saúde, ela oferece orientação especializada para profissionais e instituições de saúde. É coautora de duas obras nas áreas de coaching e autoconhecimento: *Coaching por especialistas* (IBC-Coaching, 2019) e *Autoconhecimento e empoderamento* (IBC-Coaching, 2019).

ANA FALCÃO GIERLICH

07

CONTATOS:

@anafalcaogierlich.cd.adv

Ana Falcão Gierlich

O Método CIM integra mente e corpo para uma vida plena, combinando autoconhecimento, inteligência emocional, atitude mental positiva, programação neurolinguística (PNL), fé, psicologia positiva, e filosofias estoica e hermética. Inspirado na jornada de Naíle Mamede, oferece insights e ferramentas práticas para alcançar o sucesso e a realização pessoal, independentemente das circunstâncias.

Introdução

É com grande alegria que trazemos a você um método que visa integrar mente e corpo para uma vida plena; um método que combina os princípios poderosos do autoconhecimento, da Inteligência Emocional (IE) e da Atitude Mental Positiva (AMP), aliados à eficácia da Programação Neurolinguística (PNL) e ao poder da fé e da psicologia positiva, alicerçado na sabedoria atemporal das filosofias estoica e hermética (foco na Lei Universal do Mentalismo). Um método que, além de oferecer insights valiosos, também fornece ferramentas práticas para aplicar esses conhecimentos na vida diária, de forma a nos colocar onde queremos realmente estar.

Aqui apresentaremos as informações que embasaram esse método, bem como os pilares e ferramentas correspondentes. Informações mais profundas serão publicadas futuramente em um livro, no qual cada pilar e ferramenta recomendada desse método serão explorados em detalhes.

Neste capítulo, você acessará a ponta de um iceberg de conhecimentos, alicerce fundamental para poder se apropriar e conhecer as diretrizes desse método.

Venha para uma jornada extraordinária rumo ao lugar aonde você quer chegar e descubra o poder transformador do **Método CIM – Corpo Integrado à Mente**.

O que distingue aqueles que alcançam o sucesso daqueles que sucumbem às dificuldades?

Sempre ficamos intrigados ao nos depararmos com pessoas com resultados tão antagônicos, apesar de passarem por situações tão semelhantes. A resposta, que descobrimos ao observar as vidas daqueles que emergem triunfantes mesmo diante das condições mais adversas, está enraizada em um conjunto de princípios e práticas que os levam à sua melhor versão, colocando-os onde efetivamente desejam estar.

Naíle Mamede é um exemplo inspirador. Ela utilizou intuitivamente esses princípios e práticas para transcender suas circunstâncias e ascender "dos pés sujos de barro aos sapatos de solados vermelhos" (MAMEDE, 2023). Desmembrando esses princípios e práticas, percebemos que um componente crucial é a fé. Naíle personifica essa fé, mantendo-se firme em sua convicção de que é capaz de vencer, independentemente das circunstâncias. Além disso, dedicou tempo e esforço em autoconhecimento para explorar sua própria psique, ganhando, assim, insights valiosos que a orientaram em sua jornada rumo ao topo.

A IE é outra habilidade essencial no arsenal daqueles que alcançam o topo do mundo. Nossa musa demonstrou uma notável resiliência emocional, enfrentando desafios com garra e determinação, ao invés de permitir que as adversidades a dominassem.

Detectamos a AMP, uma força motriz poderosa por trás do sucesso de indivíduos como ela, já que cultivar uma mentalidade voltada para o positivismo permite enxergar oportunidades onde outros veem obstáculos.

A PNL é outro conhecimento valioso no portfólio daqueles que buscam o sucesso, e Naíle a utilizou para superar e alcançar novos patamares de excelência.

A abordagem científica da psicologia positiva, com foco essencial nos pontos fortes, foi aplicada por essa gigante mulher, visando a promoção de bem-estar, sucesso e felicidade próprios e daqueles que a rodeiam.

Ao adotar uma mentalidade estoica, indivíduos como Naíle aprendem a aceitar o que não podem mudar, a adaptar-se às circunstâncias e a encontrar serenidade mesmo em meio à tempestade. Ela também compreendeu que a realidade externa é moldada pela interna, e que cultivar uma mente forte e positiva é essencial para manifestar os resultados desejados, aplicando, assim, a Lei do Mentalismo.

Para que possamos nos inspirar na história de Naíle Mamede, transformamos os recursos que ela utilizou na sua jornada em um método de bem viver. Nasce, então, o Método CIM – Corpo Integrado à Mente.

Com o Método CIM, dizemos SIM à vida em sua plenitude, integrando corpo e mente para alcançar o topo do mundo.

Da intuição à criação de um método de bem viver, o Método CIM

Naíle Mamede, que emergiu triunfante das circunstâncias mais desafiadoras, não seguiu um plano meticuloso ou uma fórmula predefinida para alcançar o sucesso. Sua jornada foi marcada por intuição profunda e conexão inata com os princípios fundamentais que compõem o que agora chamamos de Método CIM.

Como uma receita de bolo criada por ela, que misturou os ingredientes-chave com a habilidade e precisão de uma grande mestra, Naíle trilhou o seu caminho, cujo resultado já conhecemos.

Agora, a minha missão é trazer à tona novas "amadas"[1] por meio desse método. Compartilho esta receita de bolo para que outros possam reproduzi-la, porque o Método CIM foi delineado para que todos tenham acesso a esta fórmula de bem viver.

Transforme adversidades em oportunidades: Método CIM – o caminho para o sucesso apesar das dificuldades.

Método CIM: seus pilares e suas ferramentas correspondentes

Pilar 1: autoconhecimento → propósito

"[...] segui meu sonho de me matricular numa faculdade de Direito, de buscar realizar o sonho de ser doutora." (MAMEDE, 2023, p. 85)

Na obra *Autoconhecimento e empoderamento* (GIERLICH, 2019, p. 38-49), esclareço o quão importante é a descoberta de nós mesmos para uma vida plena. O autoconhecimento promove a descoberta do nosso propósito de vida (*ikigai*).

Algumas ferramentas são: meditação, *journaling*, questionamento reflexivo, feedback, prática de mindfulness, terapia, testes de personalidade e avaliações e experiências novas e desafiadoras.

O autoconhecimento é o ponto de partida do Método CIM, funcionando como uma bússola a guiar os passos seguintes.

1 Jargão que se tornou marca de Naíle Mamede.

Pilar 2: inteligência emocional (IE) → resiliência emocional

"Nada disso me impediu de seguir em frente." (MAMEDE, 2023, p. 66)

A IE (GOLEMAN, 1995) seria a capacidade dos indivíduos em reconhecerem, compreenderem e gerenciarem suas emoções e as dos outros. Ela possibilita o desenvolvimento da resiliência emocional, que é a capacidade de enfrentar desafios e adversidades de forma positiva e construtiva, levando os cientistas a afirmarem que pessoas com elevada IE são mais capazes de se recuperar de fracassos, de lidar com o estresse e de seguir adiante com determinação e otimismo, apesar dos percalços.

Autoconsciência, autorregulação ou autogerenciamento, empatia, comunicação eficaz, resolução de conflitos e colaboração são ferramentas de IE que orientamos que sejam utilizadas.

O Método CIM com a IE: é a chave para uma vida integrada, plena de significado e bem-estar.

Pilar 3: atitude mental positiva (AMP) → gratidão

"Quem vende peixe, vende qualquer coisa!" (MAMEDE, 2023, p. 78)

A AMP impacta a saúde física e mental. Hill (HILL; STONE, 2015) afirma que a AMP está associada a níveis mais baixos de estresse e que pessoas otimistas tendem a enfrentar os desafios da vida com mais calma e resiliência. Ela está intimamente ligada à saúde mental e ao bem-estar emocional.

As ferramentas indicadas são: gratidão, autocompaixão, visualização criativa, mindfulness, afirmações positivas, cultivo de relacionamentos positivos, entre outras.

A AMP no Método CIM visa transformar desafios em oportunidades para construirmos um caminho de realizações e bem-estar.

Pilar 4: programação neurolinguística (PNL)

"Cadê minha doutora? — dizia seu Abdala." (MAMEDE, 2023, p. 32)

Os conhecimentos de PNL representam mais um importante pilar do método CIM, pois graças a ela entendemos a conexão entre pensamentos, linguagem e comportamentos, levando-nos a reprogramar padrões mentais, emocionais e comportamentais, desbloqueando o nosso pleno potencial.

As ferramentas da PNL que nos ajudam a ter uma mentalidade mais positiva, a superar obstáculos e a alcançar nossos objetivos com mais eficácia, são: visualização, reenquadramento e ancoragem.

Conhecimentos de PNL tornam-se essenciais ao Método CIM, ajudando os praticantes a alinharem seus pensamentos e ações com seus objetivos de uma forma integrada e harmoniosa.

Pilar 5: Psicologia positiva

"A coragem, a resiliência e a perseverança são itens importantes na vida de qualquer pessoa." (MAMEDE, 2023, p. 54)

A ciência da psicologia positiva (SELIGMAN, 2004) oferece uma abordagem prática para promover bem-estar, felicidade e sucesso. Ao ser incorporada no nosso método, ela destaca a importância de identificar e cultivar os pontos fortes individuais; enfatiza a importância de cultivar emoções positivas; encoraja uma perspectiva otimista da vida, apesar das adversidades, e foca nossa concentração no desenvolvimento do florescimento humano.

Ao incorporar os princípios da psicologia positiva ao Método CIM, os praticantes são capacitados a cultivar uma mentalidade positiva, promover emoções positivas, desenvolver seus pontos fortes e alcançar um maior sentido de bem-estar e sucesso em todas as áreas das suas vidas.

Pilar 6: filosofia estoica (estoicismo)

"Nunca fui de reclamar..." (MAMEDE, 2023, p. 50)

A filosofia estoica desempenha um papel de base no Método CIM ao oferecer uma abordagem poderosa para lidar com desafios da vida, cultivar resiliência emocional e alcançar felicidade e sucesso. Aqui estão algumas ferramentas pelas quais essa filosofia pode ser incorporada ao CIM: aceitação do que não pode ser mudado, adaptação às circunstâncias, busca pela serenidade interior, foco no presente e desenvolvimento da virtude.

Ao integrar os ensinamentos da filosofia estoica ao Método CIM, os praticantes são capacitados a desenvolver uma mentalidade resiliente, encontrar felicidade interior e alcançar o sucesso em todas as áreas das suas vidas, levando-os a alcançar o topo do mundo.

Pilar 7: a lei da crença e a lei do mentalismo

"Em nenhum momento deixei de sonhar..." (MAMEDE, 2023, p. 38)

A lei da crença é a fé! Ao termos fé, acreditamos em algo, e esse algo é um pensamento que passa a pairar em nossa mente. A fé é a crença inabalável em nós mesmos e em um propósito maior.

A fé nasce em nossa mente. O todo é mente, o universo é mental. É isto o que diz a lei do mentalismo, uma das sete leis universais da filosofia hermética, e que é fundamental para o CIM porque enfatiza o papel central da mente na criação da realidade e na busca pela felicidade e pelo sucesso.

A lei do mentalismo enfatiza a interconexão entre mente e corpo, reconhecendo que os pensamentos e emoções têm um impacto direto em nossa saúde física e em nosso bem-estar.

Ao integrar a fé e a lei do mentalismo ao Método CIM, os praticantes são capacitados a compreender o poder da sua mente na criação da sua realidade, a cultivar uma mentalidade positiva e focada em seus objetivos, e a reconhecer a importância de cuidar tanto da sua saúde mental quanto da física para alcançar o bem-estar e o sucesso desejados.

Pilar 8: práticas de bem-estar físico

"Dançávamos..." (MAMEDE, 2023, p. 34)

Os passos anteriores do CIM referem-se a ferramentas voltadas ao equilíbrio mental e emocional. Nesse passo, focamos nas práticas da promoção do bem-estar físico. Mas sei que você já percebeu que tudo se integra, pois mente e corpo não se dissociam jamais.

Desse modo, entre as práticas de bem-estar físico, podemos começar a falar da adoção de hábitos de vida mais saudáveis, como alimentação balanceada, prática regular de exercícios físicos, sono adequado e evitar substâncias nocivas.

Cuide do seu corpo e fortaleça sua mente com o poder da prática física do Método CIM.

Conclusão

O Método CIM – Corpo Integrado à Mente, fruto de estudos ao longo da nossa trajetória e da observação de pessoas como Naíle Mamede, que alcançaram grandes feitos apesar das adversidades, é uma abordagem prática e replicável para aqueles que desejam trilhar o caminho do sucesso e da realização pessoal. Ressaltamos que, independentemente das circunstâncias que enfrentamos, somos os arquitetos do nosso próprio destino e, com determinação, garra, coragem, força, estudo e dedicação, podemos chegar aonde quisermos, inclusive no topo do mundo.

Com o Método CIM, cada pilar é uma jornada de autodescoberta e cada ferramenta é um lembrete do poder transformador da integração entre corpo e mente. Abra-se para o potencial infinito do seu ser, pois as mulheres no topo do mundo não apenas conquistam alturas, elas se elevam em total harmonia consigo mesmas.

Dedicatória

Dedico este capítulo ao meu amado pai, Tarcílio Belfort de Moura (*in memoriam*), que plantou em mim a semente do autoconhecimento e do desenvolvimento humano.

Referências

BABA, S. P. *Propósito*: a coragem de ser quem somos. Rio de Janeiro: Sextante, 2016.

GALVÃO, L. H. *A lógica e a inteligência da vida*: reflexões filosóficas para começar bem o seu dia. São Paulo: Paidós, 2022.

GIERLICH, A. P. F. de M. Autoconhecimento: a maravilhosa jornada para uma vida plena. *In*: MARQUES, J. R. (coord.) *Autoconhecimento e empoderamento*: as ferramentas para uma mudança efetiva. Goiana: IBC, 2019.

GOLEMAN, D. *Inteligência emocional*. Rio de Janeiro: Objetiva, 1995.

HILL, N.; STONE, C. *Atitude mental positiva*. Porto Alegre: Citadel, 2015.

HOLIDAY, R.; HANSELMAN, S. *Diário estoico*: 366 lições sobre sabedoria, perseverança e a arte de viver. Rio de Janeiro: Intrínseca, 2021.

LAGO, D.; GALUPPO, M. *#umdiasemreclamar*: descubra por que a gratidão pode mudar a sua vida. Porto Alegre: Citadel, 2021.

MAMEDE, N. *Dos pés sujos de barro aos sapatos de solados vermelhos*. 2 ed. São Paulo: Literare Books International, 2023.

MOGI, K. *Ikigai*: os cinco passos para encontrar seu propósito de vida e ser mais feliz. São Paulo: Astral Cultural, 2018.

OS TRÊS INICIADOS. O *Caibalion*: estudo da filosofia hermética do Antigo Egito e da Grécia. Trad. Rosabis Camaysar. São Paulo: Pensamento, 2021.

RANKIN, L. *Poderosamente*: evidências científicas de que a fé e as terapias alternativas podem curar. Trad. Rodrigo Peixoto. Rio de Janeiro: Harper Collins Brasil, 2016.

ROBBINS, A. *Poder sem limites*: o caminho do sucesso pessoal pela programação neurolinguística. Rio de Janeiro: BestSeller, 2009.

SELIGMAN, M. E. P. *Felicidade autêntica*: usando a nova psicologia positiva para a realização permanente. Rio de Janeiro: Objetiva, 2004.

ENTRE AVIÕES E AVENTURAS

A BUSCA PELA MINHA VERDADE

É uma profissional apaixonada por sua família, aviação e desenvolvimento humano. Graduada em Turismo, Gestão e Marketing, ela possui MBA em Gestão Empresarial e em Finanças. Especialista em planejamento, implementação e desenvolvimento de companhias aéreas internacionais, há 20 anos Andrea atua como gestora na divisão de cargas de companhias aéreas internacionais. É também certificada em Segurança da Aviação, Negócios Internacionais e Cargas Perigosas. Além de sua expertise na área de aviação, Andrea é máster em programação neurolinguística e possui formação em: terapia estrutural sistêmica, constelação familiar, terapia transgeracional, coaching sistêmico, psicogenealogia, terapia do inconsciente e traumas.

ANDREA NARIMATSU SAKUGAVA

08

CONTATOS:

@andreapelomundo

11 97464 5151

Este é o relato de uma jornada de desenvolvimento pessoal e da implementação de uma das maiores companhias aéreas do mundo no Brasil. As mulheres são exemplos claros de como a persistência e a coragem podem transformar adversidades em conquistas significativas, criando um futuro mais promissor para as próximas gerações. Inspirada pela coragem de mulheres notáveis, apresento aqui a minha contribuição.

Eu, a irmã do meio entre meninas, era completamente diferente. Enquanto minhas irmãs brincavam com bonecas, eu preferia carrinhos, aviões e foguetes. Desde pequena, sonhava em conhecer o mundo e viver grandes aventuras.

Cresci sob a pressão de honrar os sonhos dos meus pais, que desejavam que eu estudasse medicina. Mas, definitivamente, esse não era o meu caminho. Eu queria traçar minha própria jornada e seguir os meus sonhos.

Aos 17 anos, comecei a faculdade e consegui meu primeiro emprego em um *call center* de uma companhia aérea. Foi ali que surgiu a primeira oportunidade de viajar. Se eu fosse a melhor atendente, ganharia um bilhete para qualquer lugar do país. Essa ideia acendeu uma chama dentro de mim.

Dediquei-me completamente: estudei, memorizei todos os aeroportos e as informações importantes. Em poucas semanas, me tornei a melhor atendente, mas fiquei frustrada ao descobrir que não ganharia a passagem por não ter tempo suficiente na empresa. Não desisti, mesmo após passar por um episódio traumático, quando fui assaltada à mão armada. Meu objetivo era claro: conhecer o mundo. Com obstinação, após três meses, finalmente consegui a tão sonhada passagem para Fortaleza. Fui sozinha, com pouco dinheiro, mas com uma imensa vontade de me aventurar.

Descobri um mundo novo, conheci pessoas, enfrentei perigos e percebi que não sabia quase nada sobre a vida. Voltei cheia de planos e, decidida a buscar novas experiências, deixei a aviação e segui novos caminhos na hotelaria.

Comecei como recepcionista em um hotel, onde descobri a dificuldade de lidar com artistas, empresários e políticos. Presenciei episódios envolvendo drogas, jogos de poder, convites velados à prostituição e assédio. Após alguns meses, assumi o cargo de coordenadora de alimentos e bebidas na área de eventos, liderando uma equipe que tinha, em média, o dobro da minha idade e, obviamente, enfrentando muita resistência pela minha inexperiência. Aos poucos, fui conquistando o respeito dos meus colegas e aprendendo com eles.

Nessa posição, presenciei cenas de abuso moral e assédio sexual de um chefe contra moças humildes que trabalhavam em funções diversas. Sentia uma profunda indignação e impotência ao ver mulheres sendo submetidas a humilhações. Quando saí, fui advertida de que, se levasse adiante as situações que presenciei, poderia nunca mais ser admitida na área.

Passei um curto período em outra companhia aérea para finalizar minha graduação e, por indicação do meu superior, concorri a uma vaga em outra empresa. Buscava oportunidades de crescimento.

Após alguns meses de trabalho e já iniciando o MBA em Gestão, fui integrada ao projeto de implementação de uma companhia aérea no Brasil. Nunca tinha ouvido falar da empresa nem do seu destino principal. Alguns meses após a aprovação do projeto, fui enviada aos Emirados Árabes para discutir o início das operações.

As noites que antecederam a viagem foram de preocupação intensa pela imensa responsabilidade. E se eu não soubesse responder às perguntas? E se não entendesse o que seria discutido? Seria capaz de me comunicar adequadamente? E se eu falasse besteira e cancelassem o contrato?

Na véspera da viagem, comecei a sentir dores e fui a um hospital público. Esperei por horas e saí com o diagnóstico de infecção urinária. Do hospital, fui direto para o aeroporto.

A tensão era absurda nessa primeira viagem a trabalho. Passei quase 36 horas sem conseguir dormir profundamente, fazendo duas conexões até chegar à desconhecida cidade de Dubai. Com um calor de 51 graus, 7 horas de fuso e um ambiente completamente diferente, era uma mistura de excitação por realizar o sonho de conhecer um novo lugar, medo do fracasso e deslumbramento pela atmosfera única.

Ao chegar, fui direto ao hotel e depois peguei um táxi para o icônico Burj Al Arab, um dos hotéis mais famosos do mundo. Desci na praia próxima ao hotel, vestindo camiseta e calça jeans por cima do traje de banho. Não havia referências claras na internet sobre trajes ou costumes locais. Quando perguntei ao meu diretor, ele disse que as roupas eram as habituais, mas eu sabia que, em um país muçulmano, o "normal" era diferente do nosso.

Sentei-me na praia e senti o bafo quente que contrastava com aquele mar sem ondas. Pensei que seria excelente sentir aquela água tão límpida, mas sabia que tinha que observar para saber como funcionavam as coisas por lá antes de me aventurar. Vi uma mulher tirando sua roupa, entrando de biquíni na praia. Respirei, pensei que poderia fazer o mesmo.

Encantada pelo mar turquesa, entrei na água e perdi a noção do tempo, contemplando a paisagem. Quando me virei para a praia, antes deserta, vi vários homens me olhando como se eu estivesse nua.

O constrangimento tomou conta de mim. Me encolhi em posição fetal, pensando que teria que esperar até escurecer para sair da água. Nesse momento, vi um homem europeu vindo em minha direção pela praia.

Pensei em abordá-lo e, se ele fosse amigável, pediria ajuda para sair daquela situação. Foi o que fiz, e ele gentilmente me acompanhou até a areia, dizendo que todos continuariam me olhando mesmo depois de colocar as roupas.

Saímos da praia, e eu me sentia envergonhada. Ele pacientemente conversou comigo, tentando me acalmar. Comentei que planejava jantar no Burj Al Arab no dia seguinte, e ele se ofereceu para me acompanhar. Mal sabia ele que eu havia economizado por meses para essa experiência, sem imaginar que voltaria lá tantas vezes no futuro.

Após chegar ao hotel, não consegui dormir profundamente. Acordava de hora em hora, com medo de perder o horário. Para disfarçar minha pouca idade, coloquei um terninho preto com rendas, pérolas, salto alto e maquiagem. Cheguei à imponente recepção da companhia aérea com o coração disparado.

Fui questionada se eu era a secretária. Respondi que era a responsável e entrei na sala com o estômago revirando de preocupação por representar a empresa, compreender o que seria discutido e acertar os últimos detalhes.

Olhava para a mesa imponente e fui apresentada ao presidente da área de cargas e a mais seis pessoas-chave na organização. Fui sabatinada por três horas e fiquei aliviada quando mencionaram o início das operações.

À noite, encontrei meu novo amigo, e fomos juntos ao restaurante no topo do Burj Al Arab. Fiquei deslumbrada com o luxo e os detalhes do hotel, mas confesso que a comida escolhida me decepcionou. Mesmo assim, saí feliz e aliviada por um dia de tantas experiências inéditas e desafiadoras.

No dia seguinte, voltei para a reunião de setores e fui convidada por uma das pessoas para assistir a um treino de críquete de colegas. Acompanhei essa pessoa ao jogo, mas, ao conhecer as dependências, fui trancada dentro do vestiário de um dos times. Fiquei desesperada, sem saber o que estava acontecendo, e pensei que precisaria reagir imediatamente. Comecei a gritar que chamaria a polícia e, felizmente, fui liberada. Voltei ao Brasil com o gosto amargo desse episódio e, totalmente constrangida, contei aos meus chefes, que me apoiaram.

O trabalho de criação de um produto abre inúmeras possibilidades, apesar da dificuldade em gerar credibilidade para conquistar potenciais clientes. Naquela época, poucas pessoas conheciam os Emirados Árabes ou a companhia aérea que estávamos desenvolvendo.

Sempre existe a possibilidade de observarmos as dificuldades e as limitações e simplesmente copiar um modelo. No entanto, buscamos criar uma nova categoria de serviços em um mercado altamente competitivo e repleto de opções conhecidas já estabelecidas.

Em seguida, começamos o trabalho de desenvolvimento com o setor de passageiros, em uma divulgação massiva. Quando o voo foi inaugurado em 2007, imaginei que o desafio estaria concluído. Não fazia ideia de que aquele era apenas o início de uma longa jornada. Só mais tarde compreendi que desafios são ciclos de desenvolvimento que se abrem ao longo da nossa vida.

Havia quem dissesse que não nos manteríamos após o início dos voos no Brasil. Essa afirmação foi um grande incentivo para transformar esse estigma em trabalho árduo, com adoção de ações contínuas de melhoria.

Ao mesmo tempo, enfrentamos os desafios de implementar uma nova companhia aérea oriunda do Oriente Médio, com a necessidade de adaptação às questões culturais e estruturais do Brasil, além da exploração e do desenvolvimento de mercados pouco difundidos para exportação por empresas locais.

No âmbito pessoal, um dos desafios foi ser uma das poucas mulheres em um quadro majoritariamente masculino. Nas primeiras reuniões globais, éramos apenas cinco mulheres representando escritórios regionais, todas com uma diferença de mais de 25 anos de idade entre nós. Por ser mulher, jovem e a única da América do Sul, acabei sendo alvo de olhares e comentários de colegas homens na mesma posição.

Fui defendida em algumas ocasiões pelo vice-presidente regional, que, ao presenciar situações vexatórias em que eu era a única mulher, destacou a ignorância dos colegas ao subestimarem os brasileiros, enfatizando nossas habilidades e competência.

Em um episódio marcante, fui convidada para participar de um curso comercial voltado para gerentes de países, e o instrutor questionou, com ironia, minha capacidade, já que eu era a única mulher. Respondi que ele deveria explicar o que precisava ser feito, para que então eu pudesse ser avaliada. Isso incitou comportamentos inadequados de outros colegas, que faziam comentários depreciativos.

O instrutor propôs uma série de cálculos, e, motivada pela raiva, fui a primeira a terminar. Ao comparar os resultados, ele sugeriu que eu poderia ter sido sorte. Rapidamente, respondi que o raio não cai duas vezes no mesmo lugar e que sorte, nesse caso, poderia ser sinônimo de competência, já que a matemática é exata. Após uma nova rodada de exercícios, acertei novamente e perguntei aos colegas se precisavam de ajuda para algo tão simples.

Ao longo desse tempo, enfrentei episódios de bullying por ser mulher, por ser brasileira e por ser jovem. Passei por diversas situações em que minha capacidade e qualificação foram questionadas por pessoas no mesmo nível hierárquico. Importante destacar que essa postura nunca veio dos meus superiores. Tive forças para continuar porque sempre recebi amplo e irrestrito apoio dos meus chefes. Fui convidada para trabalhar na matriz apesar de todos os empecilhos e recusei.

As brasileiras muitas vezes são estigmatizadas pelas imagens sensuais outrora difundidas, mas somos muito mais do que isso. A resposta para essas pessoas sempre foi a capacitação educacional e, sobretudo, a habilidade das brasileiras em fazer a diferença por meio de resultados e desempenho. Os resultados falam por si e conquistam um respeito que não pode ser obtido à força, muito menos comprado.

As mulheres têm um papel crucial na formação de profissionais qualificadas e preparadas para lidar com a pressão, além de abrir caminhos para outras mulheres por meio da competência, experiência e diálogo sobre as diferenças culturais e sociais. Em determinada situação, fui desconvidada de uma rodada de negociações em um país que não permitia a participação feminina. Felizmente, essa realidade está mudando, ainda que lentamente.

Com o tempo, as operações foram expandidas para outros aeroportos no Brasil. Essa empresa, outrora desconhecida por mim, ostenta hoje o título de uma das maiores no segmento. Atualmente, há mulheres de diversas idades e níveis hierárquicos dentro da organização.

Depois disso, vieram a implementação de outros projetos bem-sucedidos de companhias aéreas, viagens incríveis para diversos países e novos desafios. Ao longo desses anos, tive o privilégio de conhecer profissionais inspiradores, como presidentes globais de companhias aéreas, membros de organizações internacionais e outras referências de pessoas extraordinárias.

Em uma dessas oportunidades, fui convidada para uma festa na NASA, onde realizei um pedaço do sonho de infância ao ver um foguete de verdade, entrar em um ônibus espacial e me emocionar ao visitar a sala de lançamento da missão que levou o homem à Lua.

Tive o prazer de conhecer um astronauta que foi piloto em duas missões espaciais. Este foi um dos presentes que a vida me deu, especialmente para alguém que sempre quis voar e buscou entender a mentalidade de pessoas inspiradoras.

Ao perguntar a Antonelli, que pilota mais de 50 tipos de aeronaves, qual era seu maior medo, ele me respondeu: "altura". Insisti e questionei como se desenvolve a mentalidade de um astronauta, e ele respondeu: "Competitividade e persistência".

A limitação não é o medo que enfrentamos, mas sim acreditar que algo é impossível, mesmo quando o caminho ainda é incerto. Esse homem desafia a vida, tem medo de altura e, mesmo assim, se lança ao espaço com a possibilidade de não retornar.

Essa é uma grande inspiração para mim, nessa jornada de mulher comum: buscar pessoas excepcionais e ter a coragem de seguir em frente na busca pela realização dos meus objetivos, mesmo quando as circunstâncias e os medos desafiem.

E para você? O que te inspira a ser quem você deseja?

PROTEÇÃO OU PROJEÇÃO DA MULHER?

ESPAÇO, VOZ E COMPLEMENTARIEDADE

Doutora em Filosofia do Direito pela Universidade Federal do Rio Grande do Sul (UFRGS) e pós-doutoranda em Filosofia do Direito pela Universidade Mackenzie, é membro da Academia Brasileira de Filosofia e presidente do Instituto Ives Gandra de Direito, Filosofia e Economia. É sócia da Gandra Martins Law e diretora do Departamento Jurídico e Internacional da FAESP/SENAR. Além disso, atuou como secretária nacional da família do Ministério da Mulher, da Família e dos Direitos Humanos.

ANGELA GANDRA

09

CONTATOS:

@angela_vgandra
@institutoivesgandra

Este breve artigo visa apresentar uma abordagem antropológica saudável como base para que a mulher possa encontrar o espaço devido que lhe permita desenvolver e colocar suas capacidades a serviço da família e da sociedade, a partir das condições justas que se criam para seu real florescimento humano.

Introdução

Este artigo baseia-se na experiência que pude ter como secretária nacional da família no Ministério da Mulher, da Família e dos Direitos Humanos, de 2019 a 2022, buscando promover políticas públicas positivas e compositivas, e não opositivas, visando à integral projeção da mulher.

Hoje, infelizmente, a mulher ainda necessita de proteção, especialmente contra a violência, bem como de promoção artificial, por meio de quotas, por exemplo, o que muitas vezes acaba por ignorar seu próprio mérito, impedindo-a de desenvolver efetivamente suas capacidades.

Esse protecionismo, por vezes paternalista e de cunho eleitoreiro, não chega a promover a mulher realmente, mantendo-a refém e, de certa forma, enganada, pois não atinge plenamente sua autonomia e realização pessoal.

Por outro lado, deparamo-nos com a pauta do utilitarismo e da hipersexualização, com um discurso de liberdade que, pelo contrário, acaba por escravizar a mulher, coisificando-a e a transformando em um meio para outros fins.

Nesse sentido, durante nosso trabalho na administração federal, procuramos, paralelamente à luta contra a violência doméstica, implementar programas de empreendedorismo; corresponsabilidade no lar; fortalecimento de vínculos familiares; home office e oportunidades laborais; licenças parentais; maternidade e educação, cuidados etc. No que tange ao home office, durante e depois da pandemia da Covid-19, procuramos, tanto no plano nacional como no internacional – chegando a discutir o tema na sede da Organização Internacional do Trabalho (OIT) em Genebra, em 2021 –, defender pressupostos básicos para o fortalecimento dessa vertente decisiva para um eficaz e eficiente *work-family balance*: liberdade-responsabilidade-flexibilidade-produtividade.

Passo, assim, a expor brevemente algo desse trabalho tão humano e saudável.

Espaço, voz e complementariedade

Desde que a mulher começou a buscar seu justo espaço na sociedade para poder participar e oferecer sua contribuição própria e necessária, a começar pelo direito de votar e ser votada, em geral, opôs-se à resistência de forma negativa, enganosa e enganada, por seus fundamentos ontológicos falsos e índole belicosa, perseguindo uma igualdade fora da realidade, a começar pela biológica, quando a proposta deveria basear-se em pressupostos jurídicos, antropológicos e sociológicos.

Essa proposta artificial, que nega a própria feminilidade, foi levando a mulher a igualar-se por baixo, clamando, por exemplo, por direitos sexuais – à margem da dignidade humana, diga-se de passagem, também exigida aos homens –, e conquistando postos ilusórios, através de quotas ou "empoderamentos" que não condizem com suas capacidades, seus méritos ou sua força interior natural, a qual não necessita ser conferida de fora para dentro.

Nesse sentido, foi até mesmo conseguindo capturar espaços, porém com mera ocupação material, pois sua voz ainda não é escutada de maneira plena e, infelizmente, muitas vezes, figura dentro do requisitado pelo politicamente correto – uma mesa com vários homens e apenas uma mulher é frequente em eventos, por exemplo –, porém sem participação realmente valorizada.

É preciso um esforço cultural para compor a riqueza de cores de um quadro no qual encontremos a beleza da complementariedade. Homens e mulheres trabalhando juntos são uma somatória altamente eficaz e eficiente de luzes, ideias e iniciativas para a construção familiar, social e profissional. Porém, é preciso uma conscientização, também por meio da constatação prática, ao liberar e criar efetivamente não nichos, mas um universo com real igualdade de condições.

Projeção integral da mulher

Como conseguir caminhar nesse sentido de forma eficaz? Entendemos que deve haver uma integração entre políticas públicas e sociedade civil em ações formativas e performativas.

Nesse sentido, podem-se delinear programas de fortalecimento de vínculos familiares, que têm se demonstrado altamente eficientes no combate à violência doméstica e à gravidez na adolescência, através, por exemplo, do Projeto "Famílias Fortes", oferecido pela Secretaria Nacional da Família (2019–2022) e expandido para inúmeros municípios dos 26 estados do Brasil, auxiliando cada família a refletir sobre suas relações. Embora os municípios contassem com mais dois anos de aplicação, atualmente esta tem sido dificultada por diversas situações.

De modo humano e maduro, busca-se encontrar soluções, desde a base, construindo ou reconstruindo a situação, de maneira a evitar ter que apagar incêndios com tanto sofrimento e marcas indeléveis. Esses programas estão fundamentados no respeito e auxiliam de fato a abrir-se aos outros. Assim, mesmo que o Estado não possa solucionar a crise de amor pela qual passamos, pode, pelo menos, oferecer as condições por meio da formação e informação, contrapondo-se ao intuito utilitarista de manipular o ser humano por meio da baixa qualidade na educação e da hipersexualização, que atinge especialmente a mulher.

Paralelamente, é importante focar na corresponsabilidade no lar para que se possa dividir o peso: coprovedores, coeducadores, cocuidadores etc., compartilhando, assim, também o cuidado do lar. Trabalhar junto ao Congresso Nacional, assembleias legislativas e câmaras municipais, bem como junto aos Executivos dos diversos entes federativos para emplacar projetos de lei interessantes nesse sentido, como licenças parentais compartilhadas, foi também uma via para criar uma cultura de equidade, pois, de fato, é impossível conquistar uma mudança estrutural se esta não é sustentada pelas famílias e, principalmente, a partir do interior do ser humano.

Outra vertente decisiva é prestigiar a mulher em sua plenitude, protegendo seu direito a realizar-se como mãe. Hoje, a maternidade sofre bullying pessoal e institucional. É preciso criar condições para que a mulher possa cumprir seu papel insubstituível no lar e, ao mesmo tempo, dar toda sua contribuição social, por meio de sua atividade profissional. Nessa área é ainda de extrema importância trabalhar junto a federações e associações que possam apoiar as mulheres sem discriminações, também por meio de programas de empreendedorismo, como "As Semeadoras do Agro", da Federação de Agricultura de São Paulo.

Por fim, é preciso que a própria mulher se valorize a partir de todas as suas qualidades naturais, potencializando-as, como é o caso de Naíle Mamede, que promove esta maravilhosa obra. Nesse sentido, não podemos deixar que a mulher seja reduzida a um corpo e que se afirme através dele

– dando margem até mesmo aos assédios –, quando sua mente, seu coração, sua perseverança e sua dedicação são infinitamente maiores.

Temos um longo trajeto a ser percorrido. Cada um de nós tem seu papel, homens e mulheres. Juntos somos mais fortes.

Conclusão

Espero que essas poucas linhas – fariam falta muitas mais – possam ajudar-nos a refletir sobre a guinada que estamos dando na condução das pautas relativas ao papel da mulher na sociedade.

Nosso Brasil, de dimensão continental, tem efetivamente um impacto mundial. Hoje, infelizmente, ainda transmitimos uma imagem muito negativa de nossas mulheres, desde exacerbar estatísticas de violência, passando pela apelação sexual, e até mesmo à promoção de prostituição internacional, perdendo de vista, por exemplo, o número de doutoras e pós-doutoras que promove nosso país; as quais, por sua vez, demonstram o quanto galgam espaços quando se trata de autodeterminação.

Penso que os primeiros passos são sempre de ampla conscientização por meio de pequenas ações, chegando a cada coração e, a partir dele, ampliando o raio. Este livro cumpre seu papel nesse sentido e, com certeza, estimulará outras iniciativas. É uma reflexão para a ação.

Lembro-me de que, em viagem ao México, no ano passado, pude palestrar em cinco cidades sobre a defesa da dignidade da mulher e dos valores humanos, em eventos promovidos por empresários. Em cada cidade havia pessoas em situações bastantes diversificadas, mas o que me impressionou foi ouvir mulheres contando sobre o que faziam na família, nas associações de bairro, nos clubes, na empresa, na roda de amigos etc., para mudar o contexto social.

Somos, de fato, uma pedra caída no lago, que forma um círculo e depois, outro círculo, atingindo uma amplitude inimaginável em um mar sem margens. Com certeza, se correspondermos a esse chamado essencial para projetar a mulher em toda sua capacidade, a partir do tesouro de sua natureza feminina, teremos uma sociedade cada dia mais equilibrada, amorosa e próspera, levando essa mensagem e nosso exemplo ao topo do mundo.

Referências

BURGGRAF, J. *Made for freedom*. Strongsville: Scepter Publishers, 2012.

CAMPBELL, C. C. *Corações imperfeitos*. São Paulo: Quadrante, 2022.

CHINCHILLA, N.; LAS HERAS, M.; MASUDA, A. D. *Balancing work and family*: a practical guide to help global workforce challenge. Massachusetts: Human Resource Development Press, 2010.

HONNETH, A. *Reification*: a new look at an old idea. Oxford: Oxford University Press, 2012.

NUSSBAUM, M. C. *Women and human development*: the capabilities approach. Cambridge: Cambridge University Press, 2001.

SALVI, A. *Viva a sua melhor versão*: conquiste o sucesso e equilíbrio na vida pessoal e profissional com o método que já impactou milhares de pessoas. São Paulo: Gente, 2020.

SPAEMANN, R. *Persons*: the difference between 'someone' and 'something'. Oxford: Oxford University Press, 2007.

STORK, R. Y.; ECHEVARRÍA, J. A. *Fundamentos de Antropologia*: um ideal da excelência humana. Trad. Patrícia Carol Dwyer. São Paulo: Raimundo Llull, 2005.

ULIANO, S. C. *Por um novo feminismo*. São Paulo: Quadrante, 1995.

BREVE HISTÓRIA DE ÂNGELA TAMIKO HIRATA

Diretora de comércio internacional da Alpargatas até 2014. Vice-presidente de Marketing da Camicado (2010 e 2011). Liderou o projeto Japan House São Paulo. Superintendente do grupo WTC Brasil. Superintendência do Complexo Shopping D&D e Complexo World Trade Center de São Paulo. Como palestrante internacional, já proferiu palestras com Francis Ford Coppola, Philip Kotler, Muhammad Yunus, Steve Jobs, John Naisbitt, entre outros, em mais de dez países. Participou de um workshop de Suzy Shikoda em Londres. Em 25 de outubro de 2019, participou em Wimbledon de um workshop e de conferência com a prefeita de Merton/Wimbledon. Prêmio Claudia em 2008, pela marca Havaianas Made in Brazil. Prêmio Enterprising Women 2014, que reconhece as mulheres empreendedoras mais influentes no mundo. Condecorada em 2017, com a Comenda Barão do Rio Branco pelo Ministro Marcos Bezerra Galvão. Diploma de Honra ao Mérito pelo Cônsul Geral do Japão em São Paulo, sr. Yasushi Noguchi.

ÂNGELA TAMIKO HIRATA

10

CONTATOS:

@angelatamiko

11 97226 4997

Sou a mais velha de 13 irmãos e desde cedo soube que não queria ser como minha mãe, que era dona de casa, tampouco como meu pai, que dependia da chuva e dos ventos para administrar a fazenda de gado e café. A natureza empreendedora é uma característica muito marcante em mim, o que contribuiu em minha vasta experiência em negócios internacionais e atuação como líder em vários setores do mercado.

A "natureza empreendedora" é uma característica muito marcante em mim, o que contribuiu para a construção de uma carreira no setor corporativo, proporcionando-me ampla experiência em negócios internacionais. Atuei como líder de projetos, executiva de contas, formadora de estratégias e no desenvolvimento de mercado.

A vinda dos meus pais ao Brasil

Meu sobrenome, Hirata, é de uma família japonesa que imigrou para o Brasil em 1929. No Japão, eles eram comerciantes na cidade de Osaka, com raízes na província de Ishikawa. Meu pai, Takeo Hirata, nasceu em uma família com muitos recursos, mas meu avô, Chomatsu Hirata, enfrentou dificuldades após a crise da Bolsa de Nova York.

Diante da pressão social no Japão, onde o sucesso profissional era imperativo, Chomatsu se viu obrigado a imigrar para o Brasil, com a meta de retornar ao Japão em dez anos. A família viajou por 60 dias de navio até o Porto de Santos, seguindo para a Hospedaria do Imigrante, no Brás, em São Paulo. Meu pai tinha 11 anos na época. Desde o início, enfrentaram problemas de comunicação, diferenças culturais e alimentares. Durante a inspeção médica, foi detectada uma virose em meu tio, e minha avó, Kazue, permaneceu na hospedaria por mais uma semana. Meu avô e meu pai seguiram para uma fazenda de café no noroeste do estado de São Paulo.

Kazue, acostumada a viver cercada de empregadas, não se conformava com aquela situação e entrou em depressão profunda. Com apenas 11 anos, meu pai ia para a roça apanhar café e tinha que cuidar da casa. Meu avô, em crise por não ter proporcionado o que desejava para a família, entregou-se à bebida. Embora jovem, meu pai Takeo passou a ser o arrimo da família, já entrando na adolescência.

Apesar dos problemas, Chomatsu era um bom comerciante e, aos poucos, conseguiu melhorar a condição da família. Minha avó começou a aceitar melhor a situação. Quando conseguiram recuperar o que haviam perdido, poderiam ter voltado para o Japão, mas decidiram reinvestir o que ganharam no Brasil. Logo na chegada ao Brasil, Chomatsu e meu bisavô fizeram um pacto de manter o vínculo familiar, e meu pai reafirmou esse compromisso quando voltou ao Japão 43 anos depois.

Temos uma prima distante, Asako Hirata, que estudou advocacia na Universidade de Tóquio. Quando ela se formou, pediu como presente uma viagem para conhecer a família no Brasil. Ela esteve conosco por um mês, conheceu toda a família, e, até hoje, mantemos um relacionamento próximo.

Minha mãe, Sumiyo, veio para o Brasil aos 12 anos, mas perdeu os pais muito cedo. Não cheguei a conhecer meus avós maternos. A família dela vivia próxima à de meu pai, em Marília, cidade do interior de São Paulo. Minha mãe foi uma mulher muito forte. Embora não demonstrasse, era ela quem administrava toda a família.

Minha memória mais antiga é de uma viagem a bordo de um trem que sacolejava pela estrada de ferro de Bauru a Marília, no oeste paulista. Minha mãe, Sumiyo Hirata, chorava muito durante toda a viagem. De vestido bordado e chapéu branco, eu observava o choro da minha mãe sem entender o que acontecia. Era 1946, um ano após o fim da Segunda Guerra Mundial. Naquela ocasião, meu pai não estava por perto. A vitória dos países aliados ainda era tabu para os japoneses, que não aceitavam a derrota do Império Nipônico.

Passei toda a infância no interior de São Paulo e sempre fui viciada em livros. Com carta branca dos meus pais para fazer o que quisesse, uma postura pioneira para uma família japonesa, carrego até hoje um dos preceitos que me foram passados: "carta branca" para minha equipe desenvolver suas ações. Todos têm sua inteligência e a usam para um objetivo comum, e é preciso respeitar isso. Quem está comigo pode fazer melhor do que eu, e que assim seja.

Sou a mais velha de 13 irmãos e sempre soube que não queria ser como minha mãe, que cozinhava, lavava roupa e cuidava da casa, tampouco como meu pai, que dependia da chuva e dos ventos para administrar a fazenda de gado e café.

Minha trajetória de vida é uma mistura de projetos empresariais e pessoais de sucesso. Além de empresária, sou mãe e avó, e me considero uma agregadora de pessoas, tanto da família quanto de amigos, promovendo encontros frutíferos e positivos.

Meu primeiro emprego foi na Diners Club do Brasil, como assistente administrativa, enquanto cursava Administração de Empresas nos anos 1970. Logo após essa experiência, ingressei nas lojas de franquia da Levi Strauss, onde tive meu primeiro contato com o marketing. No início dos anos 1980, segui na área de comunicação e marketing por meio de consultorias para marcas que, na época, ainda eram pequenas, como O Boticário, que tinha apenas sete lojas, e as lojas Hering.

Meu maior sonho sempre foi construir a marca Made in Brazil, o que conquistei por meio de muito esforço e trabalho árduo à frente do *case* de internacionalização das Havaianas, mas pouco se fala do que veio antes do triunfo das sandálias. Entre 1989 e 1997, residi em Novo Hamburgo, município gaúcho a 40 km de Porto Alegre, considerada a capital nacional do calçado. Eu queria que o mundo soubesse que os melhores calçados eram fabricados ali, na região do Vale do Rio dos Sinos.

Grandes fabricantes de calçados produziam para importadores e para mercados dos Estados Unidos, mas com outras marcas. Quando percebi isso, falei: "Vamos criar uma marca brasileira". A indústria de calçados Azaleia me convidou para ser sócia de uma empresa de comércio internacional, mas eles produziam 20 mil pares do mesmo modelo. Quando sugeri que fossem feitos apenas 300 pares para a vitrine da Galeries Lafayette, em Paris, fui vencida e o projeto não se concretizou.

Uma marca bem brasileira que ousou mudar conceitos

Em 2000, quando a Alpargatas me convidou para assumir a posição de diretora de comércio internacional de seus produtos, fui a primeira mulher a ocupar um cargo de diretoria na empresa. A proposta era desenvolver o mercado para a Topper, marca de produtos de futebol (o grupo vendeu a marca no final de 2015). Argumentei que os concorrentes Nike e Adidas já tinham muito mais relevância nesse setor.

Quando a diretoria da Alpargatas perguntou qual seria o produto mais interessante para expansão internacional, dentro das linhas existentes, eu respondi que seriam as sandálias Havaianas. Eles acharam que eu tinha perdido o juízo. Apresentei a expansão internacional da marca Havaianas, que hoje é um objeto de desejo mundial, transitando nos pés e passarelas pelo mundo afora.

Viajei para mais de 80 países como diretora de comércio internacional da Alpargatas. Liderei a transformação da marca Havaianas em um objeto de desejo de estrangeiros, hoje comercializada em mais de 100 países. Trabalhando com três pilares (razão, sensibilidade e emoção), sempre defendi que é preciso detectar tendências e desenvolver produtos que atendam aos desejos do mercado-alvo. Precisávamos ser diferentes e inovadores, criar desejo de consumo, promover atividades integradas e conquistar uma posição única e sustentável.

Sempre soube que o reposicionamento de uma marca não é apenas sobre vender um produto, mas sobre gerar valor para uma cultura, com alinhamento de ações integradas de comunicação e marketing. No nosso planejamento estratégico, as ações consistiam em colocar as sandálias nos pés e no gosto das celebridades brasileiras que moravam fora, como modelos e jogadores de futebol, e estar no tapete vermelho de Hollywood.

Início do desenvolvimento Made in Brazil em 01/01/2001, Angela Hirata e seu time

Na época, recebi o aval do presidente Fernando Tigre. Eu era considerada muito inovadora e rodei o mundo levando as Havaianas para *boutiques* de luxo, como a Galeries Lafayette, em Paris, e a Harrods, em Londres. Realizei o sonho de participar da construção do selo Made in Brazil, desejado no mundo inteiro.

Em apenas três anos, levei a empresa a exportar para cinco continentes, em mais de 80 países, com a marca Havaianas posicionada no mercado e disputando espaço em vitrines de renome internacional. Hoje, as Havaianas estão presentes em mais de 100 países, com o mesmo conceito e posicionamento. Minha história na Alpargatas foi até 2014, já como consultora independente da presidência. Em paralelo, já era sócia-proprietária da empresa Suriana Trading e atuava como palestrante com experiência em negócios internacionais e como líder de projetos.

Também atendi a outros clientes com foco no mercado internacional, como os vinhos Miolo, a Casa Valduga, a Cervejaria Germânia e algumas marcas de moda brasileira. Após minha passagem pela Alpargatas, assumi mais um desafio: transformar a empresa familiar Camicado em uma empresa de capital aberto. Como vice-presidente de marketing, de março de 2010 a setembro de 2011, profissionalizei toda a equipe, com o objetivo de expandir os negócios, reposicionar a marca e valorizar sua imagem. Houve grande reconhecimento do mercado, que culminou na aquisição da Camicado pelo grupo Renner, em maio de 2011, por um valor equivalente a 20 vezes o EBITDA.

Um pedaço do Japão no Brasil

Fui escolhida pelo governo do Japão para liderar o projeto Japan House São Paulo. A iniciativa começou três anos antes, em 2014, quando, durante um jantar na capital paulista, um diretor do Ministério das Relações Internacionais do Japão me convidou para participar da licitação que escolheria a equipe de gestão do centro cultural japonês. Agradeci muito e disse que não aceitaria. Quem sou eu para falar de todo o Japão? Sou brasileira! Como aprendi com meu avô durante a infância, não devemos ter vergonha de ser filhos de japoneses, mas devemos ser brasileiros acima de tudo.

Duas semanas depois, o funcionário do ministério entrou em contato novamente: "Queremos mostrar o Japão contemporâneo, sem esquecer a tradição. Desde a Segunda Guerra Mundial, somos um país que busca paz e harmonia. Temos que criar um relacionamento entre países para fazer algo juntos, progredir, inspirar e desenvolver". Essa ideia de intercâmbio, que também se estenderia para a América do Sul, a partir do *hub* instalado no Brasil, me interessou muito. Na época da inauguração, as expectativas previam 150 mil visitantes até o fim de 2017, mas, até o final de setembro daquele ano, quase 400 mil visitantes passaram pelo prédio, cuja fachada mescla madeiras centenárias do Japão com elementos brasileiros.

O sucesso da Japan House São Paulo, que também tem sedes em Los Angeles e Londres, inauguradas após um ano da abertura no Brasil, deve-se a muitos profissionais, não apenas a Angela Hirata. Foi o resultado do trabalho de toda a equipe envolvida no projeto. O arquiteto responsável foi o renomado Kengo Kuma. A inauguração da Japan House, realizada em 30 de abril de 2017, contou com a presença de autoridades dos governos japonês e brasileiro, além de empresários renomados, tanto brasileiros quanto japoneses.

Antes mesmo de deixar a Japan House São Paulo, recebi um convite do WTC Brasil para assumir o cargo de superintendente do grupo. Em agosto de 2018, assumi a superintendência do Complexo Shopping D&D e do Complexo World Trade Center de São Paulo, inaugurando uma nova fase de transformação, criatividade e dinamismo.

Nesse breve período, planejou-se que todo o Complexo Shopping D&D entrasse em uma nova fase de expansão e gestão, agregando um conceito de design e marketing atualizados aos tempos modernos. Com essa proposta, consegui reduzir a vacância do Shopping D&D em aproximadamente 30%.

Também sou palestrante internacional na área de marketing e posicionamento de marcas, tendo já proferido palestras ao lado de Francis Ford Coppola, Philip Kotler, Muhammad Yunus, Steve Jobs, John Naisbitt, entre outros, em mais de 20 países.

Em 21 de outubro de 2019, participei em Londres de um workshop coordenado por Susy Shikoda. Em 25 de outubro de 2019, participei em Wimbledon de outro workshop coordenado por ela, além de uma conferência com a Prefeita de Merton/Wimbledon, município de Londres.

Ao longo da minha trajetória, recebi diversos prêmios e condecorações. Em 2008, recebi o Prêmio Claudia na categoria Negócios, em reconhecimento pela divulgação e consolidação da marca Havaianas Made in Brazil nos cinco continentes.

Recebi também o Prêmio Enterprising Women 2014, que reconhece as mulheres empreendedoras mais influentes do mundo. O evento de premiação ocorreu em Sarasota, Flórida, Estados Unidos.

Em 2017, fui agraciada com a Comenda Barão do Rio Branco, entregue pelo Ministro das Relações Exteriores do Brasil, Marcos Bezerra Galvão, em reconhecimento à minha carreira no mercado internacional. Em 2018, recebi o Diploma de Honra ao Mérito entregue pelo Cônsul Geral do Japão em São Paulo, sr. Yasushi Noguchi, pela implantação da primeira Japan House no mundo em tempo recorde e com um público dez vezes maior do que o esperado pelo governo japonês no primeiro ano de abertura.

Em 2021, assumi a coordenação do projeto Amazon Oil, focado em negócios com empresas dos setores de cosméticos e *health care*. No ano seguinte, passei a liderar o projeto com fibras naturais de curauá, em parceria com Taizo Yamada, da empresa MY Amazon.

Hoje, a Suriana Trading, com matriz em São Paulo e filiais em Milão e Tóquio, atende empresas que precisam de consultoria em marketing internacional. Ao longo da minha carreira, sempre fui movida por desafios e por inspirar as pessoas com as quais trabalhei a pensarem de forma diferente e a nunca aceitarem as coisas como são. A zona de conforto é um lugar nocivo às novas ideias e à realização de sonhos.

A frase que escolho para resumir o legado da minha carreira vem de Joseph Campbell: "O maior privilégio da vida é ser quem você é".

REFLEXÕES SOBRE O PAPEL DA MULHER NA SOCIEDADE

Nascida e criada em São Paulo, desde pequena carregava um profundo desejo de justiça e direito, embora não soubesse ainda todas as formas de lutar por eles. Sua paixão pelas áreas humanas a levou a descobrir a Psicologia, que a fascinou ao oferecer maior compreensão às dores emocionais, mas também caminhos para as aliviar e propostas de transformá-las. Formada em Psicologia pelo Centro Universitário das Faculdades Metropolitanas (FMU) em 2017, especializou-se em Psicologia Hospitalar pelo Hospital Albert Einstein e em Psicanálise Clínica pela SANAR Saúde. Atua no Hospital do Coração e em seu consultório particular, no qual se dedica à psicoterapia psicanalítica com um foco especial em mulheres. Sua trajetória é marcada por um compromisso profundo com a saúde mental, oferecendo suporte emocional a pacientes em diversos contextos e promovendo escuta ativa e acolhimento. É movida pelo desejo incessante de transformar realidades e oferecer atendimento especializado e humanizado.

BRUNA CARVALHO

11

CONTATOS:

brun.19carvalho@hotmail.com

11 98553 8925

Neste texto inspirador, exploramos a jornada transformadora das mulheres em uma sociedade dominada por patriarcado e machismo. A autora nos convoca a refletir sobre como superar essas opressões históricas e celebrar as mulheres como protagonistas de suas próprias histórias. Faz-se um apelo urgente para reconhecer e combater abusos, enfatizando a importância de oferecer suporte emocional e redes de acolhimento para a recuperação e fortalecimento das mulheres. É um chamado à ação e à empatia, incentivando a criação de ambientes que valorizem a autoestima feminina.

O presente texto tem por objetivo poder provocar reflexões acerca do papel da mulher em uma sociedade ainda marcada por patriarcado e machismo. Mas como é possível desmistificar uma construção que atravessa gerações? Como podemos nos olhar enquanto protagonistas de nossas próprias histórias, escolhas e experiências, considerando nossos sonhos, desejos e perspectivas pessoais?

Fui convidada a falar sobre a autoestima da mulher. No entanto, para chegar a essa temática, faz-se necessário abordar o que pode estar por trás das inúmeras e profundas dificuldades que atravessamos para que possamos acessar a nossa autoestima (nesse sentido, eu me incluo, como autora e mulher extremamente identificada, também afetada e já tendo questionado a mim mesma por que nasci mulher). Tal indagação é possivelmente realizada por nós, ainda que não encontremos respostas. Fato é que, como mulher que sou, eu me sinto convocada e desejante de que possamos, por meio deste conteúdo, construir um novo olhar dotado de possibilidades e rumos que sejam capazes de transformar cenários e de alcançarmos O TOPO DO MUNDO! Um topo do mundo repleto daquilo que NOS faça sentido para além do que nos foi apresentado, com a vista ampla e infinita, ganhando a dimensão e o significado desenhados por nós mesmas.

A jornada da mulher: uma retomada histórico-cultural

Antes de tudo, acredito que seja válido fazermos uma retomada sócio-histórica e cultural do recorte da mulher, em busca de compreender o quanto a trajetória das mulheres, que muito embora seja uma narrativa de resistência, resiliência e progresso contínuo, é também carregada de lutas contra opressão, violências e esforços para alcançar a igualdade e justiça em todos os âmbitos da vida.

Desde os registros mais antigos que a humanidade possui, já havia indicativos de um lugar em que a mulher sempre fora colocada em posição de submissão, em que suas expressões, opiniões e até mesmo seu corpo não estavam sob seu poder, mas sim subjugado ao controle de terceiros, sejam estes homens, sociedade ou Estado. Atualmente temos agravantes, como veículos comparativos em meio às redes sociais, excesso de filtros e procedimentos estéticos na busca do ideal. Mas algo que sempre se repete é: a mulher à serviço de funções designadas, seja de padrões perfeitos ou, como o que ainda ouvimos, do "lugar de mulher". Tal expressão soa ofensiva, mas esse lugar ainda está impregnado em comentários, falas, brincadeiras; isso se estende desde o que se espera em relação à maternidade até a visão de que o cuidar está sempre direcionado ao universo feminino. Engloba, assim, os desígnios de determinadas funções pré-estabelecidas, de um estar para o outro sem fim e com pouco olhar para si em todas as mais diversificadas esferas: no nascer dos filhos, nas atividades domésticas, no cuidar no adoecimento dos mais velhos.

Em toda uma nação, a mulher em postura de sobrecarga física, mas principalmente emocional, além de toda as exigências já impostas, ainda sofre a violência de gênero, sofre ameaças de todas as ordens, sofre a dor da não escuta, do abuso, da invisibilidade e isso pode piorar quando falamos de condições de vulnerabilidade de classe social baixa, mulheres negras, precariedades de fatores financeiros, ausência de acessos, limitações para obter conhecimento e reconhecimento quando se sofre agressões.

E o que fazer com isso? A quem recorrer?

A relação entre autoestima e saúde mental

Antes de entrarmos no fortalecimento emocional da mulher e da tão falada autoestima, como se fosse algo passível de ser adquirida na lógica consumista de mercado, temos uma questão muito relevante que é: como reconhecer a violência psicológica? Como a mulher se sente?

Primeiramente, é necessário considerar o quanto os aspectos de dependência emocional e financeira podem influenciar e perpetuar a mulher em condições de extremo sofrimento mental e físico, impedindo assim que olhemos para nós e, consequentemente, nossa autoestima.

A violência psicológica é o que muitas vezes antecede a violência física e sexual, aquela agressão mais explícita ocorrida por meio do contato corporal. É caracterizada frequentemente por posturas e ações que se iniciam sorrateiras e nas quais precisamos estar atentas aos sinais, desde os verbais até os não verbais. É basilar notar atitudes e comportamentos, mas principalmente como nos sentimos e muitas vezes pouco valorizamos o intuir e identificar o mal-estar que nos atravessa de maneira interna e externa.

Reconhecendo a violência psicológica

O reconhecimento da violência psicológica é um passo crucial na luta pela igualdade e na promoção de um ambiente seguro e saudável para as mulheres. Sem essa visão minuciosa, podemos ser facilmente condicionadas a interpretar situações abusivas em um campo de naturalização.

A violência psicológica é uma forma insidiosa de abuso que pode ter efeitos profundos e duradouros na saúde mental e emocional. Ela se dá e ocorre de maneiras nem sempre tão óbvias e quem a realiza, por vezes, são pessoas com vinculação afetiva e ligações amorosas, seja por relacionamentos românticos, posições de trabalho em que pode haver hierarquias permissivas ou relações das mais variadas. Em linhas gerais, tende a ser praticada por homens, mas não somente, pois o machismo possui raízes e reflexos para além dos indivíduos aqui descritos. Assim, é possível que mulheres ou pessoas de quaisquer gêneros também o reproduzam, em decorrência de ser fonte de uma cultura e um discurso fortemente implícito em nossa sociedade.

São possíveis exemplos de como tais ações de violência podem acontecer os descritos abaixo. Entretanto, vale ressaltar que essa violência se estende para além das citações a seguir.

- **Intimidação**: ameaças de violência, gritos ou comportamentos agressivos que geram sentimento de medo.
- **Manipulação**: controle excessivo sobre a vida da vítima, incluindo isolamento de amigos e familiares, controle financeiro ou imposição de regras rígidas.

- **Desvalorização**: comentários depreciativos, humilhações públicas ou privadas e críticas constantes que minam a autoestima.
- ***Gaslighting***: o termo vem de uma peça de teatro de 1938 chamada *Gas Light* (e suas adaptações cinematográficas de 1940 e 1944), a qual retrata um esposo que manipula sua esposa para fazê-la acreditar que está perdendo a sanidade, alterando pequenos elementos do ambiente e negando que mudanças tenham ocorrido. É uma espécie de manipulação psicológica que faz a vítima duvidar de sua própria percepção da realidade, memória ou sanidade mental.
- **Negligência emocional**: ignorar ou minimizar e não acolher os sentimentos, as necessidades e os desejos da vítima.

Alguns dos possíveis impactos da violência psicológica

Os efeitos da violência psicológica podem ser tão graves quanto os da violência física e podem incluir:

- **Depressão e ansiedade**: sentimentos persistentes de tristeza, desesperança e medo.
- **Baixa autoestima**: sensação de inadequação e perda de autoconfiança.
- **Problemas de saúde física**: sintomas psicossomáticos, como dores de cabeça, problemas digestivos e insônia.
- **Isolamento social**: retraimento em relação a amigos e familiares devido à vergonha ou à coerção do abusador.
- **Transtornos de Estresse Pós-Traumático (TEPT)**: experiências traumáticas que afetam a capacidade da vítima de funcionar normalmente no dia a dia.

A partir do reconhecimento e da identificação de tais violências e possíveis repercussões psicológicas, estamos diante de uma mulher impactada e fragilizada, necessitando encontrar meios de suporte e acolhimento para lidar com tamanho sofrimento e desafios. Não podemos desconsiderar o papel da educação e de propagar imediatas ações de proteção e de cuidados efetivos para condições adversas como aquelas às quais nós, mulheres, podemos estar sujeitas.

A importância de redes de apoio e autonomia

É fundamental, além dos dispositivos de leis, como a Lei Maria da Penha, uma rede de apoio com olhar sensível e acolhedor, em que não exista falas de julgamento e censura, pois há um sistema muito enraizado na sociedade. Até que uma mulher consiga romper dinâmicas de controle e abusivas, nossa função não é avaliar o tempo que isso pode levar, considerando especialmente sermos parte dessa rede quando também nos responsabilizamos em escutar e auxiliar no resgate, seja de maneira metafórica ou em ações práticas.

O reconhecimento da violência contra as mulheres é essencial para combater riscos à sua integridade e abordar de maneira abrangente todas as formas de abuso, visando promover acesso a saúde e bem-estar e gerando alternativas para uma busca por fortalecimento, um processo complexo e árduo.

Mulher e autoestima

Depois de nos debruçarmos sobre toda a problemática massacrante na qual a realidade da mulher sobrevive, onde entra a autoestima?

A definição de autoestima está associada ao modo como as pessoas se enxergam. De maneira central, refere-se à forma como um indivíduo se avalia e se valoriza, envolvendo crenças sobre si mesmo, bem como respostas emocionais associadas a elas. Podemos compreender paradoxalmente que tais crenças geram também emoções e sentimentos que trazem repercussões à autoimagem interna e externa de quem se é.

Pensa-se, assim, em tudo que vimos até agora e no quanto a mulher, em sua trajetória de vida, sofre impactos consideráveis desde o seu nascimento, relativos ao ambiente cultural, social e familiar, ou seja, a forma como pais e cuidadores a trataram. Tudo isso, somado às normas e expectativas sociais e suas experiências de vida, deve ser considerado ao pensarmos se há espaço para aceitação, validação de características pessoais internas e externas.

Podemos compreender as dificuldades para uma construção de autoestima saudável, ficando clara também a necessidade de um trabalho voltado a inserir condições que possam auxiliar a ressignificar esse conceito para consigo; e isso não é uma tarefa fácil, não consiste de apenas frases e palavras de autoafirmação, como muitos imaginam ou divulgam, ainda que na tentativa motivacional de poder injetar ânimo.

A autoestima é composta de fatores que envolvem ambiente, relações e possibilidades de vivências que formam o ser humano.

É importante reconhecer cada vez mais novos movimentos liderados por mulheres como Naíle Mamede, trazendo à superfície esperança, criando e contribuindo para ações que sejam reparatórias, engajando mais e mais mulheres a se conscientizarem de seu protagonismo de vida. No entanto, cabe a cada um de nós seguir ajudando a reconhecer situações de mulheres em condição de violência, estimulando seus potenciais, criando espaços seguros de escuta e acolhimento solidário e incentivando o autocuidado por meio de buscas que consistam em um reequilíbrio das áreas de vida da mulher.

Há ainda a necessidade de uma rede de apoio que ofereça segurança e proteção. Essa esfera pode ser de origem familiar, mas nem sempre está disponível, pois muitas vezes o campo familiar também está comprometido, sendo o causador ou reforçador de violências.

Além disso, reflita sobre quais são os acessos e as condições ao trabalho que remunere a mulher de maneira justa para a sobrevivência e lazer e possibilite meios de ter sua própria fonte de renda, sem dependências extras. É impossível falar de autoestima quando faltam condições que favoreçam a reinserção de autonomia de escolhas e liberdade.

Em paralelo, verificamos que a depressão e a ansiedade possuem relação com a baixa autoestima.

Estudos longitudinais mostram que a autoestima baixa pode ser um fator de risco para o desenvolvimento desses transtornos. Comparações com os outros, especialmente em contextos de redes sociais, podem afetar de modo severo a autoestima, com implicações ascendentes, frequentemente resultando em autoestima mais baixa. Portanto, faz-se necessária uma reflexão acerca de como nós mulheres estamos nos relacionando e consumindo mídias e redes sociais, tendo em vista o movimento crescente das imposições, ainda que de maneira não aparente, de moldes de beleza.

Também é válido encorajar a adoção de hábitos saudáveis, como exercícios físicos, alimentação equilibrada e sono adequado, enfatizando a importância de um cuidado à saúde física e, principalmente, à emocional, com acompanhamento psicológico frequente e adequado, bem como grupos de apoio em que possam se identificar e ter trocas de experiência com mútuo acolhimento.

É essencial considerar o acesso à educação, cultura, capacitação profissional e intelectual, principalmente ao analisar relações que promovam estado de bem-estar, relaxamento, um olhar global às necessidades – tudo isso como um encontro de atividades que sejam de descoberta própria.

O processo de autoconhecimento não é tarefa a ser cumprida, mas sim a ser constantemente realizada e alimentada, tendo em vista que estamos em constante transformação.

Que nós mulheres possamos escrever os capítulos de nossas vidas, com o direito de viver livremente e com qualidade.

E, para concluir, em homenagem às mulheres que escrevem e reescrevem suas histórias, deixo as palavras inspiradoras de Cora Coralina:

Aninha e suas pedras

Não te deixes destruir...
Ajuntando novas pedras
e construindo novos poemas.

Recria tua vida, sempre, sempre.
Remove pedras e planta roseiras e faz doces. Recomeça.

Faz de tua vida mesquinha
um poema.
E viverás no coração dos jovens
e na memória das gerações que hão de vir.

Esta fonte é para uso de todos os sedentos.
Toma a tua parte.
Vem a estas páginas
e não entraves seu uso
aos que têm sede.

Ressalva

Este livro foi escrito
por uma mulher
que na tarde da Vida
recria e poetiza sua própria
Vida.

Este livro
foi escrito por uma mulher
que fez a escalada da
Montanha da Vida
removendo pedras
e plantando flores.

Este livro:
Versos... Não.
Poesia... Não.
Um modo diferente de contar velhas estórias.

Referências

BANDEIRA, M. *Estrela da vida inteira*. Rio de Janeiro: Nova Fronteira, 1990.

BEAUVOIR, S. *O segundo sexo*. Rio de Janeiro: Nova Fronteira, 2012.

CORALINA, C. *Poemas dos becos de Goiás e estórias mais.* São Paulo: Global, 2014.

LEARY, M. R. Sociometer theory and the pursuit of relational value: getting to the root of self-esteem. *European Review of Social Psychology*, v. 16, n. 1, 2005, p. 75–111.

ROSENBERG, M. *Society and the adolescent self-image*. Princeton: Princeton University Press, 2016.

SCOTT, J. W. *Gender and the politics of history*. Nova Iorque: Columbia University Press, 1988.

STARK, E. *Coercive control*: how men entrap women in personal life. Oxford: Oxford University Press, 2007.

TWENGE, J. M.; CAMPBELL, W. K. Associations between screen time and lower psychological well-being among children and adolescents: evidence from a population-based study. *Preventive Medicine Report*, v. 12, 2018, p. 271-283.

WALKER, L. E. *The battered woman*. Nova Iorque: William Morrow & Company, 1980.

A METÁFORA DA MULHER COMO EMBRIÃO DE SUA EXISTÊNCIA E SEU LUGAR NO MUNDO

Graduada em Direito pela FMU/SP (1988), possui mestrado (2006) e doutorado (2012) em Direito pela PUC/SP. Especialista em Direito Penal Econômico e Empresarial pela Universidad de Castilla-La Mancha (UCLM) da Espanha. Sócia e advogada criminalista do escritório Viseu Advogados e do escritório Carla Rahal Benedetti Sociedade de Advogados. Presidente da Comissão Permanente de Estudos de Criminal Compliance IASP de 2013 até o presente momento. Atuou como diretora de Relações Institucionais do IASP de 2013 até 2021. Também atuou como Conselheira e Julgadora da 1ª e da 2ª Turma do Setor de Prerrogativas da OAB/SP, membro do Instituto dos Advogados Brasileiros (IAB), membro fundador do grupo de trabalho dos Crimes de Alta Tecnologia da Federação das Indústrias do Estado de São Paulo (Fiesp) e membro efetivo da comissão de Direito Digital e Compliance da OAB/SP. Na área acadêmica, foi professora de Direito Penal e Processo Penal da Escola Paulista de Direito (EPD), e professora convidada do COGEAE-PUC/SP. Foi indicada como uma das mais admiradas advogadas na revista *Análise Advocacia Mulher* em 2023.

CARLA RAHAL BENEDETTI

12

CONTATO:

@carlarahalbenedetti

As reflexões sobre a origem e o papel das mulheres no mundo são sempre inevitáveis. Enfrentamos, muitas vezes, um lugar de fala sofrido; algumas de nós adotam uma postura política tímida, falando pouco sobre seu lugar no mundo, enquanto outras, com personalidade combativa, expõem bravamente nossas ideias e desafios diários. É imperioso dizer que, em qualquer caso, sem a contribuição das mulheres, o mundo careceria de pilares virtuosos como coragem, sensibilidade, intuição e crescimento, entre outros.

Cresci no interior soltando pipa e subindo em árvores, e exerço a advocacia antes mesmo de ser mãe, esposa, professora, autora de livros e artigos.

Preliminarmente, gostaria de compartilhar meus pensamentos e reflexões sobre o que significa ser mulher. Todos os anos, passados alguns dias após o Dia Internacional da Mulher, surgem inevitavelmente reflexões sobre nossa origem e nosso lugar no mundo.

Diante de falas sensíveis, belas e, muitas vezes, incisivas, mas sempre corajosas, não se pode negar que as mulheres sempre desempenharam um papel crucial na sociedade. Enfrentamos, muitas vezes, um lugar de fala sofrido; algumas de nós adotam uma postura política tímida, falando pouco sobre seu lugar no mundo, enquanto outras, com personalidade combativa, expõem bravamente nossas ideias e desafios diários. É imperioso dizer que, em qualquer caso, sem a contribuição das mulheres, o mundo careceria de pilares virtuosos como coragem, sensibilidade, intuição e crescimento, entre outros.

Nas passagens bíblicas do Gênesis, provavelmente estão as primeiras distorções e equívocos que nos levam ao incansável debate sobre a posição do homem e da mulher perante o mundo e seus pares. Gênesis 2:7; 18; 21–22 relata que Deus criou o homem do pó da terra, chamado Adão, e viu que não era bom que ele estivesse só, sendo necessária uma ajudadora idônea, então Deus tomou uma das costelas de Adão e formou a mulher, chamada Eva.

O interessante é que, na passagem do versículo 21, Deus se refere à mulher como ajudadora idônea de Adão, carne de Deus assim como Adão, e, no versículo 24, determina que ambos deixarão seus pais e mães e se apegarão um ao outro, sendo os dois uma só carne. De fato, a correlação entre essas passagens pode nos levar a entender que, se em um momento Deus cria a mulher da costela de Adão para que seja sua ajudadora idônea, isso pode ser visto como um indicativo de que a mulher foi criada para estar ao lado do homem; por outro lado, deixa claro que ambos são criados como uma só carne, o que permite deduzir que homem e mulher são iguais, ambos filhos de Deus.

As metáforas presentes nas passagens bíblicas convidam à reflexão sobre a possível origem da irracional ideia de que as mulheres não eram dotadas de certos direitos sociopolíticos e individuais, como o direito ao voto. Isso culminou em uma árdua luta pela erradicação da negação desses direitos, uma luta que ainda persiste nos dias de hoje. O preconceito dirigido às mulheres, quando não é apenas injusto, é muitas vezes cruel, como se observa em países ditatoriais e religiosamente fundamentalistas.

Talvez, por ser compreendida como adjacente ao homem, como sua "ajudadora", a posição político-social das mulheres ainda seja, mundialmente, injusta tanto por natureza (condição humana) quanto por convenção (legislação). Na essência, o sentido dessa classificação, como bem expresso por Goffredo Telles Júnior, indica que ser justo é ser conforme, adequado, correspondente, proporcional. Para Aristóteles, o justo é aquilo que segue a ordem natural e respeita a lei natural.

Ora, não se pode considerar justo por natureza que uma mulher seja vista como menos apta para determinadas profissões e posições de liderança, tarefas que, desde os primórdios, foram destinadas apenas aos homens. Essa visão, que considera a mulher incapaz de realizar determinadas tarefas, especialmente as intelectuais, causa violência e discriminação, dificultando a luta pelo reconhecimento de que a mulher, como ser humano, é plenamente capaz de escolher e realizar as tarefas que melhor lhe convierem. Ainda é uma luta pelo fim da discriminação e do preconceito contra as mulheres.

Conceitos como misoginia foram cunhados para traduzir e conscientizar a sociedade sobre a dura realidade cultural que as mulheres enfrentam. Umas mais, outras menos, mas todas sofrem preconceito, em diversas frentes: pessoal, social e profissional. Entender que a mulher é diferente em vários aspectos em comparação ao homem é uma verdade relativa, pois, de fato, fisicamente, muitas mulheres são mais frágeis do ponto de vista biológico. No entanto, elas são incondicionalmente dotadas de direitos e garantias inerentes a todo ser humano; nem mais, nem menos.

Entretanto, se de um lado a misoginia – repulsa, desprezo ou ódio contra as mulheres centrada em uma visão sexista – é uma afronta às mulheres e à sociedade, por outro lado, também não se pode agir com misandria, que é a raiva ou aversão praticada contra o sexo masculino. É sabido que não é democrático, justo por natureza ou por convenção, que apenas as mulheres tenham seus direitos e garantias fundamentais preservados e respeitados. Os homens também devem ser tratados com o mesmo respeito, embora, por questões óbvias, não haja tanto debate sobre o tema, pois a eles nunca foram negados esses direitos e garantias fundamentais. Eles nunca souberam o que é ter um direito fundamental mutilado e jamais saberão.

Há muitos homens que tratam as mulheres como pessoas com direitos e valores iguais aos seus, respeitando e admirando seu poder de fala, lutando ao seu lado por um mundo mais plural e menos discriminatório, e compreendendo que esses direitos também são inerentes a elas. Que paradoxo, não? De fato, não se pode generalizar. Todo preconceito, independentemente de sua natureza ou de que lado venha, é injusto por natureza e deve ser também injusto por convenção, sempre!

Não faltam conceitos que definem discriminação e preconceito: transfobia, homofobia, sexismo, etarismo, racismo, xenofobia, gordofobia, entre outros. São vários os termos que definem o preconceito dirigido a um determinado grupo de pessoas que devem ser tratadas como minorias diante de sua vulnerabilidade, merecendo uma atenção especial da sociedade e um olhar diferenciado do Estado.

Tendo como base a cultura patriarcal, que no Brasil se iniciou no Império, o aforismo machista foi se solidificando, desenvolvendo, certamente, os fundamentos da dominação masculina. Atribuir ao homem o conceito ou lugar de superioridade de gênero fomenta a desvalorização e o preconceito contra as mulheres, que muitas vezes sofrem danos psicológicos tão profundos que não conseguem superar.

Mesmo após várias conquistas, as mulheres continuam enfrentando inúmeros desafios e barreiras preconceituosas que impedem a equidade e a igualdade de gênero. Isso inclui, com acerto, o reconhecimento das mulheres transgênero, independentemente da realização de cirurgia de transgenitalização, como parte dessa luta. Da mesma forma, o conceito de feminicídio, que se refere à perseguição e morte intencional de pessoas do sexo feminino, aplica-se às mulheres transgênero e às homossexuais femininas, desde que praticado no âmbito familiar ou em um relacionamento estável conjugal.

Ainda temos muito a fazer para alcançar a igualdade, não só de gênero, mas entre todos os seres humanos, independentemente de cor, sexo, religião, opinião ou quaisquer outros direitos indisponíveis arduamente conquistados ao longo da história. Relativizá-los não é uma opção.

Voltando às passagens bíblicas, como já mencionado, Deus criou a mulher para que fosse a ajudante idônea do homem. É notável que, nessa palavra divina, em Gênesis 3:6, Eva come o fruto da árvore proibida e o oferece ao seu marido, que come com ela. Ao ser inquirido por Deus sobre a razão de ter comido do fruto proibido, Adão responde, em Gênesis 3:12: "A mulher que me deste por companheira, ela me deu da árvore, e comi". Percebe-se que Adão não assumiu a culpa por ter comido do fruto proibido, justificando sua ação em Eva, como se essa não fosse sua vontade; ele pecou por indução de Eva e não por escolha própria.

Por outro lado, Eva, embora tenha desobedecido a uma determinação de Deus, assume o fato de ter comido o fruto proibido por ter sido enganada pela serpente e acreditado que seria o fruto do "entendimento", o que por si só confirma a idoneidade conferida à mulher quando de sua criação.

Compreendendo essas passagens bíblicas como metáforas, pode-se concluir que talvez tenha sido ali, no início da criação do mundo, diante da desobediência de uma norma imposta, que se cunhou o embrião do machismo e da injustiça praticada contra as mulheres.

Oxalá possamos, inspirados pelas passagens bíblicas, converter nosso desejo em virtudes como respeito, compaixão, união e amor entre todas as pessoas – mulheres, homens, transgêneros, heterossexuais e homossexuais –, e que, como resultado, alcancemos a igualdade inerente a todos, independentemente do espectro físico, sexual, político, social ou de opinião. Entretanto, que isso seja feito sempre com respeito às diferenças preexistentes entre todos os seres humanos.

Da minha história de vida, trago uma visão panorâmica: nasci na Maternidade Pro Matre, em São Paulo, no dia 7 de maio de 1966, e cresci em Birigui, uma cidade do interior de São Paulo. Desde os meus três anos de idade, desenvolvi uma paixão pelos cavalos, pelas plantações e pelo cheiro de mato, que me acompanhou durante toda a infância e adolescência.

A convivência no campo, observando a chuva, o céu, os cantos dos pássaros, brincando de amarelinha com os moradores das fazendas, soltando pipa, e subindo em árvores do pomar para comer as frutas diretamente do pé, despertou em mim um enorme senso de justiça e solidariedade. Esse sentimento pulsava desde muito cedo, levando-me a buscar sempre o bem comum e um lugar onde pudesse fazer a diferença na sociedade, ajudando os menos privilegiados e contribuindo para mudanças sociais em um país repleto de contradições e vulnerabilidades.

Aos 17 anos, em 1984, ingressei na faculdade de Direito, uma profissão que tem a Justiça como pilar principal, junto com os direitos e garantias individuais, como a dignidade da pessoa humana. Formei-me em 1988.

Iniciei minha trajetória profissional logo em seguida, tornando-me mestre e doutora em Direito, pois acredito que o meio acadêmico é onde nasce o pensamento crítico do Direito e da Política. Exerci o magistério por muitos anos.

Por amor ao Direito e à liberdade, valorizo a humildade, mas não a subserviência, e a empatia, não apenas ao próximo, mas, principalmente, ao desconhecido. Dediquei meu tempo em prol da advocacia enquanto instituição, colaborando com os interesses dos advogados na Ordem dos Advogados do Brasil, Seção de São Paulo, que, não podemos esquecer, é a casa da Justiça para os advogados e advogadas.

Exerço a advocacia antes mesmo de ser mãe, esposa, professora e autora de livros e artigos. Como criminalista, nunca esqueci o cheiro peculiar das penitenciárias, que chamo de "cheiro da dor" daqueles que, nas palavras de Nelson Hungria, são "atores do espetáculo dramático da vida".

Há alguns anos, iniciei a busca pela honra de ser alçada a uma vaga como Desembargadora do Tribunal de Justiça do Estado de São Paulo, com o objetivo de somar ao Egrégio Tribunal, por quem tenho grande admiração. Tenho a certeza de que somos diferentes, mas não desiguais, e reconhecer as diferenças não significa elogiar as desigualdades. A igualdade é um componente ético que pretendo jamais esquecer; faz parte da minha experiência de vida e profissional.

Certamente, terei muito a aprender com os desembargadores e desembargadoras se tiver a honra de compor o Tribunal. Oxalá eu possa em breve alcançar esse objetivo e ideal. Por fim, compartilho a citação: "Aquilo que eu desconheço é a minha melhor parte, de modo que o melhor de mim é aquilo que eu ainda não sei".

WANDA, UMA BRASILEIRA

É doutor em Direito pela Faculdade Autônoma de Direito de São Paulo (FADISP), título obtido em 2012. Sua trajetória acadêmica é marcada por um profundo compromisso com o estudo das leis, como demonstram suas qualificações. Ele concluiu o mestrado em Direito, também pela FADISP, em 2008. Antes disso, especializou-se em Direito Civil pela FADISP, com a conclusão em 2004. Além disso, possui duas especializações pela Pontifícia Universidade Católica de São Paulo (PUC/SP): uma em Direito Contratual, obtida em 2002, e outra em Direito Processual Civil, finalizada em 2001. Essa sólida formação acadêmica reflete seu profundo conhecimento e expertise nas áreas de Direito Civil, Direito Contratual e Direito Processual Civil, o que o qualifica como um profissional de destaque no campo jurídico.

CARLOS ALBERTO DE SANTANA

13

CONTATOS:

calsanta@hotmail.com

11 99154 0745

Criada às margens do rio Tietê, Wanda se lembra de um tempo muito diferente do atual. Mulher e negra, ela sente a responsabilidade de não perpetuar estereótipos discriminatórios em relação à sua cor. Escravizada pelos próprios familiares na infância, Wanda ressalta suas conquistas no âmbito acadêmico e profissional como principais vetores para o reconhecimento de uma identidade mais afirmativa e empoderada.

Década de 1950, predomínio de uma população rural, a era da modernização no Brasil. Uma rotina com donas de casa utilizando eletrodomésticos de primeira linha, enquanto escutavam as famosas radionovelas. A promessa era grande, não só para o Brasil, mas também para duas novas crianças de berço: a cidade de São Paulo, como a conhecemos hoje, e Wanda da Silva Santana, nascida no bairro Pari, na zona central da capital paulista.

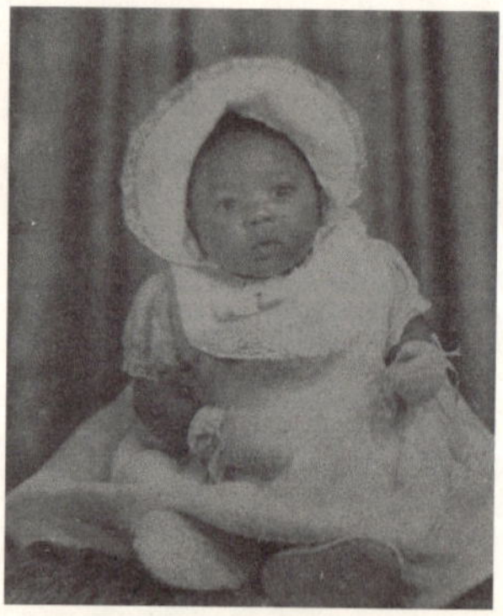

Wanda nasce em 1952.

Criada às margens do rio Tietê, Wanda se lembra de um tempo diferente do atual. O Tietê limpo, fonte de alimento, de trabalho e de vida aos que moravam ao seu redor. Além da casa simples construída em um terreno comprado pela mãe, ela lembra de crescer dentro do restaurante onde sua mãe trabalhava, antes de sofrer um derrame. “Eu fui criada debaixo de uma mesa, dentro de um caixote, até os meus sete anos”, conta Wanda. Ela não fala sobre isso com um tom de tristeza, mas sim de indiferença. Para ela, definir um período da sua infância em um restaurante e em um caixote fazia parte da vida, o máximo que sua mãe conseguia oferecer.

O primeiro de muitos infortúnios foi o derrame da mãe, que levou Wanda a se tornar catadora de papel no centro de São Paulo para ajudar nas contas de casa, até que sua mãe faleceu. Iniciou-se uma batalha pela sua guarda. Além da tia de sangue, outras pessoas queriam tê-la. "Para me escravizarem, eu parecia uma mercadoria", conta Wanda. O Juizado de Menores deu a guarda à tia, com a esperança de que a conexão de sangue proporcionasse uma família. Não foi o caso. Wanda foi levada aos prantos. "Lembro até hoje da roupa que estava usando e da boneca que ela me comprou na estação de trem." Essa memória é significativa, pois ela define esse dia como uma virada de chave. Nos anos seguintes, foi tratada como escrava por aqueles que deveriam tê-la acolhido: "Ela não era uma pessoa boa", diz Wanda sobre a tia.

Na adolescência, Wanda vivia entre a casa da madrinha e as casas de patroas. O seu sonho era entrar para um convento e tornar-se freira. Entretanto, com a tia no seu encalço, seus objetivos pareciam distantes. Wanda recebia sobras de comida, descartadas pelo primo, como almoço e jantar. O trabalho era sua prioridade e o contexto de seu crescimento pessoal. Até hoje, seus gostos e hábitos são os mesmos daquela criança. Rodeada de imigrantes que moravam em São Paulo, Wanda absorveu um pouco da experiência para si. Alimentada por música, culinária e costumes italianos, ela viu na Europa a vida dos sonhos, embora inalcançável.

Wanda, durante a infância.

Com o pouco dinheiro que suas patroas lhe davam por fora, ela conseguiu construir uma casa de madeira no terreno deixado de herança por sua mãe. Uma casa simples, de três cômodos, apenas um com teto, e toda de chão batido. Mas foi ali que ela fez seu primeiro lar, onde morou até conhecer seu ex-marido e desenvolver algo que faltava dentro de si por tanto tempo: uma família.

A condição de analfabeta contribuiu para a visão que a jovem tinha de si. Ser alfabetizada envolvia seu orgulho, sua dignidade e seu valor como ser humano. Analfabeta, órfã, tratada como empregada desde os oito anos de idade, ela lembra com emoção: "Um dos meus maiores sonhos da vida era escrever 'ambulância'. O dia que eu consegui escrever 'ambulância', eu chorei muito. Aquilo, pra mim, era primordial".

De catadora para ajudar a mãe doente, passando por empregada da própria tia, até se tornar funcionária pública, essas são as fases que definem a trajetória de Wanda e como ela se vê em cada etapa da vida. Foi apenas aos 24 anos que a vida lhe trouxe novos sonhos: acolher, ensinar e amar cada um de seus filhos, com a calma e a atenção que ela mesma não teve a chance de receber.

Na primeira de suas viagens, conquistada com o próprio esforço, Wanda soube que dividiria a acomodação na Itália com outra mulher, e a sua principal preocupação era avisá-la de que era "pretinha, da cor da jabuticaba". Na realidade em que foi criada, a cor da sua pele interferia na maneira como os outros a viam, fruto do racismo enraizado no Brasil e nas experiências que vivenciou. Como previsto, a moça não quis dividir o quarto com ela, mostrando que a cor de Wanda era, de fato, uma preocupação.

Hoje, Wanda coleciona conquistas que conta com orgulho. Transformou as dificuldades em motivação; uma razão para se provar, para viver por si e para si. Tornou-se concursada, formada em enfermagem aos 55 anos, e foi capaz de viajar pelo mundo, visitar os países dos quais tanto ouvia suas patroas falarem na infância, formar uma família e criar um lar. E, acima de tudo, conseguiu amar e ser amada. Em uma de suas viagens pela América Latina, já aos 70 anos, Wanda conheceu o homem que buscava. Hoje, ele se descreve como seu companheiro de vida, um achado nas ruas cubanas que agora divide a vida com ela na capital paulista.

Wanda com os dois filhos.

A história de Wanda possui várias camadas, que evidentemente se conectam com sua identidade e sua configuração social, além de nos permitir refletir acerca das problemáticas enfrentadas no contexto brasileiro. É necessário citar que se trata de uma mulher negra em um país que ainda possui resquícios de um passado escravista. Esses vestígios são evidenciados de maneira direta e indireta ao longo de sua trajetória. O fato de ser vista como uma mercadoria implicou no trabalho infantil e, consequentemente, em seu analfabetismo, revelando também a manutenção de pensamentos coloniais e a dificuldade que as pessoas negras enfrentam para serem vistas como cidadãs, mesmo décadas após a abolição da escravatura.

Por isso, é possível verificar que, assim como na biografia do influente compositor austríaco Wolfgang Amadeus Mozart, há uma exclusão social a partir da diferença de classes, algo ainda vigente no contexto brasileiro em que Wanda está inserida. Analisando ambos os casos, é evidente que as limitações em suas vidas surgiram de maneira semelhante, considerando que estavam inseridos nas classes mais baixas da sociedade, submissas às elites. Wanda teve que lidar com questões que interferiram não somente em seu aspecto profissional, mas também em sua constituição como indivíduo.

É importante ressaltar que a segregação sempre esteve inserida em sua vida, mas a morte de sua mãe e sua prematura inserção no mercado de trabalho são pontos-chave para compreender a dificuldade de ascensão que enfrentou. A necessidade de sustentar o ambiente doméstico costuma ser um fator que impede a continuidade dos estudos e a formação profissional. Entretanto, apesar do infeliz contexto excludente encarado por Wanda, é imprescindível destacar que sua força interior contribuiu para a conquista de diversos sonhos, começando pela alfabetização, que foi uma das maiores mudanças em sua vida. Estando alfabetizada, foi possível concluir o ensino superior, bem como tornar-se concursada e prover melhores condições de vida para si e sua família.

Wanda em sua formatura de enfermagem, aos 55 anos.

Wanda transcende as barreiras impostas por sua configuração social. Além das conquistas profissionais, as diversas viagens podem ser mencionadas como aspecto importante, levando em conta que o contexto em que esteve inserida no começo de sua vida jamais a proporcionaria tal experiência. Foi necessário que a paulista batalhasse, conciliando a vida de mãe, estudante e trabalhadora, para que houvesse um processo de mobilidade social, considerado incomum na vida de negros periféricos no país, ainda mais no século passado.

Para a busca da identidade negra é necessário analisar a subjetivação da construção do "eu" negro ou negra, tendo em vista o longo processo histórico de escravização dos negros africanos para atender à demanda de trabalho nas Américas. É primordial refletir sobre a realidade das mulheres negras escravizadas, considerando os aspectos de exploração, opressão e rejeição presente na sociedade patriarcal da escravidão brasileira. Para compreender a construção e a caracterização das mulheres negras como Wanda, é necessário a investigação dos processos históricos, sociais, políticos e culturais da sociedade brasileira do passado e, principalmente, do presente. A identidade negra faz parte de um processo coletivo, e sua transformação pode levar a mudanças na estrutura social como um todo.

Foi devido a esse cenário que, durante a preparação para sua primeira viagem, Wanda precisou entrar em contato com outra pessoa para fechar o pacote e, por ser uma mulher branca desconhecida, ressaltou a necessidade de avisá-la que era "pretinha, da cor da jabuticaba", no intuito de precaver-se contra possíveis constrangimentos. A mulher aceitou a proposta e negou a necessidade de explicação sobre sua cor, porém, no dia da viagem, preferiu outra acomodação, uma longe de Wanda. "Ela não iria falar, mas no fundo a gente sabe o porquê", lembrou Wanda.

Na história do Brasil, as populações negras, sobretudo as mulheres, sofreram com estereótipos que visavam à manutenção do sistema escravista e opressor. A mulher negra era vista não apenas como servente, mãe-preta e ama de leite, mas também como um objeto sexual e destinado à produção de mão de obra. Assim, as experiências de preconceito racial vividas por Wanda, desde a infância marcada pela exploração e rejeição, permanecem em sua memória. Mesmo depois de adulta, tendo alcançado seus objetivos na educação e na carreira, o avanço de sua maturidade enquanto mulher negra e o desenvolvimento de sua consciência racial ainda são um desafio.

O racismo se organiza em um espaço intensamente ameaçador, que não acolhe os corpos negros como sujeitos e não oferece igualdade de oportunidades, impedindo, muitas vezes, que alcancem seu pleno potencial. De acordo com Silva (2000, p. 81), isso acontece para garantir os privilégios da maioria. O estabelecimento das pessoas negras como diferentes reflete na garantia da submissão desses indivíduos, inseridos nas relações de poder vigentes. Wanda recorreu à educação e à formação acadêmica para combater os sentimentos de "mercadoria, exclusão, insegurança e desconfiança" que marcaram sua identidade durante a infância e juventude.

Wanda ressalta suas conquistas no âmbito acadêmico e profissional como principais vetores para o reconhecimento de uma identidade mais afirmativa e empoderada. Isso se reflete em suas falas, como "Sempre foi um sonho meu conhecer a Itália, trabalhei muito para isso" e "Posso dar à minha filha o que nunca tive". A educação e carreira como servidora pública proporcionaram uma melhor qualidade de vida, ajudando-a a compreender o processo das desigualdades sociais vivenciadas pela população negra. Com esse conhecimento adquirido ao longo dos anos, Wanda assumiu a responsabilidade de não perpetuar estereótipos discriminatórios em relação à sua cor na criação de seus filhos e, posteriormente, de sua neta.

***

O presente capítulo é parte do trabalho apresentado originalmente perante a Universidade Federal do Rio de Janeiro, com o título: *Configuração social da vida de Wanda da Silva*. Autores: Abdo Macruz, Alice Almeida Martins, Júlia Azevedo, Luísa Rech, Renan Torreão, Sabrina Santana Lima e Sabrina Vilela. Rio de Janeiro/RJ. 2023.

Referência:

SILVA, T. T. A produção social da identidade e da diferença. *In*: SILVA, T. T. (org. e trad.). *Identidade e diferença*: a perspectiva dos estudos culturais. Petrópolis: Vozes, 2000.

REALIZAÇÃO
O CAMINHO AO TOPO DA MONTANHA

Graduada em Psicologia, com pós-graduações em Arteterapia, Docência e Sexualidade, é instrutora de terapias integrativas e empreendedora do Espaço Ser – Cura e Consciência. Atua nas áreas de Psicologia do Desenvolvimento Pessoal e Profissional, Relações Humanas e Educação Corporativa. Realiza cursos, palestras e atendimentos há quase 20 anos em mais de 10 países. É escritora e membro da Academia de Letras de Lençóis Paulista, coautora do best-seller *Quem manda na minha vida sou eu* e em diversas antologias. Participou da diretoria voluntária em ONG para idosos e de conselhos de assistência social e do idoso. Assim, é entusiasta das formas de ver o mundo e experimentar a vida por meio de escolhas conscientes, saudáveis e sustentáveis. Acredita no tripé saúde, educação e arte como meios de transformação e que, por meio do autoconhecimento e das relações com qualidade, é possível comunicar a autenticidade e espalhar o amor.

CAROL SASSO

14

CONTATOS:

sercuraeconsciencia.com

linktr.ee/carolsasso

@_carol.sasso

Quais são as etapas para chegar no topo? Neste texto, veremos os equívocos sobre o sucesso, os entraves mentais que surgem ao iniciar os passos em tal direção e as mudanças de paradigmas necessárias para continuar nessa jornada. Para colaborar com isso, são sugeridos alguns questionamentos que podem alavancar os recursos que suprirão o que é importante em cada momento do ciclo da realização.

Quando era criança e adolescente, eu imaginava que teria sucesso em alguma carreira artística. E o ponto não estava no que, mas no porquê eu acreditava nisso. Eu imaginava que o sucesso dependia dos outros: do reconhecimento, da validação, do quanto eu, por meio de tal profissão, poderia agradar as pessoas ao redor e ter palmas de uma plateia. Quando percebi que o sucesso dependeria apenas de mim e da minha jornada, consegui seguir o meu caminho, sentir satisfação e ir mais longe do que vislumbrava.

Quer chegar ao topo? Talvez imediatamente você responda "sim" e em seguida possa começar a se questionar: "Topo? Topo de quê?", "Chegar? Para quê?", "E se eu chegar e não tiver mais para onde ir?", "É possível mesmo chegar ao topo, mesmo quando se está lá embaixo por tanto tempo?", "E se eu ficar sozinha e isolada quando chegar lá em cima?".

É... Falar de sucesso realmente pode despertar dúvidas, medos, sombras e equívocos. Por isso, subir ao topo pode ser também uma maneira interessante de olhar para todos esses pensamentos e sentimentos, reavaliar e se desenvolver integralmente.

Então, subir a montanha e seguir o fluxo da vida envolve tirar as névoas e andar com clareza. Isso exige, em primeiro lugar, tomar decisões para desfazer alguns emaranhados mentais que podem gerar muitos sentimentos conflituosos e incômodos, atrapalhando o seu caminhar.

Mitos e jogos sobre subir a montanha

Há vários enganos e conotações pejorativas sobre as expressões "subir na vida" e "chegar ao topo". Escalar a montanha da vida pode se tornar um jogo inconsciente e automático ou um caminho consciente e saudável.

Se você entrar no jogo, pode iniciar voltas em círculo, como um cachorro correndo atrás do rabo: correr, correr, chegar à exaustão e ainda assim perceber que não saiu do lugar.

A seguir estão alguns desses jogos, quando e como você acaba acreditando e se enrolando neles:

- A crença de que "é preciso estar acima dos outros": o jogo da comparação e da inferioridade;
- "É preciso ter algo ou alguém como trampolim": o jogo do ganha-perde;
- "Eu tenho que ter sucesso dessa maneira": o jogo de agradar e cumprir um roteiro programado por outros;
- "Vou cansar de subir uma longa e interminável escada": o jogo da falta e do querer sempre mais;
- "O sucesso vem com muitas abdicações": o jogo do esforço e do isolamento.

Mais que crer nesses jogos, você pode entrar neles e se frustrar, se decepcionar consigo e com os outros. Ou vai se esquivar tanto deles que acabará se recusando a progredir na escalada da montanha. Nesses dois casos, a sensação que pode ficar é que o topo não é para você ou que teria de se esforçar demais para chegar até lá.

No entanto, agora que você viu os jogos-armadilhas em que pode estar emaranhada, vamos olhar o caminho para se desenroscar e escolher viver a ascensão da sua vida.

O escalar a montanha

Vamos imaginar que você está na base da montanha. Para chegar até ela, precisou andar por algum tempo. Chegando perto dos pés da montanha, você sente que, no ponto onde está, não está bom, mas também não está ruim. É o **ponto de crise**. Você pode ficar se perguntando se compensa mais ficar ali, parada, ou subir. O que vale mais: a acomodação estagnada ou o movimento empenhado? Se você leva muito tempo ali, questionando-se e ficando apenas com hipóteses mentais, indecisa, torna esse ponto de crise em um **ponto de dor**. Pode começar a sentir dores físicas e emocionais. E isso só faz com que você postergue ainda mais sua decisão.

Procrastinando, pode acionar, dentro de você, o **ciclo da destruição**: quanto menos você faz, mais se sente incapaz de se movimentar, menos coisas acontecem, mais isolamento, menos valor você vê em si mesmo, mais desinteresse e desânimo, menos você faz...

Então, nesse momento, é importante decidir entre ficar mais um tempo e se abastecer de ferramentas e recursos para colocar na sua mochila quando escolher subir a montanha ou usar toda a bagagem que já tem e escalar. Perceba que qualquer uma das decisões vai envolver, em algum dia, você iniciar a subida da montanha. Porque a vida é, sobretudo, fluxo e movimento. E num dado momento esse impulso de vida vai te chamar para cima.

Olhar para os jogos e para as sabotagens é uma boa saída para diminuir o tempo da tomada de decisão. Que tal ampliar sua visão sobre você e o alcance dos seus sonhos?

Assim como um pêndulo, quando se percebe que está num extremo que incomoda, pode vir a vontade de ir para o extremo oposto, saindo do comodismo e gerando movimento. Eis algumas ideias que podem ser aplicadas para isso:

- Substituir o jogo da comparação e da inferioridade pela visão da autenticidade e da igualdade: buscar se reencontrar com suas qualidades, seus princípios e seus valores, o que a faz ser única e você mesma. Compreender que é possível estar de igual para igual com pessoas compatíveis com o que é essencial para você.
- Sair do jogo do ganha-perde e poder viver no ganha-ganha: realizar trocas responsáveis e saudáveis com os adultos valorosos como você. O que você oferece pode ter tanto valor quanto o que você recebe do outro, sem ninguém sentir que está doando ou sugando demais, trazendo o equilíbrio para essas trocas.
- Deixar o jogo do agradar e de cumprir um roteiro programado por outros e então se engajar em planejar e executar o seu caminho, no seu ritmo, do seu jeito e com o resultado que você deseja.
- Finalizar o jogo da falta e do querer sempre mais e poder iniciar o olhar de abundância sobre si mesmo: reconhecer toda a sua bagagem, sua história e seus recursos e poder aprimorá-los, refiná-los e lidar com as adversidades através deles.
- Cancelar o jogo do esforço e do isolamento para retomar o empenho em se manter ativo, expressivo e se comunicar com pessoas afins, que possam incentivar, colaborar e ajudar a construir a base sólida do seu caminho ou deixar mais fácil e leve o seu trilhar.

Desse modo, você se coloca disponível para sair dos extremos e entrar em harmonia, o meio do pêndulo. E pode ainda acessar o sentido da vida, que é para frente, adiante, de evolução– saindo, assim, do modelo mental de rigidez e estagnação para o de dinamismo e aprendizado. Desconsolidar, descristalizar, desconstruir. Realizar algo novo, ligar mais conexões neuronais, outros caminhos, novas escolhas e mais possibilidades para erguer-se na montanha.

Lembre-se de que os mais experientes alpinistas não sobem a montanha sem provisão nem de modo aleatório. Eles têm planejamento e intencionalidade, e realizam paradas estratégicas para checarem tudo, descansarem e se abastecerem de energia para subir ao próximo nível da elevação. Esse tempo de pausa é o platô, o tempo em que tudo parece ficar bem, aquela sensação de estabilidade depois de conviver com tantos desafios. É importante e preciso dar-se esse tempo de pausa, mas permanecendo nesse lugar somente pelo período necessário, até poder retomar a subida e saber que poderá, em seguida, descansar novamente.

Com isso, se ativa o **ciclo da realização**, que se inicia pela percepção de gana, sonhos, desejos e vontades (primeira etapa). Por que você almeja subir a montanha? O que espera encontrar no final da escalada? Após detectar quais interesses estimulam sua mente e mobilizam o seu coração, é hora de ir para a ação (segunda etapa): fazer as atividades necessárias, gerando habilidades e novas competências. Essa é a parte que leva mais tempo, pois é preciso treino, repetições e empenho, além também de momentos de pausas, avaliações e ajustes para continuar a subida com disciplina e persistência. São os passos direcionados e firmes que trarão, depois de um tempo de prática, conhecimento e aptidão (terceira etapa) necessários para o crivo do alcance do resultado: o seu topo da montanha.

Esse avanço acontece porque você concretiza e acessa seu poder de criação. Cria e materializa algo para si ou para os outros ou para o mundo: esses são os três sentidos de todo trabalho que move você até ali. Por qual ou quais deles você se direciona?

Alcançar o topo da montanha

Chegar ao cume da montanha não é o fim da linha. Pode ser um ponto de parada para contemplação e abastecimento ativo.

E aí é a hora oportuna de comemorar, celebrar a conquista! Sentar-se no topo da montanha como quem atinge sua cadeira, seu lugar. Recordar do que ficou para trás, do que se deixou ir e se orgulhar dos ganhos e do que agora você leva consigo. Receber os cumprimentos, os abraços, os sorrisos. Partilhar a sensação de felicidade e realização e se deliciar com a satisfação (quarta etapa). Essa boa novidade moverá você a continuar, vislumbrar novos sonhos e interesses e reiniciar o **ciclo virtuoso da realização**, subindo outra montanha.

Sim, porque subir apenas uma montanha significa se realizar apenas em um âmbito da sua vida, e somos seres múltiplos de nós mesmos. Temos várias áreas para experimentar, desenvolver e viver:

- Aspecto pessoal (saúde e disposição; desenvolvimento intelectual; equilíbrio emocional).
- Profissional (missão e propósito; recursos financeiros; contribuição social).
- Relacionamentos (família, desenvolvimento amoroso; vida social).
- Qualidade de vida (criatividade e diversão; plenitude e felicidade; espiritualidade).

E viver é progredir. É ampliar seu território; aumentar seus níveis de consciência e suas virtudes. É como seguir em uma cordilheira, que vai colecionando montanhas (as suas experiências).

Além do topo da montanha

Para você absorver toda a experiência da montanha é necessário se lembrar de que, após a subida de cada uma, tem a descida dela mesma.

É o momento da redenção e da sabedoria. É olhar com compaixão para as falhas e apreender; é a retenção do aprendizado e a libertação dos incômodos e desconfortos do caminho, do que passou para estar ali.

Ter escalado a montanha a fez sair do lugar, da base, da estagnação. Você não precisou fugir, fingir esquecer de algo e continuar pesada, carregando diversas pedras na mochila. E não colocou rochas em suas memórias, não ficou esmagada, aprisionada, escondida no meio delas. Você galgou e chegou lá no cimo.

Há duas formas de realmente esquecer o que foi, virar a página, escrever uma nova e aumentar o seu próprio livro da vida, a sua cordilheira. A primeira é por meio de um trauma físico ou emocional. A segunda forma é através de um aprendizado, uma superação. E para chegar no cume da montanha é preciso ter praticado grandes ações, uma "super-ação". É se encontrar com o seu melhor.

Agora realmente você pode ficar mais leve e aterrissar. Descer é mais rápido e fácil, já reparou? E então você pode, conforme desce, deixar as raivas, os rancores e os ressentimentos porque eles já foram superados. Você foi mais alto, maior que eles.

Quem se mantém no topo, na verdade, está acostumado a escalar e descansar diariamente. Isso requer subir e descer várias montanhas ou acessar várias partes de si mesmo, desbravando constantemente sua cordilheira, contornando sua integralidade.

Os estágios da montanha

Assim como temos estágios de desenvolvimento, podemos perceber nossos níveis de crescimento e lançar mão das perguntas adequadas para passar pela escalada da realização, e obter não só respostas, mas a energia e a sabedoria específica necessárias para cada momento.

A base da montanha:

- É preciso começar do início. Como respirar: inspirar e expirar. O que pode absorver e o que é preciso soltar?
- Faz-se importante religar-se com sua fé, sua confiança no divino, em si e nos outros. Em que e em quem acredita? Onde, com quem e quando pode se entregar, permitindo-se estar vulnerável e ser encorajada?
- Conectar-se consigo é outro prumo relevante. Como é e está seu ritmo, seu tempo, seus valores e seus princípios?

Subindo a montanha:

- Quais os sonhos e desejos que a movem? Qual é a sua direção? O que quer servir ao mundo?
- Usar seus recursos, tudo o que já aprendeu sobre si, sobre seus potenciais. Como posso melhorar o que já tenho?
- É importante lembrar-se de outros momentos em que você teve pequenos desafios e conseguiu êxito. E agora, com quem você pode contar, pedir colaboração, estabelecer parceria, ter um retorno sobre suas visões e avaliações?

- Quem ou o que te incentiva e te faz ter vontade de continuar? O que ativa a sua persistência?
- Que pessoa irá se tornar quando alcançar o topo? Que sensações quer acessar e partilhar?

Topo da montanha:

- Aqui é necessário desfrutar, contemplar. Qual é a história que escreveu até aqui?
- Contemplar seus ganhos, a natureza e seus elementos por meio dos órgãos sensoriais e os sentidos. E, assim como no início, na base, é necessário respirar, inspirar e expirar. Agora novos ares e perspectivas da paisagem. O que pode absorver e o que é preciso soltar?

Descida da montanha

- Realizar é possível e necessário em várias áreas da vida. Estar em uma área só é se espremer e se apertar, suprimir-se. Então a descida se faz importante para solidificar os aprendizados e ficar com o essencial. Quais montanhas você tem buscado escalar? Em quais se mantém na base, apenas observando e se questionando? Em quais se sente estacionada? Ou tem a sensação de ter chegado quase lá?
- Como deixar as falhas e os rascunhos e escrever a versão final de cada escalada?

O caminho da montanha, então, é uma viagem em si e consigo. E o subir/crescer, permanecer/manter e descer/relaxar pode ser mais fácil, fluido.

O mais natural, vital e autêntico é o que traz progressão, ascensão e expansão. Como uma bandeira que flamula vigorosamente, colocada no cume mais elevado de uma cordilheira. Ou uma fogueira que se acende para partilhar calor e avivamento entre pessoas em um círculo. E não é isso que significa este livro e tudo o que ele está alcançando enquanto você lê? Isso é o que se pode chamar de sucesso. E hoje, com honra e alegria, eu o tomo como um codinome: a realização.

O CAMINHO PARA A METAMORFOSE

É licenciada em Línguas Aplicadas a Relações Empresariais e Línguas e Relações Internacionais pela Faculdade de Letras da Universidade do Porto, Portugal. Possui certificações em técnicas como o Código da Emoção, *The Emotion Code*®; Código do Corpo, *The Body Code*™ (*Discover Healing*); *Access Bars*® (*Access Consciousness*); e *ThetaHealing*® (THInK), estando sempre em busca de aperfeiçoamento nessas terapias alternativas. Com experiência como gestora de projetos, contribuiu ativamente para um projeto europeu sobre igualdade de gênero, desempenhando um papel crucial nas atividades de comunicação e disseminação. Atualmente é consultora de programas em uma universidade privada na Alemanha, oferecendo orientação diária a candidatos internacionais. Nesse contexto, tem adquirido também conhecimentos valiosos em vendas diretas. Movida por uma genuína paixão pelo desenvolvimento pessoal, por psicologia e educação, acredita que essas áreas são essenciais para promover uma sociedade mais consciente e compassiva.

CAROLINA MACIEL BETTENCOURT

15

CONTATOS:

c.bettencourt@gmx.com

@_carolina_bettencourt_

> Acredito que cada um de nós vem a esta Terra com um propósito; alguns por muito tempo, outros, por pouco, mas todos trazemos conosco a sabedoria de outros tempos, espaços e contextos. Em cada um reside uma força e coragem que está muito além daquilo que sentimos, acreditamos ou dizemos. É uma força que está bem escondida no nosso coração à espera de se revelar no momento mais oportuno.

Ilha de São Jorge: o meu alicerce

São Jorge, conhecido como a "Ilha do Dragão", no Arquipélago dos Açores, Portugal, é uma ilha estreita, comprida e montanhosa. Quem visitou a ilha certamente se surpreendeu positivamente com a quantidade e beleza dos seus caminhos, o verde intenso das pastagens, as hortênsias que acompanham as suas estradas, o queijo que vicia e o calor das suas gentes.

Sou um pedacinho desta terra: São Jorge. Ao escrever esse nome, sinto-me envolvida por uma força divina muito forte, um profundo sentimento de proteção e coragem. No tempo dos meus antepassados, das minhas trisavós, bisavós e avós, foi uma terra de muita pobreza, muito trabalho e de muitas catástrofes naturais (tremores de terra e erupções vulcânicas), mas onde a persistência sempre triunfou.

Criada na freguesia dos Rosais, nome dado pela suposta existência dos seus solos repletos de rosas, e considerada por muito tempo o "Celeiro da Ilha" em virtude da grande fertilidade dos seus terrenos, tive uma infância muito feliz. Fui abençoada por crescer ao lado de grande parte da minha família. Como a maioria das crianças açorianas, desfrutei do privilégio de correr pelos campos, de passear em carros de bois, de andar a cavalo e de ver o mar todos os dias.

O fato de viver em São Jorge fez que tivesse a dádiva diária de acordar todas as manhãs com a deslumbrante vista para a montanha da ilha do Pico. Ao anoitecer, recordo-me de contemplar o mar, observando as luzes distantes e questionando-me sobre o que estariam as pessoas a fazer "do outro lado", como se fosse outro mundo. Antes de dormir, ao fechar os olhos, ainda conseguia imaginar a imensidão do mar, iluminado pelo brilho das luzes do Pico ao longe.

Quem cresce e vive nos Açores, independentemente da ilha, sabe bem o que é crescer no meio do mar, ter as suas fronteiras bem delimitadas, mas mesmo assim se sentir parte de algo muito maior, um arquipélago. Esse arquipélago de nove ilhas é um verdadeiro palco de diferentes histórias, sotaques, tradições e costumes, onde o mar está sempre presente.

Diria que todo o açoriano tem o mar como a sua bússola. Podemos sair das ilhas, mas o cheiro do mar acompanha-nos sempre. É como se o mar que nos separa do resto do mundo fosse o mesmo que nos conecta também a este. Somos feitos de lava vulcânica e de água salgada. Parece um paradoxo, não é verdade?

A lava vulcânica que delimita cada ilha contém em si uma ambivalência referencial. Por um lado, é a delimitação do 'monte de lava' de cada açoriano. A fronteira que aprisiona. Mas, por outro lado, é também o início do horizonte. O início da estrada e a saída do berço que forma.

VITORINO NEMÉSIO

A essência

Atrás de mim estão todos os meus ancestrais a dar-me força. A vida passou através deles até chegar a mim. E em honra a eles eu a viverei plenamente.

BERT HELLINGER

Olho para fotos dos meus pais, avós, bisavós, trisavós e antepassados e penso no quanto viveram. Cada um deixou a sua marca no meu ser, de forma direta ou indireta. Sou uma parte de cada um deles e reconheço toda a força, coragem e determinação que tiveram de viver para eu poder estar aqui.

Com cada nascimento, um novo mundo de possibilidades se abre e nem sempre damos a importância devida a este acontecimento. Os meus pais concederam-me a vida e eu recebi-a com toda a inocência e simplicidade de uma criança. Eles são a minha base e sinto-me muito grata e abençoada pela vida que eles me deram.

A minha mãe diz que tinha dois sonhos na vida: um deles era estudar e o outro, ter duas meninas. O Universo concedeu-lhe rapidamente o segundo desejo. Segundo ela, quando soube que estava grávida de mim, teve uma das maiores alegrias com o meu pai. Dois anos e meio mais tarde, veio a minha irmã, o que faltava para o seu desejo estar completo.

E, como os meus avós a chamam, realmente foi uma "prendinha" para todos nós.

A minha família é o meu refúgio. Soube sempre que poderia contar com os meus pais e irmã para tudo. A minha casa sempre foi o lugar onde pude recarregar as energias para continuar. Sempre fomos muito unidos e hoje vejo o quanto isso é muito importante para o desenvolvimento de uma criança.

Era uma criança sossegada, alegre, de sorriso fácil, que estava sempre pronta para cantar e dançar. Ao mesmo tempo que era expressiva, também já tinha o meu jeito simples e reservado. Gostava de ir para a escola e estar com os meus colegas, mas o que eu gostava mesmo era de passar a tarde com a minha irmã em casa dos meus avós a ouvir as suas histórias. Ali era o meu cantinho seguro, onde me sentia bem para aprender coisas novas e simplesmente ser feliz.

Atrás dos meus pais estão os meus avós. Donos de uma força inabalável e de uma paciência infinita, foram as pessoas que me passaram muito dos valores que tenho hoje. Ensinaram-me o poder das palavras, das boas maneiras e da resiliência.

Não consigo imaginar que outro alguém tenha recebido tantos mimos em criança como eu. Vários momentos aparecem na minha mente como se estivesse a assistir a um filme da minha infância. É como se tivesse sido ontem, mas já se passaram muitos anos. Anos suficientes para reconhecer que o que já foi não volta mais, mas as memórias permanecem e o que carrego no coração nunca me poderá ser retirado.

Também agradeço aos meus pais porque, mesmo com várias opções, sempre escolheram nos manter perto dos meus avós e fizeram questão de nos incentivar a passar tempo com eles. Quando vemos que os nossos pais honram os seus pais, tomamos isso como exemplo e queremos fazer o mesmo.

O peso da insegurança

Todos os momentos que exigiram mudança na minha vida foram marcados por uma profunda ansiedade e na adolescência não foi diferente. Foi um período de grande insegurança para mim, intensificada pelos padrões de beleza aos quais nós, adolescentes, éramos vítimas diariamente por meio das revistas e da televisão.

Para mim, na altura, ser bonita era sinônimo de ser alta, magra, sem curvas e "sentir" os ossos. Tudo aquilo que eu não era. Apesar de não ligar muito para isso antes, comecei a pensar que teria de emagrecer de alguma forma. Até que um dia a minha mãe me levou a uma nutricionista e fui acompanhada durante um ano, tendo perdido dez quilos.

Após esse tempo a alimentar-me de forma mais saudável, percebi o quanto melhor me sentia a nível físico e o quanto queria permanecer dessa forma. Pela primeira vez via-me magra no espelho e sentia-me tão feliz e orgulhosa pela minha conquista. No entanto, o que ninguém nos ensina é que é difícil "agradar a gregos e troianos". Muitas pessoas elogiavam-me, enquanto outras diziam-me para não emagrecer mais, senão ficaria feia, e outras ainda me faziam questões ridículas.

Comecei a sentir-me cada vez mais insegura e isso passou a transmitir-se novamente no peso. Comia para preencher o vazio que sentia, mas, por outro lado, a minha frustração só aumentava. Experimentava dietas saudáveis, mas também dietas rígidas que prometiam a perda de vários quilos em poucos dias. Tinha sempre o efeito ioiô como resultado.

No início pensei que seria algo temporário, mas a minha batalha relativa a esse assunto só começava. Para agravar um pouco o quadro, como qualquer adolescente, tive os meus primeiros problemas, falhanços na escola e desgostos do coração que me faziam comer para combater toda a tristeza que tinha.

Coloco tudo isso no papel com muito cuidado, mas também com um grande senso de responsabilidade. Sinto ser necessário reforçar ao mundo que comentar o corpo de uma mulher, especialmente de uma adolescente, pode não ser o mais correto e adequado. Provavelmente teria os meus problemas sem os comentários, mas estes não ajudaram de forma alguma. Nunca se sabe quais sementes plantamos na cabeça de alguém, mesmo que não seja com má intenção.

O início de uma jornada

Estudante,
Tu que partes cedo
Deste teu rochedo
Cruzando o mar
Confiante deixas este cais
Abraçando os pais
Sei que um dia hás de voltar.

TRIBUTO, "Estudante Ilhéu", letra de António Severino

Durante toda a minha vida soube que aquele dia chegaria, o dia em que sairia de São Jorge para poder continuar a minha caminhada acadêmica. No entanto, nunca estamos realmente preparados para a mudança. Posso dizer que para mim foi o começo de uma jornada de autoconhecimento com muitos desafios, mas também recheada de realizações.

Consigo lembrar-me exatamente do dia em que a minha mãe e irmã me deixaram na cidade do Porto para seguir o meu caminho e voltaram para São Jorge. Foi uma mistura de sentimentos, uma sensação de alegria por ter a possibilidade de estudar, e a constatação de que teria de aprender a viver sozinha.

Se olhar para aquele momento com muita atenção e carinho, vejo que a minha mãe confiava na vida para cuidar de um dos seus maiores tesouros. A verdade é que ela sempre confiou muito em mim e no fluxo da vida. Em todos os momentos, mesmo com lágrimas nos olhos, encorajou-me a seguir em frente.

O que não poderia imaginar é que mergulharia nas águas mais profundas do meu ser e que sentiria e experienciaria todo o tipo de emoção. Não estava preparada para enfrentar e lidar com as minhas emoções. Só queria ser uma "estudante normal" que não ouvisse de uma psicóloga palavras como "depressão", "ansiedade" e "distúrbio alimentar", pois isso era motivo de vergonha para mim. O que diriam os meus amigos da faculdade se soubessem a verdadeira razão de eu cancelar todos os planos?

Passava fins de semana sozinha porque as minhas colegas de casa iam para as suas terras e eu, como não podia ir ter com a minha família, ficava muitas vezes de sexta a segunda-feira sem sair de casa. O mais difícil naquela altura era ouvir as rodas das malas dos estudantes na quinta e sexta-feira. Lembrava-me sempre da impossibilidade de voltar para os braços da minha família tão cedo. Sentia-me completamente sozinha, desamparada e perdida.

Não conseguia estudar e concentrar-me. Parecia que o meu cérebro não funcionava mais e sentia-me completamente bloqueada. O que antes era uma tarefa simples passou a ser impossível para mim. Escrever um texto era um esforço enorme, as palavras não chegavam até mim e o sentimento de incapacidade só aumentava.

Com o turbilhão de emoções que experienciava, ganhei 14 kg em pouco tempo e novamente os comentários negativos apareceram; e com eles a insegurança também. A minha vida naquele momento parecia um labirinto do qual não conseguia encontrar a saída de forma alguma.

Primeiro fui invadida por um sentimento muito forte de revolta por me sentir daquele jeito. Durante muito tempo, afastei-me do mundo e das pessoas, até me sentir completamente sozinha. Sentia que estava a passar por uma injustiça do próprio mundo para comigo. Pensava ter de esconder tudo aquilo que sentia. Não me reconhecia, nem entendia quando me perdera de mim. Fechei-me no meu casulo e tentei lidar com as emoções da melhor maneira que consegui.

Olhava à minha volta e só via escuridão. Não havia nada que me fizesse feliz, tudo me parecia feio e sem luz. Certo dia, fui para a faculdade e as lágrimas escorriam-me pelo rosto. Já não tinha mais força para lutar. Daí então perguntavam-me várias vezes se não queria desistir e voltar para casa. Não, iria acabar o que havia começado.

No entanto, a minha tentativa de lutar contra a minha tristeza e ansiedade só dava errado. Era necessário ouvir o que essas emoções tinham para me dizer. Mas como fazer isso? Depois de algum tempo a ser acompanhada por outros profissionais, com muito ceticismo, fui convencida por uma amiga e pela minha mãe a tentar o mundo das terapias alternativas e encontrei uma resposta positiva numa técnica chamada Código do Corpo. Essa abordagem tinha como objetivo identificar e aliviar desequilíbrios no corpo a nível emocional, mental e físico.

Depois da primeira sessão, sentia-me muito mais leve e com uma paz que já não sentia há muito. Continuei a seguir as instruções dos outros profissionais, mas sempre aliando o que fazia com as sessões do Código do Corpo.

Um dos maiores obstáculos da vida é sairmos de nós mesmos. Estamos tão habituados à nossa verdade que é difícil questioná-la. No entanto, a luz está garantida aos que, mesmo com medo, lutam para saírem do seu buraco e conhecerem novos rumos. Acredito que foi graças a essa terapia e ao apoio que sempre recebi da minha família que consegui viajar durante os meus estudos, fazer Erasmus em Konstanz, na Alemanha, por seis meses, e conseguir ter força para terminar os meus cursos.

Cantiga triste, pode com ela é quem não perdeu a alegria.
ADÉLIA PRADO

Ampliar horizontes

Durante o tempo em que recebi sessões do Código do Corpo, percebi muito acerca de mim e permiti-me assim abrir ao poder da cura. Acredito que há muito mais para além do que vemos e que também podemos ajudar outras pessoas com os dons que temos. Foi nesse contexto que decidi realizar os cursos do Código da Emoção e do Código do Corpo. Sinto que tais ferramentas não chegaram a mim por acaso e que foram realmente um presente de Deus na minha vida.

É importante deixar claro que os episódios de ansiedade, compulsão alimentar e algumas fases de depressão não desapareceram por completo. No entanto, fiz as pazes com essas emoções e sinto uma grande melhoria. Aprendi que, quando as sinto, normalmente são um lembrete para o que é realmente valioso para mim.

Penso nas quantas oportunidades que Deus nos dá e no quanto potencial temos se nos permitimos. Talvez uma das coisas mais importantes nesta vida a aprender é se permitir. Permitir que as pessoas vejam a nossa luz e dar voz ao que temos de mais importante na nossa vida.

Lembre-se de celebrar a vida, pois o hoje é um presente divino! Permita-se vivê-lo e senti-lo com todos os sentidos do seu corpo.

Ando devagar
Porque já tive pressa
E levo esse sorriso
Porque já chorei demais
Cada um de nós compõe a sua história
E cada ser em si carrega o dom de ser capaz
E ser feliz.
ALMIR SATER

O TOPO PERTENCE AOS IMPROVÁVEIS

Graduada em Ciências Econômicas pela Universidade Federal de Minas Gerais e pós-graduada em Psicanálise pelo CEPAFE-MG, possui também certificação como Conselheira de Administração e em Constelação Sistêmica. Com mais de 35 anos de experiência na formação e liderança de equipes de alta performance, iniciou sua trajetória profissional na área financeira, onde atuou por mais de 15 anos como executiva em bancos e CFO de diversas empresas. Posteriormente, acumulou mais de 20 anos de atuação como CEO e Conselheira em empresas de diferentes setores. Liderou processos de integração pós-fusão em mais de 14 empresas, com foco na unificação de cultura, *rebranding*, planejamento estratégico, implementação de governança e gestão. Atualmente, atua como Conselheira, Mentora Executiva e Consultora nas áreas de governança, gestão e resolução de conflitos.

CLÁUDIA KEMPER GOULART

16

CONTATOS:

goalart.com.br

claudiakem022@gmail.com

@claudiakgoulart

Claudia Goulart

Cláudia compartilha sua jornada como uma "improvável" que superou desafios pela sua origem humilde em Minas Gerais. Formou-se em Economia, trabalhou no Citibank, tornou-se a primeira diretora estatutária de uma SA em Minas e a primeira CEO da GE HealthCare na América Latina, tornando-se CEO de outras empresas. Em 2023, começou um negócio focado em transformar "improváveis" em pessoas de sucesso, sempre guiada pelos ensinamentos e valores que recebeu de seus pais.

Se Deus é por nós, quem será contra nós?
ROMANOS 8:31

A tradução da palavra *underdog* é azarão. Sempre me achei uma *underdog*, mas nunca me considerei um azarão. Um dia desses me ocorreu o seguinte: a melhor tradução de *underdog*, para o meu caso, é "improvável". É como se toda a minha história pudesse ser resumida nessa palavra.

E o que diferencia um azarão de um improvável? A resposta é simples: o azarão permanece nesse lugar a vida toda, enquanto o improvável entende que não tem muito a perder, arrisca, ousa e, muitas vezes, vence.

O que muda o destino do azarão são as suas decisões. Elas fazem que um azarão se torne um improvável. O improvável não para nunca, nem depois das vitórias. O improvável sente uma inquietude constante.

Eu sou um exemplo de uma improvável. Nasci no interior de Minas Gerais, na década de 1960. Meu destino natural seria me casar cedo. No entanto, mesmo com poucos recursos, meus pais me apoiaram quando decidi me mudar para Belo Horizonte para estudar Economia. Havia uma condição: eu tinha que estudar em universidade pública, morar na casa de tios e trabalhar para obter alguma renda. Aceitei na hora.

Ao me formar, me inscrevi no programa de *trainee* no Citibank. Eram 240 candidatos e três vagas. Inglês fluente era pré-requisito. Eu nem falava o idioma, ainda assim fui escolhida. Acredito que as características dos improváveis são das mais atrativas para quem contrata um recém-formado. Eu estudava e trabalhava; exalava uma força de vontade incomum; falava com firmeza; não me intimidava com muito trabalho e nem com sacrifícios pessoais. E, o principal: eu precisava trabalhar! Nem senti ansiedade. Era como se uma daquelas vagas já fosse minha.

Eu fui contratada!

Quando já era *trainee*, soube que havia uma vaga para trabalhar com o VP da área de multinacionais. Inglês, novamente, era pré-requisito. Na entrevista, ele me perguntou:

"Você precisa fazer um estudo do mercado de silício metálico, em inglês, em 30 dias. Acha que consegue?".

"Posso contar com o auxílio da professora de inglês?", questionei.

Ele disse que sim.

Respondi na mesma hora: "Sim. Eu consigo."

Detalhe: eu não sabia o que era silício metálico, tinha uma vaga ideia do que era estudo de mercado; e não falava e nem escrevia em inglês. Ainda assim, entreguei dentro do prazo um estudo que os executivos classificaram como espetacular. Depois fiz vários outros e me tornei sucessora do mesmo VP. Minha carreira progrediu com uma rapidez impressionante. Aprendi a trabalhar em ambientes quase exclusivamente masculinos.

Dez anos depois, como CFO da Ferrovia Centro Atlântica (FCA), tornei-me a primeira diretora estatutária de uma Sociedade Anônima de capital aberto, em Minas Gerais. Por lá ousei e aprendi demais. Havia mais de cem pessoas na minha diretoria. Entendi que, para performar e crescer, precisava compreender e entender de gente. Sempre gostei de fazer amizades, mas era meio "tosca", talvez devido à minha origem simples. Decidi fazer pós-graduação em Psicanálise. Viajei bastante para expandir meus conhecimentos e me tornar fluente em inglês. Fui sozinha diversas vezes para fora do país. Por ainda não existir cartão de crédito internacional, levava dinheiro na bolsa. Se acabasse, passaria fome. Poderia até ter que dormir na rua.

Na pós-graduação, adquiri muitas ferramentas de liderança. Me encantei com o impacto que o aumento da autoconfiança gerava na performance e na energia da minha equipe.

Por ser uma improvável e ter ido tão longe, acreditava que nada que vislumbrasse seria impossível. Era uma das raras executivas que trabalhava em ferrovias. Não há na face da Terra um ambiente mais masculino do que esse. São centenas de homens que parecem hipnotizados "brincando de trenzinho".

Naquele ínterim, além de gerir minha área, tentava fazer novos negócios. Queria contribuir com o resultado da empresa. Uma frase que ouvi do meu chefe, o CEO da FCA, me marcou muito àquela época: "Tem um momento da vida profissional em que você precisa escolher entre ser gerente ou sindicalista. Se quiser ser sindicalista, tudo bem, mas nunca vai ser gerente".

Percebi que pensava como dona. Queria ter êxito por méritos próprios e poder empreender na empresa. Criei e assumi a função adicional de diretora de Novos Negócios. Montamos um consórcio com sete ferrovias do qual fui a presidente. Até hoje não sei por que me escolheram, pois quem menos conhecia daquele negócio, no meio de tantos experts – todos homens – era eu!

Não foi fácil. Cada uma das ferrovias achava que seu quilômetro valia mais que o das outras. No final de um ano, conseguimos entrar em consenso e vendemos milhares de quilômetros de direitos de passagem de fibra ótica para uma concessionária de telefonia recém-estabelecida no Brasil.

O consórcio recebeu 100 milhões de reais – na época, equivalente a 100 milhões de dólares. A FCA ficou com 40%, o maior negócio do ano para a empresa. Também negociei outras centenas de milhões em financiamentos. Foram dois anos intensos, com direito a conflitos épicos e primeira página na Gazeta Mercantil.

De certa forma, sabia que aquele já era um voo bem alto. Tinha noção das cifras e da minha responsabilidade, mas não achava nada demais para mim. Foi ali que me tornei "casca-grossa" ou, como diz um amigo meu, virei "tatu-bola", de tão duro que era o meu casco.

Então, a FCA foi vendida e decidi deixar Belo Horizonte. Queria mais. A convite da GP Investimentos, mudei para o Rio de Janeiro em fevereiro de 2000 para trabalhar em uma empresa de internet. Cheguei no dia primeiro de março já como a CFO.

Na primeira reunião, escutei bastante para tentar compreender o negócio. Durante a reunião, ouvi o termo *pageview* umas 50 vezes. A reunião acabou sem falarmos em faturamento, caixa ou qualquer outro assunto "entediante". Saindo da sala, chamei o CEO e perguntei:

— Escuta... Quando vamos falar de faturamento?

Ele olhou para mim espantado. Após alguns segundos, gargalhou para os sócios:

— Gente, vamos ter que explicar para a Cláudia que aqui não há faturamento!

Fiquei em estado de choque. A empresa vivia de aportes dos seus investidores.

Vinte e nove dias depois, era meu aniversário e, ao acordar, li a seguinte manchete em um jornal:

"ESTOURA A BOLHA DA INTERNET."

Naquele dia, quando pisei na empresa, vi todos catatônicos. Os investidores diziam que teríamos que atrair novos investidores. A fonte "infinita" do capital secou em um piscar de olhos. No mesmo instante, me disseram:

— Acho que vamos ter que faturar.

Um ano depois eu já me encontrava em São Paulo, em um novo projeto de outra investida da GP. Em seguida, mais outro. Ganhei muita experiência e fiz grandes amigos que mantenho até hoje. De um deles, certa vez ganhei um panetone do Fasano de presente de Natal. Não vou contar a história. Mencionei apenas para ele saber que é dele mesmo que estou falando.

Houve inúmeras turbulências naqueles anos. E tudo serviu para que eu desenvolvesse melhor o controle das minhas emoções. Em alguns momentos marcantes, meus valores pessoais foram testados e deparei-me com o que chamo de "meu paredão". Eu não negociava meus valores, mesmo diante das pressões e da minha vulnerabilidade econômica, uma vez que tinha sob a minha responsabilidade o apoio financeiro a meus pais.

Notei que estava cansada de ser alocada de projeto em projeto. Atuava como extintora de incêndios. Queria um projeto de ciclo longo, no qual pudesse viver as consequências da minha própria gestão. Queria ser *accountable* pelos meus atos, e não mais seguir administrando as consequências da gestão dos meus antecessores.

Em 2003, fui convidada para ser diretora-geral da GE HealthCare (GEHC) no Brasil. Aceitei correndo! Imagine eu, uma improvável, do interior mineiro, diretora-geral de uma divisão da General Electric?

Um ano mais tarde me tornei presidente da GEHC para a América Latina, posição que ocupei até o começo de 2011. Enfim, consegui ter *accountability*. Meu time era espetacular. Grandes profissionais, pessoas incríveis. Nunca entendi como consegui fazer que trabalhassem tanto tempo sob a minha liderança. Essa equipe me ensinou que meu maior mérito era fazer que profissionais brilhantes e melhores do que eu naquilo que faziam quisessem trabalhar comigo ano após ano. Isso não tem preço.

Foi também um período difícil para mim. Comemorei a compra do meu apartamento no mesmo dia em que um dos meus irmãos foi diagnosticado com câncer de pulmão. Um ano depois, ele partiu, na noite de quatro de abril. Eu estava no hospital, em BH. Um grande amigo comemorava seu aniversário, mas deixou sua festa para ir ao hospital levar apoio para mim e minha família. Nunca vou me esquecer disso.

Quatro meses depois perdi minha mãe. A finitude da vida me trouxe duas pancadas. Foram perdas que me abalaram bastante. Até então, minha vida era o trabalho, e para o trabalho. Sem vitimização, afinal, adorava e era feliz com isso. Achava que não precisava de mais nada.

Dois anos depois, a GEHC América Latina faturava quase sete vezes mais do que no ano em que eu entrei. Oito anos de muito trabalho e resultados espetaculares. Até que a conta chegou.

Em 10 de setembro de 2010, uma sexta-feira, eu estava no escritório quando senti como se uma mãozinha me apertasse por dentro, na altura do peito. Decidi ir para casa. Passei na sala de um dos diretores apenas para avisá-lo. Ele estava em reunião com outras pessoas e me perguntou se eu estava bem. Falei o que sentia e, no ato, ele disse:

— Pessoal, vamos encerrar a reunião. Cláudia, vou te levar ao hospital.

Falei que era bobagem, devia ser cansaço. Ele não me deu atenção e repetiu:

— Vou te levar agora para o Einstein.

Era Yom Kippur e o amigo nosso, chefe da Radiologia, tinha viajado. Fizeram contato com ele, que começou a monitorar o meu atendimento à distância. Passei por vários exames. Eu estava tranquila, achando aquilo tudo um exagero. Internada, ficava no Blackberry falando, por mensagens, que tinha ido testar os aparelhos da GE instalados no Einstein.

Cerca de três horas depois, meu colega entrou e disse:

— Cláudia, você não vai poder sair hoje. Você está com uma obstrução de 70% no setor secundário da coronária esquerda. Amanhã você fará uma angioplastia. Por acaso, você tem um cardiologista?

Obviamente, ele foi mais habilidoso ao dizer isso, mas o diagnóstico era esse mesmo. Absolutamente assustador. Esse tipo de obstrução é a principal causa de infartos fulminantes em não idosos. Aos 48 anos, fiz a angioplastia em um 11 de setembro! Fiquei de licença médica por semanas. Foi quando tomei a decisão de sair da GE.

Iniciei um ano sabático em março de 2011. Resolvi viajar. Vendi o meu apartamento e comprei uma casa nos arredores de São Paulo, onde eu e meu ex-marido passamos a viver.

Meu ano sabático durou seis meses. Fui convidada pela Intel Capital para ser conselheira de uma de suas investidas na área de saúde. Esse conselho me levou a outros seis. Em 2015, uma dessas empresas decidiu fazer múltiplas aquisições e me convidou para presidir e consolidar, simultaneamente, doze CNPJs. Até hoje fico impressionada com a intensidade daqueles dois anos. O ritmo era alucinante. Novamente, tornei a negligenciar minha saúde e, para não ganhar outro *stent*, fui trabalhar como presidente da filial de uma empresa alemã no Brasil.

Quatro anos depois, entre dezembro de 2022 e junho de 2023, passei por outro tsunami. Meu casamento acabou, me demiti, vendi minha casa e meu pai morreu. Decidi me mudar para o Rio de Janeiro e, durante a mudança, surgiu um novo projeto, logo seguido por outros. Não resisti. Empolgada, dei início ao meu próprio negócio.

Atualmente, participo de conselhos, faço mentorias e consultorias em Liderança e Gestão. Sou quase dona do meu tempo. Trabalho com quem escolho, e faço isso por sentir que o meu propósito de vida é transformar azarões em improváveis e ajudar improváveis a chegarem bem mais longe do que imaginariam.

Lembro-me constantemente dos meus pais pela vida e pelos valores que me deram.

Minha mãe, por exemplo, me ensinou a diferença entre o certo e o errado e a sempre ter força e fé. Foi ela quem me fez cristã. Graças a isso, consegui construir uma carreira incrível e uma reputação inquestionável. Graças à minha fé, aprendi a manifestar meus sonhos e consegui realizá-los. Tive força para não desistir durante as inúmeras derrotas que precederam cada vitória. Aprendi a aceitar a vulnerabilidade da vida. Tudo isso eu aprendi com minha mãe.

Já meu pai me deu a educação que não pôde ter. Apoiou-me nos momentos em que precisei tomar decisões impopulares. Mostrou-me o que é ter vontade de viver, mesmo diante da excruciante dor da perda de um filho. Uma das coisas mais incríveis que ele me deixou foi uma frase que representa toda essa história. Certo dia, ele virou-se para mim com um olhar quase ingênuo e disse:

“Filha, sabendo de onde viemos e olhando onde estamos, tenho certeza de que tudo isso foi um milagre”.

Até hoje não consegui discordar.

A PEREGRINA DA VIDA

É mestre em Educação Científica e Tecnológica, formada pela Universidade Federal de Santa Catarina, graduada em Pedagogia com especializações em Psicopedagogia, Tecnologia Aplicada à Educação, Gestão Escolar, Psicologia Transpessoal e Tanatologia. Sempre atuou na área da Educação como servidora pública. Trabalhou por 20 anos como professora. Na Universidade do Estado de Santa Catarina, atuou como técnica universitária e implantou o Programa de Orientação para Aposentadoria (POpA). Em 2019, após 33 anos de trabalho, teve início sua aposentadoria (POpA). Em 2022, tornou-se escritora e publicou sua autobiografia com o livro *A peregrina da vida*. É membro da Associação de Jornalistas e Escritoras de Santa Catarina (AJEB) e, como escritora, participa de várias coletâneas e antologias. Em 2023, tornou-se palestrante internacional a bordo do navio Royal Caribbean, no evento Recharging Imersão Europa, com o tema "Como envelhecer bem em oito passos". Em 2024, tomou posse na Academia Nacional de Ciências, Letras e Artes (ANACLA).

CLAUDIA MESSORES

17

CONTATOS:

cmessores@gmail.com

@claudiamessores

Claudia Messores

Uma mulher capaz de se comunicar entre dois mundos, o velho e o novo, vislumbrando o topo do mundo. Um lugar que não é egoísta, e sim acessível. Um lugar que, para chegar, demanda a decisão de iniciar o caminho. Querer chegar é fazer o que for preciso para alcançar a visão que o topo do mundo nos oferece. Assim, passo a passo, sigo a viagem e te convido. Vem comigo!

Como chegar ao topo do mundo? Compartilho uma dica da linda canção "Trem Bala", escrita por Ana Vilela, que diz assim: "Não é sobre chegar no topo do mundo e saber que venceu, é sobre escalar e sentir que o caminho te fortaleceu".

Entendo que essa música nos instiga a tirar o foco dos resultados, viver o processo e aprender com as experiências, mesmo as mais difíceis. Inspirada por ela, neste texto celebro os obstáculos do caminho que criaram meu presente.

Bom, mas onde começa a história? Em 1965. Em Petrópolis. Nasci menina! Minha mãe contou sobre sua alegria e tristeza na minha chegada. Segundo ela, a mulher nascia para sofrer. E, de certa forma, eu carreguei comigo essa marca.

Ela também contou que, como a gravidez, o parto foi sofrido. As contrações começaram de madrugada. No hospital, as irmãs de caridade retardaram o parto com um remédio. Eu já ingeria o mecônio e corria risco de morte. Aflita, minha mãe orava em silêncio.

Naquela época, só se sabia o sexo da criança após o nascimento, mesmo assim ela prometeu: se o bebê nascer com vida, se chamará Maria em honra à Nossa Senhora. Fui registrada Claudia Maria. Nasci pesando 4,85 kg. Fui tirada à força, que excessiva, fraturou minha clavícula. Mesmo assim, sou grata à mãe Maria pelo milagre da vida.

Conheci cedo a rejeição. Sou a quarta dos cinco filhos gerados por meus pais. Houve dois abortos entre o primogênito e eu. Mais um depois de mim. Como hoje, naquele tempo, os abortos deliberados aconteciam muito escondido.

Por sorte, cresci rodeada pela família materna, meus tios, primos, avós, em uma convivência carregada de emoções. Sempre tive mais contato com a família da mãe, pois morávamos numa vila de casas que era do meu avô.

Ao que parece, meu pai nunca quis ser pai. Mulherengo, não podia ver um rabo de saia. Era pouco confiável. Minha mãe não permitia que ele se aproximasse de mim temendo por algo ruim. Ele, por sua vez, não fazia questão de proximidade. Acho que isso reforçou a sensação de rejeição e, a reboque, a necessidade de agradar.

Hoje percebo que senti falta de um pai, queria saber como seria ter o seu amor, atenção e cuidado. Mas entendi que ele me deu o melhor que podia. Não se pode colher frutos duma árvore seca ou matar a sede com água de poço vazio. Impossível dar o que não se tem. Adulta, examinei meus sentimentos e aceitei meu pai como era. Compreendi que o perdão poderia ajudar a construir uma nova relação afetiva com ele, mesmo após sua morte.

A dificuldade de meu pai em assumir e cumprir responsabilidades, como trabalho fixo ou sustento dos filhos, sobrecarregava a minha mãe, que se virava para dar conta de tudo, inclusive ganhar dinheiro para colocar comida no prato. Ela fez todo tipo de serviço doméstico. Foi lavadeira, passadeira, arrumadeira, cuidadora de crianças e de idosos. Para ela não tinha tempo feio, tudo era oportunidade para ter seus filhos com as necessidades atendidas.

De tanto ver minha mãe lidando com as roupas, eu respondia a quem me perguntasse que, quando crescesse, eu seria lavadeira! Mal sabia eu a dureza que é esfregar os tecidos com as mãos, e todo trabalho que dá até a roupa chegar no armário, cheirosa e limpinha. Como criança, eu só enxergava a parte boa de mexer na água.

Fui crescendo com pai ausente e mãe assumindo todos os papéis necessários. Naquele tempo conheci a escassez e demorei para compreender que não precisava seguir sempre nela. Mais tarde, escolhi mudar isso em minha vida, entreguei para meus antepassados o que era deles, e hoje vibro na abundância e prosperidade.

Minha mãe era brava, austera, rigorosa. O certo era certo, não tinha conversa. Era também bondosa, ajudava quem precisasse. Na juventude foi taxada de "burra" e não teve chance de estudar. Quando pôde, fez curso de corte e costura. Tinha orgulho do diploma que recebera ao se formar. Adulta, dona de casa, mãe, costureira formada e sábia, valorizava a chance de frequentar uma escola e se profissionalizar.

Ela me incentivava a estudar. Eu, insegura, sempre me colocava para baixo, achava que não ia dar conta. Com o empurrão dela, fui subindo degrau por degrau, me tornando autoconfiante. Me formei professora no Curso Normal. Notei que mamãe se realizava me vendo evoluir.

As coisas aconteceram cedo e rápido para mim. Mudei muito! Mudei de estado, de cidade, da zona urbana para a rural, de estudante para professora, de solteira para casada. Me tornei mãe. A carreira docente começou aos 18 anos, já casada. Aos 19 anos fui mãe da primeira filha e aos 22, do segundo filho.

Conheci meu marido em 1980, em uma viagem com minha mãe e avó ao interior de Santa Catarina. Eu tinha 15 anos, ele, 26. Já tinha uma vida estabelecida. Era formado na faculdade e lecionava. Tinha casa própria, carro e linha telefônica. Nele minha mãe viu um partidão e a possibilidade de me dar um futuro melhor.

No mesmo ano, ele me pediu em namoro por carta. Minha mãe falou: "Você não tem nada a perder, aceite!". Assumi o namoro com afinco, mesmo sem querer. Meu namorado morava a 1.194 km de mim. Para me ver, fazia baldeação em cinco ônibus, viajava mais de 24 horas sobre asfalto e estradas de chão batido. Logo que aceitei o pedido, ele foi conhecer meu pai e me pedir em noivado.

Coloquei uma aliança. Fiquei apavorada. Meu único pensamento era: "Vou me casar, mudar para o fim do mundo, sozinha, morar na roça". Ao invés de curiosidade com o novo, senti medo. Mas não tive coragem de tirar a palavra dada. Como desagradar minha mãe? Ela sabia o que era melhor para mim.

Foram três anos de namoro nessa agonia. Ele era um homem simpático, conquistou toda a minha família. Comigo era gentil e respeitador. A cada encontro nosso, num final de semana a cada três meses, eu ficava mais apavorada com a aproximação do casamento. Ele e meu pai combinaram tudo. Eu não opinei. Ninguém notou o meu desconforto.

Marcaram a data do casório que seria na cidade dele, já que sua mãe não viajaria. Minha família festeira adorou a ideia de fazer a longa viagem. Ficamos casados por 18 anos. O casamento era "perfeito". Eu tinha uma boa casa, um marido exemplar, filhos inteligentes e saudáveis. Vivíamos em uma cidade que atendia as minhas necessidades. Estudava e trabalhava na profissão que estava aprendendo a gostar.

A rotina seguia ano após ano, mas eu me sentia, muitas vezes, infeliz e pressionada pelas responsabilidades da vida de casada. A tristeza e a confusão cresciam em minha mente. Meus pensamentos eram insuportáveis, queria resolver, mas não sabia nem por onde começar. Para piorar, a saudade de minha mãe era imensa, chegava a doer na minha alma. Era dependência emocional, mas naquela época não sabia. Eu me exauria de tanto trabalhar e estudar, todos os dias.

Olhando de fora, eu tinha tudo e era feliz. Se as pessoas diziam isso, quem era eu para duvidar? Me convenci de que os outros tinham razão. Eu deveria me sentir sortuda por ter uma família harmoniosa, bem quista na sociedade, bem-organizada e dentro dos padrões. Creio que, mesmo sem entusiasmo, continuaria casada até que a morte nos separasse. O que tínhamos era sólido.

Mas, como a maioria das histórias, a minha também teve um “mas”. Aos 15 anos de casados, alguém me contou que havia muito tempo que ele me traía. Meu castelo, junto com nosso acordo tácito de fidelidade, desmoronou, arrastado pelo tsunami da traição.

Nem a dor e a vergonha de ser traída me fizeram completa vítima da situação. Ao contrário, senti até certo alívio, finalmente teria um motivo para me separar. Nunca fui apaixonada por meu marido. Assumi o compromisso para atender as expectativas da família, sem me sentir pronta para casar. Mesmo assim, não me sentia pronta para descasar.

Na ilusão de salvar o casamento, permanecemos juntos por mais três anos. Agarrava-me ao relacionamento, fingindo estar tudo bem, pelo pavor de me separar. Como seria perder toda aquela estrutura? Sozinha, com dois filhos, não daria conta. A decisão só veio quando percebi que estava definhando. Tinha diarreia frequente, emagreci, enfraqueci, meus cabelos caíram absurdamente. Me olhei e falei: “Chega de tentar, acabou!”. Ele aceitou.

Organizamos um passeio para contar aos nossos filhos sobre a decisão. Viajei até a casa de meus pais para dar a notícia. A surpresa foi grande para todos que não faziam ideia do que nos acontecia. Nós e nossos filhos enfrentamos a dor do término daquela família.

O sofrimento, e tudo que veio com ele, foi encarado de frente. Busquei apoio para sofrer apenas o necessário e dar suporte aos meus filhos e a ele também. Eu ainda era a mais forte de todos.

De novo, mudei muito. Mudei de casada para separada, do interior para a capital, do trabalho de professora para técnica universitária, de dependente para dona de meu nariz. Dei um novo sentido à minha vida. Aos 36 anos, a palavra liberdade ganhou novo significado.

Vivendo com os filhos na capital, as despesas mais elevadas me fizeram morar de aluguel. Prometi a mim mesma que a situação precária duraria só um ano. Com esse propósito aprendi sobre finanças. E consegui subir muitos degraus. Desse limão, fiz várias limonadas.

Recebi o recurso da venda da casa que tínhamos e dei entrada num apartamento financiado em 20 anos. Para abater os exorbitantes juros do financiamento, busquei oportunidades para aumentar minha renda de professora de Ensino Fundamental. Então, aceitei ser síndica do prédio que morava e tentei um novo concurso público.

Quando li a chamada da universidade para o concurso, pressenti que uma das vagas seria minha. Investi todas as minhas energias nisto. Foi superconcorrido, mas confiei plenamente na aprovação. Dito e feito, passei e assumi o cargo de técnica universitária. Continuei como professora e iniciei o mestrado na federal. Cresci muito nos dois trabalhos. Ocupei funções destacadas. Criei projetos excepcionais que fizeram muito sucesso.

Em quatro anos, liquidei a dívida com o banco, morava no que era meu de papel passado, comprado com o dinheiro do meu trabalho. Provei para mim mesma que era capaz de assumir responsabilidades e comprometida com tudo que resolvia fazer. Eu tive um bom exemplo dentro de casa.

Comprei meu primeiro carro zero quilômetro. Viajei para o exterior algumas vezes. Conheci boa parte do Brasil. Ministrei palestras. Fiz muitos cursos de autoconhecimento. Várias pós-graduações. Muita terapia. Aprendi sobre relacionamento amoroso e namorei bastante. Encaminhei bem meus filhos.

Depois da separação, meu filho morou um pouco comigo e voltou a morar com o pai, até se mudar para fazer faculdade. Hoje ele é um empresário. Minha filha é doutora na área farmacêutica e me deu dois netos maravilhosos, que iluminam meus dias. Mas, quando meu primeiro neto nasceu, vivemos uma tragédia.

Naqueles dias, tinha contato constante com meu ex-marido para tratar sobre o nascimento do bebê. Às 7 horas da manhã, dei a notícia da chegada de nosso neto. Perto das 11 horas, ele teve um infarto fulminante e faleceu. Confesso que esse foi um dos dias mais difíceis da minha vida. Era uma vida chegando para nós, enquanto a outra se despedia.

Como dar essa notícia para a nova mãe? Para o novo tio? Ao invés de comemorar, fomos ao velório, enterrar o avô do recém-nascido. Foi excruciante, mas fui forte para apoiar a minha família. Senti muito a perda do pai dos meus filhos. Tínhamos uma boa relação, éramos amigos.

Depois de seu falecimento, 20 anos após nossa separação, descubro, surpresa, que o nosso divórcio não fora homologado. Me tornei uma viúva por lei, estado civil que consta em meu documento de identidade atual.

Na aposentadoria, me dei a chance de cuidar mais de mim. Tempo não me falta. Acabou a correria. A mulher que me tornei na jornada quer, hoje, usar as letras para contar suas histórias. Sai de cena a filha, a esposa, a professora, a técnica, a mãe, e nasce a escritora. O meu primeiro livro ganhou vida a partir dela.

A peregrina da vida é autobiográfico. Sintetizar toda a minha trajetória de vida em um livro de 156 páginas e, agora em um capítulo, me mostrou que já consegui colocar muitas pendências em seus devidos lugares. Foi prazeroso escrever.

Foi como estar no topo de uma montanha e ver o horizonte com a certeza de que tudo aconteceu do jeito que tinha que acontecer. Estava tudo certo. A trilha foi no nível adequado à sua exploradora. A escalada contou com a companhia do otimismo e das habilidades emocionais, mentais, corporais e espirituais. Cada passo conciliou-me comigo mesma.

No presente, sinto gratidão em saber que consegui fazer o que precisava ser feito, e estou feliz em ser quem sou. Creio que posso dizer que alcancei meu topo do mundo. Daqui observo a trilha adiante, estou preparada para seguir, é o que escolho viver.

Despeço-me com um fragmento da poesia "Eu artista", que fiz enaltecendo as mulheres através de minha mãe. Ela faleceu em 2023, deixando muita saudade.

Eu, artista da vida, inspirada em minha mãe, sigo mulher.
De cuidados, me cerco. Com a arte soberana me expresso.
Vivo, conheço, transformo. Costuro, limpo, cozinho.
Eu, artista transbordo.

Referência

MESSORES, C. *A peregrina da vida*: acontecimentos, escolhas e resultados. Curitiba: MEPE, 2022.

POSICIONE-SE NO TOPO COM A SUA VERDADEIRA VOZ

É jornalista formada pela PUC-SP, com especializações em Comunicação Empresarial pela Fundação Cásper Líbero, Marketing pela ESPM e Retórica e Persuasão pela Harvard University. Com uma carreira extensa e multifacetada, atuou na Rádio CBN, no Sistema Globo de Rádio, no SBT, além de colaborar com revistas customizadas, portais de moda, *lifestyle* e luxo, e diversas agências de notícias. Há 17 anos, lidera a Gava Comunicação, uma agência especializada em comunicação, marketing digital e assessoria de imprensa, atendendo empresas de diferentes setores. Além de sua atuação como empreendedora, ela ministra cursos, treinamentos e palestras sobre comunicação e oratória. Também faz parte do CNV em Rede, um grupo dedicado ao estudo e à prática da comunicação não violenta, promovendo relacionamentos mais autênticos e empáticos. É, ainda, membro da Nova Acrópole, uma organização filosófica internacional que busca desenvolver o melhor de cada ser humano por meio da filosofia, da cultura e do voluntariado.

CLÁUDIA SANTANA

18

CONTATOS:

claudiasantana.com.br

@aclaudia.santana

Para alcançar o topo, é essencial comunicar-se com autenticidade. A verdadeira voz, quando livre de máscaras e artifícios, tem o poder de inspirar, influenciar e criar conexões profundas. A comunicação clara e genuína permite que líderes se destaquem, transmitindo suas ideias com paixão e consistência. Essa autenticidade é a chave para conquistar respeito, confiança e sucesso duradouro.

Nascemos para estar lá, como diz com entusiasmo, sabedoria e propriedade Naíle Mamede, a mulher que me convidou, junto com todos os demais autores, para participar desta obra que, não por acaso, está em suas mãos. Maravilhosa, como ela mesma se intitula e chama todos ao seu redor, Naíle enfrentou dificuldades, chegou a comer barro para aplacar a fome, mas perseguiu sua meta com coragem. Ela transformou sua vida por meio da educação e alcançou o topo, o apogeu de uma carreira como advogada, palestrante e empresária. Empossada nesse lugar, hoje ela nos inspira a alcançar esse cume, esse ponto mais elevado.

Na minha visão de jornalista e de quem assessora empresários e profissionais a conquistarem o topo expressando o seu melhor, afirmo que, para chegar a esse lugar, nossa amada coordenadora, além de ter muita coragem e perseverança, utilizou com maestria ferramentas de comunicação.

Ninguém chega ao topo calado, sem mostrar a sua voz. Ninguém conquista o sucesso sem influenciar outras pessoas. Ninguém se torna líder sem ser capaz de inspirar e fazer outras pessoas sonharem. Tudo isso se dá por meio da forma como nos posicionamos e expressamos quem somos. A comunicação eficaz é uma das habilidades mais poderosas que um indivíduo pode possuir. Seja na vida pessoal ou profissional, a capacidade de expressar ideias claramente, persuadir os outros e criar conexões significativas pode abrir portas e criar oportunidades inimagináveis.

Foi assim que aconteceu com Naíle: quando vendia peixe em Belém, ela se tornou uma fonte confiável para seus clientes; ou quando conquistou um emprego em São Paulo, em que foi premiada como a melhor vendedora de uma empresa de saúde. Sua habilidade em se comunicar de maneira clara fez até mesmo com que conseguisse colocar os filhos em uma escola particular sem ter dinheiro para pagar a mensalidade. Como ela conseguia essas coisas apenas conversando com as pessoas? Qual o principal ingrediente de sua fala? A resposta está em uma palavra: autenticidade.

A difícil tarefa de falar com a nossa verdadeira voz

Ser autêntico parece simples: basta sermos quem realmente somos, certo? A fórmula é direta, mas sua aplicação é desafiadora. Ao longo da vida, adquirimos máscaras que abafam nossa voz interior. Desde a infância, colocamos a primeira máscara ao perceber quais palavras agradam mais nossos pais e nos fazem receber mais amor. Na adolescência, em meio a rótulos e tribos, a dificuldade de sermos autênticos aumenta, e trocamos de máscaras para sermos aceitos nos grupos que atendem ao nosso desejo de pertencimento.

O verdadeiro obstáculo para a voz autêntica geralmente aparece quando adquirimos diplomas, cargos e títulos. Nessa fase, muitas vezes, deixamos nossa voz interior de lado para dizer o que esperam de nós, seja como executivos, líderes ou empresários. Embora precisemos de máscaras para proteger nossa essência e evitar julgamentos indesejados, o problema ocorre quando nos acostumamos tanto a essas máscaras que esquecemos nossa própria voz.

Em meus mais de 20 anos de carreira como jornalista e comunicadora, vejo como muitas pessoas perdem sua voz sempre que enfrentam uma entrevista. Alguns travam, incapazes de se expressar; outros falam apenas em nome do cargo que ocupam, o que, em algumas situações, é necessário. Quando o executivo é porta-voz da empresa e comunica apenas o posicionamento técnico, sua fala pode ser correta, mas dificilmente terá o brilho dos grandes líderes. Sem nossa voz autêntica, não encantamos; tornamo-nos meros reprodutores de palavras sem força ou emoção. O que dizemos logo é esquecido, pois não há nada de nós ali. Queremos falar com pessoas, não com crachás.

Perceba como Naíle trata as pessoas de forma especial. Ela não se esconde atrás de títulos; aproxima-se de todos como um ser humano afetuoso. Em dez minutos de conversa, já nos chama de "amado" ou "amada", criando uma proximidade à qual poucos resistem. É uma técnica poderosa para quebrar barreiras e conquistar a atenção das pessoas.

A verdadeira força de um líder não reside apenas em sua capacidade de comandar, mas em sua habilidade de se conectar profundamente com os outros por meio da comunicação. A história está repleta de exemplos de líderes que, por meio de suas palavras, foram capazes de inspirar, unir e transformar sociedades inteiras. Eles possuem uma voz autêntica. Ela não é moldada pelas expectativas alheias, nem distorcida pelo desejo de agradar. Suas palavras revelam nossas convicções mais profundas, nossos medos e esperanças mais sinceros. Essa voz é desprovida de artifícios, é honesta e, justamente por isso, poderosa.

Na era da informação, na qual somos constantemente bombardeados por discursos e imagens construídas com cuidado, a autenticidade se tornou uma raridade valiosa. E é essa raridade que faz com que a voz autêntica tenha um impacto tão profundo. As pessoas reconhecem a verdade quando a ouvem, e é essa verdade que cria uma conexão inquebrantável entre o líder e seus seguidores.

Líderes que falaram com a voz autêntica e brilharam

Mahatma Gandhi é um dos exemplos mais icônicos de um líder que falou com a voz autêntica. Sua luta pela independência da Índia foi guiada por dois princípios fundamentais: a verdade (*Satyagraha*) e a não violência (*Ahimsa*). Gandhi não era apenas um orador eloquente; ele era a personificação viva dessas ideias. Sua voz não era apenas a de um líder, mas a de um homem que viveu integralmente seus ideais. Ele inspirava porque suas palavras eram reflexo de suas ações, e suas ações eram reflexo de sua alma.

Nessa linha, não podemos esquecer de Martin Luther King Jr. e sua poderosa retórica. Sua verdadeira força vinha da autenticidade com que falava sobre igualdade e justiça. King não falava apenas em nome dos negros americanos; ele falava em nome da humanidade, por um ideal universal de igualdade. Sua voz era a de um homem profundamente tocado pela injustiça que testemunhava e determinado a mudar o mundo para melhor. O discurso "I have a dream" ("Eu tenho um sonho", em português) não é memorável apenas por suas palavras poéticas, mas porque cada palavra foi proferida com uma paixão autêntica, nascida da experiência vivida e do desejo ardente de ver a mudança. King falava com o coração, e era essa voz autêntica que fazia com que suas palavras ressoassem tão profundamente, inspirando não apenas aqueles que estavam presentes, mas gerações futuras em todo o mundo.

No Brasil, Silvio Santos foi mais do que um simples apresentador; ele é um ícone. Sua trajetória, marcada pela autenticidade, é uma lição sobre como ser verdadeiro consigo mesmo pode ser a chave para o sucesso duradouro. Tive a sorte e a alegria de trabalhar para ele. Diferentemente de muitos comunicadores que seguem roteiros rígidos ou buscam criar uma persona pública cuidadosamente calculada, Silvio sempre se apresentou ao público como ele realmente era – espontâneo, alegre, e com um senso de humor que refletia sua personalidade.

Lembro-me de vê-lo chegar ao SBT dirigindo o próprio carro e sem seguranças. Ele se destacava de muitos artistas e apresentadores que eram seus funcionários, por seu gesto humilde de parar, dar bom dia a todos, e sempre olhar nos nossos olhos, cordial e gentil, um líder que genuinamente admirávamos. A autenticidade de Silvio Santos também se manifestava em sua capacidade de improvisar, de rir de si mesmo e de se conectar com seu público de uma maneira que poucos conseguem.

Como usar a voz autêntica para se posicionar e ocupar seu lugar no topo

Em um mundo repleto de mensagens padronizadas e discursos cuidadosamente elaborados, a autenticidade emerge como uma poderosa ferramenta de diferenciação. Falar com a voz autêntica é mais do que apenas expressar opiniões; é se posicionar de modo genuíno e ocupar seu lugar de direito no topo. Ao liberar sua verdadeira voz, você não apenas se destaca, mas também constrói uma conexão profunda e significativa com seu público. Mas como, exatamente, podemos cultivar e usar essa autenticidade para nos posicionarmos de forma eficaz e alcançar nossos objetivos mais elevados? Veja aqui a minha sugestão para você dar os primeiros passos:

1. Conheça a si mesmo

O primeiro passo para falar com a voz autêntica é o autoconhecimento. Isso requer mais do que uma simples reflexão superficial; é necessário um mergulho profundo em sua própria essência. O autoconhecimento envolve entender seus valores, suas crenças e o que realmente importa para você.

É um processo contínuo de autoexploração, no qual você se confronta com suas verdades internas, sem medo de encarar suas vulnerabilidades.

Líderes autênticos são aqueles que não têm medo de se conhecerem profundamente, pois entendem que a verdadeira força vem de aceitar quem você é, com todas as suas imperfeições. Ao conhecer a si mesmo, você ganha clareza sobre o que realmente quer comunicar e por que isso é importante. Essa clareza é o que permite que sua voz seja autêntica, pois ela nasce de um lugar de verdade.

2. Conecte-se com sua paixão

A paixão é o combustível da autenticidade. Quando falamos sobre algo que realmente nos importa, nossa voz muda, nossas palavras ganham vida. Essa conexão com a paixão interior é o que torna a comunicação poderosa. Não basta conhecer a si mesmo; é preciso estar profundamente conectado com aquilo que te move. Essa paixão é o que faz com que as pessoas sintam que o que você está dizendo é real, é verdadeiro.

Para líderes, essa conexão com a paixão é vital. Ela não apenas inspira os outros, mas também motiva a si mesmo a continuar, mesmo diante dos maiores desafios. Um líder que fala com paixão não precisa convencer os outros a segui-lo; sua paixão é contagiante, atraindo naturalmente aqueles que compartilham de sua visão. Essa paixão é o que transforma palavras em ação, sonhos em realidade.

3. Seja consistente

A consistência é a pedra angular da credibilidade. Não há autenticidade sem consistência entre o que se diz e o que se faz. As pessoas estão constantemente observando e avaliando se as ações de um líder correspondem às suas palavras. Um líder que fala sobre justiça, mas age de forma injusta, perde sua credibilidade. Por outro lado, um líder que é consistente em suas palavras e ações constrói uma base sólida de confiança.

Ser consistente também significa ser verdadeiro em todos os aspectos de sua vida. Não é possível ser autêntico apenas em determinadas situações; a autenticidade deve ser um valor intrínseco que permeia todas as áreas de sua vida. Quando suas palavras e ações estão alinhadas, você não apenas fala com autenticidade, mas vive com autenticidade, e isso é percebido por todos ao seu redor.

4. Pratique a escuta ativa

Falar com a voz autêntica também significa saber escutar. A escuta ativa é uma habilidade essencial para qualquer líder que deseja se comunicar de forma autêntica. Ela envolve não apenas ouvir as palavras dos outros, mas também entender suas emoções, intenções e necessidades. Quando você escuta ativamente, você mostra que valoriza a perspectiva dos outros, e isso cria um ambiente de confiança e respeito mútuo.

A escuta ativa permite que você responda de forma genuína, adaptando sua comunicação às necessidades e sentimentos daqueles ao seu redor. Ela também proporciona uma compreensão mais profunda das dinâmicas que estão em jogo, permitindo que você fale de uma maneira que ressoe verdadeiramente com sua audiência. Ao praticar a escuta ativa, você se torna mais conectado e mais capaz de falar de uma maneira que realmente toca o coração das pessoas.

5. Não tenha medo da vulnerabilidade

A vulnerabilidade é muitas vezes vista como fraqueza, mas na verdade é uma das formas mais poderosas de demonstrar autenticidade. Quando um líder se permite ser vulnerável, ele está mostrando que é humano, que possui medos, dúvidas e imperfeições. Essa honestidade cria uma conexão genuína com as pessoas, pois todos nós, em algum nível, compartilhamos dessas mesmas vulnerabilidades.

Admitir erros, pedir desculpas e compartilhar desafios pessoais não diminui a autoridade de um líder; ao contrário, isso a fortalece. As pessoas respeitam e confiam em líderes que são corajosos o suficiente para mostrar suas falhas, pois isso os torna mais reais, mais acessíveis. A vulnerabilidade, quando expressa com autenticidade, é uma poderosa ferramenta para construir empatia e confiança, permitindo que as pessoas se conectem com você em um nível mais profundo.

Quando soltar a sua voz, seja apenas uma pessoa se entregando

O verdadeiro poder na comunicação não está em técnicas elaboradas ou discursos perfeitamente ensaiados, mas em falar com a voz autêntica. Falar com autenticidade é um ato de coragem, mas é essa coragem que separa os líderes verdadeiros dos que apenas ocupam posições de poder. A voz autêntica é aquela que ressoa não apenas na mente, mas no coração das pessoas, e é essa voz que, no fim, realmente faz a diferença.

Para que você se inspire ainda mais, deixo você com a voz transparente de Gonzaguinha, que lindamente nos presenteou com uma canção que diz muito sobre isso:

Quando eu soltar a minha voz por favor entenda
que palavra por palavra eis aqui uma pessoa se entregando
Coração na boca, peito aberto, vou sangrando
São as lutas dessa nossa vida que eu estou cantando
Quando eu abrir minha garganta essa força tanta
Tudo que você ouvir, esteja certa que estarei vivendo
Veja o brilho nos meus olhos e o tremor nas minhas mãos
E o meu corpo tão suado, transbordando toda raça e emoção
E se eu chorar e o sol molhar o meu sorriso
Não se espante, cante
Que o teu canto é minha força pra cantar
Quando eu soltar a minha voz por favor entenda
É apenas o meu jeito de viver
O que é amar.

GONZAGUINHA, "Sangrando"

Desejo que você tenha coragem de libertar sua verdadeira voz e quando disser algo, que não seja a máscara dos seus títulos, diplomas ou cargos. Seja simplesmente uma pessoa se entregando.

A MENTALIDADE DA MULHER REAL

EQUILÍBRIO NAS RELAÇÕES, NA CARREIRA E NA VIDA

Advogada, consteladora familiar e organizacional, treinadora de equipes, palestrante, mediadora e empresária. Membro da Comissão de Direito Sistêmico da Ordem dos Advogados do Brasil do Mato Grosso (OAB-MT), assim como da Comissão de Conciliação/Mediação e Arbitragem da mesma entidade. Também é expositora das oficinas sobre divórcio e parentalidade (TJMT e CNJ). É pós-graduada em Direito Sistêmico, Constelações Familiares e Relações Humanas pelo Instituto OCA e Faipe; em Direito Civil e Processo Civil pela Escola do Ministério Público de Mato Grosso e Unic; em Direito Tributário e Processo Tributário pela Universidade Cândido Mendes do Rio de Janeiro (UCAM/RJ); e em Gestão de Pessoas pela Universidade De Cuiabá (Unic). Possui formação internacional em Constelações Estruturais (Syst), Intensivo para Equipes de Negócios e Coaching Sistêmico, pela Faculdade Sedac e Geiser Work; em *Systemic Management* e Constelações Organizacionais pela Talent Manager e Universidade Cudec (Espanha e Portugal). Ainda é formada nas áreas de constelações familiares, atendimentos individuais e em grupo pelo Instituto Oca; e constelações alquímicas e cura ancestral pelo Seeing With Your Heart e Instituto Oca.

CLEIVA LAURINI DUMMEL

19

CONTATOS:

cleivadumel@gmail.com

@cleivadummel

65 99900 1472

Neste texto, trago a força da mulher real. Você, eu, todas nós. Reconhecendo a mulher multifacetada, capaz de desenvolver várias habilidades e desempenhar múltiplos papéis; combinando as energias feminina e masculina que vêm do pai, da mãe e de toda ancestralidade. Convido você a acessar essa força interna, fazer as pazes com o passado e entender dinâmicas familiares. Com fé, mentalidade forte e prática amorosa, podemos equilibrar família, trabalho e vida pessoal, alcançando uma vida plena e feliz, pois a vida é um grande milagre e merece ser vivida!

Se queres mudar o mundo, vá para casa e ame a sua família.
SANTA TERESA DE CALCUTÁ

Equilibrar as múltiplas demandas de trabalho, família e vida pessoal é um desafio. Neste texto explorarei como integrar essas áreas e mostrarei como busco esse equilíbrio em minha própria experiência como profissional, esposa e mãe. Independentemente da função ou do lugar que ocupamos, eu e você somos mulheres **reais**, com muitas demandas, papéis, conflitos e desafios a exercer e enfrentar. Mais importante que tudo isso é o olhar para nós mesmas, compreender nossos limites e saber que aí está nossa força. Mulheres já possuem poder pessoal para alcançar o que desejam, mas é necessário acessar a força interna e a do lugar de pertencimento.

A comunicação assertiva, o autoconhecimento e a busca de soluções

Em profissões tradicionalmente masculinas, enfrentamos desafios e conflitos e isso pede que se desenvolvam habilidades, atitudes, competências, autonomia e inteligência emocional. Nesse contexto, a espiral de conflito nos ajuda a compreender que, se não aprendemos a lidar com demandas diárias de forma saudável, os conflitos tendem a crescer, escalando em graus de tensão até romperem, comprometendo relações no âmbito profissional, doméstico ou de amizades.

Ademais, paciência para construir algo grandioso, comunicação clara, assertiva e pacífica e conhecimento para nomear seus sentimentos são ferramentas da mulher real e, se não puder fazê-lo, busque um entendimento amplo e sistêmico. Quando não estamos bem, projetamos nossas expectativas e frustrações nos outros. Por isso é importante olhar as raízes das emoções e buscar a verdadeira essência dos conflitos internos e externos. O primeiro relacionamento é consigo, sempre. Observe o porquê de sentir-se ferida pela fala do outro – qual necessidade está por trás dessa dor?

Somos fisgados para o conflito junto com as dores do outro e as nossas próprias, pois somos seres relacionais, mas precisamos evoluir, aprender a escutar ativa e empaticamente, dar devolutivas sem conselhos e buscando soluções, nos ater apenas aos fatos, identificar o que estamos precisando e depois fazer um pedido claro. Não fomos educadas a olhar para nossas necessidades e menos ainda a revelar aquelas que não estão sendo atendidas, mas é possível aprender. Plantemos sementes de paz dentro de nós para depois transbordarmos no outro. Inúmeros são os recursos disponíveis, como as Leis Sistêmicas de Bert Hellinger.

Reflexões sobre constelações: relação com pai e mãe e seus impactos

A base das constelações sistêmicas estuda o impacto e a vinculação do indivíduo com o seu sistema familiar e/ou organizacional. A Lei do Pertencimento afirma que todos nós pertencemos consanguineamente a uma família e que essa é uma necessidade natural do ponto de vista biológico e de sobrevivência, de forma que alguém excluído ou abandonado não deixa de pertencer, pois é um direito de nascença. Querendo ou não, pertencemos ao sistema, somos metade pai, metade mãe, nascemos através dela e nascer é nosso primeiro sucesso. Por isso, segundo Hellinger, o sucesso tem a face da nossa mãe e, quando a rejeitamos, rejeitamos metade de nós. Já o pai nos dá a força da energia masculina para ir para a vida, e rejeitar um pai ausente, por exemplo, nos impede de nos conectar com a vida e permanecer nela, ficar sempre buscando algo, sem foco ou força para desenvolver suas atividades e estar no mundo, na carreira e nas relações.

A relação com nossa mãe é uma das mais influentes em nossa vida e as constelações nos convidam a revisitá-la repetidamente, pois pai e mãe representam um portal por meio do qual acessamos nossa história familiar e todas as dinâmicas conhecidas ou não que nos influenciam no agora. Mães indisponíveis emocionalmente, talvez devido a uma dor ou perda em sua própria vida, podem deixar marcas profundas em seus filhos; e, por vezes, estes são chamados a ocupar lugares de ausência, assumindo precocemente responsabilidades e papéis de adultos. Conhecer essas dinâmicas e trabalhar para resolvê-las é crucial, e a cura começa quando voltamos ao ambiente do trauma, utilizando o corpo como instrumento para acessar e liberar as memórias da dor, do abandono, da injustiça e da rejeição.

Atesto isso, pois acessei meu trauma e alcancei leveza e libertação. Convido você a fazer o mesmo, olhar para as dores emocionais que impedem o crescimento, libertar-se da menina ferida e princesa que reivindica cuidado, ou quer salvar e despertar para a consciência expandida de uma mulher adulta. Estar disponível para se relacionar tem a ver com lealdades inconscientes que nos vinculam a alguém em nosso sistema e é preciso se libertar de padrões de repetição pessoais e geracionais, de medos, traumas e crenças com respeito, acolhendo e pedindo permissão para seguir fazendo um pouco diferente.

Em meus atendimentos percebo que muitos casais, apesar de se amarem, não conseguem resolver suas questões sozinhos e seguem em um ciclo de culpa e acusações até que o relacionamento fracasse. A Lei da Ordem Hierárquica trata da necessidade de reconhecer que os mais velhos têm a precedência e os pais são grandes enquanto nós somos pequenos. Respeitar essa ordem mantém o equilíbrio, pois, por exemplo, se um filho toma o lugar do pai, o desequilíbrio repercutirá no fluxo natural e harmônico do sistema.

A Lei do Equilíbrio de Troca também é fundamental nas relações. Entre pais e filhos, receber é um ato de tomar a vida que nos foi dada, um profundo ato de nutrição; já no âmbito organizacional, esse princípio se aplica ao equilíbrio entre executar uma função e receber a contrapartida justa. Em relações de casal, dar e receber é um intercâmbio equilibrado e consciente, no qual ambos conhecem a paz se essa troca é equivalente. Assim, a relação próspera com a força de ambos, sem embates, cada um no seu lugar, pois na relação, se um ganha, os dois perdem. Hierarquicamente o casal vem primeiro, depois os filhos; claro que, quando pequenos, demandam atenção e cuidado e sempre será necessário lhes dar amor e cuidado, porém é preciso dar-lhes **base**, limites. Seja exemplo e inspire os filhos estando no seu **lugar**, primeiro de esposa, depois de mãe; caso contrário, a desordem gerará conflitos.

As constelações nos convidam a sair do piloto automático, melhorar a comunicação, atentar para o sentimento por trás da fala, aprender e fazer diferente quando não se teve referência dentro de casa. De forma respeitosa, olhar para trás e dizer: "Agora eu me permito a dialogar sem confusão; agora eu ouço, sinto e falo de maneira amorosa e ativa, pois estou com o coração disponível para a reconciliação". Faça-o assumindo seu lugar de força dentro do sistema familiar e/ou organizacional, sem embate. Quando não existir competição, nem com homens, nem com mulheres, quando simplesmente estiver vivendo na sua potência de vida, com leveza, você estará lá. Esse lugar não é pesado, tem força amorosa e ativa; é um feminino abundante.

Mentalidade abundante e próspera

Além de buscar técnicas e estratégias, é fundamental desenvolver uma mentalidade proativa, abundante e próspera, pois ela é a chave para alcançar o equilíbrio em todas as esferas da vida. Uma mulher que se cura e se desenvolve consegue se posicionar de maneira efetiva e equilibrada no trabalho, nos relacionamentos e na vida pessoal, não subjuga nem permite ser subjugada; não se compara e não compete, pois está ativada na força do seu feminino saudável, na força do seu lugar. Ter uma mentalidade próspera é acreditar no próprio potencial, investir no autoconhecimento, adotar uma atitude positiva em relação aos desafios, ver oportunidades ao invés de obstáculos. Essa postura traz crescimento, aprendizado e evolução.

Empreendedorismo e liderança feminina

Segundo estudo do Sebrae (ASN, 2019), mulheres representam quase a metade dos empreendedores no Brasil: 9,3 milhões estão à frente de empresas e startups, segundo o Sebrae, e 45% são a principal fonte de renda familiar. A Organização Internacional do Trabalho (OIT) revelou que empresas chefiadas por mulheres mostram maiores lucros em vários países, incluindo o Brasil. Somos o sétimo país com o maior número de empreendedoras, 48%, conforme pesquisa do GEM (Global Entrepreneurship Monitor 2020), feita pelo Sebrae e pelo Instituto Brasileiro de Qualidade e Produtividade (IBQP). O estudo mostrou que 55% das mulheres empreendem por necessidade de gerar renda, mas ainda lidamos com dificuldade de acesso a crédito, preconceito de gênero e dupla jornada.

Apesar de desafiadora a minha trajetória, e de tantas empreendedoras, é um exemplo do potencial do empreendedorismo feminino. Desde as primeiras experiências empresariais em Tangará da Serra até a contribuição para a Gradual Lentes, e também nos atendimentos, aprendi que mulheres trazem uma perspectiva única e valiosa ao mundo dos negócios. Nós gerimos múltiplas responsabilidades, equilibrando trabalho, família e vida pessoal. Mas como uma mulher pode se posicionar como líder?

A resposta é acreditar no próprio potencial, buscar o autoconhecimento, construir uma equipe alinhada, compartilhar propósitos e manter clareza nos objetivos. A liderança feminina é poderosa e capaz de escolhas conscientes, com coragem. Creia: você é capaz. Lidere a si mesma primeiro, assim, alcançará os outros. Tudo começa e termina conosco, por isso é tão importante assumir a parcela de responsabilidade que nos cabe em qualquer situação. Nossas mães não tinham que escolher entre casa ou trabalho, relações ou emprego, mas a mulher atual pode escolher ter um, outro ou ambos. Sou coautora do livro *Elas e o agro*, com o capítulo "Do conflito à boa solução, a paz!". Nele mostrei o caso de sucesso de três mulheres do agronegócio que resolveram seus conflitos por meio da mentoria sistêmica. Reafirmo, é possível.

Minhas origens e formação

Nasci em 10 de outubro de 1969, em Sarandi, Rio Grande do Sul, filha de Waldemar Paulo Laurini e Deonilde Maria Laurini, em uma grande família italiana, a sexta filha de oito irmãos. Comecei a trabalhar cedo e, aos dez anos, fui morar com minha avó paterna, podendo estudar na cidade grande por um período. Apesar dos desafios, principalmente estar longe dos pais e irmãos, aprendi a ter responsabilidade e independência. Aos 14 anos mudei com a família para Mineiros, Goiás, onde trabalhei na *boutique* das minhas primas. Aos 18, iniciei minha jornada empreendedora com meu irmão e marido, fundando lojas e depois, empresas atacadistas. Há 17 anos fundamos o laboratório Gradual Lentes.

Sou formada em Direito com várias pós-graduações, sendo uma delas em Direito Sistêmico e Constelações Familiares e Organizacionais. Depois de buscar ajuda para curar meus traumas, que nem sabia que existiam, fiz muitas formações e, com humildade, coragem e verdade, fui me libertando.

Meu trabalho vai além da advocacia, ajudando mulheres a resolver e prevenir conflitos, além de melhorar seus relacionamentos e potencializar suas carreiras com o método Compreender, Liberar, Despertar/Desfrutar (CLD). Sou casada há 35 anos com Nei Albino Dummel e temos duas amadas filhas, Pamela e Carolina, ambas médicas e pessoas incríveis. A convivência familiar é uma fonte constante de aprendizado e crescimento.

Em 2023, pude viver e realizar alguns sonhos:

- Condução de workshops híbridos e internacionais.
- Formação de três turmas de mentoria para mulheres.
- Formatura da minha filha Carolina.
- Organização de um livro sobre minha mãe: *Sim, minha mãe é uma freira.*
- Formação internacional avançada em Constelações.
- Palestras sobre mentalidade para empreendedoras.
- Obtenção de minha cidadania italiana.
- Entrega da vice-diretoria da Comissão de Direito Sistêmico da OAB/MT.
- Colaboração no retiro de casais, o movimento familiar "Lareira Cuiabá".

Essas realizações integraram família, trabalho e vida pessoal, celebrando conquistas e aprendendo com os desafios.

A importância da fé

Para mim, a fé é um alicerce fundamental em todos os aspectos da vida. Coloco o Espírito Santo de Deus à frente de tudo: família, projetos, alunas. Acredito que com fé ganhamos coragem e confiança para enfrentar qualquer desafio.

Conclusão

A mulher real é uma mulher comum com força ativada; é multifacetada, tem diversas habilidades e desempenha vários papéis, pois seu feminino e seu masculino, as energias da mãe e do pai, estão em equilíbrio. Convido você a acessar sua força interna se for necessário, fazer as pazes com o passado para viver o presente e projetar um futuro de bênçãos e possibilidades. Olhar para dentro, entender as dinâmicas familiares, reconhecer forças e fraquezas são parte de uma jornada contínua de aprendizado e crescimento, em que cada passo nos aproxima de uma vida mais plena, equilibrada e feliz.

Colocar Deus à frente de nossos projetos e de nossa família é essencial para ter a coragem e a confiança de seguir em frente. Mentalidade forte, abundante, próspera e liberada das repetições de padrões são também essenciais. Assim, acredito que é possível equilibrar família, trabalho e vida, sempre mirando autoconhecimento, disciplina, responsabilidade e amor ao servir, praticando a postura amorosa e ativa. Dessa forma, seguimos abastecidas e reconectadas no amor maior, que nos une e movimenta. Esse é meu convite.

Referência

AGÊNCIA SEBRAE DE NOTÍCIAS (ASN). Mais da metade das mulheres empreendedoras são “chefe de domicílio”, aponta pesquisa. *Pequenas Empresas & Grandes Negócios*, 8 mar. 2019. Disponível em: https://revistapegn.globo.com/Mulheres-empreendedoras/noticia/2019/03/metade-das-mulheres-empreendedoras-no-brasil-sao-chefes-de-domicilio.html. Acesso em: 16 set. 2024.

O PODER TRANSFORMADOR DA COMUNICAÇÃO ASSERTIVA

Fonoaudióloga empresarial com mestrado em Distúrbios da Comunicação Humana pela Universidade Federal de Santa Maria (UFSM/RS) e especialização em voz pelo Centro de Estudos da Voz (CEV/SP). É palestrante internacional e autora do best-seller *Comunicação assertiva: aprenda a arte de falar e influenciar*. Possui mais de 17 anos de experiência em treinamentos, palestras e mentoria sobre comunicação humana nas empresas, abordando temas como comunicação assertiva, oratória, feedback, pitch de influência, apresentações de impacto, comunicação não violenta, entre outros. Na área, ainda atua como sócia-diretora da Comunicativa – Treinamentos e Palestras, e *personal & professional coaching* com formação pela Sociedade Brasileira de Coaching (SBC) e Febracis. Também trabalhou na Rede Record de Televisão, aperfeiçoando a performance dos repórteres e apresentadores da emissora entre 2008 e 2014.

DÉBORA BRUM

20

CONTATOS:

deborabrum@comunicativafono.com.br

linktr.ee/comunicativa_fono

@deborabrum.comunicativa

51 98119 8950

O texto discute a importância da comunicação assertiva para mulheres que se sentem invisíveis e incapazes de expressar suas ideias e seus sentimentos. A autora detalha os quatro tipos de comunicação (passiva, agressiva, passivo-agressiva e assertiva) e oferece estratégias para desenvolver uma comunicação mais eficaz, destacando a importância do autoconhecimento e da empatia. Conclui incentivando a prática da comunicação assertiva para alcançar uma vida plena e feliz.

Enquanto você e eu estamos "conversando", existem milhares de mulheres em todo o mundo aprisionadas dentro de si, caladas por si mesmas ou por outras vozes críticas e julgadoras que as impedem de brilhar e chegar ao topo do mundo. Vivem a prisão de não conseguirem se expressar, defender suas ideias, falar dos seus sentimentos, impor limites ou pedir ajuda quando necessário.

Sabe aquela ostra que mantém uma linda pérola escondida dentro do seu interior? É assim que percebo essas mulheres incríveis que permanecem invisíveis ao mundo e que, assim como eu, podem ter as suas vidas transformadas ao conhecer e utilizar as técnicas da comunicação assertiva, se conectando com o seu verdadeiro "eu" e comunicando isso ao mundo.

Você já sentiu que, em alguns momentos, as pessoas não te ouvem ou não levam em consideração as suas ideias? Você sente que as pessoas não te compreendem? Talvez a sua frustração seja não conseguir dizer aquilo que pensa ou sente. Essa era a minha frustração quando criança.

Nasci numa família em que a comunicação era tabu, não fluía bem... Durante boa parte da minha vida, eu convivi com uma doença que afetou toda a minha família: a depressão do meu pai. Mesmo com todo o amor dele por nós, em minhas memórias de infância, tenho lembranças de meu pai de mau humor, ou deprimido, ou irritado. Minha mãe, sempre zelando pela tranquilidade e harmonia no lar, pedia para mim e para meus irmãos não reclamarmos, não "incomodarmos", senão a depressão dele poderia piorar.

Então, desde muito cedo, aprendi a me calar, guardar os sentimentos e, na ingenuidade de uma criança, tinha a ilusão de que, se fosse uma filha perfeita, não reclamasse, eu poderia deixá-lo mais feliz ou, se eu incomodasse, ele ficaria pior.

A minha crença era a de que falar o que pensa e sente pode fazer muito mal para os outros, então guardava tudo dentro de mim. Eu me lembro de que, quando estava triste, chateada, ia chorar no banheiro, porque depois lavava o rosto e ninguém percebia.

Só que, como diz Ester Isaac: "Não falar sobre o que dói é como segurar o fôlego, uma hora você precisa soltar", ou seja, quando meu copo transbordava, eu explodia e, geralmente, sobrava para minha mãe, pois falava o que eu queria e o que não queria; e depois me arrependia.

Cresci e, no momento de escolher uma profissão, mesmo com dúvida de qual carreira seguir, um pensamento sempre passava pela minha cabeça: escolher uma profissão na qual eu não precisasse falar com pessoas, que não precisasse me comunicar.

Mas, por ironia do destino, acabei estudando Fonoaudiologia – a ciência da comunicação humana. Hoje eu tenho a certeza de que foi Deus que me colocou nessa profissão para me curar, para aprender a me comunicar melhor e poder ajudar as pessoas que, assim como eu, também precisam disso. E esse processo foi libertador!

Descobri que existem várias formas de falar a mesma coisa, e que eu podia dizer o que pensava e sentia sem magoar ou destruir as pessoas. Aprendi que a comunicação assertiva não é um dom, mas sim uma habilidade que pode ser treinada, desenvolvida e aperfeiçoada. Descobri que o tom da voz transmite sentimentos e impressões; que através da velocidade de fala podemos demonstrar ansiedade ou calma; que existem palavras seguras e inseguras, positivas ou negativas; e que nós temos o poder da escolha! Descobri também que, mesmo quando você não diz o que o(a) incomoda, o seu corpo fala. As expressões faciais transmitem impressões que nem sempre queremos transmitir.

E, quando você entende que **tudo comunica**, até o silêncio, passa a ter **consciência** desse processo, aprende a desenvolver **domínio e autocontrole**. E isso traz resultados incríveis:

- **Os diálogos fluem.**
- **Você vende melhor seu peixe.**
- **Você sente mais liberdade e segurança para se expressar.**
- **Você se conecta mais verdadeiramente com as pessoas, estabelecendo relações de respeito, confiança e colaboração.**

Tony Robbins fala que "os nossos resultados são proporcionais à capacidade de nos comunicarmos conosco e com os outros", e eu não tenho a menor dúvida disso. Por acreditar nisso, hoje o meu trabalho é também o meu propósito: ajudar as pessoas a terem mais sucesso e serem mais felizes por meio da comunicação assertiva. Com muito orgulho e satisfação, são quase 20 anos ministrando treinamentos, palestras e mentorias; um livro best-seller; e uma vida dedicada servindo e observando a transformação gerada na vida das pessoas, tanto no âmbito profissional como pessoal.

E você, como tem se comunicado? Que resultados você tem tido no seu dia a dia? Sua fala impacta positivamente as pessoas que estão a sua volta?

Eu vejo pessoas com excelentes ideias, que sabem muito, têm muita experiência e conhecimento, mas, ao falar, as ideias saem confusas. Outras são prolixas e perdem o foco. Há também as que são muito diretas, o que em alguns momentos pode ser interpretado como grosseria. Outro fato que me entristece é saber que existem milhares de mulheres que têm muito a dizer, muito a contribuir, mas, por algum motivo, se calam, se omitem.

Para mudar essa realidade, é preciso saber que existem quatro tipos de comunicação e que cada um deles gera impactos e resultados (nem sempre positivos) na nossa vida. Descreverei agora as características de cada um desses quatro tipos de comunicação e convido você a identificar qual tem usado com mais frequência no seu dia a dia.

A **comunicação passiva** acontece quando você não consegue falar o que pensa, não sabe dizer "não", nem consegue impor limites por medo da reação dos outros, das críticas e dos julgamentos. É quando você pensa, mas não fala; seus diálogos são internos, gerando sentimentos negativos como frustração, angústia ou insegurança. Pessoas com esse tipo de comunicação vivem "engolindo sapos" e, mesmo submetidas a situações estressantes, se calam, se omitem, se submetem.

No oposto da passividade está a **comunicação agressiva**, caracterizada por uma fala dura, muito incisiva e/ou ofensiva, decorrente da falta de empatia, respeito ou consideração pelo outro. Acontece quando você fala "sem filtro", sem se preocupar com o sentimento ou a reação do outro, nem com o impacto da sua fala. Essa agressividade pode ser percebida pelas **palavras** (duras, negativas, ofensivas), pela **voz** (quando você aumenta o volume ou fala gritando) ou pela **linguagem corporal** (imagine uma pessoa batendo na mesa, ou falando com as mãos na cintura, expressão facial tensa ou com o dedo em riste, por exemplo). Sugiro refletirmos sobre o que está escrito na Bíblia:

Uma resposta calma aplaca a ira, a palavra dura atiça o furor.
PROVÉRBIOS 15:1

O terceiro tipo de comunicação utilizada é a **comunicação passivo-agressiva**, caracterizada pelo uso de ironia, cinismo, sarcasmo, deboche ou indiretas. Considerada por muitos como apenas "uma brincadeira", trata-se, na realidade, de uma atitude tóxica, pois em geral vem carregada de um componente de agressão velada, disfarçada.

O quarto tipo é a **comunicação assertiva**, aquela que nos dá mais segurança para falar e nos conecta verdadeiramente com o outro, ou seja, traz melhores resultados. Mas, afinal, o que é a comunicação assertiva? É conseguir dizer o que precisa ser dito de forma clara, objetiva e transparente, escolhendo as melhores palavras, controlando o tom de voz e a linguagem corporal para ser bem compreendido. É uma fala sincera e autêntica e, ao mesmo tempo, respeitosa e empática.

Outra característica da comunicação assertiva é a escuta ativa. É saber ouvir o outro com interesse e atenção, mesmo quando as opiniões são divergentes. É saber o momento certo de falar e o momento certo de ouvir, reconhecendo que nas diferenças podemos somar, crescer e evoluir.

Se você quer obter bons resultados, estabelecer diálogos saudáveis e colaborativos e transmitir mais confiança, então precisa ter uma **comunicação assertiva**!

A partir de agora, vou apresentar estratégias que irão ajudá-la a desenvolver essa habilidade tão poderosa.

Primeiro passo: olhar para si com (cons)ciência do seu propósito

Para você desenvolver essa habilidade, tenha clareza do seu propósito e aonde você quer chegar, qual é seu objetivo em cada diálogo. Tenha **consciência** e seja **intencional** ao falar.

"Conhece-te a ti mesmo." Essa famosa frase, atribuída ao filósofo grego Sócrates na entrada do Templo de Delfos, mostra a importância do autoconhecimento para a nossa evolução. O autoconhecimento é essencial na comunicação, pois permite que você compreenda suas emoções, seus pensamentos e seus comportamentos, ajuda a identificar seus pontos fortes e os pontos de melhoria, suas crenças limitantes, bem como seu potencial. Reflita sobre a qualidade dos seus diálogos, identifique e reconheça qual tipo de comunicação que você tem utilizado com as pessoas e que resultados você tem colhido.

Além disso, pense nas suas emoções e como você reage a elas. O que te tira do sério? O que as pessoas fazem ou falam que ativa sentimentos de raiva, indignação, frustração? Você reage impulsivamente ou pensa antes de falar e reagir, exercitando o autocontrole? Descubra o que te irrita, o que as pessoas falam e fazem que te incomoda. Desenvolva estratégias de autocontrole!

Abraham Lincoln tinha um hábito interessante nesses momentos. Ele escrevia uma carta na qual colocava toda a sua frustração e indignação no papel. Momentos depois, quando já estava mais calmo, relendo a carta, percebia que muito daquilo não fazia sentido e, então, finalizava escrevendo: jamais assinada, jamais enviada!

Segundo passo: olhar para o outro com empatia

Antes de falar, observe e escute o seu interlocutor, procure perceber seus sentimentos, pensamentos e necessidades. Tenha **empatia**!

Ao ouvir um podcast do psicólogo Leo Fraiman sobre os impactos do uso do celular por crianças e adolescentes, uma frase ecoou na minha mente: “A tecnologia está cada vez mais humanizada e o ser humano está cada vez mais robotizado”. Preocupa-me o fato de que estamos explorando cada vez mais as conexões virtuais, mas a **conexão humana anda sem sinal**! O mundo está precisando de mais empatia, de olho no olho, de diálogos mais profundos e de uma escuta genuína e empática.

A empatia é crucial para a comunicação, pois permite que você se conecte de maneira mais profunda e significativa. Quando somos capazes de nos colocar no lugar do outro, compreendemos melhor suas perspectivas, seus sentimentos e suas necessidades, o que facilita a construção de um diálogo mais aberto e respeitoso. Por meio da empatia, você consegue identificar o perfil do seu interlocutor e adaptar a sua linguagem ao perfil dele, facilitando a compreensão. Esse esforço deve ser seu, e não do outro.

Ao falar com uma pessoa muito objetiva, por exemplo, evite entrar em detalhes desnecessários, vá direto ao ponto. Já as pessoas mais detalhistas precisam de mais informações para se sentirem mais seguras e tomarem decisões. Procure falar sobre algo que seja do interesse dos outros. Assim como quando vamos comprar um presente para uma amiga, pensamos no que ele gostaria de ganhar, ao falar, procure trazer assuntos ou informações que sejam relevantes ou interessantes para a pessoa. Isso atrai a atenção, desperta o interesse e gera conexão! Isso também é válido se você quer falar sobre o seu trabalho, apresentar a sua empresa ou vender o seu peixe. Comece falando dos benefícios que o seu trabalho proporciona na vida das pessoas, dos problemas que você ajuda a resolver.

Outra habilidade essencial da comunicação assertiva é a **escuta ativa**. Ao praticá-la, estamos demonstrando respeito e exercitando a empatia pelo outro, permitindo que ele se sinta valorizado e compreendido. Por meio da escuta ativa conseguimos obter informações mais precisas e entender melhor as necessidades e preocupações do nosso interlocutor, somos capazes de construir relacionamentos mais sólidos, resolver conflitos de forma mais satisfatória e colaborar de maneira mais produtiva, tornando a comunicação mais saudável e construtiva.

Terceiro passo: sua mensagem tem que S.E.R.

Podemos falar a mesma coisa de inúmeras maneiras, mas nem todas elas trazem o resultado que esperamos. Procure escolher a que seja de mais fácil compreensão e que cause maior impacto no seu ouvinte.

Criei um método para ensinar os meus alunos e clientes a falarem com mais clareza, serem bem compreendidos e a gerarem mais engajamento. Esse método é apresentado por uma frase com um acrônimo: "**A comunicação tem que S.E.R**" (S: Sucinta; E: Específica; R: Relevante).

- **Sucinta**: vivemos num mundo de correria, pressa e ansiedade. Você não conseguirá atrair e manter a atenção do seu ouvinte se usar uma linguagem prolixa. Por isso, evite falar demais, enrolar ou entrar em detalhes desnecessários. Mantenha o foco e fale o que realmente importa ou é necessário.
- **Específica**: para evitar ruídos e mal-entendidos, para que as pessoas compreendam você, procure usar uma mensagem clara, dê exemplos, faça analogias. **Diga o óbvio**, porque o que é óbvio para você nem sempre é para o outro!

- **Relevante**: para despertar o interesse e a atenção do seu ouvinte, a sua mensagem tem que ser útil e relevante para quem a recebe. Ao defender seu ponto de vista, apresente argumentos consistentes, traga dados e fatos, mostre os impactos e a relevância do que você está propondo.

Portanto, em cada diálogo, lembre-se: **a sua comunicação tem que S.E.R.**

Reserve um momento para pensar sobre o impacto das suas palavras. O QUE você tem falado e COMO você tem falado? Pense nas vezes em que suas palavras foram uma fonte de encorajamento ou talvez de desânimo. E reflita: se você pudesse comer as suas palavras, sua alma seria nutrida ou envenenada?

Espero que a partir de agora você busque conhecer mais sobre este tema e principalmente, busque mais conhecimento, pratique e aja de uma forma cada vez mais assertiva.

Lembre-se que VOCÊ COLHE O QUE PLANTA, mas também você ESCOLHE O QUE PLANTA!

Aquela menina que tinha muito a dizer, mas se calava por achar que "falar o que pensa e sente pode fazer muito mal para os outros", escolheu fazer diferente, escolheu um novo caminho, no qual descobriu que as PALAVRAS TAMBÉM CURAM, LIBERTAM, ACOLHEM, CONECTAM PESSOAS! E hoje ela está aqui, escrevendo este capítulo para mostrar que você também pode traçar uma nova jornada, um caminho que passa pela descoberta de quem você realmente nasceu para ser, da sua "pérola interior" e pela consciência de que a Comunicação Assertiva é uma das ferramentas mais poderosas para levá-la rumo ao TOPO DO MUNDO e para que tenha uma vida mais plena e feliz!

Felicidade é quando o que você pensa, o que você diz
e o que você faz estão em harmonia.
MAHATMA GANDHI

Seja feliz!

MULHER
FÊNIX POR NATUREZA

Filha, esposa, mãe e empresária. No ramo da educação, atua como diretora-geral do IPMIL (Instituto Padrão Militar). É fundadora e idealizadora do projeto Brigadista Mirim, com oito obras registradas na Biblioteca Nacional. Também é diretora-geral do IPBC (Instituto Padrão Bombeiro Civil) e do CITS (Centro de Instrução e Treinamento na Selva). Possui formação como bombeiro civil, instrutora de primeiros socorros, prevenção e combate a incêndios, técnica em segurança do trabalho e guarda-vidas. Detém certificações em NR10, NR33, NR35, NR20, APH com DEA (atendimento pré-hospitalar com desfibrilador), APH Tático e *Stop The Bleed* (controle de hemorragias). Além disso, é agente multiplicadora no combate ao uso de drogas, formada pelo Denarc, e especialista em manejo de répteis, com formação pelo MVSF. É formada em Engenharia da Computação pela Universidade Metodista, além de ser adesguiana e coordenadora do 66º Curso de Estudos de Política e Estratégia da ADESG-SP. Também é membro associada da Soamar e Sasde. Em 2023, foi coautora do livro *Quem manda na minha vida sou eu*.

EDILAINE GUISANI GAMA

21

CONTATOS:

www.ipmil.com.br
@diretoraedilaine.ofc
11 93939 8274

Com tantas lutas, desafios e perdas, transformei minha dor em força e me vi obrigada a renascer das cinzas em que a vida me deixou. Hoje, uso essa dor e minha história para mostrar que não há desculpas para não fazermos o melhor por nós mesmos e pelos outros, inspirando pessoas a seguirem em frente. Nada pode parar quem está obstinado a vencer.

A fênix é uma criatura da mitologia grega representada por uma ave semelhante a uma águia, conhecida por sua habilidade de viver por 500 anos e renascer após a morte. Assim somos nós, mulheres: fênix por natureza, com a capacidade de nos refazer. Desde que nascemos, somos preparadas para dar conta de tudo: somos filhas, irmãs, esposas, mães, empresárias, profissionais, atletas. Nascemos para cuidar de tudo com maestria, mesmo enfrentando medos, receios e inseguranças.

Comigo não foi diferente. Com o tempo, além da cobrança social, desenvolvi uma autocobrança para conseguir dar conta de tudo. No entanto, foi com o amadurecimento que comecei a olhar para trás e perceber tudo o que já passei, realizei, cuidei e influenciei. Minha história é regada de inseguranças, desafios e perdas, mas transformei tudo isso em força e determinação para chegar aonde cheguei hoje.

Nascida em um lar estável, tanto psicologicamente quanto financeiramente, eu carregava apenas os papéis de filha e irmã. Sempre tive o apoio e suporte dos meus pais, Evandro e Marli, e dos meus irmãos, Paulo e Regiane, a quem sou imensamente grata pelos conselhos, pela ajuda e pela vida que me deram até que eu pudesse voar sozinha.

Sozinha, porém, não fiquei. Quando saí da casa dos meus pais, iniciei minha família ao lado do Henrique, o homem que eu escolhi para ser o homem da minha vida. Nesse momento, ganhei um novo papel: o de noiva, que mais tarde se transformaria em esposa. Antes mesmo de nos casarmos, Henrique e eu já sonhávamos juntos, sempre com uma mentalidade empreendedora. Sonhadores natos, estávamos determinados a fazer a diferença.

Lava-rápido, fábrica de shampoo para veículos, equipe de vendas de livros, vendas de consultas de nomes, baralho mágico – eram tantos projetos e sonhos. Embora nem todos fossem lucrativos, não desistimos.

Em 1999, ainda namorando, abrimos nossa primeira empresa: a National Transportes Executivos.

A National prestava serviços de táxi executivo para grandes seguradoras, e assim ganhei mais um título: empresária. Em pouco mais de um ano, já contávamos com mais de 45 motoristas. Como mulher e jovem, muitas vezes precisei me impor para conquistar o respeito de homens, muitos deles machistas, que subestimavam minha pouca idade. Mas, ao contrário das expectativas, provei que a experiência de vida não é o único requisito para o sucesso; a empatia e o discernimento também fazem as coisas acontecerem.

Em 2004, Henrique e eu decidimos nos casar, certos de que isso nos aproximaria ainda mais dos nossos objetivos. Em 2005, ainda com a empresa de transporte em funcionamento, embarcamos em um novo sonho: montar uma escola de informática, a ABC Training. Agora, tínhamos duas empresas em funcionamento. Estávamos determinados, certos de que nosso curso oferecia uma oportunidade de mudança para os nossos alunos. Trabalhamos com crianças, adolescentes e muitos pais de família que conquistaram melhores oportunidades graças ao curso.

Em 2007, nossa dupla se transformou em um trio, com a chegada da nossa filha Sophia, a loirinha de olhos azuis mais linda do mundo. Minha rotina se expandiu com o novo papel de mãe, o mais importante de todos. Nossa vida ganhou uma nova cor, mas também vieram as responsabilidades que a maternidade carrega. Eu estava criando um ser que, por vários anos, seria totalmente dependente de mim.

Claro que não foi fácil. Eu tinha uma bebê, um esposo e duas empresas para administrar. A Sophia era minha prioridade, mas nunca negligenciei o trabalho, o que me levava a jornadas de 18 ou 19 horas por dia. Levamos uma vida de poucas horas de sono e muitas de trabalho, mas sempre blindando nossa família. A cada dia, enfrentávamos uma nova luta. Como mulher, sempre tentando dar conta das coisas, muitas vezes me sentia esgotada. Mal sabia eu o quanto ainda iria apanhar da vida, mas uma certeza eu carregava: eu nunca desistiria. E, independentemente de qualquer coisa, me refaria sempre que me sentisse desmontada.

Pensando no bem maior e focando em nossos objetivos, encerramos as atividades da transportadora e apostamos todas as nossas forças na escola, que estava indo muito bem. Mas isso não durou para sempre. Passamos por crises financeiras que abalaram muito nossa vida, mas agora tínhamos uma filha, e isso não podia continuar assim. Dificuldades vieram, tentaram nos abalar, mas lá estávamos nós, firmes e fortes em nosso propósito.

Tomamos a decisão de mudar o ramo da escola, mas não desistimos de fazer a diferença. Abrimos a nossa escola preparatória para carreiras militares. Que medo de errar! Afinal, não éramos apenas mais uma dupla, éramos um trio. Sempre quis ser a melhor mãe do mundo, sempre quis ser a melhor esposa do mundo, sempre quis ser a melhor filha do mundo. Sei que falhei muitas vezes nessa missão, mas quem me conhece sabe que, se falhei, foi tentando acertar. Sempre me refiz, como uma fênix, e segui em frente, apesar dos pesares.

Carreira militar? Bom, eu, com 25 anos, não fazia ideia do que esse mundo significava. Mas, obstinada a ser a melhor, me envolvi com as Forças Armadas, onde conheci e ganhei muitos amigos que estão comigo até hoje. Sempre tive em mente que queria deixar um legado, e foi assim que começou o que hoje é o nosso IPMIL.

Com uma vida cheia de novidades, compromissos e obrigações, eu me dividia entre a rotina de trabalho e a família, levando a Sophia comigo. Ela sempre foi uma criança que se adaptou bem à nossa vida, e agora já estava se tornando uma mocinha. Mas as coisas ainda mudariam muito.

No dia em que assinamos o contrato da nova escola, recebi uma das melhores notícias da minha vida: eu teria mais um bebê. Sim, em meio a essa mudança profissional, eu estava grávida novamente. Nosso trio se transformava em um quarteto. Eu me sentia a Mulher Maravilha: filha, esposa, empresária, mãe e grávida. Não poderia ser mais perfeito. Nove meses depois, nasceu nosso príncipe Enrico, no dia 22 de dezembro de 2013, às 7h59. Agora, nossa família estava completa.

Nem mesmo com o Enrico bebê, nossa rotina ficou mais leve. Ele foi se adaptando à nossa correria, crescendo em meio ao nosso caos. Nossa família se estabeleceu nesse caos, e assim seguimos. Nesse momento, a escola já era uma rede com várias unidades e estava em constante crescimento. Nossos finais de semana eram regados de trabalho, e tínhamos apenas os domingos para curtir a vida. Mas tudo foi se encaixando, e mesmo com essa loucura, tínhamos as crianças ao nosso lado todos os dias, 24 horas por dia, pois eu, como mãe, levava-as comigo para o trabalho. Posso me orgulhar em dizer que eu estive presente todos os dias na vida de criança dos meus filhos e aprendi a conciliar a maternidade com a minha carreira. Nem sempre eu dava conta de tudo, mas sempre tive ao meu lado um herói, que chamo de esposo, o Henrique. Porém, estávamos prestes a sofrer um dos piores pesadelos da vida.

Em dezembro de 2016, fizemos uma viagem em família para comemorar o segundo aninho do Enrico. Na noite do dia 22, ele estava enjoadinho e não queria interagir com ninguém, não saía do meu colo. Havíamos programado um bolo, mas sequer tivemos tempo; o levamos ao pronto-socorro. Chegando lá, ele teve uma baixa enorme, e começou a piorar.

Meu Deus, que desespero! Eu só lembrava da fênix, mas não sabia como me recuperar vendo o meu bebê naquela situação. A única coisa que eu fazia era pedir a Deus que desse calma a mim e ao meu esposo, pois sabia que o Enrico precisaria de mim forte ao lado dele. Mas as coisas foram piorando, piorando, até que ele precisou ser transferido para outra cidade. Eu sabia que não era forte o suficiente, mas não tinha outra opção, pois o diagnóstico não era bom: meningite bacteriana. Meu Deus, o que seria de mim?

Os médicos fizeram tudo o que puderam para reanimá-lo, mas nada adiantou. Lá estávamos nós, eu e o Henrique, pedindo a Deus por forças, mas cada notícia era pior: convulsões e paradas respiratórias. Já era dia 23 de dezembro quando ele foi levado à UTI para ser estabilizado; 40 minutos depois, a porta da UTI Pediátrica se abriu, e o semblante da médica já anunciava nosso maior medo. Às 7h59 daquele dia, o Enrico se foi.

Que dor, que angústia! Por quê? Os porquês não saíram da nossa cabeça desde então. Mas ali, em meio àquela agonia e dor, olhei para Henrique, e apenas choramos. Nos abraçamos e fizemos uma promessa um ao outro: "Independentemente do que passarmos daqui para frente, estaremos juntos". Se esse era o nosso destino, que Deus nos desse força para continuar e fazer a diferença na vida das pessoas, já que não podíamos mais fazer pelo nosso filho. Nosso propósito de vida havia sido renovado. Henrique e eu faríamos a diferença na vida dos nossos alunos, e assim o fizemos. São nesses momentos que descobrimos nossa força e garra. Quando não temos outra opção, nossa única saída é lutar e ressurgir das cinzas como fênix. Juntamos forças de onde não havia. Focamos ainda mais em nossa filha, que agora era a única princesa do nosso castelo, e em nosso trabalho, que nos dava força para acordar todos os dias.

Assim, a empresa foi crescendo cada dia mais, e nos tornamos não só a maior, mas a melhor escola preparatória para carreiras militares. Henrique e eu dávamos suporte para todos os alunos e suas famílias, sendo chamados até de madrugada quando alguns deles se viam sem rumo. Eu ouvia várias vezes a frase: "Diretora, eu não vejo saída para minha vida, e sei que a senhora, que já passou por tanta coisa, pode me ajudar". E assim acontece até hoje.

Após essa tragédia, tivemos outros cinco abortos espontâneos na tentativa de trazer cor à nossa vida, mas esses não eram os planos de Deus. Então, focamos no trabalho, e nossa escola se transformou em uma rede de mais de 40 unidades espalhadas pelo país inteiro. Nossa mente nunca ficou parada. Diante da necessidade de atender crianças mais novas, fui me especializar na área de bombeiro para montarmos o Brigadista Mirim, onde ensinamos crianças a partir de seis anos. Afundamo-nos nesse novo projeto, sabendo que os ensinamentos que daríamos às crianças poderiam evitar acidentes e diminuir riscos, transformando-as em heróis. Em 2018, inauguramos o programa, que hoje atende em mais de 40 endereços, influenciando crianças e famílias.

Mas Henrique e eu nunca estamos satisfeitos, e em março de 2024 inauguramos a nossa escola de bombeiro civil, com um propósito não só de formar profissionais qualificados, mas também de difundir o importante trabalho dos bombeiros. De uma única escola de informática, hoje temos uma rede de escolas preparatórias para carreiras militares, o IPMIL. Temos também uma rede de escolas de bombeiro mirim para crianças de 6 a 12 anos, o Brigadista Mirim, e uma rede de escolas de bombeiro civil, o IPBC.

Mas nem tudo é fácil. Dois meses após inaugurarmos a primeira escola de bombeiro civil, em maio de 2024, o Henrique passou por uma cirurgia eletiva, que deveria ser simples, mas teve uma grave complicação. Como assim? Como pode? Fui informada pelos médicos de que ele tinha pouco mais de três horas de vida. Meu mundo desabava novamente. Como o meu porto seguro poderia estar entre a vida e a morte? A situação dele se agravou em pouco tempo e eu estava sem chão de novo. Tudo era incerto. Foram 30 dias de internação, dos quais sete na UTI e quatro em coma. Vi meu mundo sumir, mas, como uma fênix, me refiz novamente, porque ele, minha filha, minha família e minha empresa precisavam de mim. Suportei o que não imaginava que suportaria de novo. Passei por todo esse processo ao lado do homem que eu escolhi para dividir minha vida. Só pedia a Deus que me desse força para estar ao lado dele, e assim o fiz.

Fiquei os 30 dias no hospital sem ir para casa nem uma vez. Milagrosamente, ele se reestabeleceu de forma rápida e está ao meu lado, dando continuidade ao nosso sonho. Hoje, seguimos juntos: Henrique, Sophia e eu, como uma família, cuidando, protegendo, ensinando e influenciando para tornar este mundo melhor. Nossas marcas só servem para nos lembrar do que passamos. Há coisas que nunca esqueceremos, mas que nos impulsionam a seguir em frente.

Fácil? Não, não foi. Mas foi minha garra, minha capacidade de renascer como uma fênix, que me trouxe até aqui.

A ARTE DE TRANSFORMAR DIFICULDADES EM OPORTUNIDADES

Brasileira, casada e mãe, formada em Comunicação Social – Relações Públicas e especializada em organização de eventos sociais e corporativos. Destaca-se como palestrante, oradora e cerimonialista. Na gestão de eventos corporativos, é reconhecida pelo planejamento e pela execução de eventos estratégicos, incluindo feiras, eventos de negócios, conferências, viagens de negócios, palestras, *meetings* e workshops. Em eventos sociais, possui habilidades ímpares em planejamento e coordenação de casamentos de destinos no Brasil e Europa. Sua liderança em *destination wedding* em outros países garante fluidez e dinamismo das equipes locais nos dias de evento. Além disso, atua como mentora de negócios estratégicos para mulheres que desejam inovar e se destacar profissionalmente, usando as habilidades e as oportunidades que elas já possuem e ainda não sabem. Tem como lema: “Transformar dificuldades em oportunidades!”.

EDNA MOREIRA

22

CONTATOS:

Unifoco Eventos®

11 98126 8018

Este capítulo traz um breve relato de como é possível transformar cada etapa da nossa vida. O fato é que devemos estar atentos às oportunidades e absorver o melhor de cada circunstância.

Desde muito nova aprendi a usar as dificuldades como oportunidades em tudo o que vivia. Tempo ruim nunca existiu para mim, pois sempre fui muito ocupada para ter tempo de remoer as dificuldades. Então, minhas constantes dificuldades viravam oportunidades de negócios e os resultados sempre foram muito animadores. Eu gerava a renda que na época supria as necessidades em casa, com uma família numerosa, na qual tudo o que se ganhava era praticamente para comer. Irmã mais velha entre dez irmãos, eu tinha certa responsabilidade com as obrigações, mas sempre fiz com muito prazer.

Aos nove anos de idade comecei a trabalhar na roça com minha avó. Como o serviço no campo começa antes de o sol clarear, às quatro horas da manhã já estava em pé, pronta para um dia de muitos resultados. Sim, para mim os dias sempre foram de resultados. Eu não aceitava menos do que isso e, apesar de ainda criança, calculava o horário necessário para percorrer aquela área colhendo algodão e intencionalmente já deixava a minha mochila com "boia fria" em um ponto estratégico embaixo de uma árvore sombrosa para que, quando eu chegasse ali com o fardo cheio de algodão, pudesse então me sentar e almoçar. Lembrando que, se o dia começava antes das quatro horas da manhã, o almoço era entre oito e nove horas. Tudo era pensado e calculado para não ter retrabalho.

Durante anos da minha vida, atravessando as ruas colhendo algodão, meu objetivo sempre foi multiplicar, capitalizar e transformar a árdua dificuldade em oportunidades de mudar não somente a minha vida, mas a de muitos. Eu mesma estabelecia minhas metas e, claro, sonhava com coisas grandiosas e que nunca eram baseadas nas limitações que vivíamos. Sempre foi sobre criar possibilidades.

Usar o que você tem em cada circunstância

Na adolescência, troquei o serviço da roça por um emprego melhor e com uma carga horária mais amena que me permitia estudar em um colégio melhor, no centro da cidade. Novo colégio, novas amizades e um nível mais elevado de pessoas. Tinha um grupo de jovens estilo hippie, mas de poder aquisitivo bem elevado, e observando-os mais de perto percebi que eles gostavam de objetos de uso pessoal, como brincos, pulseiras, bolsas de tecido transpassadas no ombro. Comecei a ver ali uma grande oportunidade de negócio para gerar renda e não tive dúvida: cheguei em casa, peguei uma caixa de pescaria que meu pai guardava a sete chaves e nela havia centenas de anzóis de todos os tamanhos com linha de nylon, chumbadas com detalhes coloridos que mais pareciam joias. Decidi transformá-las em brincos, colares, pulseiras.

Ficaram encantadores! Levei umas amostras para o colégio e, tal como imaginei, a aceitação foi surpreendente. Agora era preparar todos os pedidos e produzir mais peças exclusivas; sim, porque eu fazia uma diferente da outra e, como estratégia, dizia que ninguém teria uma igual. Era única! Superei todas as minhas expectativas e tornei-me empreendedora; tudo o que fazia, vendia.

Naquela época meu avô trabalhava em uma empresa de papel e celulose que utilizava milhares de sacos de açúcar para produzir chapas de madeiras aglomeradas. Todos os sacos eram incinerados de tempos em tempos. De vez em quando, meu avô levava alguns sacos imundos para casa e alvejava até ficarem brancos. Foi então que eu pedi para ele trazer uma leva de sacos para que eu alvejasse e transformasse em bolsas. Depois disso pedi para minha mãe desenhar um molde de bolsa de tecido com alças de transpassar. O resultado foi surpreendente e as encomendas não paravam. Sucesso absoluto. Exclusividades, pois minha mãe ainda bordava umas florzinhas e os nomes dos clientes.

Eu via oportunidades em tudo, de forma a contribuir, gerar renda e estar sempre envolvida com negócios. Transformar o que você tem em mãos em ferramentas de crescimento e desenvolvimento pessoal e empresarial é um dom. Gestão de negócios, planejamento, habilidade para negociar e prática de vendas são conhecimentos empíricos.

Criar oportunidades

Algum tempo depois comecei a trabalhar com uma amiga que era auxiliar de um fotógrafo. Na verdade, eu passava algumas horas ali até o horário do colégio e nesse meio-tempo observava atentamente todo o serviço de como cuidar das máquinas fotográficas, das lentes, do atendimento, da entrega das fotos reveladas. O processo de revelação das fotos era feito às escuras para não comprometer a qualidade.

Já experiente no assunto, fui convidada para trabalhar ali e em pouco tempo comecei a fotografar os casamentos. Era algo totalmente encantador. Desde o *making-off* até o final da festa cuidando de todos os detalhes para que as fotografias ficassem perfeitas, pensar nos momentos protocolares e nos cenários e imaginar como aquele álbum ficaria perfeito. Os noivos só viriam as fotos meses depois na entrega do álbum, ao contrário de hoje em que escolhem as fotos antes delas irem para o álbum. Era uma preciosidade mostrada para familiares e amigos que visitavam o casal, muitas vezes só para verem o álbum de casamento. As fotos eram em branco e preto e, às vezes, envelhecidas artificialmente, um processo que custava caríssimo. Entre as fotos, um papel de seda finíssimo. Álbum cheio de significados e de momentos únicos que seriam guardados para sempre.

Meu trabalho sempre foi sobre isto: proporcionar momentos únicos, marcantes, que despertam sentimentos. Sem saber já me importava com a excelência do trabalho. Não era sobre o meu trabalho, era sobre o que ele proporcionava às pessoas. Dessa forma, conquistava espaço com muita responsabilidade e já me imaginava morando em São Paulo, cidade que conheci ainda criança e que passou a fazer parte do meu sonho. Até que, aos 20 anos, mudei-me definitivamente para a cidade grande.

Ampliar os horizontes

Novas experiências, novas conquistas. Em São Paulo, comecei a auxiliar um casal de fotógrafos que trabalhava em uma grande empresa e, aos finais de semana, fotografava casamentos nas igrejas ortodoxas, cujas cerimônias duram até três horas. Comecei a ver o quanto a minha vida já estava ligada à fotografia, às noivas e aos casamentos. Apesar disso, meu desejo era trabalhar em uma grande empresa, que me proporcionasse estabilidade e segurança para me estabelecer na cidade grande. Lembro-me de que eu folheava os jornais de empregos e não me encaixava em nenhuma das vagas. Além da especialização para o cargo, era necessária a chamada carta de referências.

Outro fator que pesava sobre mim era o valor do aluguel. As despesas eram certas e o meu salário era por dia trabalhado, ou seja, não havia possibilidades de cumprir os compromissos. Foi então que comecei a conversar com Deus sobre a minha situação e dizer a Ele tudo o que eu precisava: um bom emprego com bom salário; e uma moradia adequada, pois estava morando na casa de uma amiga. Comecei a visualizar o que seria bom para mim e aonde eu queria chegar.

Foi então que o casal de fotógrafos se ofereceu para me inscrever em um concurso interno para a vaga de fotógrafo que abriria na empresa em que eles trabalhavam. Sem dúvida era a resposta das minhas petições a Deus, porém muito maiores do que eu podia imaginar. O concurso seria na semana seguinte e eu precisava contar as novidades para a minha família, que vivia no interior do estado, e aproveitar para pedir uma carta de apresentação para o meu antigo patrão. Também necessitava tomar emprestada uma troca de roupa da minha amiga para a entrevista de trabalho.

No dia do teste prático como fotógrafa, vesti-me elegantemente com a roupa emprestada, algo comum na época. O teste prático, que só fiquei sabendo na hora, consistia em fotografar um transporte de carga aérea no Aeroporto Internacional de São Paulo, utilizando uma máquina fotográfica de última geração, muito diferente das que eu conhecia. Mas isso não me intimidou, muito pelo contrário, fiquei ainda mais confiante com a expectativa dos resultados. Daquele teste até o dia da entrevista com o RH nem me lembro do que passei. Porém, na mesa da entrevista estavam expostas todas as fotografias reveladas por eles mesmos e a carta de referências que havia trazido do antigo emprego. A entrevistadora ressaltou as minhas qualidades técnicas com fotografias, coisa que nem eu mesma sabia que tinha, e a impressionante carta de apresentação que me dava tão grandes referências profissionais e pessoais. Graças a Deus e às pessoas que me ajudaram estava contratada. Uma realização, algo além daquilo que eu sonhei ou que imaginei. Enfim, trabalhando numa grande empresa que, a bem da verdade, eu jamais tinha visto nem em revista.

Tudo o que sabia era trabalhar, ser prestativa e aprender, pois, até então, eu jamais havia estado em um ambiente tão diferente e tão acolhedor. Só conheci pessoas maravilhosas que me estenderam a mão. Ali, exerci diversos cargos executivos e negócios do alto escalão. Conheci meu marido, com quem sou casada há 36 anos e tenho um casal de filhos, Leonardo e Isadora. Formei-me em Comunicação Social – Relações Públicas, curso no qual aprendi os protocolos dos eventos sociais e corporativos e que alavancou a carreira que exerço.

Sair da zona de conforto para viver o ideal

Após 15 anos dedicados à empresa, minhas prioridades eram outras: passar mais tempo com a família e atuar com assessoria e gestão de eventos.

Uma decisão difícil: trocar o certo pelo duvidoso. Mas, como eu sempre abracei as oportunidades, fez muito sentido para mim.

Não temer mudanças

A liberdade de tomar decisões sempre foi a minha marca pessoal. Está no meu DNA.

Como gestora de negócios, passei a comandar a minha própria empresa de eventos sociais e corporativos e a aplicar todas as estratégias e os conhecimentos adquiridos nessa jornada. Principalmente, me aperfeiçoei a cada dia para oferecer um serviço de excelência aos meus clientes.

Foi então que comecei a fazer um trabalho social cuidando de noivas que não tinham condições de realizar casamentos. E foi naquela mesma época que fechei meu primeiro contrato de casamento. A noiva simplesmente me pediu para cuidar de todos os detalhes do dia especial dela. Depois disso, muitas noivas vieram por indicações e até hoje é a minha principal forma de captar clientes.

Como assessora de casamentos desde 2004, percebi que a organização do evento em si representa apenas 1% do meu trabalho, que é planejar e executar, fazer acontecer; e os outros 99% significam cuidar da noiva, do noivo e dos desejos do casal sobre o grande dia, que vão além de se casar em um dia ensolarado e sem contratempos, ter uma festa animada, conseguir fotos perfeitas. A noiva sonha em sentir-se segura a caminho do altar, em se sentir linda no vestido escolhido, com cabelo e maquiagem impecáveis, em celebrar ao lado do noivo, dos familiares e dos amigos, criando memórias.

Tudo isso requer cuidados que vão muito além de planejamentos. Essa nova etapa de formar uma família, de ser feliz e de construir um alicerce e tudo o que a noiva sempre sonhou são sentimentos aflorados a caminho do altar. O sonho está se concretizando e criar essa possibilidade de realização para os noivos é o nosso propósito. O nosso trabalho é sobre isso. Não nos preocupamos somente com o dia perfeito, mas com as memórias eternizadas desse dia. Então cuidar de noivas não é somente planejar uma festa perfeita. É proporcionar ao casal o início perfeito de uma fase a dois, que será construída todos os dias a partir daquele momento compartilhado com os melhores amigos e com os parentes queridos.

Como assessora de casamentos, sinto-me participante dessa nova etapa da vida do casal, ao proporcionar momentos inesquecíveis. Essa é a nossa missão como empresa.

Novas oportunidades

Hoje, com 20 anos de experiência no mercado de casamentos e mais de 1.500 casamentos realizados no Brasil e na Europa, ampliamos nossos serviços para atender os profissionais do setor de casamento que buscam por especialização ou aperfeiçoamento para impulsionar sua carreira e se destacar no mercado de trabalho.

Nossas ações têm como objetivo identificar as dificuldades de cada profissional e transformá-las em oportunidades para alavancar seus negócios, a fim de que estejam prontos para oferecer um serviço de excelência para os seus clientes. Ou seja, nossa empresa, além de oferecer o melhor para os noivos, também capacita profissionais do setor que serão contratados, garantindo assim um excelente resultado para todos e tornando o setor de casamentos cada vez mais preparado e capacitado para atender um público bastante exigente.

Por isso, a nossa marca, Unifoco Eventos, tem um único objetivo: proporcionar aos noivos uma experiência única para ser lembrada com muito carinho.

Portanto, não se molde a uma situação contrária àquilo que você espera. Para isso, é necessário:

- Usar o que você tem em cada circunstância.
- Criar possibilidades.

- Ampliar os horizontes.
- Sair da zona de conforto.
- Não temer as mudanças.
- Buscar novos desafios.
- Transformar dificuldades em oportunidades.

Esteja em constante crescimento!

AS MULHERES DA MINHA VIDA

Nascido em São Paulo, em 1975, sempre foi uma pessoa comunicativa e alegre. Desde a infância, ele liderava brincadeiras, churrascos, grupos escolares, partidas de futebol e a equipe de músicos na igreja. Essa habilidade natural de liderança o acompanhou ao longo da vida. Formado em Administração e pós-graduado em Finanças e *Banking*, possui também a certificação da Anbima CPA20. Com uma rápida ascensão no Banco do Brasil, chegou à gerência de alta renda. Ele não apenas concretiza os sonhos dos clientes e protege seus patrimônios, mas também motiva sua equipe e facilita o trabalho de todos quando assume o papel de gerente-geral. Sua abordagem igualitária, espontânea e alegre desafia estereótipos, como observou sua amiga, dra. Naíle: "Você nem parece japonês!". Por trás desse sucesso, está Rosângela, sua esposa. Ela acreditou em suas capacidades e o encorajou a ir além. Kodama também herdou a resiliência e a fé de sua mãe, que o ensinou a buscar força interior em Deus e nas pessoas. Sua família, incluindo as princesas Mari e Lu, é sua fonte de inspiração. Com gratidão a Deus por tudo que Ele fez e faz, Kodama continua sua jornada de crescimento e liderança.

EDUARDO KODAMA

23

CONTATO:

11 97225 4115

Sou Eduardo Kodama, casado com Rosângela há 17 anos e pai de duas filhas, Mariana e Luísa. Recebi uma educação católica, correta e exemplar, e mesmo tendo me desviado desses valores por um período da minha vida, sou grato por tudo, pois a pessoa que me tornei hoje é fruto de minhas experiências boas e ruins. Sou eternamente grato às grandes mulheres da minha vida: minha mãe, minha esposa e minhas duas filhas.

Sou Eduardo Kodama, paulistano, nascido em berço católico, são-paulino de coração, sexto filho de sete irmãos, casado com uma linda joia rara chamada Rosângela há 17 anos, pai de duas princesas: Mariana e Luísa. Minha raiz católica começou pela família da minha mãe, apesar de serem do Japão, país com expressão budista ou xintoísta. Meu tataravô vivia na ilha de Hokkaido, na cidade de Sapporo, norte do Japão, e era um monge budista que cuidava do templo. Ele se converteu ao catolicismo graças a um monge jesuíta. Meus avós vieram para o Brasil com três filhos, entre a Primeira e a Segunda Grande Guerra, e residiram na cidade de Cerqueira César, interior de São Paulo, para trabalhar em um sítio. Tiveram outros cinco filhos, minha mãe foi a penúltima da família. Meu avô faleceu quando minha mãe tinha apenas seis anos, e quem cuidou da família foi meu tio Takashi, irmão mais velho da minha mãe.

Naquela época, alemães, japoneses, entre outros foram severamente discriminados ao chegar ao Brasil. A minha mãe precisava andar seis quilômetros de madrugada para chegar à escola e lá os brasileiros batiam nela e nos meus tios; colocavam terra no seu lanche e cantavam: "Japonês da cara chata come queijo com barata". À noite, escondido dos brasileiros, eles aprendiam a falar e escrever japonês *nihongô*, pois, se a polícia descobrisse, eles apanhavam e os livros japoneses eram queimados. Por isso que todo japonês que viveu naquela época no Brasil carrega um nome brasileiro; minha mãe, por exemplo, chama-se Martha Hisako.

Quando adulta, ela se mudou para São Paulo, onde logo aprendeu a cortar cabelo. Abriu um salão com sua irmã no Tatuapé e passou a ter uma vida mais cômoda. Porém, trabalhavam muito, mal almoçavam de tão cheio que era o salão. Minha avó se ofereceu para ir a São Paulo para cuidar da casa da minha mãe, dos afazeres domésticos; em seguida, vieram os demais irmãos. Foi um tempo próspero e feliz.

Meus pais se conheceram na igreja e começaram a namorar; casaram e tiveram sete filhos. Meu pai passou na Universidade de São Paulo (USP) para cursar Matemática e no concurso do Banco do Brasil. À época, era um dos únicos e grandes concursos que havia. Minha mãe, então, parou de trabalhar e passou a cuidar da casa e dos filhos. Tive uma infância muito feliz e com muito amor. Por conta do Banco, morei em várias cidades: São Paulo, Pindamonhangaba, Águas Formosas e Taquarituba. Fiz amizades, muita arte, brinquei e briguei também. Em 1978, nos mudamos para Pindamonhangaba e, em 1983, meu pai foi promovido e fomos para Águas Formosas, cidade situada a mais de mil quilômetros de São Paulo.

Antes da mudança, meu pai perguntou o que minha mãe achava da ideia, pois iríamos sair de uma cidade grande como São Paulo para um "fim de mundo". Ela pensou, refletiu sobre a carreira do meu pai e decidiu ir. Eu tinha oito anos, a cidade era muito pequena e pobre; as ruas, de terra batida; o esgoto, a céu aberto; e a luz tinha acabado de chegar. Para se ter uma ideia, somente minha mãe tinha máquina de lavar roupas e só nós tínhamos um videogame Atari. Estranhamos muito no começo, sentimos uma falta danada de São Paulo, mas nos adaptamos rapidamente. Éramos somente crianças querendo brincar.

Depois disso, fomos para Taquarituba e lá moramos por dois anos. Eu acabei repetindo a sétima série e comecei a me afastar de tudo o que eu tinha aprendido com os meus pais. Naquela época, eu era um verdadeiro vagabundo, não trabalhava e nem estudava, pois não havia passado em nenhum vestibular. Então meu pai resolveu comprar uma padaria, me deixando para administrá-la. Pasme, este foi meu primeiro emprego: dono de padaria aos 19 anos.

Porém, atrás da padaria havia uma "boca de fumo", então comecei a comprar maconha e vender para os meus amigos playboys. Eu não usei drogas mais pesadas por Deus, pois tinha acesso a elas. A padaria faliu um ano depois, quando meu pai descobriu que foi passado para trás e comprou uma padaria com dívidas trabalhistas e fiscais. Tudo já estava penhorado nela, e ele havia comprado a preço de um comércio novo. Em um esforço inútil, ele tentou recuperar a padaria, fez empréstimos, vendeu carros, mas não adiantou; falimos. Só não perdemos mais, pois uma pessoa famosa em salvar padarias falidas e recuperá-las a comprou do meu pai a preço de banana. O estrago já estava feito. Perdemos tudo dos móveis (piano, micro-ondas, computadores, máquina de lavar louça); o caminhão do oficial de justiça levou tudo; e, por fim, perdemos a única casa que havia sobrado.

Na mesma época, meu irmão mais velho cursava engenharia civil na Universidade Estadual Paulista (Unesp), e no início do quarto ano percebemos uma mudança no comportamento dele: só ficava assistindo TV e não saía mais de casa. Ele foi diagnosticado com esquizofrenia. Sem emprego e sem dinheiro, eu e dois irmãos resolvemos ir para o Japão trabalhar como *dekassegui* (trabalhador imigrante). O ano era 1995. Era um moleque mimado que não sabia de nada da vida, era irresponsável e revoltado; eu me lasquei muito no começo e arrependo-me de não ter juntado mais dinheiro, mas aproveitei o tempo no país, tive carrões, viajei bastante, conheci a noite de Tóquio, muitos parques de diversão, subi o monte Fuji a pé, aprendi a esquiar e fui às praias japonesas.

Meus pais se separaram em 1997. Meu pai foi viver com outra mulher em Bauru. Foram tempos difíceis, principalmente para a minha mãe, que ficou sem dinheiro, sendo sustentada pela minha irmã Rita, que trabalhava em um shopping, e com um filho esquizofrênico. Eles foram morar em uma casa pequena e malconservada, e nós dois perdidos no Japão, levando uma vida toda torta. Lá acabei usando drogas, briguei com peruanos, quase fui preso por tirar racha e dirigir embriagado nas ruas calmas e controladas. Não me orgulho nem um pouco dessas coisas. Mas cheguei lá um moleque sem experiência alguma da vida para me tornar o homem vivido e mais maduro que sou hoje.

Em 1998, voltei para o Brasil. Quando cheguei em casa, tomei o maior susto, até quis voltar para o Japão. A casa era pequena, feia, detonada e sem móveis. Em dia de chuva, tinha goteira para todo o lado, minha mãe dormia em uma espécie de closet no chão para não se molhar; na pia da cozinha, o encanamento de esgoto estava todo entupido; e usávamos uma bacia para lavar a louça. Minha mãe tinha envelhecido muito em quatro anos, com roupas velhas; meu irmão esquizofrênico estava todo barbudo e sem tomar banho, falava sozinho com personagens que só ele via. Imagina a dor de uma mãe ao ver o filho mais velho, que era amável, inteligentíssimo e divertido, tornar-se essa pessoa desconhecida que não se relacionava com o mundo real.

Minha mãe nunca fraquejou, segurou toda a barra sozinha, aguentou o nosso pessimismo e desânimo. Nós já tínhamos esmorecido, mas ela sempre acreditou que iríamos sair daquela situação. Eu não enxergava isso, achava demagogia da parte dela, utopia. Eu falava que Deus havia se esquecido dela, mas ela não se deixou vencer; o que a fazia permanecer de pé era a fé em Deus. Nunca havia visto uma fé assim, inabalável. Mesmo não estando mais juntos, minha mãe sempre falava para respeitar o meu pai e nunca permitiu que falássemos mal dele. Com o tempo, essa fé da minha mãe foi quebrando as minhas resistências; minha revolta e amargura foram se transformando em esperança e otimismo. Como a resiliência de uma pessoa pode mudar tudo...

No outono de 1999, nos mudamos para o bairro de Santo Amaro, para uma casa maior e bem cuidada. As coisas começaram a melhorar em nossas vidas. Meus irmãos trabalhavam; meu irmão Paulo, o esquizofrênico, ficou um pouco mais controlável, parou de quebrar tanto as coisas e passou a tomar banho. Eu trabalhava na administração financeira de um seminário diocesano e ganhava pouco, mas o suficiente para um solteiro. Em 2003, a segunda mulher mais importante da minha vida apareceu: Rosângela, uma mulher inteligente, interessante, comunicativa, linda, generosa, mas brava. Oh, mulher brava! Mas os seus olhos azuis e sua persuasão conquistaram o meu coração.

Nos casamos em 2007. Nossa via-crúcis havia começado. Inicialmente fomos morar na casa da minha mãe, e ela cuidava da nossa filha Mariana. Uma mãe coruja, parecia uma galinha cuidando dos seus pintinhos. Mexa com uma de nossas filhas para ver! Porém, eu ainda ganhava muito pouco e não era o suficiente para nós três.

Quando a nossa filha Mariana fez um ano, aconteceu um acidente, talvez o meu maior trauma: ela se queimou com água quente. Meu irmão ia fazer um miojo, tirou uma jarra com água fervendo do micro-ondas e pôs na mesa em frente a ela, que estava no meu colo; rapidamente ela puxou a água para cima de si e de mim. Queimou 30% do corpo, uma queimadura de segundo grau profundo. Ela desmaiou de tanta dor e caiu no chão. Instintivamente, eu a peguei e a coloquei debaixo de um chuveiro; tirei a camiseta dela para não grudar na pele e fomos direto para o hospital. Ela ficou 5 dias na UTI e mais 23 dias internada. Eu e minha esposa só chorávamos.

Relembrando esse fato já fico com os olhos marejados e sinto uma tremenda angústia; foi uma época muito difícil para nós três.

No hospital, tínhamos que dar banho na Mariana e tirar toda a pele morta da queimadura dela. Para isso, ela tomava morfina. Certo dia, o convênio simplesmente cortou a morfina; tivemos que dar banho nela só com dipirona. Ela gritava de dor, mas era necessário fazer o procedimento de limpeza para não ter infecção. Nem sei como a Rosângela conseguia fazer isso. Nessa época comecei a enxergar melhor a mulher que eu havia casado, como ela teve que ser forte: dava banho na nossa filha, fazia os curativos, cuidou dela com tanto amor que nossa filha até sorria no hospital. Tenho fotos dela cheia de curativos na barriga, perna e cabeça sorrindo e brincando. Mariana passou por mais 12 cirurgias plásticas e diversas consultas no Hospital das Clínicas (HC), mas com a graça de Deus conseguimos superar essa fase.

Confesso que sem força, persistência e resistência da minha esposa, eu não conseguiria segurar essa barra sozinho. Ela cansou de ir ao HC com minha filha de ônibus, passar o dia lá sem comer, com frio, calor e sono, mas procurou os melhores médicos para queimados. Hoje a Mariana está bem, é uma menina inteligente, carinhosa e brava como a mãe, além de bem-resolvida, apesar de algumas marcas do acidente. Sabe por quê? Porque a Rosângela a amou muito e o amor supera tudo. Ela não deixou a peteca cair, cuidou e cuida das nossas filhas com um amor tão grande! Eu acho que o amor de mãe é o que mais se aproxima do amor de Deus por nós: é gratuito e não espera nada em troca.

Nesse meio tempo, queríamos muito ter outro filho, mas, por conta da descarga emocional, Rosângela desenvolveu diabetes. Ela fez tratamento para equilibrar o açúcar no sangue e engravidou. Porém, teve pré-eclâmpsia e no terceiro mês de gestação teve que usar insulina. Foi um pré-natal semanal por causa da gestação de alto risco. Veio o dia do parto e, apesar de todo o risco, a Luísa nasceu linda, com saúde e muito desejada e amada. Foi uma criança arteira e é uma adolescente alegre, engraçada, inteligente e espontânea.

E, mesmo com tudo isso, ainda sobrou tempo para a Rosângela cuidar de mim. Pois é, voltando ao passado, o fato de ter sido reprovado na sétima série, gerou um trauma em mim. Dos sete irmãos, eu fui o único que repeti de ano, todos os meus irmãos passaram com louvor. Isso me fez achar que eu era o "burrinho" da família, que era o mais "tranqueira" dos irmãos, que eu não tinha jeito. Mas a minha esposa sempre acreditou no meu potencial, ela via o que eu não era capaz de enxergar.

Ela me encorajou a procurar um psicólogo. Fiz terapia e encontrei dentro de mim uma força que não sabia que tinha. Minha esposa me ajudou a sair do meu mundinho, do meu comodismo e a olhar além. Acreditou em mim e isso me fez acreditar também; me fez ter a coragem de dar novos passos. Cursei a faculdade e, em 2012, prestei o concurso do Banco do Brasil e passei. Detalhe: estava de ressaca, pois no dia anterior havia sido padrinho de casamento do meu melhor amigo. No banco, com o apoio imensurável da minha esposa, eu abri caminho para o meu crescimento profissional e, aproveitando as oportunidades que o banco me dava, cresci rápido.

Hoje eu sou uma pessoa mais segura, sei aonde quero chegar, tenho planos para o meu futuro e da minha família, sei que ainda estou no meio do caminho na minha trajetória no banco. Contudo, olhando para trás, vejo o quanto eu já caminhei, quantos desafios consegui superar graças a Deus, em primeiro lugar, e às quatro grandes mulheres da minha vida: minha mãe, minha esposa e minhas filhas.

Aprendi muito com essas grandes mulheres. Martha significa dona de casa e senhora, e ela foi exatamente isso na minha vida: a dona da casa que conduziu o nosso lar para a esperança, da escuridão para a luz, com sua fé e resiliência. E Rosângela, que é a junção de Rosa e Ângela, a rosa angelical, de fato é o meu anjo aqui na Terra. Com sua presença e persistência, me dá a coragem para sempre ir em frente e saber que não caminho sozinho nessa vida.

AMOR, CURA E ESPIRITUALIDADE

É uma empresária de sucesso, mãe, filha e esposa dedicada. Descendente direta de gregos, é formada em Biomedicina, atua como diretora da empresa de sua família e utiliza seu conhecimento científico para compreender as complexidades da saúde e da vida. Sua liderança visionária e seu compromisso com a excelência, além de um olhar humano, ajudaram a empresa a crescer e prosperar. Além de sua carreira, é apaixonada pela dança. Aos 45 anos, decidiu abraçar seu sonho de infância e começou a praticar balé contemporâneo, encontrando na dança uma forma de expressar sua essência feminina e força interior. Para ela, a dança é mais do que um exercício; é uma jornada espiritual que a conecta com sua alma e a beleza do universo. Criada em uma família de raízes gregas profundas, valoriza a ancestralidade e o poder do amor e da cura que atravessa gerações. Sua vida foi transformada pela espiritualidade durante sua batalha contra o lúpus, revelando o poder da fé e da energia. Hoje, ela compartilha sua história de cura, resiliência e descoberta interior com o mundo.

ELAINE APOSTOLOPOULOS

24

CONTATO:

@elaine_grega_2

Amor, cura e espiritualidade estão interligados. Nossas raízes definem nosso destino, e a ancestralidade influencia quem somos hoje. A ciência revela que traumas familiares são transmitidos por meio dos genes, impactando as gerações futuras. Minha experiência pessoal com lúpus me abriu para a espiritualidade, revelando o poder de fé, energia e amor. Encontrei a cura e uma nova vida com minha família, provando que milagres existem.

Quem ignora de onde veio, jamais encontrará o seu destino

Se um dia tiver que escolher entre o mundo e o amor lembre-se:
se escolher o mundo ficará sem o amor, mas se escolher
o amor com ele você conquistará o mundo.
ALBERT EINSTEIN

Não existe árvore sem raiz, assim como não existe um ser humano que nasceu do nada, que tenha "brotado" nesta terra. Todos nós temos antepassados e isso significa muito mais do que manter fotografias em preto e branco empoeiradas no canto da sala. De uma maneira que nem temos consciência, mas que a ciência já começou a explicar, todos que vieram antes de nós coabitam dentro do nosso ser. O passado determina o nosso presente e nós temos a chance de acessar essa poderosa fonte, seja para resgatar nossa força interior ou ressignificar as feridas que estão abertas, sangrando em nossa árvore genealógica até que um dos descendentes estanque esse ciclo.

Para mim, que tenho pais e avós gregos, falar em ancestralidade sempre foi falar dos elos de amor que fizeram minha família sobreviver aos piores horrores que influenciaram a história da humanidade nos últimos tempos. Assim como muitos brasileiros da minha geração, meus pais vieram para o Brasil fugindo das atrocidades da guerra. No caso da minha família, meu bisavô foi brutalmente assassinado quando os turcos invadiram Smyrni, território grego até 1922.

Para que a nossa família tivesse alguma chance de sobreviver, ele atraiu os invasores para a frente de sua casa, para que sua esposa, seus três filhos, seu pai e sua mãe tivessem tempo de fugir pelos fundos. Sem esse gesto de coragem, hoje eu não estaria aqui, nem meus pais e muito menos meus filhos. Percebem como uma ação, um gesto de altruísmo, influencia o futuro de uma geração?

Por sua vez, meu avô, filho desse homem corajoso, viveu traumas profundos, sendo preso pelos nazistas e tornando-se prisioneiro em Auschwitz. Ele também lutou pela independência da Grécia e tudo isso não foi em vão. Resultou em muitos traumas, muitas dores emocionais, determinou a vida dele e de todos nós que viemos depois. Cultural e socialmente, nossas heranças são bem visíveis, tanto nas características físicas quanto na nossa personalidade. No entanto, herdamos também coisas imateriais, não palpáveis, que influenciam o nosso dia a dia e não percebemos.

Os traumas vividos pelos pais podem ser transmitidos aos filhos. A ciência já indica isso através da pesquisa epigenética, que mapeia como os eventos traumáticos modificam a expressão dos genes. Estudos com descendentes de sobreviventes do Holocausto e veteranos de guerra confirmam que essas mudanças epigenéticas podem ser transmitidas de pais para filhos, especialmente via cromossomo Y. Saber que experiências traumáticas podem afetar gerações futuras muda nossa compreensão sobre saúde mental e genética, destacando a importância de abordar traumas não apenas para a geração atual, mas também para as futuras.

A complexidade do ser humano

Eu só me abri para a realidade de que herdamos forças e traumas dos antepassados quando a vida me trouxe uma doença considerada incurável. Até então, para mim o passado da minha família estava nos álbuns, nas conversas com meus pais e avós e nas histórias que eles sempre contaram sobre a Grécia, as guerras e as turbulências que viveram. Muitas lembranças eram tristes, mas a nostalgia se encarregava de tirar todo o amargor. Nossas recordações não nos impediam de sonhar com um futuro brilhante e de saborear a paz que conquistamos e o amor que nos unia.

Eu seguia o protocolo natural da vida. Era uma menina alegre, a mais velha de quatro irmãos, que amava cuidar de todos eles e de conviver com minha avó materna, Maria, que sempre foi minha fonte de ligação com a espiritualidade. Naquela época de inocência infantil, com a serenidade e a curiosidade puras de quem ainda não fora moldado pela rigidez da razão adulta, eu recebia clarões, sinais fortes, como se uma voz de um universo paralelo estivesse falando comigo.

Essa voz foi sendo silenciada à medida que fiquei adulta. Com o amadurecimento veio a crença irrefutável de que tudo deveria ser palpável, mensurável e lógico. Com vocação natural para a cura, me formei em Biomedicina, área em que a ciência é o pilar central. Os dias se desenrolavam em uma sequência de eventos previsíveis: o estudo, o trabalho, o lazer, e todos os outros marcos de uma vida que se queria normal e satisfatória. Conformei-me em seguir o script estabelecido, esquecendo-me daquela voz que, na minha juventude, era mais frequente.

Assim fui tocando a minha vida até ser obrigada a reconhecer aquilo que os povos ancestrais sabiam muito bem e que nós, seres do século XX e XIX, muitas vezes relutamos em aceitar: há mais coisas entre o céu e a terra do que pode imaginar nossa vã filosofia, como bem disse William Shakespeare. E, que felizmente, agora a ciência começa a descobrir.

Minha família é católica ortodoxa, mas a religião, para mim, era algo que acontecia quando eu ia a uma missa ou tinha algum compromisso religioso. Fora da igreja, eu tocava minha vida, cuidava de ser uma pessoa ética, não fazer mal a ninguém, honrar pai e mãe; mas não enxergava ainda a espiritualidade por trás de tudo.

A transformação começou quando a fragilidade humana bateu à minha porta, vestida de doença, tristeza e muita incerteza. Diagnosticada com lúpus, uma enfermidade tão enigmática quanto cruel, vi-me forçada a parar: parar de trabalhar, de passear, de sonhar, de viver. Foi nesse ínterim, confinada às paredes silenciosas de minha casa, que aquela voz há muito silenciada encontrou seu caminho de volta para mim. Sem poder sair de casa, sem poder receber amigos, isolada do mundo para não me expor aos vírus que poderiam agravar ainda mais a minha saúde, contando apenas com o apoio do meu marido e de meus pais, me recolhi do mundo e descobri um universo que vai além do nosso campo físico, abarcando também os campos mentais, emocionais e energéticos.

Revivi, durante os longos dias de solitude e reflexão, a menina que fui um dia. Aquela que se expressava pela dança e que, intuitivamente, sabia dos caminhos que o seu coração deveria percorrer. A menina que previa eventos e que, por um dito do destino, conheceu seu companheiro de vida por meio de um pressentimento fulgurante. Eu tinha ido a uma festa com uma amiga e vi um homem lindo, maravilhoso, a versão mais atualizada do que eu considerava um "Deus Grego". Instantaneamente, falei para a minha amiga: "Esse homem será o pai dos meus filhos". Foi puro instinto, não foi a beleza dele que me atraiu. Não havia nessa frase nenhum plano para atrair a atenção daquele moço, tanto que assim que disse a frase fui me divertir. Não pensei mais nele.

Eis que voltei a vê-lo em outra festa e ele me abordou. Não porque tivesse me achado uma mulher interessante ou algo do tipo, mas porque viu meu copo vazio e, como era ele quem organizava a festa, responsável como sempre foi, estava atento ao seu trabalho. Mas a minha intuição estava certa. A vida deu suas voltas e dali um tempo nossos destinos se cruzaram para sempre. Mikael se tornou meu marido e pai dos meus filhos, um amor robusto e forte.

Vivia uma das melhores fases da minha vida ao lado desse homem maravilhoso, construindo ao lado dele o nosso futuro. Depois de quatro anos de casada, ansiava por ser mãe, ter uma família como sempre desejei. Eu não conseguia engravidar e, para piorar ainda mais a situação, passei a ver sinais claros de que algo não ia bem com a minha saúde. Meu corpo passou a se deteriorar de forma inexplicável. Minhas pernas começaram a inchar de tal forma que nenhum sapato mais servia. Passei a sentir dores fortes, a ponto de não conseguir caminhar e fazer as atividades do dia a dia.

Procurei vários especialistas, fiz diversos exames, mas os médicos não conseguiam identificar o que eu tinha. Suspeitavam de lúpus, mas não podiam confirmar. Nenhum diagnóstico comprovava a doença. O diagnóstico era feito apenas com base nos sintomas, os quais eu tinha alguns, mas não todos e nem o mais agudo. De médico em médico, meu estado de saúde se agravava, e a cada consulta recebia um diagnóstico diferente. Perdia proteína pela urina, ficava tremendamente inchada, deformada, cheia de dores; só conseguia andar de chinelos. Meu cabelo começou a cair e minha autoestima estava no chão. Eu evitava sair de casa, com medo de contrair infecções devido ao sistema imunológico enfraquecido. Minha aparência mudou drasticamente, e eu mal me reconhecia no espelho.

Aos poucos, a situação ficou mais grave. Foi então que finalmente me deram uma resposta concreta para o meu caso. Eu realmente tinha lúpus, um tipo raro e mais contundente. O lúpus é uma doença difícil de diagnosticar e tratar. É uma luta que se trava de olhos vendados, pois nunca se sabe como o seu organismo vai reagir. A ciência afirma que o lúpus não tem cura, apenas remissão. A notícia foi devastadora, tanto pela gravidade da doença quanto pela falta de tato do médico em dar a notícia. Já tinham me avisado que ele não tinha tato com seus pacientes. Era uma pessoa fria, de poucas palavras. Apesar de ter sido alertada, não pude deixar de me sentir profundamente agredida pela forma com que ele deu o diagnóstico. Foi uma sentença de desesperança. Deixou claro que, para o meu caso, era melhor eu não ter ilusões, pois meu estado de saúde era grave e poderia perder os dois rins; a doença ainda poderia se espalhar para outras partes do corpo, como os pulmões.

De maneira resumida, era como se meu próprio sistema imunológico estivesse me atacando. Minha vida virou de cabeça para baixo e eu me via cada vez mais distante de quem eu realmente era. Cheguei quase a esquecer da mulher bonita, alegre e otimista que sempre fui. Com a alma dilacerada, ainda recebi a notícia de que não poderia ter filhos. Foi como se, de repente, todos os meus sonhos tivessem sido retirados de mim. E o que resta de um ser humano quando ele perde a capacidade de sonhar? Mergulhar na mais profunda tristeza.

Fé e espiritualidade

O reencontro com minha voz interior veio acompanhado de um despertar espiritual profundo. O sagrado tocou a minha alma sob o olhar benevolente de Nossa Senhora, em Aparecida, onde, durante uma procissão, um toque de transcendência me envolveu, sinalizando que minha cura necessitava de mais do que medicamentos: precisava de fé, de espiritualidade.

Fui literalmente tocada pela imagem de Nossa Senhora quando o andor, onde ela estava, passou sobre minha cabeça. Senti naquele instante uma energia diferente, uma certeza interna de que seria curada através da espiritualidade. Naquele instante, de maneira forte e contundente, internamente eu sabia que seria curada. Mas, para isso, eu precisava retornar à minha origem, ao meu destino.

Mantive os tratamentos convencionais, mas me abri para as terapias holísticas, aos ensinamentos que transcendem o empirismo científico e que tratam o ser humano em sua totalidade. Descobri, nas energias dos chacras e na meditação, caminhos para um equilíbrio que há muito não sentia. Minha cura, que se delineava distante e incerta, começou a se manifestar não apenas física, mas espiritual e emocionalmente.

Logo depois, muito lentamente, meus exames mostraram uma leve redução nos anticorpos. Era o indício que eu precisava para saber que estava no caminho certo. Continuei os tratamentos, tive o apoio de pessoas sábias e maravilhosas que trabalham com curas energéticas. Algum tempo depois, eu soube que minhas antepassadas faziam trabalhos com ervas, mas esse assunto sempre foi abafado em casa. Nada era dito abertamente. Sabe-se que elas tinham um certo dom de cura, mas não queriam ser taxadas de bruxas, curandeiras ou algo do tipo. Infelizmente há muita ignorância sobre os poderes naturais do ser humano, que cientificamente é comprovado ser um ser energético.

Durante aquele período, perdi minha avó materna, a mulher forte que sempre foi um pilar na minha vida. Ela trabalhava em uma indústria farmacêutica e teve dois empregos para sustentar a família. Sua força e dedicação me inspiraram. Sua morte foi um golpe duro, mas também me fez perceber o quanto a vida é frágil e a importância de viver plenamente, com sabedoria, livre de dogmas e preconceitos, sejam eles religiosos ou científicos.

Minha saúde melhorou de maneira significativa. Após um ano de terapias e tratamentos, já me sentia fortalecida física, emocional e espiritualmente. Ainda assim, os médicos diziam que eu jamais seria mãe. Até que certo dia, minha terapeuta me disse que eu estava grávida. Ela me disse que não me falaria isso se não fosse verdade, e eu havia contado a ela que faria um procedimento que, de tão invasivo, mataria a minha criança. Pela seriedade e profissionalismo dela, levei em conta a possibilidade dessa revelação ser verdadeira. Mesmo com medo de me frustrar, pedi ao meu irmão para trazer da farmácia um exame de gravidez. E não é que deu positivo? Só então contei ao meu marido, que ficou feliz e preocupado.

Passamos o final de semana segurando a ansiedade e logo na segunda-feira pela manhã fomos ao médico, que disse ser impossível eu estar grávida. "E se estiver, não se alegre porque o feto não vai vingar", disse ele. Com o coração doído, mas com a alma cheia de esperança, fiz os exames convencionais, que deram positivo. Procurei outro médico por indicação de uma amiga e, sem que eu dissesse nada, ele me examinou, conferiu os exames, me deu parabéns pela gravidez e me passou vitaminas, como se eu fosse uma grávida "normal". Nem preciso dizer o tamanho da felicidade que senti ao receber finalmente a notícia que sempre desejei. Eu seria mãe!

Minha filha, Dimitra, nasceu saudável, e logo depois veio Yure. A gravidez foi uma bênção, sem nenhum estresse. Pelo contrário, fui recuperando a saúde e a alegria de viver. Não tenho dúvida de que a espiritualidade desempenhou um papel crucial nesse processo. Com a saúde recuperada e a família que desejava, decidi retomar meus sonhos. Sempre quis ser bailarina, mas por medo e por causa da doença havia deixado isso de lado. Aos 45 anos, comecei a fazer aulas de balé contemporâneo. A dança, essa sublime forma de arte, tornou-se não apenas um exercício físico, mas uma verdadeira jornada de conexão comigo mesma e com o universo. Ao dançar, sinto-me inteira novamente, reconectando-me com minha essência feminina e minha força interior.

Se tudo isso que vivi foi um milagre ou não, eu deixo para você, leitora, fazer uma reflexão e escolher a palavra que te deixe confortável para compreender os mistérios da vida. Caso acredite que sim, terá a possibilidade de ver em suas próprias experiências pessoais como a força da vida opera em nós, seres humanos. Caso ache que tudo isso foi uma simples "coincidência", eu o convido a tentar deixar de operar apenas no modo "mental" e se abrir para a sua voz interior, a sua intuição mais profunda. É nesse campo que as coisas mais importantes e extraordinárias da vida acontecem. É nesse lugar intangível que também estão guardadas a nossa força e o amor verdadeiro. Nada disso é tangível, mas é tudo o que há de mais extraordinário na experiência humana e o que dá verdadeiro sentido à nossa vida.

Desejo que você, leitora, se abra para um novo mundo, para toda a sua potência como ser humano.

NÃO TENHA MEDO DO RECOMEÇO

Formada em Comunicação Social, pós-graduada em Gestão de Pessoas e CP, MBA em Gestão do Agronegócio, possui mais de 20 anos de mercado financeiro, atuando em diversos estados brasileiros na liderança e desenvolvimento de talentos das maiores instituições financeiras. Atualmente, é *head* comercial, responsável pela região MATOPIBA, com foco no agronegócio e no plano de expansão. Lidera um time de alta performance de assessores de alta renda e *corporate*, além de ser a banqueira de grupos com faturamento acima de um bilhão, gerenciando e originando também operações no mercado de capitais. Embaixadora do Agronegócio na XP Educação, e embaixadora da Expert, maior festival de investimentos do mundo.

FÁTIMA MARTINS

25

CONTATOS:

fatima_martins1508@hotmail.com

@fatima_martins1508

63 99296 6642

Este texto me representa. Mas antes que você comece a lê-lo, saiba: não quero aqui ser a vítima de uma vida com várias situações difíceis. Eu acredito muito que todo mundo tem uma história difícil e a maneira como você irá reagir a essas situações definirá o desenrolar de seu caminho. São escolhas. Ser coadjuvante ou ser protagonista. Eu fiz a minha escolha.

A vitória é de quem tenta. De quem tenta várias vezes. De quem tenta todos os dias. Ninguém vence sentado, de boca aberta, olhando a vida passar pela janela ou reclamando das condições do tempo.
Quem vence enfrenta a tempestade e se molha na chuva.
Quem vence vai cair, levantar e continuar andando com as cicatrizes e feridas dos tombos e as experiências na bagagem. Algumas pessoas podem até dizer que foi sorte, que foi acaso ou vento soprando a favor. Mas olhando bem de perto as pessoas vitoriosas, você vai enxergar as marcas de quem precisou fazer escolhas difíceis. E de quem precisou tentar inúmeras vezes e nunca cogitou desistir. Pois a vitória é a persistência acima de tudo.

EDGARD ABBEHUSEN

Venho de uma família de mulheres fortes, mulheres com histórias incríveis de superação, exemplos para minha vida.

Sou neta de Dona Maria, uma boia-fria. Das minhas férias quando criança, tenho algumas vagas lembranças e uma delas é ver minha avó em cima de um caminhão com várias pessoas, com um pano enrolado na cabeça e um chapéu de palha. Sempre com um sorriso largo e encantador, ia para o campo, para a colheita de café no interior do Mato Grosso do Sul. Durante as madrugadas, essa cena se repetia. Ela só chegava no início da noite, e dessa forma criou nove filhos sozinha. E um desses filhos era minha mãe.

Dona Romilda Aparecida, uma mulher linda, com os olhos verdes mais reluzentes daquele interior, uma menina que vendia verduras na rua em uma carriola. Com todo seu encanto, fez meu pai se apaixonar. Um homem de 60 anos com uma menina de 18. Penso que ela mal sabia o que o futuro lhe reservava. A começar pelas três filhas: Fátima, Maria e Patrícia. Uma atrás da outra. Nossa diferença de idade é de apenas um ano.

Fátima, conhecida como Ventania. Uma menina atentada, desde muito criança, feliz, risonha e muito sapeca. Comecei a dirigir aos 12 anos de idade. Sempre muito curiosa, observava os movimentos do meu pai ao dirigir o carro, um Ford Del Rey de cor dourada e, logo depois, um bordô. Lembro como se fosse hoje... meu pai, ao se deitar logo após o almoço, deixava a chave do carro pendurada em um porta-chaves. Esperávamos ele adormecer profundamente. Eu e minhas irmãs tirávamos o carro da garagem, empurrando no ponto morto e, na descida da rua, eu engatava uma segunda marcha, e o carro ligava.

Andávamos a cidade toda! Eu mal conseguia trocar a marcha, mas a sensação de medo, liberdade e alegria era tanta, que nos extasiávamos com aquele passeio perigoso.

Por diversas vezes, meu pai nos pegou e, quando isso acontecia, deixávamos o carro e saíamos correndo para nos livrar da surra de "rabo de tatu", que é um tipo de chicote que ficava pendurado na parede de casa. Essa era uma forma de mostrar autoridade ou impor medo (e que funcionava só às vezes!).

Maria, a irmã do meio, era tímida e falava pouco, quase não se ouvia sua voz. O riso sempre contido, o jeito meigo de lidar com as coisas, não sabia se impor na escola e, por muitas vezes, eu me metia em confusão tentando defendê-la.

Patricia é a caçula. De cabelos pretos e olhos verdes assustados, sempre foi brava demais e, por ser a mais novinha da casa, era muito próxima de nossa mãe. Essa menina se tornou uma grande mulher, com bravura nos olhos e no sangue.

Das diversas lembranças que tenho de minha mãe, algumas, claro, me marcaram mais. Ela tinha pouco estudo e, por várias vezes, eu encontrava os cadernos de caligrafia dela pela casa, rabiscados de atividades do *Telecurso 2000*, um programa de TV que ensinava a ler e escrever.

Não passamos fome e nem necessidades, a prioridade em casa eram os estudos e a alimentação. Não tínhamos luxo. Meu pai era o provedor da casa e minha mãe era a pessoa que cuidava do lar e das filhas. Era uma excelente cozinheira. Fecho os olhos e consigo sentir o cheiro do pão caseiro que ela fazia todos os dias; após assá-los, ela saía em uma bicicleta para vendê-los para o comércio e para os vizinhos. Ao retornar para casa com todos os seus pães vendidos, minha lembrança é nítida: uma roupinha, um brinquedo para a gente e nada, ou quase sempre nada, para ela.

O prazer dela sempre foram as três filhas... Ela viveu para a gente.

Eu não posso negar que, neste momento, escrevo isso com os olhos cheios de lágrimas e o coração apertado. Chega a doer... Com apenas 21 anos, perdi minha mãe, no auge de seus 42 anos. É um pesadelo; às vezes, acredito que não acordei dele, pois foi tão repentino e, ainda hoje, tenho sonhos com ela fugindo.

Foi repentino: enquanto assistia à sua novela à noite, ela adormeceu e nunca mais acordou. Um infarto fulminante. Ao chegarmos da faculdade, encontramos aquela cena, mas não havia mais o que fazer.

Por muitos anos, neguei a morte dela. No meu coração, ficou um buraco tão profundo que ainda posso senti-lo. Mas confesso que é um misto de sentimentos; talvez o maior deles seja a sensação de não conseguir retribuir a ela tudo o que fez por nós três.

Esse foi meu primeiro e mais doloroso recomeço de vida.

Uma jovem, com apenas 21 anos, com duas irmãs mais jovens e um pai de quase 80 anos. Naquele momento, percebi que, mesmo sem a certeza de nada, eu teria duas escolhas: ser a vítima ou a protagonista da minha própria vida. Medo, angústia, solidão... Esses sentimentos pulsavam no meu peito. Porém, tinha algo dentro de mim que pulsava mais alto: sonhos e vontade de viver com muita intensidade. E, dessa maneira, escolhi viver. Eu vivo! Não sobrevivo!

Eu me formei em Comunicação Social e Jornalismo. Fui embora para Brasília, morar de favor na casa de minhas primas queridas, que me acolheram como irmãs. Não tinha experiência, mas tinha uma vontade enorme de ser alguém. Comecei a distribuir currículos, ver anúncios nos jornais e participar de diversas seleções. Recomeço...

E vou contar para vocês, pois esta história é boa: eu era bem gordinha, mas sempre me senti bonita de rosto. Estava concorrendo a uma vaga de líder em uma financeira; à época a vaga era para o Shopping Conjunto Nacional. Lembro-me perfeitamente de todos os detalhes: eram três candidatas, contando comigo, e as duas tinham uma aparência melhor do que a minha. Eu fui a melhor nas dinâmicas, a mais dedicada, a vaga era minha. Contudo, de repente, escutei a conversa dos dois diretores que estavam nos avaliando. Um deles disse com todas as letras: "Escolha qualquer uma das duas, menos a GORDINHA".

Naquele momento, não sei dizer o porquê, mas continuei dando o meu melhor. Acho que eu tinha somente isso mesmo para dar. E foi o que fiz...

E não fui escolhida!

Mas Deus sabe de todas as coisas. Duas semanas se passaram e recebi uma ligação do responsável regional da financiadora, dizendo que tinha surgido uma nova vaga, porém em Sobradinho, uma cidade satélite a 40 km de Brasília. Todos os dias, ao longo de 8 meses, sem carro, andei mais 80 km; duas conduções de ônibus, muito cansaço, muita vontade... E fiz o meu melhor, sendo promovida para o Shopping Conjunto Nacional. Por vários anos, permaneci naquela empresa, sendo promovida e reconhecida de ano em ano, morando em São Paulo, Porto Alegre, Curitiba, entre outros locais.

E quer saber o que houve com aquele diretor? Ele entregou diversos prêmios para a “gordinha”, inclusive o de uma das melhores gerentes da financiadora.

Foram anos em diversos estados e empresas do mercado financeiro. Morava só, órfã de pai e mãe – naquele espaço de tempo, perdi meu pai para o câncer de próstata, levando-o três anos após a morte de minha mãe. Meu pai, que só me chamava de “ventania”, talvez soubesse, lá no fundo, que eu me tornaria um “furacão”. A trabalho, por este mundão, fui parar no Nordeste. Morei em Fortaleza, também de favor na casa de minha irmã mais velha, filha somente do meu pai, de seu primeiro casamento.

Tenho lembranças desses momentos em que fui tão bem acolhida: meus sobrinhos, que eram da minha idade, tinham um Buggy. Era a condução que usavam para ir à praia e curtir com os amigos. Eu ainda não tinha trabalho, morava de favor e a condução que usava para ir para entrevistas em Fortaleza era esse Buggy. Toda arrumada, parava no centro da cidade, descia do Buggy e entregava currículos. São boas lembranças.

Consegui uma oportunidade de emprego e, dessa vez, teria que me mudar para o Piauí. Fui! Mesmo sem conhecer ninguém, pois sempre me ambientei em lugares novos com muita rapidez. Logo, conheci o pai de minha filha. Namoramos, casamos e tivemos a Júlia, minha vida e meu tudo! Lembro-me desse recomeço, marcado por ilusões de minha cabeça, um misto de solidão, carência e uma vontade enorme de construir minha própria família. Sonhava em ser mãe de três meninas, um casamento perfeito, uma família enorme; mas tudo era somente produto da minha cabeça iludida pelo que eu não tinha. Minhas expectativas eram altas demais e foram altamente frustradas.

O casamento acabou diante de diversas situações, nas quais eu lutei sozinha. Hoje, vejo que o medo da solidão e do recomeço me fez viver coisas que jamais aceitaria novamente. As agressões verbais e psicológicas foram mais traumáticas que as físicas. Tenho cicatrizes na alma até hoje.

De diversas cenas inesquecíveis, quero descrever uma. Após o nascimento de Júlia, na fase de amamentação, meu casamento só estava piorando. Havia muitas brigas e discussões. Em uma dessas brigas, lembro-me de meu ex-marido olhar para mim e falar com todas as letras para que eu olhasse no espelho e visse a mulher "labrocheira" que havia me tornado. Nunca havia escutado esse termo antes, então saí correndo. Tranquei-me no quarto e fui procurar na internet o que significava: é um termo nordestino usado para descrever uma mulher sem requinte, relaxada, malcuidada e desleixada. Algo que eu nunca fui, mas era o que ele via em mim. Confesso que, na época, talvez estivesse mesmo descuidada, mas esse termo, usado com tanta força, marcou algo em mim.

A partir daquele momento, percebi que o casamento só existia na minha ilusão e era o que fantasiei na minha cabeça, nos meus sonhos. Percebi que a felicidade que eu estava procurando para me completar não existia. E que ela só dependia de mim e de mais ninguém. Separei-me e tive a coragem de recomeçar. Mudei de estado, larguei tudo para trás e fui em busca da minha independência emocional, financeira e espiritual. Recomeço... Porém, agora tinha um pedacinho de gente com quem eu não poderia errar, pois ela dependia emocional e financeiramente de mim.

No que tange a isso, quero falar um pouquinho sobre a educação financeira e a importância de a mulher conhecer, buscar e ser independente financeiramente; isso está completamente ligado a qualquer estabilidade emocional.

Há exatos 13 anos, eu tinha um trabalho, era gerente-geral de banco e comecei a entender sobre planejamento financeiro, como rentabilizar melhor meus investimentos, minhas prioridades e meus sonhos. E quando eu digo sonhos, não é mais ilusão. A minha vida sozinha com a Júlia só prosperou!

A educação financeira mudou minha vida

Eu me tornei uma mulher segura, independente na vida financeira e, consequentemente, uma mulher que sabia de fato o que queria e o que não queria mais para a vida. No decorrer desses anos, as escolhas foram inteligentes e pautadas no presente e no futuro, mesmo diante de situações adversas, como a perda de minha irmã do meio, Maria, com apenas 40 anos, a qual lutou bravamente contra um câncer de mama.

Algumas situações emocionais me fazem refletir sobre como estou levando minha vida e fazendo escolhas. Diante de tantas perdas de pessoas importantes e próximas, a vida começa a ter outro sentido. "Pior do que morrer é não viver por medo de dar errado." Não é sobre uma frase bonita de internet, é realmente sobre como você encara a vida. O tempo passa a ter um gostinho diferente, a intensidade passa a ser algo normal no seu dia a dia. Intenso em tudo: no trabalho, na família, no amor, nas amizades, nas viagens, nas realizações.

Coragem: essa palavra me define. O medo só afasta a gente da vida, afasta o melhor que a vida nos reserva (e o pior também). Mas isso é viver.

Eu adoro assumir riscos. Morei em 11 estados e muitas vezes sozinha. Casei-me de novo. Mudei de profissão. Assumi mais três filhos. Fui promovida; fui desligada. Fui amada; fui judiada. Fui criticada; fui ovacionada. E vou continuar sendo e vivendo... Pois vou continuar assumindo riscos de peito aberto, escancarando a alma, me jogando para o mundo e me sentindo viva.

Recomeço... Recomeço... Recomeço...

O medo sempre fez parte desses recomeços, mas a certeza da busca pelo melhor me fez seguir na direção para a qual o medo aponta.

Há 13 anos, eu era uma mulher iludida, com uma condição financeira básica, machucada e ferida, mas possuidora de uma vontade enorme de vida. Amo o que faço: cuido de pessoas, desenvolvo talentos, ensino e estimulo pessoas a investir melhor, a mudar de vida, assim como eu mudei. Consegui educar uma filha com valores inestimáveis. Conquistei um casamento no qual recebo apoio, respeito e muito orgulho por parte de meu companheiro.

Financeiramente, posso afirmar que, nem nos meus maiores sonhos, imaginei viver como hoje. Viajo todos os anos para um lugar diferente, conheço culturas diferentes e permito-me provar o que gosto e o que não gosto.

De vendedora de maquininha para banqueira destaque no mercado financeiro

Para finalizar, preciso compartilhar essa mudança de chave que aconteceu na minha vida, pois foi uma inspiração para mim e é algo que me deixa, acima de tudo, orgulhosa de tudo que estou construindo.

Durante esses anos todos, fui gerente financeira de bancos renomados e estava bem acomodada, pois há anos fazia a mesma coisa.

Porém, um momento que vivi no último banco em que trabalhei incomodou-me e me fez refletir. Recebi a visita de um superintendente na minha pequena agência de bairro. Era pandemia e tinha poucos funcionários. Lembro de cada palavra e a maneira como ele falou comigo naquele dia. Como eu sempre quero mais, procurando fazer diferente e pensando fora da caixa, pedi uma pista para melhorar. Mas a única coisa que recebi foram as seguintes palavras: "Sua agência é pequena, seus clientes são pequenos e você tem meta de maquininha. Não queira fazer agro, não queira atender público que não te pertence e que você não tem condições de atender. Só venda maquininhas!".

Naquele momento, fui para casa refletindo e com medo. Medo do recomeço, medo de sair da zona de conforto, mas que conforto eu realmente tinha? De novo, Deus bateu em minha porta e um grande amigo meu, que havia trabalhado comigo há 15 anos atrás em outra instituição bancária, sabia, mais do que eu mesma, da minha capacidade e convidou-me para sair daquela situação.

Aceitei, mesmo sem saber direito qual seria o desafio. Eu só queria uma pista para melhorar. Só precisava disso! E a PISTA...

De vendedora de maquininha, passei a ser considerada uma das maiores banqueiras do mercado financeiro! Sendo destaque a cada semestre! Sendo reconhecida a cada ano! Realizando feitos e chegando a patamares que nunca havia imaginado na vida!

Tive a oportunidade de levar a Faria Lima para o interior do Tocantins, originando *deals* no mercado de capitais. Transformei o mercado financeiro do estado de Tocantins, levando conhecimento e mudando a vida de pessoas e empresas. De vendedora de maquininha, passei a atuar no ramo do agronegócio de empresas e de pessoas físicas, independentemente do porte.

Eu tenho a pista para cuidar de pessoas, formar novos talentos, mudar regiões inteiras, transformar a vida de outras mulheres e inspirar os outros. Eu tenho a pista para agir e adoro tudo isso.

Não deixe que ninguém limite você ou diga o que pode ou não ser feito. Sabe esse brilho nos meus olhos? É ele quem define aonde posso chegar! E a melhor parte de tudo isso é ter a certeza de que estou só no começo... Eu sonho e realizo.

O recomeço faz parte disso tudo.

O topo do mundo é individual e particular e, sendo sincera, nem sei se existe de fato. Mas, para iniciar a busca pelo topo, basta querer, ter atitude, colocar sua energia e vontade nas ações e, acima de tudo, ter coragem, fé e humildade para viver seus sonhos.

Você se torna imparável quando trabalha em coisas
que as pessoas não podem tirar de você: sua mentalidade,
seu caráter, sua disciplina e sua fé.
AUTORIA DESCONHECIDA

A vida terá curvas sinuosas e, nesse momento, você precisará confiar no próprio coração e instinto.

Ninguém pode querer mais do que você mesmo.

Escute sua alma e deixe o brilho de seus olhos iluminar o seu caminho.

Não se esqueça que essa luta é apenas sua.

Lugar de mulher não é só no topo do mundo.

Lugar de mulher é onde ela se sente feliz.

Simples assim.

CONECTANDO PESSOAS, CONSTRUINDO NOVOS HORIZONTES

Minha trajetória tem sido marcada por desafios que me guiaram a novos patamares de liderança e realização. Com mais de 20 anos de experiência no mercado, fundei a Dermacosmétic, uma empresa especializada em cosméticos de nicho, que reflete minha paixão por inovação e empreendedorismo. Antes disso, fui sócia-proprietária da BioX e, em 2020, tive a honra de atuar como Relações Públicas e Comerciais na franquia Miss Brasil. Liderar parcerias significativas e explorar novos mercados foi uma oportunidade que me permitiu expandir minhas habilidades e consolidar minha presença no mercado. Também servi como assessora parlamentar no Congresso Nacional, colaborando diretamente com o deputado federal Luiz Philippe de Orleans e Bragança, o que me proporcionou uma visão única do cenário político brasileiro. Cada uma dessas experiências não apenas reforçou minhas habilidades, mas também me preparou para fundar a Envolve Assessoria/Conecta Network em 2020, oferecendo consultoria empresarial, política e jurídica, além de atuar como diretora comercial da revista *Divas* e ser sócia da tecnologia israelense Elector. Ser uma líder criativa e comunicativa, capaz de articular estratégias que impactam positivamente a sociedade, tornou-se minha missão.

FERNANDA MOURA DE ANDRADE

26

CONTATOS:

assessoriaenvolve@gmail.com

@femouraandrade

11 96998 3615

Nasci em Itapetininga, no sul de São Paulo, e cresci em uma família que sempre priorizou os valores, o trabalho, a integridade e a perseverança. Desde cedo, fui inspirada pelas histórias de coragem e liderança dos meus antepassados. Figuras históricas, como Dom Mogudo, Dom Antônio Rolim de Moura Tavares, Conde de Azambuja, Gonçalo Vaz Botelho, Sebastião de Arruda Botelho e Guiomar Faleiros Cabral, sempre me ensinaram que a verdadeira liderança vai além do poder. Ela reside na capacidade de deixar um legado duradouro. Essas lições foram cruciais para moldar a mulher que me tornei e que continua a buscar maneiras de transformar o mundo ao redor.

A maternidade: meu maior desafio e conquista

Ser mãe de quatro filhas e um filho – Marcella, Juliana, Isadora, Carla e Caio Augusto – foi a minha maior conquista e, ao mesmo tempo, o maior desafio da minha vida. A maternidade trouxe lições que nenhum MBA poderia ensinar, exigindo um nível de dedicação e resiliência que eu desconhecia. Cada momento, desde as alegrias até as perdas, como o aborto espontâneo de 2009 e a morte de meu pai, Orlando, fortaleceu minha fé e ensinou-me o verdadeiro significado de resiliência. A chegada de Caio Augusto, em 2011, trouxe uma nova onda de esperança e renovação, mostrando-me que a vida, com seus altos e baixos, é uma jornada contínua de aprendizado e crescimento.

Conectando pessoas e criando oportunidades

Desde jovem, percebi que minha habilidade de conectar pessoas não era apenas um talento, mas um dom capaz de transformar vidas. Em um mundo em que as redes de contatos são tão valiosas quanto o ouro, unir as pessoas certas no momento certo tornou-se minha marca registrada. Um amigo e mentor, Winston Ling, certa vez me disse: “Fernanda, você tem o dom de conectar pessoas e de abrir portas. Transforme isso em um negócio, e você terá muito sucesso”. Essas palavras tornaram-se meu mantra, guiando minhas ações e inspirando-me a buscar sempre novas formas de criar valor por meio das conexões que estabeleço.

O encontro que transformou minha visão

Conhecer Olavo de Carvalho foi um ponto de virada em minha vida. Suas ideias desafiadoras e sua visão profunda do mundo ampliaram minha compreensão intelectual e pessoal de maneiras que eu nunca havia imaginado. Ele me ajudou a desenvolver uma resiliência inabalável e uma capacidade de análise crítica que se tornaram fundamentais em minha jornada política.

De 2014 a 2020, atuei intensamente junto à Transparência Eleitoral, um período marcado por grandes desafios e aprendizados. Participei de reuniões importantes em Washington, culminando na inserção de pessoas na sala de totalização das eleições de 2018. Em 2017, tive a oportunidade de coordenar o grupo venezuelano Rumbo Libertad, trazendo líderes ao Brasil e estabelecendo conexões internacionais que impactaram profundamente o cenário político. Essas experiências foram cruciais para moldar minha visão e fortalecer minha determinação em lutar por um futuro mais justo e transparente.

Liderança em tempos de crise

Liderar durante a pandemia foi um desafio sem precedentes. Fui uma das pessoas que reuniu o grupo de trabalho de combate ao Covid-19, o qual culminou no estudo e divulgação do Protocolo Precoce de combate à Covid-19, em um ambiente de incerteza constante. A pressão era imensa, mas também foi uma oportunidade para demonstrar minha capacidade de adaptação e inovação. Cada decisão tomada naquela época provou que, mesmo em tempos de crise, é possível encontrar caminhos para superar os obstáculos e avançar com determinação.

Navegando em mares desconhecidos

A transição de uma carreira tradicional para o cenário político foi, para mim, como atravessar mares desconhecidos. Com minha experiência em relações públicas, eu sabia que enfrentaria tempestades, mas também estava ciente de que os desafios são os ventos que impulsionam nosso barco. Cada obstáculo superado não apenas me fortaleceu, mas também me ajudou a descobrir novas habilidades e a redefinir meu propósito de vida. Aprendi a valorizar cada lição e a ver cada desafio como uma oportunidade de crescimento e transformação.

Entre política e empreendedorismo

Residindo em São Paulo, encontrei minha posição estratégica no coração das atividades políticas e empresariais do Brasil. Ser uma ponte entre esses dois mundos me permitiu promover parcerias inovadoras e criar um impacto duradouro. Cada novo desafio apresentava novas oportunidades de crescimento e inovação. A experiência de navegar pelos complexos labirintos da política e dos negócios ensinou-me a criar soluções que beneficiam a todos, por meio do uso de minha visão estratégica para superar barreiras e transformar ideias em realidade.

Resiliência no turbulento cenário político brasileiro

O cenário político brasileiro, particularmente tumultuado, foi o campo onde aprendi a arte da resiliência e da liderança. As longas noites de trabalho eram iluminadas pela visão de um futuro melhor, sendo que cada esforço valia a pena. Compreendi que a política não é apenas um jogo de poder, mas um campo em que o verdadeiro impacto é medido pelo bem que podemos fazer pelas pessoas. Foi nesse ambiente desafiador que encontrei minha verdadeira vocação e dediquei-me incansavelmente a causas importantes para o Brasil.

Superando desafios e enfrentando a depressão

Enfrentar momentos de profunda depressão e angústia ensinou-me e a encontrar força em lugares inesperados. Assim como um diamante que se forma sob extrema pressão, percebi que cada desafio era uma oportunidade de brilhar ainda mais intensamente. A resiliência tornou-se minha aliada mais fiel, permitindo que eu enfrentasse as adversidades com coragem e determinação. Esses momentos difíceis não apenas testaram minha fé, mas também me mostraram o verdadeiro significado de força interior e persistência. Hoje, superados esses tempos, encontro-me forte, abençoada, iluminada, alegre, leve e sábia.

Expansão e busca por novos desafios

A mudança para São Paulo foi um passo decisivo que me posicionou no epicentro das atividades políticas e empresariais do Brasil. Cada nova oportunidade era um campo de batalha onde eu aplicava minhas habilidades e aprendia ainda mais. Com confiança, busquei novos desafios, sabendo que a jornada é tão importante quanto o destino. Cada experiência era uma oportunidade de crescimento, preparando-me para enfrentar os próximos desafios com ainda mais determinação e coragem. Assessoro empresários e políticos, e tenho um portfólio de oportunidades muito rico, derivado de segmentos variados.

Inspirando e impactando positivamente

A vida ensinou-me que os desafios são oportunidades disfarçadas e que a verdadeira força reside na capacidade de se reinventar diante das adversidades. Cada obstáculo superado e cada nova conquista consolidaram a certeza de que o lugar de uma mulher é, sim, no topo do mundo. Inspirar e impactar positivamente aqueles ao meu redor é uma missão que continuo a perseguir com paixão e dedicação. O futuro reserva ainda muitas travessias e conquistas, e estou pronta para enfrentá-las com a mesma coragem e determinação que me trouxeram até aqui. Minha história é uma celebração da força da feminilidade, da resiliência e do poder transformador das conexões humanas.

Não deixe sua chama se apagar com a indiferença. Nos pântanos desesperançosos do ainda, do agora não. Não permita que o herói na sua alma padeça frustrado e solitário com a vida que ele merecia, mas nunca foi capaz de alcançar. Podemos alcançar o mundo que desejamos. Ele existe. É real. É possível. É seu.

AYN RAND

DO TABULEIRO DE TAPIOCAS AO SUCESSO EMPRESARIAL

UMA HISTÓRIA DE RESILIÊNCIA E ALEGRIA

Empresário brasileiro autodidata, um verdadeiro sonhador e eterno otimista. Com uma habilidade nata para transformar ideias em realidade, ele já se aventurou em diversas áreas, sem nunca precisar de títulos ou formações formais. Sem ser ourives, abriu uma fábrica de joias; sem ser professor, fundou uma escola que se tornou faculdade; sem ser músico, formou uma banda; e sem ser engenheiro, criou uma construtora. Agora, com o mesmo espírito indomável, está à frente de uma usina de energia, ainda que como um leigo. Acredita que o sucesso não está nos títulos, mas na coragem de agir e nos resultados alcançados. Sua jornada é marcada por altos e baixos, mas nunca desiste e sempre segue em frente com um sorriso no rosto. Para ele, a vida é uma celebração constante, onde a verdadeira felicidade reside em viver com alegria e ousadia.

FERNANDO PEIXOTO

27

CONTATOS:

ceofernandopeixoto@gmail.com

@fernandopeixotooficial

Minha história reflete a capacidade brasileira de sorrir mesmo diante das adversidades, de manter a alegria mesmo quando a vida nos cobre com seu manto de dor. Como Vinicius de Moraes escreveu em seus versos, "é melhor ser alegre do que ser triste". Essa sempre foi a minha escolha. Neste capítulo, conto como usei essa poderosa arma, o sorriso, para resistir às dificuldades e superar os obstáculos. Compartilho aqui minha jornada, desde uma infância desafiadora no interior da Amazônia até alcançar sucesso como empresário em diversas áreas, do mercado educacional ao de shows e eventos. Espero inspirar você, leitor(a), a rir dos desafios da vida, a abraçar as oportunidades que surgem mesmo em momentos difíceis e a acreditar que, com determinação e alegria, podemos alcançar o "topo do mundo". Que você encontre em cada sorriso a força para seguir em frente e conquistar os seus sonhos.

É melhor ser alegre que ser triste
Alegria é a melhor coisa que existe
É assim como a luz no coração.
VINICIUS DE MORAES

Tem algo de muito bonito e genuinamente brasileiro em continuar sorrindo e acreditando que as coisas vão dar certo mesmo quando tudo parece estar errado. Isso é um dom natural de todo mundo que nasce nesta terra chamada Brasil. Mesmo depois de cair no fundo do poço e ficar cara a cara com o pior dia da nossa vida, a gente consegue manter a esperança e o sorriso no rosto. Na verdade, tem algo de muito humano, vindo da força interior, em manter o coração limpo, sem mágoas, e tocar em frente, aconteça o que acontecer.

Eu sou esse tipo de pessoa. Dessas teimosas de nascença, que não conhecem a palavra desistência e ainda são capazes de se manter alegres por dentro e por fora, fazendo graça com os amigos. Posso até sofrer, mas sofro sendo alegre, porque essa é a minha vocação. Não levo a tristeza a sério. Talvez por isso eu tenha me tornado empresário. Empresário não fica triste, não desiste. Sabe que tudo são fases, etapas que antecedem o sucesso. Quem tem esse perfil está sempre seguindo em frente, fracasso após fracasso, até ter sucesso. Alguns chamam de fé; mas eu não me preocupo em dar nomes, apenas sigo em frente e faço o que precisa ser feito porque, para mim, não há outro caminho. A vida nunca me deu essa chance.

Filho de Raimunda Barbosa Peixoto e Lourival Peixoto Pessoa, desde que me conheço por gente fui fazendo o que precisava fazer e, quando vi, tinha ido "longe", como gostam de dizer aqueles que contabilizam o sucesso pelo dinheiro que se conquista. Para aqueles que me conhecem desde menino, "eu vinguei". No termo popular de onde nasci, em Capanema, interior da Amazônia, próximo de Belém, onde a miséria é grande e muitas crianças morrem de fome ou por falta de assistência médica, "vingar" é não morrer. É aquela plantinha que luta, perde as folhas, fica mirrada, mas acaba florescendo, se tornando o que nasceu para ser. Gosto desse termo, acho justo porque, para mim, ele tem sabor de vingança mesmo. É como se eu tivesse me "vingado" da miséria que tanto assolou a mim e aos meus parentes e amigos, da morte que também maltratou a minha família e tudo aquilo que me fez sofrer na infância.

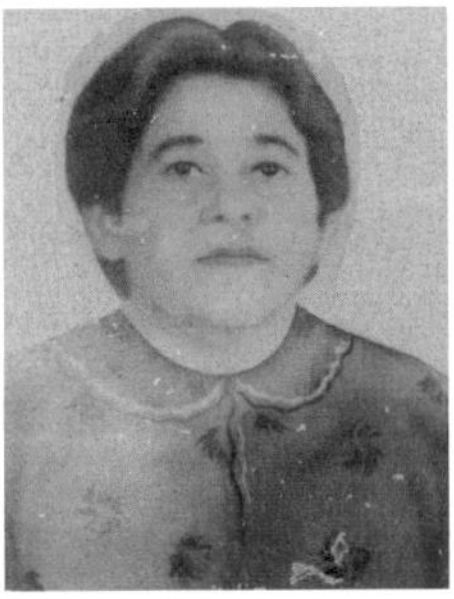

Minha amada mãe, Raimunda (*in memoriam*).

Aos sete anos, eu já tinha responsabilidades como um adulto. Já era um empreendedor. Meu pai trabalhava na roça enquanto eu, minha mãe e meus quatro irmãos ficávamos na cidade para poder frequentar a escola. Para sobreviver, minha amada mãe acordava às três horas da madrugada, colocava as panelas no fogo e fazia as melhores tapiocas que já provei na vida. Às quatro horas ela me chamava para ajudar a embalar as iguarias e colocar no tabuleiro, que eu levava na cabeça para vender. Não tenho lembranças de minha mãe sentada comigo e meus irmãos fazendo lição. Isso nunca existiu. Sempre trabalhando para criar seus filhos, sem tempo para nada. Sua vida era sacrificada, dura e isso a tornou embrutecida. Ela batia muito nos filhos, e eu apanhava bem mais porque era um menino danado. Não dava sossego a ninguém.

Como tudo na vida, esse trabalho tinha um lado ruim e outro bom. Ruim porque não tinha moleza, com ou sem vontade, com chuva ou sol, dor de barriga ou cansaço e sono, era obrigado a sair para vender. Não tinha conversa com a minha mãe. O lado bom era a liberdade. Estar na rua é ser dono de si mesmo; você toma as decisões, mas também arca com as consequências, e logo fui aprendendo isso.

Eu puxava papo para conseguir vender as tapiocas e levantar uns trocados para levar para casa. Quanto mais rápido eu vendia, mais tempo eu tinha livre para ficar de bobeira na rua, brincando e até aprendendo o que não era para a minha idade. Nossa vida era simples e dura, mas nunca fui de reclamar. O que é, é. E ponto. Era um menino levado, aprontava muito e apanhava bastante, mas era um menino responsável. A vida da minha família era muito simples. Não tínhamos nenhum luxo e cada moedinha fazia falta. Não havia o que desperdiçar. Mesmo trabalhando muito para criar os filhos enquanto o marido estava longe, trabalhando na roça e só vindo uma vez ou outra para casa, minha mãe tinha a energia das mulheres nortistas. Não se intimidava diante das necessidades. Com ela, aprontou, levou. Batia sem dó. Mas, eis que o destino bateu nessa mulher valente, e em toda a minha família, com muito mais força e violência.

Era um dia em que eu, particularmente, estava muito entusiasmado porque queria ir à casa de uma prima que daria uma festinha. Como era um pouco distante e teríamos que ir de bicicleta, minha mãe não queria que eu fosse e muito menos que levasse meus irmãos na garupa. Sempre tive espírito de grupo e não queria ir à festa sem meus irmãos. Insisti até ela deixar que eu os levasse. Ela acabou indo também. Minha irmã mais nova subiu no cano da frente da bicicleta, eu no meio pedalando, e meu irmão mais velho atrás. Em outra bicicleta, estava minha mãe e meu outro irmão. Olhando para trás, vejo que essa cena retrata a minha vocação. Eu, sempre pedalando para levar os meus adiante. Eu, o motor, aquele que tira da sua força interna o combustível para ir adiante e levar os demais.

Estávamos, como sempre, em família: brincando, rindo, um cutucando o outro, naquela algazarra gostosa que acontece sempre que estamos juntos. Infelizmente, a nossa alegria durou até a curva da cidade vizinha. Como se fosse um pesadelo, um caminhão surgiu descontrolado, sem nos dar a chance de qualquer desvio, agindo como o próprio destino quando quer nos pegar. Num piscar de olhos, nossa vida mudou. Ouvi o grito de minha mãe, mas de repente tudo se apagou. Quando acordei, estava no hospital, cheio de curativos e a perna enfaixada. Olhei para os lados e comecei a gritar. Estava sozinho e precisava desesperadamente saber onde estavam os meus irmãos.

Não demorou muito para que eu ouvisse os gritos de desespero de minha mãezinha. Era um misto de choro e convulsão, um desespero triste de quem está profundamente ferida. Meu irmão estava com as costelas quebradas e ferimentos graves, a ponto de ser levado para um hospital em outra cidade. Já minha linda irmãzinha, minha doce boneca, havia falecido. O caminhão passou por cima de sua cabeça, mas atingiu em cheio o coração da minha pobre mãe, que nunca mais foi a mesma.

Nunca mais fomos os mesmos. A tristeza tomou conta da nossa casa, a ponto de adoecer minha mãe. Meus irmãos ficaram todos abatidos, meu pai e eu mergulhamos na área em que fomos ensinados a nos virar e nos sentíamos em casa: o trabalho. Mais do que nunca, me joguei nisso. Muito mais porque minha família estava desmontada e eu me sentia responsável por eles, meus cinco irmãos, além de meu pai e minha mãe, principalmente nas finanças. Eu tinha somente oito anos e sentia nas costas o peso das responsabilidades de um adulto. Não me queixava, nem pensava nisso. Mas, felizmente, Deus me deu a sorte de ter uma tia sábia e generosa, que sempre foi minha fortaleza emocional e espiritual. De tão boa que era, entrou para um convento e casou-se com Cristo. Tornou-se a "Irmã Benedita", uma freira digna, de respeito, o esteio moral e religioso da nossa família.

Minha querida tia, Irmã Benedita.

Gentil, um doce de pessoa, era a única que tinha paciência comigo que, só por Deus! Lembro que certa vez, quando minha mãe foi chamada na escola e soube que eu só queria farrear com a molecada e não ligava para os estudos, ficou muito brava, me bateu, ameaçou e cumpriu: "Fernando, vou te mandar para o convento com a sua tia!". E assim ela o fez. Me mandou para o convento. Fiquei abrigado na casa do padre, junto com outros meninos, enquanto minha tia morava em outra casa exclusiva para freiras. Tornei-me seminarista e passei a ajudar a organizar as missas. Carregava o andor até o barco e seguia junto com o padre e os outros meninos por onde o rio nos levava. Parávamos em algumas aldeias para celebrar missas. Eu não tinha nenhuma vocação religiosa, mas gostava desses passeios. Não reclamava de nada.

Até que um dia, danado e interessado em mulheres como os meninos nessa idade, achei uma maneira de espiar as freirinhas mais novas quando elas estavam tomando banho. Fui pego em flagrante, esticado por cima do telhado, apanhei e fui levado de volta para a casa depois de um ano nessa vida. Não fiquei chateado com minha tia, pelo contrário, reconheci que eu tinha feito algo errado. Mas, como era apenas um garoto levado e curioso, vi que ela havia perdoado a minha traquinagem. Minha admiração e amor por ela só aumentaram. Reconheci nela uma mulher forte, de respeito e que, de uma maneira especial, tinha o dom de me aquietar. Por respeito a ela, mais do que por Deus, abortei umas boas molecagens.

Uma lição sobre força e coragem

Voltei a ajudar minha mãe vendendo as tapiocas na rua. Foi então que uma turminha de garotos, mais velhos do que eu, passou a me infernizar a vida. Um deles, mais abusado, além de me ofender, pegava uma ou duas tapiocas do meu tabuleiro. Eu pedia para ele não fazer isso, pois minha mãe contava tudo e eu teria que dar conta, ou da tapioca ou do dinheiro. Muitas vezes, com medo da reação de minha mãe, eu dizia ter comido, tentando acobertar o roubo do garoto. Certo dia, a coisa ficou feia. Ele estava virado do avesso e pegou todas as tapiocas do meu tabuleiro. Transtornado, cheguei em casa e não tive como esconder de minha mãe aquele episódio vexatório. Eu sentia um misto de ódio e vergonha, e as lágrimas corriam pela minha face. Como eu previa, minha mãe ficou irada, me levantou pelas orelhas e me disse: "Eu não crio homem covarde! Que homem é você que permitiu fazerem uma coisa dessas?".

As frases dela foram piores do que as pancadas. Ficaram martelando na minha cabeça, doendo no meu peito. Me senti um trapo, fiquei com aquilo entalado na garganta, com o ódio subindo dentro de mim. Resolvi dar um basta naquela situação. Fiquei na esquina, esperando o moleque passar e, quando o avistei, fui logo dizendo que ele agiu errado, que minha mãe descobriu e que, agora, ela queria o dinheiro das tapiocas que ele havia comido. Todo valentão, ele me peitou: "Não vou pagar nada e, se quiser, pode vir com a sua mamãezinha me cobrar, que eu mato os dois!". Fiquei tão furioso com aquela ameaça, que me atraquei com o moleque, e foi soco e pontapé para todo lado.

Nesse momento, minha mãe apareceu, me segurou, tentando pôr fim à briga. Foi quando, covardemente, o moleque me deu um soco brutal no rosto, que eu quase desmaiei. Ele aproveitou que eu estava imobilizado para me atingir em cheio. Aquilo ali não era gente, era um covarde! Diante disso, minha mãe partiu rumo à casa do infeliz, disposta a dar um sermão nos pais dele, que não sabiam educar o garoto. Quando batemos na porta, fomos atendidos por um homem fraco, que sequer nos pediu desculpas. Disse que o filho era um caso perdido, que ninguém podia com ele. Fazia o que bem entendia, não respeitava ninguém. Para minha mãe, aquilo foi um ultraje tão grande que ela se calou. Na cabeça dela, não era possível existir um filho que não respeitasse os pais. Era uma assombração.

No dia seguinte, eu sabia que teria que enfrentar de novo o valentão e que aquilo era uma questão de vida ou morte. Ou eu agia feito homem e enfrentava, ou viveria amedrontado. Escolhi ser homem. Conversei com alguns amigos em comum, expliquei a situação e pedi que intermediassem a meu favor. Dali para o fim do dia, eles promoveram um encontro entre nós dois, e tivemos uma conversa firme, de igual para igual. Eu disse a ele para parar de me amolar porque aquilo era o sustento da minha família. Ele zombou, mas no final, acabou me respeitando. Nunca mais mexeu comigo. Segui meu caminho de cabeça em pé. Conquistei a confiança necessária para acreditar que eu era um homem forte e capaz de enfrentar qualquer situação. Essa autoconfiança foi fundamental para a minha vida. Nunca mais temi nada, nem ninguém, mesmo que fosse maior ou mais forte do que eu.

Nova vida, novas oportunidades

Algum tempo depois, minha mãe já não se levantava tão cedo para fazer as tapiocas. Estava adoecida e entristecida, com falta de energia para as coisas. Tinha a aparência de uma velhinha, mas tinha só 43 anos. Nosso sustento dependia do trabalho que eu conseguia fazer e do dinheiro que meu pai enviava. Resolvi mudar de vida e, bom de papo que sempre fui, consegui um emprego em um pequeno empório. Logo passei a ser gerente de vendas, comandava pessoas bem mais velhas e elas me respeitavam.

Trabalhava feito um boi, mas sempre arrumava um tempinho para namorar. Quando completei 16 anos de idade, minha mãezinha faleceu, não suportou a tristeza e nos deixou fisicamente. Senti a perda dela, e me consolei no trabalho. A cada dia o empório prosperava ainda mais e o dono ficava todo feliz com meu trabalho. Até que ele me disse com toda franqueza: "Fernando, você é um funcionário excelente, e é um desperdício ficar num lugar tão pequeno como esse. Eu não posso te pagar o que merece".

Foi a primeira pessoa a me falar sobre São Paulo, a terra das oportunidades para quem queria vencer na vida e fazer dinheiro. Na minha família, alguns parentes tinham ido se aventurar nessa cidade, mas mandavam notícias de que a vida ali era muito difícil e que não valia a pena arriscar a sorte. Eu ouvia tudo isso sem muito interesse, até que um conhecido me disse que um caminhoneiro estava de partida para São Paulo e que poderia me levar.

Nessa época, eu era apaixonado por uma namoradinha, estava com emprego garantido, mas o bichinho curioso que morava dentro de mim despertou. Conversei com um tio, pedi o endereço do nosso familiar que morava em São Paulo e disse a ele que iria para lá de qualquer jeito. O tio que estava na capital paulista desaconselhou, dizendo que estava passando necessidades e que não teria como me ajudar. Eu já estava decidido a ir, comuniquei minha família, que já estava em uma situação mais estável, com meu irmão mais velho trabalhando numa oficina de conserto de televisão. Meu pai também havia deixado a roça e arrumado um emprego na cidade, e eu me vi livre para tentar a sorte.

Peguei minhas economias, a pouca roupa que tinha, e subi na boleia do caminhão. Não posso dizer que "levei sonhos na bagagem". Eu não os tinha. Nunca fui dado a devaneios; sou de fazer as coisas e ver no que vai dar, não de ficar imaginando. Depois de mais de dez horas no volante, o motorista me perguntou se eu sabia dirigir. Eu respondi: "Mais ou menos", mas na verdade nunca havia dirigido um caminhão e muito menos dirigido numa estrada. Apesar disso, me sentia confiante para dar conta do recado. E assim peguei o volante, me senti um gigante. Pacientemente ele foi me dando umas dicas, mas adormeceu devido o cansaço e aproveitei: taquei o pau! Acelerei rumo a São Paulo e à minha nova vida!

Meus irmãos e meu amado pai (da esquerda para a direita):
Paulo, eu, Francisco, Pedro e, à frente, meu pai, Lourival.

O caminhoneiro ficou grato pela minha disposição e, nas paradas, não só pagava a minha refeição como também uma dama de companhia. Foram sete dias de estrada, sete dias de farra. Nossas paradas se davam sempre numa "casa da luz vermelha". Foi uma aventura divertida, mas que teve um final dramático. Acabei pegando sífilis e sendo submetido a um tratamento de 80 dias tomando injeções de *benzetacil*. Dor maior não conheço, mas, no final, achei que valeu a pena mais essa molecagem.

Nossa parada final foi a cerca de 100 km de São Paulo. De lá, segui até a capital. Da rodoviária, peguei um táxi para me levar ao endereço do tio Manoel Queiroz. Desci na porta de um sobrado de três andares, uma casa bonita em Moema, bairro nobre, de classe média. Só nessa corrida eu gastei quase todo o dinheiro que tinha. Não sobrou nem para voltar para trás. A única opção era ficar em São Paulo. Então, parado no portão, me impressionei com a casona, bati palmas e quem me atendeu foi a mulher do meu tio, dona Santa Peixoto. Mulher bonita e brava, só depois de um interrogatório completo, ela me deixou entrar na sua casa.

Enquanto chamava o marido, foi dizendo que a vida ali tinha regras e que não tinha espaço para vagabundo. Eu tinha só 19 anos, mas já estava ligeiro com a vida. Pegava rápido as mensagens. Sabia o que as pessoas queriam. Meu tio me deu um grande sermão, que fui doido de vir para São Paulo, que a vida ali não era moleza, mas, sem alternativa, me deixou ficar ali por alguns dias. "Vou te ajudar a arrumar um emprego e um lugar para ficar, você é homem e tem que se virar sozinho", disse ele em tom severo.

Deixei minhas coisas num cantinho da casa e caminhei até a cozinha disposto a conquistar a minha tia. Fiz o que todo homem deveria fazer quando quer ter paz com uma mulher: fui útil e mirei no território onde mais se tem coisas para fazer numa casa, a cozinha. Ali, tratei de arrumar o micro-ondas que não esquentava, e isso fez com que minha tia desamarrasse a cara. Depois, consertei o liquidificador que tinha um fio solto e ela foi ficando mais maleável. Quando dei jeito no ferro de passar roupa, então, foi a glória! Passei a ser o sobrinho favorito daquela mulher prática, que detestava gente preguiçosa e que tinha um coração generoso. Também ajudava meu tio, que tinha uma oficina de joias. Estava sempre disposto e sorridente, nunca dizendo não para o trabalho.

Passados alguns dias, meu tio foi ao banco e pediu uma vaga para o gerente. Ele disse que haveria uma contratação em breve e que eu poderia me candidatar. Imediatamente, fui lá e preenchi a ficha. Fui selecionado, dei início a um treinamento e passei a trabalhar pouco tempo depois no Bradesco. Nem bem tinha saído a vaga, me acomodei em uma pensão no centro da cidade. Trabalhava de dia e farreava à noite, não pensava em vida melhor! Ganhava o suficiente para mim e ainda mandava para minha família. Para aumentar a renda, revendia no banco as joias da empresa do meu tio e, logo, isso se tornou um ganho ainda maior do que o meu salário.

Depois de mais de um ano, quando eu estava fazendo o transporte de um malote de dinheiro, fui assaltado. Bandidos armados me abordaram na rua e levaram todo o dinheiro do caixa que eu estava incumbido de levar para a agência. Mas a violência maior eu sofri logo depois. Fui afastado das minhas funções e fiquei à disposição do banco para um interrogatório sem fim. Tive minha vida revirada, policiais volta e meia invadiam a pensão como se eu fosse o bandido e não a vítima. Depois de mais de seis meses de tortura, finalmente comprovaram que eu não tive nenhuma participação naquele roubo.

Aguentei tudo calado até provarem a minha inocência. Quando isso aconteceu, tratei de seguir minha vida longe dali. Me tornei vendedor de joias, era representante da empresa do meu tio e passei a viajar para outras cidades levando seu mostruário para joalherias do Sul ao Nordeste do país. Adorava aquela vida, estava de volta à rua. Mas, dessa vez, já homem feito, maduro e sabendo o que queria: prosperar no ramo joalheiro.

Passei a vender tanto que tinha que ir para a oficina ajudar a fabricar para poder entregar os pedidos. Foi assim que fui aprendendo tudo sobre fundição, banho de ouro e joias folheadas. Curioso e atento, aprendia rápido e logo passei a comandar todo o processo de fabricação. A empresa se expandiu, mas ainda assim não dava conta de fornecer para todos os clientes. Eu queria voar cada vez mais alto, mas meu tio era cauteloso, não queria investir tanto, e logo seus filhos passaram a se envolver no negócio e achavam que eu não deveria dar tanta opinião. Eles queriam me colocar no meu lugar e, sem imaginar, conseguiram. Mas o meu lugar não era de funcionário. Nasci para empreender.

Foi quando um cliente, que queria aumentar seu número de lojas, fez um pedido e meu tio não quis atender. Fiquei transtornado pela sua falta de visão e resolvi abrir a minha própria empresa para nunca mais rejeitar um pedido de um cliente. Conversei com esse lojista e ele decidiu me apoiar: fez um empréstimo para que eu pudesse montar a fábrica, comprar ouro e fabricar as coleções que ele precisava.

Eu mesmo vendia e formava a equipe para fabricar. Trabalhava dia e noite, como sempre fiz, mas ainda mais motivado. Nos primeiros cinco meses, consegui liquidar a dívida com ele e passei a investir mais. Logo, estava com mais de 100 funcionários e uma empresa de joias que atendia todo o Brasil: a Fersoni Joias crescia a cada dia, passamos a participar das feiras do setor e conquistar ainda mais clientes, chegando a manufaturar mais de dez quilos de ouro por mês.

Sentia-me realizado, numa época literalmente de ouro. Consegui dar conforto para a minha família. Entretanto, sabia que o sucesso, assim como a vida, é feito de altos e baixos. Eu vim de baixo e subi e, nessa trajetória, aprendi a não temer nada. Adquiri confiança em mim e na vida. Algo me dizia que deveria estar preparado também para descer, mas isso nunca me aterrorizou. Afinal, essa é a vida do empresário brasileiro. Quem teme o risco, não serve para esse tipo de vida. Se você quer chegar ao topo, se desprenda do medo de fracassar.

Sucesso e fracasso, faces da mesma moeda na vida do empreendedor

Uma pedra que rola de uma grande altura acumula energia potencial e, ao encontrar uma superfície firme, é lançada para o alto com grande força. Da mesma forma, a trajetória de muitos vencedores na vida pode ser explicada pela Terceira Lei de Newton. Para cada ação, há uma reação de igual intensidade e em sentido contrário. Minha vida pode ser retratada por meio dessa regra. Cada vez que caí, aproveitei o impulso da queda para me projetar para cima. Para cada fracasso, obtive uma vitória na mesma proporção, ou ainda maior.

Quando você olha para o seu saldo bancário e ele está no vermelho, como você se sente? E quando toca o telefone e é o gerente do banco te cobrando o empréstimo que você fez? Ou quando a sua companheira (ou companheiro) se desespera pela falta de dinheiro e culpa você por esse fracasso? Tem gente que se senta e chora. Outros se sentem impotentes, querem se livrar de tudo o mais rápido possível. Já eu, me sinto um menino com um tabuleiro de tapioca. Não entro em pânico: se ainda tem tapioca para vender, sei que vou fazer dinheiro. E, se o tabuleiro ficar vazio, não tem o que fazer. É hora de ou jogar bola ou jogar conversa fora com os garotos da rua, esfriar a cabeça.

A vida retribuiu a minha coragem e, aos 24 anos, já tinha mais de 100 funcionários, um carrão e uma namorada que era apaixonada por mim, a Vera. Confesso que gostava mesmo era da família dela e, quando terminamos, não deixei de frequentar sua casa. Troquei de namorada, me apaixonei pela Sônia, mas sempre frequentando a casa da ex-sogra. Dona Maria costumava dizer que não havia ex-mãe e, de fato, ela tinha ocupado o lugar de minha mãe. Era uma mulher de ouro, coração bom, assim como seus filhos, Mara, Silvia e Neuza, com quem mantive laços de amizade por toda a vida.

A Sônia tinha ciúmes no começo, mas logo viu que a minha relação com aquela família era fraternal. Acabou se tornando amiga de todos e não me amolou mais. Sempre valorizei a minha liberdade e a confiança que ela depositava em mim. Apaixonados, nos casamos e tivemos três filhos maravilhosos: Luis Fernando Peixoto, Izabella Peixoto e Arthur Peixoto. Com eles ao meu lado, me sentia forte e tinha ainda mais disposição para trabalhar. Passei a me dedicar 100% à Fersoni, uma fábrica que fez história no setor joalheiro.

Eu viajava por todo o Brasil vendendo joias, participava de feiras do setor, enquanto Sônia cuidava da casa e da educação de nossos filhos. Cada um dava o seu melhor e nossa vida familiar era, na minha visão, muito boa. Tínhamos uma vida estável, casa confortável e sítio para o lazer de final de semana. Éramos felizes. De família simples como eu, Sônia tinha um pai humilde, mas esforçado, o seu Agostinho Eugênio. Quando surgiu uma oportunidade, eu o incentivei e ajudei a montar uma loja de carros. Começou pequeno, levou jeito para a coisa e prosperou e, para alegria de toda a família, inclusive a minha, acabou ficando rico. Ganhou muito dinheiro nesse ramo.

Eu, por minha vez, comecei a enfrentar dificuldades. Com a crise que o setor joalheiro enfrentou no final dos anos 1990, vi-me diante de uma situação financeira complicada. O grama do ouro subia todos os dias e vários clientes começaram a dar calote. No ramo joalheiro, a gente vende na confiança e negocia o quilo do ouro. Com o Plano Collor levando o Brasil por água abaixo, a situação se agravou e cheguei a perder mais de dez quilos de ouro com a inadimplência dos clientes. A situação ficou insustentável, o dinheiro sumiu do mercado e me vi devendo para bancos, amigos, agiotas e tudo mais.

Exceto para o meu sogro, aquele que ajudei a se tornar empresário. Quando precisei de ajuda, ele disse na minha cara que eu não sabia lidar com dinheiro, que tinha torrado tudo na "farra". A farra a qual ele se referia eram os finais de semana e as viagens que eu proporcionava para a filha dele, ele próprio, tios e cunhados, além dos meus filhos. Enfim, era direito dele não me ajudar, e ele o exerceu plenamente.

Dinheiro faz dinheiro

Fui obrigado a fechar a empresa por conta de vários processos trabalhistas e o acúmulo de dívidas. Minha única fonte de renda eram algumas casas que construí e aluguei para investimento. Em paralelo à fábrica de joias, me dediquei à construção civil. Comprava terrenos baratos, construía e depois alugava ou vendia. Foi então que, um cobrador, de tanto vir à minha empresa, acabou virando um amigo e me apresentou uma solução que eu não havia pensado até então: a fábrica de joias ocupava um prédio de três andares, era bem grande e poderia, com alguns ajustes, se transformar em uma escola. A reforma poderia vir da venda de alguns passivos da empresa e a questão da licença seria resolvida tendo uma professora como sócia. Simples assim.

Então, eu, que não tinha terminado o colégio, me transformei em dono de escola. Tudo porque me permiti ouvir uma ideia, não me fechei dentro da minha cabeça. Se você quer chegar ao topo do mundo, fica aqui a minha recomendação: nunca diga não para nada. Veja tudo como uma ideia, uma possibilidade, ainda que remota. Faça como o Sheik de Dubai, pense: por que não? Foi o que fiz e me tornei dono de escola.

Aquela ideia me deu um novo ânimo e me joguei no negócio. A área de educação exige muitas licenças, não se pode fazer o que vem na cabeça e, no começo, tive dificuldades em me adaptar. Achava minha sócia uma boa professora, mas com tino empresarial zero. Me travava, era lenta, enfim, tinha um estilo diferente do meu. Eu aceitei tudo aquilo, mas depois de quatro anos no vermelho eu parti para o tudo ou nada. O sistema dela não estava dando certo, então resolvi fazer do meu jeito. Afastei-a da direção (mais tarde acabei comprando a parte dela), coloquei anúncios em toda a região e fiz pacotes para famílias com vários filhos, no melhor estilo "pague um, leve dois". Tudo bem simples e direto. E não é que a estratégia funcionou? A escola passou a receber muitos alunos, dobrou de tamanho e começou a ficar famosa.

Continuei o mesmo de sempre, alegre e receptivo, coração mole. Até gente que não tinha dinheiro eu deixava estudar. Certa vez, uma mulher maravilhosa, sorridente, toda perfumada, entrou por baixo da escada, onde ficava a minha sala e pediu com tanto jeitinho para que seus filhos estudassem ali que eu concordei. Não tive como dizer não para ela, ainda mais quando ela disse que era de uma cidade próxima da minha, no Pará. Me levou na conversa e, no final, seus quatro filhos acabaram estudando lá de graça. Ela ficou rica, uma advogada famosa, palestrante, mas ainda assim nunca me pagou nada. Não recebi um tostão dela, apenas uma amizade que perdura até hoje e que vale ouro. Seu nome? A amada Naíle Mamede.

Mantenha-se em movimento

Assim como eu, a escola "vingou". Se tornou um colégio respeitado em São Paulo. Cresceu tanto que, agora, se tornou uma faculdade. Ganhei estabilidade com esse negócio, fiz dinheiro, mas acabei perdendo algo que para mim sempre teve muito mais valor: minha paz familiar. Minha esposa nunca foi de se meter nos meus negócios, mas depois que os filhos cresceram, passou a frequentar a escola. Volta e meia ela estava lá, de papo com a diretora. Acabaram se tornando amigas até que, certo dia, essa funcionária me avisou que pretendia deixar a escola, queria ter mais tempo para a família, e me disse que a Sônia era a pessoa ideal para ocupar o seu lugar. Era de confiança, muito organizada e tinha conhecimento sobre a rotina de trabalho do colégio. Como a Sônia ficou empolgada com essa história e quis assumir essa ocupação, concordei.

Se eu tivesse me lembrado dos conselhos de um tio, irmão do meu avô, nunca teria aceitado essa proposta. Tio Chico Peixoto, como era chamado, era uma figura lendária. Simples, sem estudo, mas muito esperto para os negócios. Era o nosso parente rico, aquele que dá orgulho de citar nas rodas de amigos, mas que não rendia nenhum tostão. Andava apeado num cavalo bravo, como ele. Era dono de uma pedreira, cujo material servia para construir os alicerces das casas. Tinha 5 mulheres e 30 filhos, para a inveja de muitos machos da nossa região. Com dinheiro no bolso, conseguia fazer todo mundo conviver em paz ou próximo disso, e dava emprego para a maioria dos filhos, sobrinhos e primos. Certa vez, ele me disse para buscar meu caminho, mas trabalhar para mim mesmo, não para a família. "A família nunca vai retribuir nada que você faz por ela, é ingrata. Se tiver que fazer algo, que seja por você!", foram suas palavras.

Achei aquilo um absurdo. Sempre fiz tudo pelos meus, nunca tinha feito nada pensando em mim. Somente quando fui destratado por um primo que ajudei, é que me lembrei desse ensinamento do meu tio. Ele estava certo do alto da sua sabedoria e eu descobri isso pela primeira vez quando um primo, filho do irmão de meu pai, se envolveu com problemas no Pará e me pediu ajuda. Eu já era empresário, estava bem de vida e ele veio fugido se abrigar em minha casa. Sempre fui muito coração.

Dei a ele trabalho e condições para se manter em São Paulo. Era esforçado, passou a ganhar dinheiro, mas se separou da família quando se envolveu com rabo de saia. Ficou ausente até que, certo dia, chegou na empresa com ar de revolta, dizendo que precisava dizer na minha cara uma dura verdade. "Fernando, você não merece nada, sou eu quem trabalha, e você que ganha dinheiro. Eu sou tua formiga, eu que te trago os grãos de açúcar. Eu deveria estar no seu lugar!" Percebi que ele estava desequilibrado, meio enfeitiçado, e vi em seus olhos a face da ingratidão. Nesse momento, as palavras do meu tio-avô soaram como uma profecia, uma sentença triste para um cabra como eu, sempre disposto a servir a família.

Voltei a me lembrar dessa profecia quando, mais tarde, novamente me deparei com a face da ingratidão estampada nos olhos de familiares próximos que, por meio da minha companheira, foram ganhando espaço no colégio. Aos poucos, Sônia foi ocupando espaço, se metendo em tudo e me questionando. Com o falecimento do seu pai, ela herdou uma boa fortuna e passou a se sentir superior. Se tornou uma pessoa diferente e, induzida por puxa-sacos que a bajulavam, passou a se sentir a dona do pedaço. Sem nunca ter montado nenhum negócio, sem experiência ou tino empresarial, passou a dizer pelos quatro cantos que a escola só ia bem por causa dela.

Não bastasse isso, passou a desdenhar dos meus outros negócios, fazer pouco caso, me apontar erros do passado e jogar na minha cara que eu fali, quebrei, que a família passou apuros etc. Fiquei consternado, triste por não ter o reconhecimento e, principalmente, a consideração que acho que mereço. O que eu fiz diante disso? O que sempre faço. Não lamento, não brigo, apenas sigo em frente.

Com o dinheiro entrando, passei a investir em outros negócios. O setor imobiliário sempre foi o meu forte, administro com facilidade. Depois, tive a oportunidade de comprar para o ramo de eventos e acabei gostando. Me tornei dono de uma banda de forró, a Forró Saborear, que faz shows por todo o Brasil e conta com uma estrutura de mais de 50 funcionários, entre músicos e técnicos. Esse negócio tem a minha cara: faz todo mundo sorrir! Música é fonte de alegria e, quem canta, seus males espanta. Brasileiro gosta disso, é difícil dar errado. O segredo é só separar o que é negócio e o que é festa. É algo que me rende um bom dinheiro e divertimento. Além disso, me possibilitou ter contato com grandes artistas, pois fazemos muitos shows juntos. Nesse meio tem muita gente boa, como Gusttavo Lima, que sempre encontro nos shows e é uma pessoa humilde, de caráter e alegre como eu.

Agora, estou diante de mais uma oportunidade que decidi abraçar. Estou me preparando para investir em uma usina de energia solar, um empreendimento que requer um investimento significativo e envolve riscos. Não temo o desconhecido, para o desespero da minha família.

Quando me perguntam como pretendo gerenciar esse negócio sem conhecimento prévio de energia, respondo com confiança: "Não sei fazer nada além de dinheiro. E isso me basta!". Já abri uma fábrica de joias sem ser ourives, uma escola sem ser professor, uma banda sem ser músico, uma construtora sem ser engenheiro e, agora, uma usina de energia, sendo apenas um leigo. Para mim, isso é mais do que suficiente. Não busco títulos; sou um homem de ação e resultados. Vivo intensamente, sorrindo para o que a vida me apresenta, consciente de que a verdadeira felicidade está em viver com alegria. A vida, para mim, é uma celebração constante, onde a ousadia é o caminho para um destino extraordinário. Até chegar ao topo do mundo, acostume-se com as subidas e descidas. Apenas nunca desista e siga em frente com alegria!

ERA UMA VEZ... UM CONTO DE MULHERES À FRENTE DO SEU TEMPO

Aos 91 anos, é produtora rural, professora, pedagoga e presidente emérita da Comissão Semeadoras do Agro da Federação de Agricultura e Pecuária do Estado de São Paulo (Faesp). Natural de Cristais Paulista, na região de Franca (SP), tem suas raízes na produção de café. Casada com Fábio de Salles Meirelles há 68 anos, é mãe de 7 filhos e administrou por quase 50 anos as 11 propriedades rurais da família.

IVELLE LACERDA

28

CONTATO:

@semeadorasdoagro

Há um certo tempo registro o que acontece ao meu redor. As lembranças em forma de palavras me ajudam a entender as vastas transformações culturais que vivenciamos nas últimas décadas. Não assisti apenas da janela, fiz parte dessas mudanças, sempre defendendo meus pontos de vista. Agradeço o convite da querida Naíle Mamede para contar um pouco da minha visão sobre a evolução do papel da mulher na sociedade.

Sou muito observadora e o novo me encanta. Na minha infância e adolescência, por exemplo, fazia o que as meninas da época faziam e também o que não chegavam nem perto, como aprender a mexer em motor e dirigir automóvel, caminhão e trator de fazenda. Mais tarde, já adulta, casada e mãe de sete filhos, fui aprender a cuidar de plantações e do gado, gerenciando propriedade rural – cuidei de oito fazendas simultaneamente entre as décadas de 1960 e 1980. Ser um pouco indomável e ter uma atitude mais avançada me permitiu ter um outro olhar sobre as mudanças.

Agradeço o convite da querida Naíle Mamede para contar um pouco da minha visão sobre a evolução do papel da mulher na sociedade. Somos, ao mesmo tempo, competitivas e harmoniosas, temos sempre um olhar diferenciado para unir os opostos em torno de um bem maior: a construção de um mundo melhor, baseado em fé, resiliência e no amor.

Agora, vamos à história...

Era uma vez uma mocinha de 13 anos que, em seu primeiro baile, na cidade de Franca, interior de São Paulo, conheceu um garboso rapaz de 19 anos, vindo direto de Restinga, em seu lindo cavalo. Seus olhares se encontraram e nunca mais se desconectaram. Eles dançaram a noite inteira. Ela encantada, ele decidido de que ela seria a mulher de sua vida. Será que foram felizes para sempre?

Olá, eu sou Ivelle Lacerda Meirelles e posso dizer que minha vida é um conto de fadas, mas destes atuais, em que a princesa não leva desaforo para casa, luta pelos seus direitos e exige ser tratada de igual para igual. Ela está ao lado do seu príncipe, e não atrás dele, construindo cada conquista. Há quase 70 anos estou casada com meu príncipe,

Fábio de Salles Meirelles, aquele que chegou a cavalo no baile de chita, meu primeiro baile. Ele não me conquistou apenas com seu charme, beleza e determinação, mas porque nosso jeito de pensar e agir coincidia na maioria das vezes e, quando não, debatíamos até encontrar um ponto de equilíbrio. Com raízes genuinamente portuguesas e espanholas, enraizados no campo, somos fortes e decididos, sabemos o que queremos desde a infância e, principalmente, somos apaixonados pelo que a terra produz.

Sou filha de José Pinheiro de Lacerda e Luiza Lima de Faria e irmã de Edilah Maria Lacerda Biagi (*in memoriam*). Nascido em Patrocínio Paulista, meu pai foi capitão de infantaria, nomeado pelo presidente da República Marechal Hermes da Fonseca. Pecuarista e agricultor de visão, no início do século XX, introduziu a criação de gado leiteiro na região de Franca e do método de plantio de café conhecido como renque. Foi um dos fundadores da Casa da Lavoura de Franca, da Associação Rural do Vale do Sapucaí e do Sindicato Rural de Franca. Ou seja, minha irmã e eu nascemos e vivemos nossa infância e adolescência numa época em que o papel da mulher era ser esposa, mãe e dona do lar. As mulheres precisavam de autorização do marido para trabalhar, não tinham direito à herança ou à guarda dos filhos no caso de separação; em suma, não éramos cidadãs de primeira classe.

Mas lá em casa não. Lá fomos criadas para ser cidadãs de primeiríssima classe, independentes, observadoras e donas de si. Lembro que na minha infância em Cristais Paulistas, que fica a 20 km de Franca, esperava com ansiedade a chegada do trem da Mogiana, que passava uma vez por semana. Naquele dia íamos pegar as últimas edições do jornal *O Estado de São Paulo*, que meu pai lia atentamente para, na sexta-feira, debater comigo as principais notícias do país – ele continuou a fazer isso até os 94 anos. Outro momento sagrado de troca de conhecimento sobre o Brasil e o mundo eram as tardes, quando nos reuníamos – nossa família, o padre, o prefeito e tantas outras pessoas – em torno do rádio enorme de válvulas para ouvir as notícias.

Enquanto minhas primas e amigas se contentavam com as brincadeiras de meninas, eu ia para a oficina de um parente para aprender a mexer em motor de automóvel e caminhão. Aquilo me fascinava; vestia minhas calças compridas – algo pouquíssimo usual para a época –, passava horas e horas observando e, mais tarde, colocando a mão na graxa. Bem antes de completar 18 anos, dominava o volante de automóvel, caminhão e tratores da fazenda. Ela é indomável, diziam à boca pequena. Eu sabia o que queria e não media esforços para atingir meus objetivos, mesmo tendo que ir contra tudo e contra todos. Foi assim que consegui muitas coisas, inclusive ficar com meu "príncipe encantado".

Depois daquele baile, só reencontrei Fábio alguns anos depois, quando ele voltou à Franca como candidato a deputado estadual. Eu estava com 15 anos; nos encontramos, mas não chegamos a namorar. Terminei o colégio e fui passear na capital, São Paulo. Nosso terceiro encontro aconteceu no centro da cidade, enquanto uma prima dele e eu nos dirigíamos ao Cine Metro, na Avenida Ipiranga; ele apareceu, conversamos um pouco, pagou nossos ingressos e foi embora. Naquela época, ele seguia a carreira política e eu me preparava para começar a faculdade de Pedagogia, na Sedes Sapientiae.

Após um incidente diplomático – eu estava em Buenos Aires quando da queda do presidente Juan Domingo Perón –, perdi o período de fazer a matrícula na faculdade e decidi voltar para Franca. Um dia, saindo do dentista, estava na praça onde ficava o Hotel Francano e um carro conduzido por um doido entrou na contramão e parou bem ao meu lado. Era o Fábio. Refeita do susto, ele disse que fez aquilo porque me viu e não queria perder a chance de me cumprimentar. Ele também estava de volta à Franca depois de um desentendimento com o político Jânio Quadros. Não nos afastamos mais. Três meses depois, no dia 13 de agosto de 1956, nos casamos na Basílica de Nossa Senhora Aparecida, em Aparecida. Muitos diziam que não ia durar porque a gente não se conhecia, porque meus pais eram contrários à nossa união ou porque nos casamos numa sexta-feira 13 em um ano bissexto. Com as bênçãos de Deus e a intermediação de Nossa Senhora Aparecida, não teve superstição e desentendimento que estremecesse nosso casamento, que completa 68 anos em 2024.

Nos contos de fada, o beijo ou o casamento dos príncipes marca o ponto final da história. No meu caso foi o começo de uma narrativa que já dura quase sete décadas. Uma jornada que carrega as raízes de duas tradicionais famílias de produtores e pecuaristas paulistas e em que, ao mesmo tempo, o casal divide o comando não só da família, mas da condução do negócio e do compartilhamento de uma história política de defesa dos produtores e das produtoras rurais.

Logo após o casamento, minha vida mudou totalmente. Fui mãe aos 23 anos, somando um total de sete filhos. E foram as gravidezes que despertaram minha força e vontade de deixar um mundo melhor para meus filhos, um mundo em que os valores e princípios éticos sempre estarão à frente, nos conduzindo. Eu sabia que estava grávida porque crescia em mim uma disposição única; não tinha cansaço, queria fazer mil coisas.

E foram mil coisas mesmo. Com a carreira política e de liderança do setor do Fábio em alta, que exigia que ele ficasse longos períodos na capital paulista, a criação dos filhos e o cuidado com meus pais, foi minha chance de dar vez e voz ao que recebi por vocação: o comando de nossas oito fazendas na região de Franca. Imaginem a cena: em 1961, eu, mulher, jovem, mãe, tomando conta dos funcionários, sem saber quase nada sobre como cuidar do gado ou da plantação.

Posso dizer que foi quase como uma gravidez, porque fiquei ainda mais determinada e disposta a gerar essa "criança". Fui aprender a ser produtora rural e criadora de gado para ganhar autoridade e o respeito dos trabalhadores. Na época da colheita do café, eu dirigia umas 100 pessoas; vesti um macacão e fui aprender tudo sobre trator e procurei apoio técnico na Casa da Agricultura. Queria aprender sempre – sobre plantar milho, fazer silos para o gado, comprar maquinário e insumos. E consegui. Nas fazendas havia café, milho e gado de corte e leiteiro, com produção de três mil litros de leite, em três ordenhas ao dia. Carregava os meninos para as fazendas, onde não havia nem casa habitável.

Tenho muitas lembranças daquela época árdua, mas ao mesmo tempo muito gratificante. Como da vez em que o campeiro que tirava leite deu uma facada em outro empregado e fugiu. Da noite para o dia, eu me vi com 200 vacas para tirar leite três vezes ao dia, sem ninguém para ajudar. E tirar leite não é brincadeira – temos que lembrar que àquela época não havia ordenha eletrônica; o processo todo era manual. Eu fazia o controle, marcando os números de registro numa parede de cimento liso que havia lá. Mas ler aquilo tudo e separar as vacas era muito difícil, em especial por volta das cinco horas da manhã. Aí lembrei-me de como fazia para alimentar meus filhos. Aqui cabe um parêntese para contextualizar minha "invenção": cada vez que nascia um filho, era um ciúme doentio. Ia amamentar o recém-nascido e todos os mais velhos voltavam a tomar mamadeira e queriam colo, ou seja, tratamento igual. Então eu identificava as mamadeiras pelas cores. Uma era azul; outra, rosa; outra, amarelo, laranja e assim por diante. Isso me deu a ideia para controlar as ordenhas. Fui à cidade, comprei um monte de fitas e coloquei uma em cada vaca: azuis para as que davam mais leite, amarelas para as médias e vermelhas para as que davam pouco. Isso facilitava na hora de separar o gado.

Cansada ao extremo, nem pensava em parar. Repetia o processo 600 vezes por dia. Era um se abaixa e levanta sem fim às 5h30 da manhã, ao meio-dia e às 7 horas da noite. Foi assim, uma loucura, até conseguir um novo funcionário. E que aprendizado! Consegui superar minhas limitações e colocar minha criatividade e liderança em ação, mais uma vez, além de conquistar de vez o respeito dos funcionários.

Em 1987, mudei-me para a capital, São Paulo. Com Fábio à frente da presidência da Federação da Agricultura e Pecuária do Estado de São Paulo, a Faesp, era hora de apoiá-lo mais de perto em suas demandas como líder empresarial. Começava mais um novo ciclo em minha vida. Mas minha alma de produtora rural ficou inquieta. E, por isso, além das atividades na cidade, decidi não deixar por completo o período extremamente ativo de administradora de fazenda e mãe de sete filhos. Até pouco tempo atrás, cuidava pessoalmente da papelada das fazendas e dos outros empreendimentos. Ia periodicamente vistoriar as propriedades a bordo da minha camionete cabine dupla e cuidar das benfeitorias. Uma delas foi num casarão que havia sido dos meus pais.

Sou pedagoga por formação e historiadora por vocação. Acredito que preservar a história nos incentiva a caminhar mais assertivamente no presente e nos dá recursos valiosos para construir pontes para o futuro. Isso individual e coletivamente. Por isso, dediquei uns três anos da minha vida para recuperar uma de minhas lembranças de infância mais queridas: o enorme sobrado em Cristais Paulista, onde morei até completar dez anos de vida.

Construído pelo meu avô materno, José Pedro de Faria, o casarão era nosso verdadeiro palácio. O teto é sustentado por imensas e pesadíssimas toras de aroeira; no térreo fica um grande salão sem nenhuma coluna, com paredes muito largas, feitas de tijolos, areia e caibros; ferro e grandes pedras no alicerce. Imagine construir isso numa época em que não havia trator, nem peças de ferro ou cimento. Em suas idas a São Paulo, de carro de boi, junto com roupas, sapatos e sal para o gado, meu avô trazia muita coisa para construir o casarão, como as peças de banheiro, todas inglesas. As escadas em caracol davam acesso aos quartos que chamávamos de "quarto dos biscoitos" e "quarto da assombração". Era um lugar mágico.

Depois que saímos da cidade, meu pai cedeu o imóvel para funcionar como escola pública; e então sede da prefeitura, cinema, clube e ginásio. Anos e anos de ocupações desfiguraram o imóvel a tal ponto que foi interditado pelo risco de ruir. Não podia deixar isso acontecer e parti para recuperar não somente parte da minha infância, mas também o patrimônio histórico de Cristais Paulista, da região e da cafeicultura nacional, uma vez que esse imóvel imponente de 23 janelas e 10 portas é a representação concreta do legado da era de ouro do café, um dos principais motores de nossa economia.

Em 8 de março de 2022, Fábio instituiu na Faesp a Comissão Semeadoras do Agro, um órgão colegiado de caráter consultivo que tem por objetivo dar voz ao protagonismo das mulheres nas atividades no campo e estimular o empreendedorismo e o surgimento de novas lideranças. Foi com grande alegria, honra e responsabilidade que aceitei ser a presidente emérita das Semeadoras. Em dois anos, quase 30 mil mulheres foram impactadas pelas ações da Comissão. É mais uma forma de levar adiante meu conhecimento, minha voz, minha experiência e estimular a participação cada vez mais ativa dessas centenas de milhares de mulheres que produzem uma das matérias mais sagradas: o alimento.

Ouço muito, dentro e fora de casa, que sou à frente do meu tempo, precursora, inovadora, corajosa, dinâmica, feminista e emancipada muito antes de se debater tudo isso. Eu acredito que fui moldando minha personalidade nesse sentido, sim, desde bem pequena. Ser determinada e segurar com firmeza as rédeas da minha vida me trouxeram responsabilidades, e também liberdade e vantagens importantes para seguir adiante, de um jeito único, mas firme, sempre com base no diálogo, na parceria, na construção. Essa foi minha colaboração para mudar o panorama tão duro para as mulheres que encontrei na minha infância e adolescência, e encontro até hoje.

Eu tinha apenas dois anos quando as mulheres conquistaram o direito de votar, 28 anos quando chegou ao Brasil a pílula anticoncepcional, 54 anos quando a Carta Magna do Brasil, nossa Constituição Federal, reconheceu que homens e mulheres eram iguais perante a lei, 72 anos quando sancionada a Lei Maria da Penha – que penaliza a violência contra a mulher – e 84 anos quando vi se tornar crime a importunação sexual feminina.

Barreiras, obstruções, desafios sempre hão de existir. Cabe a cada um de nós revelar essas impertinentes adversidades e construir com diálogo e ação as janelas e portas que permitirão criar e acessar um novo – e melhor – mundo. Um mundo que construí na minha casa, no seio da minha família. Um mundo em que mulheres e homens não só andam lado a lado, mas somam esforços, conhecimentos, atitudes e paixões para garantir o melhor às gerações futuras.

EMPREENDEDORISMO, LUGAR DE POTÊNCIA EMOCIONAL FEMININA

Palestrante internacional, é mestre em Linguística Aplicada e pós-graduado em Neurociência e Comportamento. Atua como professor licenciado em Letras e, em breve, como psicólogo. É coautor do livro *O poder da inteligência emocional*, pela Literare Books International. Em seus projetos autorais, também estão *Gramática em quadrinhos* e *Inteligência emocional em quadrinhos*. Ademais, trabalha na adaptação de mais uma de suas palestras para a publicação, com o tema: "Potência emocional: como se adaptar às exigências do mundo moderno".

JAGSON ANDRADE

29

CONTATOS:

gramaticaemquadrinhos@gmail.com
palestra@potenciaemocional.com

@palestrante.jacson.andrade
@gramaticaemquadrinhos

24 98872 1137

Refletir sobre a potência emocional feminina no empreendedorismo é inspirador e fundamental. Isso porque a força está com a mulher, que está longe de ser o sexo frágil. Mas não devemos romantizar esse fato e buscarmos dar importância aos desafios enfrentados por elas no mercado de trabalho, principalmente no Brasil, pois necessitam urgentemente de mais apoio governamental, união feminina e mudança cultural para promover a igualdade de gênero e uma vida mais digna.

Dizem que a mulher é sexo frágil, mas que mentira absurda... Eu que faço parte da rotina de uma delas, sei que a força está com elas.
ERASMO CARLOS

Passei a minha infância ouvindo a música "Sexo frágil", de Erasmo Carlos: era usada como a abertura do programa *De mulher para mulher* em uma rádio AM da minha cidade e apresentado por uma querida amiga e empreendedora do ramo de noivas, Ademilde Diniz. Esse programa era a maior fonte de inspiração da minha amada mãe. Ela não perdia um!

Minha mãe teve a infância que nenhuma criança quer ter. Perdeu seus pais quando tinha apenas dez anos de idade e, em seguida, foi dada em adoção para uma família de outra cidade. Mas a realidade de adoção era muito parecida com a constituição de uma minidoméstica, conforme ela nos contava.

Como toda sobrevivente de um trauma infantil, buscou dar sentido à vida construindo uma nova família e conquistando seu espaço no mercado de trabalho, mesmo que informal. Resolveu empreender. Tornou-se boleira e ficou muito famosa na comunidade pela qualidade do sabor que entregava. E, assim como diz a canção, o sexo frágil era uma mentira absurda. Eu sabia disso, pois fazia parte da rotina de uma delas. Eu era o seu parceiro, o filho que se motivava com as encomendas de bolo e, mesmo criança, era o que ia dez vezes aos supermercados numa época em que a inflação ultrapassava os 2.000% ao ano. Tudo em nome da redução dos custos dos ingredientes.

Chegou a minha adolescência, momento em que os adolescentes decidiam o que cursar no Senai. Entre fresador, ajustador, torneiro mecânico e eletricista, escolhi o último, tudo em nome do empreendedorismo motivado pelo medo de ficar desempregado. Assim, aos 16 anos, abri minha oficina de conserto de eletrodomésticos. Mais tarde comecei a lecionar informática, depois abri uma empresa de treinamentos em informática. Hoje, sou professor concursado em duas prefeituras, mas continuo empreendendo, agora nos ramos de treinamentos para concursos e palestras. Em breve, empreenderei também como psicólogo clínico e corporativo.

Não tenho como escrever sobre empreendedorismo feminino sem trazer para o texto a minha querida mãe, Maria Aparecida, que infelizmente não está mais aqui. Agora tenho ao meu lado outra empreendedora, que também é uma professora que muito admiro, a minha esposa e amiga, Márcia Helena (minha flor de pétala morena).

Não apenas por elas, mas também por todas as mulheres, estou feliz e honrado por participar deste projeto *Lugar de mulher é no topo do mundo.* Por isso, escolhi refletir brevemente sobre o empreendedorismo, campo em que a potência emocional da mulher é imbatível.

Entendo que refletir sobre esse tema é crucial, pois, além de destacar os avanços sociais e econômicos alcançados pelas mulheres, permite-nos uma compreensão mais profunda dos desafios que ainda enfrentam numa disputa nada justa. Abordar esse tema é também uma maneira de reconhecer e valorizar o papel da mulher como agente de mudança econômica e social. Além disso, compreender os fatores que influenciam o sucesso das mulheres empreendedoras pode ajudar no desenvolvimento de políticas públicas mais eficazes e na criação de um ambiente de negócios mais inclusivo.

O empreendedorismo e a mulher

O empreendedorismo feminino em 2024 é um marco histórico, pois há 10 anos, no dia 19 de novembro, a empresária e filantropa americana Wendy Diamond, com o objetivo de empoderar mulheres empresárias e aumentar a conscientização sobre a importância do empreendedorismo feminino para o desenvolvimento econômico e social, criou o Dia do Empreendedorismo Feminino. O impacto foi tão grande que logo virou o **Dia Mundial do Empreendedorismo Feminino**, celebrado em 144 países, dentre os quais estão o Brasil e os Emirados Árabes Unidos (EAU).

A criação desse dia inspirou diversas matérias e ações no ano seguinte no Brasil, apesar de o Dia Internacional da Mulher continuar sendo o marco central das discussões sobre a questão feminina e o mercado de trabalho.

O Conselho Federal de Psicologia (CFP), por exemplo, na época mostrou-se preocupado com as mulheres psicólogas que, apesar de estarem entre 84% a 90% no total das formações, não recebiam o mesmo valor que os homens. Às vésperas, do 8 de março de 2015, no seu XVI Plenário, com entrevista concedida pela doutora em psicologia clínica e cultura pela Universidade de Brasília (UnB) e psicóloga clínica da Universidade Federal do Acre (UFAC), Madge Porto, destacou esse problema. Para a entrevistada, "as psicólogas vivem os mesmo dilemas e dificuldades de uma forma geral no Brasil" (2013); ou seja, ganhavam menos do que os homens, além de serem as responsáveis pelo trabalho doméstico e pelos cuidados com as crianças e idosos da família.

Meses mais tarde, a *Revista Galileu* (2015) publicou uma matéria intitulada "Dados: mulheres são escolarizadas, mas mal pagas", na qual mostrou que "em média, as mulheres recebem 30% menos que os homens. Essa é uma realidade que se repete ao redor do mundo. Os homens recebem mais que as mulheres nos 38 países analisados pela OIT [Organização Internacional do Trabalho]". A matéria ainda apontou os casos dos abusos sexuais que as mulheres sofrem no trabalho e o grande tempo que gastam cuidando dos filhos, entre outros. Também ressaltou a importância de se criar mais debates em torno do tema mulher e mercado de trabalho pelo fato de as mulheres estarem apenas em 7,5% entre os executivos mais bem pagos e em 2,6% nos conselhos administrativos de indústrias. Fato que se deve, fundamentalmente, pela cultura de promoção dos homens com base em sua formação, enquanto as mulheres são promovidas com base nas suas realizações.

Por fim, o maior olhar que se teve no Brasil, em 2015, se deu próximo ao primeiro aniversário do Dia Mundial do Empreendedorismo Feminino, com o Exame Nacional do Ensino Médio (Enem), que trouxe como tema "A persistência da violência contra a mulher na sociedade brasileira". Uma violência que extrapola as questões do trabalho e adentra outras piores, como a física e a psicológica.

O mais surpreendente no tema é ver que os casos de violência continuam subindo em pleno século XXI. Em pleno momento de expansão da inteligência humana, atingiu patamares jamais imaginados. O que nos mostra que o grande problema nacional é a cultura, uma vez que é algo muito difícil de ser mudado e requer muita persistência. E toda cultura reflete as interpretações e as artes. Nesse contexto da violência, está a equivocada interpretação do mito fundador da "retirada da costela" que, em vez de fundamentar a igualdade entre homens e mulheres, imprimiu no inconsciente coletivo a sensação de que a mulher é posse do homem ("a minha costela é que foi retirada"). E, se não bastasse, a música tentou padronizar a mulher de verdade como aquela sem vaidade: a "Amélia", santa do lar que resiste às violências físicas e psicológicas dos companheiros. Enquanto nas baladas estão "só as cachorras" e as delícias do "aí, se eu te pego", é preciso compreender que o pegar está conectado ao princípio do violentar, que faz a desvalorização ser uma tendência e afasta a "coisa mais linda que vem e que passa", mas passou...

Prefiro, entretanto, acreditar que realmente é uma mentira absurda a afirmação de que a mulher é o sexo frágil. Já há dez anos, pôde-se perceber que no ambiente empreendedor é que está a sua força. Conforme os índices na época e atuais, a mulher é maioria nesse mercado, que não deveria destacar o sexo da pessoa, mas o valor de entrega nos produtos e serviços oferecidos. Um mercado mais justo seria aquele em que a mulher não é diferenciada do homem pelas suas experiências, pois, nesse mercado, incompetentes não sobrevivem (independentemente de serem homens ou mulheres, é claro).

O empreendedorismo e a mulher: uma união desafiadora

Segundo o estudo Shopify-Gallup Entrepreneurship (2024), seis a cada dez americanos desejam empreender, fato que coincide com o desejo dos brasileiros, de acordo com o relatório Global Entrepreneurship Monitor 2022, realizado pelo Sebrae e Anegepe (Associação Nacional de Estudos em Empreendedorismo e Gestão de Pequenas Empresas).

Mas, como somente o desejo não concretiza sonhos, há muitos outros desafios a serem superados ao se decidir empreender. Principalmente para as mulheres, por conta de todo o problema cultural já apresentado até aqui. Assim, a união entre as empreendedoras, a fim de ocuparem espaços diversos, principalmente os espaços políticos, é urgente. Por essa razão, e pelo fato de um dos principais momentos de lançamento deste livro ocorrer nos Emirados Árabes, em Dubai, faço aqui um comparativo entre este e o Brasil, a começar pelo preconceito e pelos desafios para vencê-lo.

Há, no entanto, uma diferença significativa com o Brasil devido aos contextos econômicos, culturais, regionais, entre outros. Tais diferenças servem como inspiração para nós, uma vez que os processos de avanço econômico por aqui são muito lentos e os preconceitos são mais difíceis de serem eliminados, sem contar com o senso de coletividade que quase não temos. Enquanto isso, lá há uma máxima popular que diz: "Ninguém atravessa um deserto sozinho".

Quanto ao apoio governamental e institucional, nos Emirados Árabes é maior ao empreendedorismo feminino, principalmente com políticas e iniciativas diversas, como apontou a matéria *Uma mudança de mentalidade, uma mudança de poder: empreendedorismo feminino em Dubai* (2017 [tradução livre]). Lá existe, por exemplo, o Conselho de Mulheres Empresárias dos Emirados, que é fundamental para o suporte e a geração de oportunidades para mulheres empresárias. Ademais, elas seguem unidas na exigência de apoio quando necessitam, como fizeram no fórum da Organização das Nações Unidas (ONU), ocorrido em 29 de março de 2022, denominado *Fórum da ONU em Dubai: mulheres empreendedoras pedem maior acesso ao financiamento* (2022 [tradução livre]).

Aqui no Brasil também existem diversos programas de apoio ao empreendedorismo feminino, como o Sebrae Delas e a Rede Mulher Empreendedora (RME). O avanço está acontecendo, mas ainda faltam mais iniciativas até para a união feminina ser vista como uma forma de ocupação dos espaços políticos com mais igualdade. Como destaca a líder em tecnologia, inovação e empreendedorismo dos Emirados Árabes, dr. Amina Al Rustamani, a mudança de mentalidade entre as próprias mulheres é fundamental para o sucesso.

Outro ponto que limita o nosso alcance e eficácia dos programas e redes de apoio é a falta de uma coordenação centralizada, o que não acontece em Dubai. Lá é oferecida para as mulheres empreendedoras uma infraestrutura de negócios avançada, com zonas francas, *hubs* de inovação e uma forte rede de suporte para startups, incluindo aquelas lideradas por mulheres. E os programas de aceleração e incubação específicos para mulheres estão se tornando mais comuns.

Conclusão

Concluo este brevíssimo texto para um assunto tão profundo, complexo e essencial com a frase da empresária americana Melina Gates, ex-esposa de Bill Gates e criadora de uma das mais influentes organizações de caridade do mundo, que nos diz: "Nós temos que ir aonde está a ação e garantir que a nossa voz seja ouvida".

Uma assertiva frase que reflete a importância de as mulheres estarem presentes e ativas nos lugares onde ocorrem mudanças e decisões importantes, as quais afetam suas vidas e seus futuros, promovendo igualdade de gênero e empoderamento e fazendo suas vozes serem ouvidas. Esse lugar é o topo do mundo: do externo e, principalmente, interno, lugar onde brota a força potência emocional feminina.

Referências

A CHANGING mindset, a shift in power – female entrepreneurship in Dubai. *Europe Emirates Group*, Dubai, 22 jun. 2017. Disponível em: https://www.uae-eu.com/blog/change-mindset-shift-power-female-entrepreneurship-dubai.html. Acesso em: 13 jul. 2024.

DADOS: mulheres são escolarizadas, mas mal pagas. *Galileu*, 13 ago. 2015. Disponível em: https://revistagalileu.globo.com/Revista/noticia/2015/08/dados-mulheres-sao-escolarizadas-mas-mal-pagas.html. Acesso em: 13 jul. 2024.

DIA Internacional da Mulher e a psicóloga brasileira. *Conselho Federal de Psicologia* (CFP), 6 mar. 2015. Disponível em: https://site.cfp.org.br/dia-internacional-da-mulher-e-a-psicologa-brasileira. Acesso em: 13 maio 2024.

JONES, J. M. Desire to be own boss widely held in U.S. *Gallup*, 6 jun. 2024. Disponível em: https://news.gallup.com/poll/645593/desire-own-boss-widely-held.aspx. Acesso em: 13 jul. 2024.

QUEIROZ, V. 6 a cada 10 brasileiros sonham em empreender, diz Sebrae. *Poder 360°*, 9 mai. 2023. Disponível: em https://www.poder360.com.br/poder-empreendedor/6-a-cada-10-brasileiros-sonham-em-empreender-diz-sebrae/. Acesso em: 13 jul. 2024.

UN DUBAI Forum: women entrepreneurs call for greater access to financing. *UN News*, 29 mar. 2022. Disponível em: https://news.un.org/en/story/2022/03/1115052. Acesso em: 13 jul. 2024.

WENDY DIAMOND: discover why Wendy is so passionate about championing the underdog and the causes she puppy loves! *Wendy Diamond*. Disponível em: https://www.wendydiamond.com/purpose. Acesso em: 15 jul. 2024.

VIVA SEU PROPÓSITO

Mãe do Arthur e filha de Reinaldo e Gigi, é escritora, poetisa, professora, mentora, empreendedora e empresária do ramo educacional. É autora do livro *O despertar da realeza* e coautora do best-seller *Quem manda na minha vida sou eu* e de diversas antologias brasileiras. Possui formação acadêmica em Letras, Artes e Pedagogia, pós-graduação em Psicopedagogia e Neuropsicopedagogia e especialização em habilidades socioemocionais, além de ser Doutora Honoris Causa em Literatura. Também é membro fundadora imortal do Núcleo Artístico e Literário de Luanda/Angola, acadêmica da Academia Peruibense de Letras, da Academia de Letras de São Pedro da Aldeia, da Academia Hispano-Brasileña de Ciências, Letras y Artes e da Academia dos Intelectuais e Escritores do Brasil (AIEB). Atua como embaixadora cultural Brasil-África e foi outorgada com o Mérito Acadêmico Walt Whitman pela City University of New York. Recebeu o prêmio como destaque, em 2023, em sua atuação como Ativista Cultural pela AIEB.

JANAÍNA CATHARINA

30

CONTATOS:

janainacatharina7@gmail.com

@janacatharina1

Janaína Catharina

13 99702 5556

Encontrar um propósito para a nossa vida não é uma tarefa simples, pois trata-se de um processo de autoconhecimento. Embora ter a clareza sobre o porquê possa ser muito útil, não é imprescindível. É um processo introspectivo e contínuo que envolve várias abordagens, colocar em prática suas descobertas, é fundamental ajustar seu caminho à medida que aprende mais sobre si e o mundo ao seu redor. Esse movimento é uma jornada pessoal, única e de reflexão permanente.

O propósito que guia nossa trajetória pode surgir a partir de um sonho, mas não necessariamente, para que seja realizado. No meu caso, não foi um sonho que iniciou essa jornada. Durante minha juventude, mergulhei nos estudos de artes dramáticas e nutri uma paixão pela literatura.

Anos depois, eu me matriculei no curso de Letras, não pelo sonho de lecionar, mas sim devido à minha paixão pelos livros. Foi assim que percebi o que realmente me motiva: o amor pelo conhecimento, pela aprendizagem e pela possibilidade de auxiliar as pessoas em seu desenvolvimento pessoal.

Observe aqueles que alcançam sucesso em suas áreas de atuação e perceba como o propósito deles está alinhado aos seus valores. É quando o propósito tem a intenção de utilizar suas habilidades para algo significativo para si mesmo e impactante para outras pessoas, visando à construção de algo em comum.

Qual é a nossa intenção e por que queremos realizá-la? A primeira resposta está relacionada ao propósito e a segunda, aos valores.

Ser protagonista de sua própria vida para viver seu propósito e realizar seus objetivos envolve uma série de passos práticos e reflexivos. Seguem algumas das minhas estratégias essenciais para tal:

Autoconhecimento

- Reserve um tempo para entender seus valores, suas paixões e suas habilidades.
- Pergunte-se o que realmente te motiva e o que você deseja alcançar na vida.

- Procure a assistência de um profissional para melhorar seu desempenho e alcançar seus objetivos.

Definição de propósito e objetivos

- Identifique um propósito que ressoe com seus valores e suas paixões – isso será o seu guia.
- Estabeleça metas específicas, mensuráveis, alcançáveis, relevantes e com prazo definido para facilitar o acompanhamento e a realização.

Desenvolvimento de um plano de ação

- Crie um plano passo a passo para atingir seus objetivos, incluindo prazos e recursos necessários.
- Esteja preparado para ajustar o plano conforme necessário, mantendo-se focado no objetivo final.

Tomada de iniciativa e responsabilidade

- Não espere que as oportunidades cheguem até você – busque ativamente por elas.
- Assuma a responsabilidade por suas ações e seus resultados, tanto os positivos quanto os negativos.

Desenvolvimento de habilidades e competências

- Invista em seu desenvolvimento pessoal e profissional, aprendendo novas habilidades e se aprimorando constantemente.
- Construa uma rede de contatos que possa oferecer suporte, orientação e novas oportunidades.

Motivação e persistência

- Encare os desafios como oportunidades de crescimento e não desista diante das dificuldades.
- Reconheça e celebre suas conquistas ao longo do caminho para manter a motivação alta.

Busca pelo equilíbrio

- Priorize o bem-estar físico e mental para ter energia e clareza de pensamento.
- Encontre um equilíbrio entre vida pessoal e profissional para evitar o esgotamento.

Autoavaliação

- Faça revisões periódicas dos seus progressos.
- Ajuste suas estratégias conforme necessário.

Atuação para a diferença na sociedade

- Procure maneiras de conectar seus objetivos pessoais a um impacto positivo mais amplo na sociedade.
- Encontre significado nas suas ações diárias, conectando-as ao seu propósito maior.

Você é capaz

- Cultive uma mentalidade positiva e confie na sua capacidade de alcançar seus objetivos.
- Encare medos e limitações como desafios a serem superados, não como barreiras intransponíveis.

Essas etapas ajudam a assumir o controle da própria vida. Mas não podemos afirmar que o propósito será fixo ao longo de toda a vida; a cada nova experiência podemos reconsiderar nossas intenções, pois estamos constantemente interagindo, enfrentando desafios e aproveitando oportunidades com o mundo ao nosso redor.

Não se esqueça de que todo profissional já foi um iniciante, seja **sincero** consigo durante esse processo. É importante aprender a gerenciar a ansiedade e evitar o estresse, vivendo um dia de cada vez e aproveitando o momento presente.

É também fundamental desconectar-se da agitação mental para que a criatividade flua, sendo necessário adquirir ferramentas que permitam concentrar energias de forma estratégica e tática.

Ao cultivar hábitos mentais saudáveis e desenvolver ambientes propícios, podemos aprender a usar o tempo de forma eficaz e aprimorar nossa capacidade de lidar proativamente com a rotina diária, maximizando resultados e minimizando esforços em um ambiente de trabalho que se torna cada vez mais desafiador, dinâmico e globalizado.

Trata-se de um desejo persistente e abrangente para atingir um objetivo que seja importante para você e, ao mesmo tempo, traga benefícios para o mundo.

O propósito é uma jornada contínua, na qual a ação é essencial para concretizar as boas intenções. É uma conexão dinâmica entre existir e agir.

Ao escolher ações para fazer diariamente, que você tenha a satisfação e direcionamento ao realizá-las. E que essas atividades façam você sentir-se realizado e feliz.

Espero que encontre significado em suas ações, pois contribuir para a evolução do próximo gera uma sensação de gratificação e conexão com as pessoas, o que resulta em um caminho valioso na jornada pessoal de realização e contentamento.

Sabemos que Deus age em todas as coisas para o bem daqueles que o amam, dos que foram chamados de acordo com o seu propósito.

ROMANOS 8:28

DO CAPÃO À CÂMARA, UMA JORNADA DA PERIFERIA AO LEGISLATIVO DE SÃO PAULO

Nascida e criada no Capão Redondo, é advogada, vereadora em segundo mandato e a quinta mulher mais votada em São Paulo. Cursou o Programa Executivo de Liderança em 1ª Infância na Universidade de Harvard e o *International Program for Public Leaders* pela Johns Hopkins (EUA), em parceria com a Comunitas. Também cursou Urbanismo Social na conceituada EAFIT, de Medellín (Colômbia) e cursa Finanças Públicas pela Universidade de Chicago. É líder *Global Shaper* do Fórum Econômico Mundial e faz parte da rede NEXUS Brasil, ligada às Nações Unidas. Foi Líder RAPS (Rede de Ação Política pela Sustentabilidade) e é membro da Rede Juntos, da Comunitas. Também recebeu importantes reconhecimentos, como a Medalha de Honra ao Mérito Jurídico e o Prêmio Primeira Safira do Rotary Internacional. Sua plataforma política já a levou a aprovar, como autora e coautora, mais de 55 leis que impactaram a vida de milhões de paulistanos, entre elas a única lei brasileira apoiada por um vencedor do Prêmio Nobel: o Marco Legal da Primeira Infância, que zerou a fila para vagas em creches em São Paulo. Também transformou seu gabinete no primeiro *coworking* legislativo do mundo, de onde já saíram mais de 400 projetos participativos com os cidadãos. Seus mandatos são pontuados pela eficiência do gasto público, pelo forte investimento em educação e pela proteção à mulher, além de fomento ao empreendedorismo e à melhoria do ambiente de negócios para a geração de emprego, renda e combate à pobreza.

JANAÍNA LIMA

31

CONTATOS:

@janainalima.oficial

Janaína Lima Oficial

11 96432 2491

Em seu capítulo, a vereadora Janaína Lima conta um pouco da sua história, de uma infância pobre no Capão Redondo, periferia da zona sul de São Paulo, até sua chegada à Câmara dos Vereadores da maior cidade da América Latina. Ela fala sobre sua trajetória enfrentando dificuldades e sobre suas conquistas, tendo sempre como norte o propósito de levar seus valores para a política, ferramenta de transformação de muitas comunidades. Também fala um pouco sobre sua atuação como vereadora e leis, como a que levou a cidade a acabar com a fila das vagas nas creches.

Nasci e fui criada no Capão Redondo, na periferia da zona sul de São Paulo. Sou filha de um carismático motorista de ônibus, o Seu Expedito, e uma grande líder comunitária, a Dona Lourdes. Por causa dessa atuação da minha mãe, minha casa vivia cheia de pessoas que precisavam reivindicar alguma coisa, ao mesmo tempo em que autoridades tinham as portas abertas para exercer o poder do diálogo, fundamental na política e na construção de soluções em locais de vulnerabilidade, como o bairro em que cresci. Por isso, ainda era criança quando fui apresentada a um senhor sentado na sala de casa, cuja importância só vim a conhecer anos mais tarde. Era o dr. Ulysses Guimarães, figura fundamental na luta pela redemocratização do Brasil e na construção de nossa Constituição.

Também foi na infância que fui diagnosticada com epilepsia, uma dificuldade a mais a ser superada. Tinha de cinco a oito convulsões por dia, e o descrédito de muita gente que achava que uma criança naquelas condições não teria chances de chegar muito longe. O apoio veio em forma de mãe, que, como sempre, acreditou em sua filha.

Foi a conquista de uma vaga em uma creche pública que me abriu as portas para a educação. De uma família simples, sem posses, fui incentivada a valorizar os estudos como a melhor maneira de transformar a minha realidade. Mais tarde, percebi que a educação seria capaz de ir além: transformar a minha realidade e a das pessoas ao redor, estendendo-se a toda a comunidade. Essa transformação foi a ponte para a mudança de todas as crianças da maior cidade latino-americana que viria anos depois.

Com esforço e apoio, antes dos cinco anos já estava alfabetizada e, pouco depois, passei a ajudar minha vizinhança, muitos que ainda eram analfabetos, a escrever suas cartas para parentes e amigos. Uma experiência que demonstrou que é onde mais se precisa, que as pessoas mais se ajudam. Assim, segui meu caminho, galgando espaços, estudando, trabalhando desde nova e aprendendo com as boas atitudes.

Um sonho que parecia impossível era o de conseguir um diploma universitário. Desde pequena, mirando-me em exemplos de profissionais que atuavam para resolver muitos dos problemas e da batalha para a conquista de direitos da comunidade, desejava me tornar advogada. Consegui entrar em uma faculdade e, para me formar, vi no empreendedorismo uma chance para pagar as mensalidades.

Certo dia, à beira da desistência quando me vi em dívida com as mensalidades, com pouco no bolso, apenas o suficiente para comprar uma lata de leite condensado, um achocolatado e granulado, decidi que não ficaria parada vendo meu sonho ruir. Coloquei a mão na massa, comecei a fazer brigadeiros e passei a vendê-los na faculdade. O resultado satisfatório me fez diversificar. Fiz sanduíches naturais, ovos de chocolate na Páscoa e assim por diante, até conseguir pagar meus estudos.

Com o diploma na mão, o passo seguinte foi passar na prova da OAB e ver a porta para me tornar sócia de um grande escritório de advocacia na Faria Lima, região nobre de São Paulo, se abrir. Comecei como estagiária e, vencendo obstáculo por obstáculo, consegui me destacar.

Meu envolvimento com a política, mesmo que não reconhecesse isso, sempre esteve presente na atuação da minha mãe, nas reuniões de vizinhos no Capão Redondo para reivindicar mudanças no poder público e até mesmo na figura daquele senhor, Ulysses, sentado no sofá de casa. Uma lembrança de criança que iria se cristalizar na vida adulta.

Ainda na juventude, junto com amigos, vendo a necessidade da educação para os mais carentes, montamos um projeto de alfabetização para adultos. O projeto se destacou e recebeu reconhecimentos nacionais e internacionais, incluindo a Organização das Nações Unidas (ONU). Já era a política de maneira atuante na minha vida.

Efetivamente no ambiente político, minha jornada teve início em 2012, com o convite para ser coordenadora estadual de juventude da Secretaria de Esporte, Lazer e Juventude do Governo do Estado de São Paulo. Já no ano seguinte, me tornei executiva de desenvolvimento regional da Secretaria de Planejamento e Desenvolvimento Regional.

Em 2015, em meio ao clamor que tomou as ruas de todo o Brasil por um país sem corrupção, eu me vi liderando o movimento Vem Pra Rua que, durante uma série de protestos, levou cerca de 6,5 milhões de brasileiros às ruas. Foi ali que, de forma surpreendente, percebi que uma mulher também pode ter voz, uma voz que se tornou nacionalmente conhecida ao se levantar por uma política mais ética. Percebi que, assim como outras mulheres que vieram antes de mim, podemos nos levantar para exercer todo o nosso potencial e conquistar nosso espaço. Todas nós somos capazes!

Esse reconhecimento me rendeu o convite para me candidatar a uma cadeira na Câmara Municipal de São Paulo. Grávida de meu filho, João Pedro, candidatei-me pela primeira vez em 2016, em uma campanha sem grandes recursos e apadrinhamento político. Fui eleita com um programa que tinha um forte impacto social na valorização da educação infantil, no incentivo ao empreendedorismo, na desburocratização para se criar leis para melhorar o ambiente de negócios e na política participativa.

Durante meu primeiro mandato, transformei meu gabinete no primeiro coworking legislativo do mundo, aproximando a função do vereador das demandas do cidadão por meio de um ambiente moderno, sustentável e acolhedor. Seguindo recomendações do ESG (Environmental, Social and Governance), o local foi montado com materiais sustentáveis, projetado e construído sem uso de dinheiro público e está se capacitando para se tornar detentor do selo *Carbon Free*. É também o ponto de encontro dos Embaixadores da Mudança, um projeto para engajar cidadãos no trabalho por mudanças e soluções de problemas que se observam na cidade. Dessa forma, com essa colaboração, foram desenvolvidos mais de 400 projetos que englobam ações de zeladoria, parcerias institucionais, programas educacionais e esportivos, e até propostas para a criação de leis.

Não me esquecendo da importância que a vaga na creche teve quando ainda era criança, fui determinada em criar algo que mudasse para sempre a qualidade da infância na cidade de São Paulo e impactasse todos de forma positiva. Assim, fui autora do Marco Legal da 1ª Infância, que proporcionou a criação de mais de 100 mil vagas em creches. É, até hoje, a única lei brasileira que recebeu apoio de um laureado com o Prêmio Nobel, o economista James Heckman. A lei prevê, além das vagas no ensino infantil, cobertura no tratamento de saúde das crianças, acompanhamento das gestantes e medidas de acolhimento às famílias vulneráveis com crianças de até seis anos, além da implantação de ações lúdicas e educativas no calendário de São Paulo. Permitiu o aumento dos exames em pré-natal e até cirurgias intrauterinas. Devido a ela, foi desenvolvido o Plano Municipal da 1ª Infância com diretrizes sobre uma política completa para as crianças durante anos. Também foi importante para proporcionar que mães pudessem ingressar no mercado de trabalho, já que tinham onde deixar seus filhos em segurança. Como resultado, São Paulo ultrapassou a meta estipulada pelo Plano Nacional de Educação antes do tempo e está há quatro anos com as filas para vagas em creches zeradas. Assim, mostrei que a educação pode ser empreendedora ao criar a lei que, em parceria com a Babson College, aplicou o ensino de noções de empreendedorismo nas escolas públicas.

Ainda criei o Fórum dos Empreendedores para fortalecer o empreendedorismo social em uma ação que impulsionou centenas de empreendedores com mentorias, encontros temáticos e facilidade para conseguir financiamentos durante a pandemia. A lei que institui o Índice de Empreendedorismo na cidade, também de minha autoria, mapeia as melhores oportunidades de negócios por região, baseada em dados oficiais, assim como é de minha autoria a lei que acabou com a burocracia de se pedir autorização ao poder público para abrir o comércio varejista aos domingos e feriados.

Outra conquista importante foi a Lei de Desjudicialização, que otimizou processos litigiosos entre cidadão e município, dando mais celeridade na resolução, economizando dinheiro público e gerando mais oportunidades, principalmente para empresas regularizarem suas dívidas, tendo seu primeiro uso de grande impacto na negociação que envolveu a aquisição do terreno para a construção do Parque do Bixiga, uma demanda que existia há décadas pela população da região central. Como líder da Subcomissão da Reforma Tributária, consegui ainda reduzir de 5% para 2% o imposto municipal sobre as franquias e os aplicativos de transporte e imobiliários, abrindo a oportunidade para a geração de milhares de empregos em empresas como Airbnb, Quinto Andar, Uber, 99 Táxis e outras.

Foi ainda nesse primeiro mandato que me vi, como todos no mundo, diante do que talvez tenha sido nosso maior desafio neste século: a pandemia. Aprender a fazer política diante de uma situação calamitosa foi importante para que pudéssemos pensar em situações inovadoras e empáticas. Assim, desenvolvemos o Plano de Retomada Econômica (que posteriormente serviu de modelo para o Governo do Estado), a estratégia pela volta às aulas de maneira segura e o combate à fome formando a Frente Parlamentar Contra Fome, com o apoio inédito dos vereadores de todos os partidos.

Fui reeleita com um crescimento de mais de 60% dos votos da primeira eleição, o que só me trouxe mais responsabilidade e compromisso para atuar em prol da população. Assim, aperfeiçoamos ainda mais as ações para a primeira infância, além de implantar outras. Também abracei novas pautas, como a causa animal, além de fortalecer outras, como a defesa das mulheres diante dos alarmantes números da violência doméstica, participando da CPI da Violência e Assédio Sexual Contra Mulheres e apoiando as várias edições do Seminário de Violência Doméstica Guardiã Maria da Penha. Abraçamos temas de saúde, com a realização dos Fóruns de Saúde dedicados a debater o transtorno do espectro autista e o tratamento de feridas, que renderam projetos de lei importantes. Como resultado, 30 leis foram aprovadas entre autoria e coautoria, com destaque para a de transparência de dados imobiliários, que se tornou uma lei inovadora para potencializar ainda mais o setor na cidade de São Paulo.

O resultado disso tudo são mais de 55 leis já sancionadas e a autoria de projetos de impacto social relevante, como o que cria uma das mais completas legislações para proteção das mulheres vítimas de violência doméstica, a que estabelece mais transparência nos cálculos e cobrança do IPTU e a que garante a distribuição de canabidiol pelo SUS na cidade.

Olhando essa trajetória, relembro muitas conquistas, assim como dificuldades. Recordo-me de sorrisos, como também das lágrimas; tudo que nos faz a vida. Mas há uma alegria na condição de mulher: assim como muitas me inspiraram, espero ser a inspiração de tantas outras. Mulheres conhecidas ou anônimas, somos todas inspiração e vencedoras por viver em nossa pele diante de um mundo que nos impõe tantas restrições e desafios.

***

Assista ao documentário *Janaína Lima: transformando desafios em conquistas*, no YouTube:

PARA ALÉM DO "ERA UMA VEZ..."

Pedagoga, formada pela Universidade Federal de Pernambuco (UFPE, 2007) com especialização em Planejamento e Gestão Educacional pela mesma universidade (2010). Recentemente, se especializou em Educação Infantil, Educação Especial e Inclusiva e Supervisão Escolar (INTERVALE, 2021). É mestranda em Educação pela Universidade Cristã da Flórida (Christian Business School) e atua como professora do atendimento educacional especializado na rede municipal de Jaboatão dos Guararapes. Escritora e contadora de histórias. Trabalha na educação há mais de 20 anos e busca ajudar pais e professores a educarem crianças por meio de histórias infantis educativas.

JAYSA RIBEIRO

32

CONTATOS:

tiajaysa@gmail.com

@tiajaysa

Conta aí, Tia Jaysa!

81 99235 3650

Neste capítulo, pais e professores conhecerão a força da contação de histórias na formação da criança. A prática da narração no cotidiano conecta pessoas, constrói pontes e cria memórias afetivas. Mergulhe em uma experiência vivenciada no interior de Pernambuco por uma professora da educação básica brasileira.

A Contação de Histórias é uma arte milenar que se reinventa a cada momento, trazendo às crianças e adultos a magia das palavras e a conexão com a tradição oral.
ANA PEIXOTO

Que a contação de histórias conecta pessoas, ninguém duvida. A maioria dos seres humanos cresce ouvindo as mais variadas formas: clássicos infantis, clássicos da literatura, contos de tradição oral, fábulas, lendas e as famosas histórias bíblicas. Tudo muito bem atrelado à realidade onde nasce e às tradições culturais e sociais. As histórias unem pessoas e conectam almas.

Sabe-se que as histórias desempenham um papel importante na construção de comunidades e na conexão entre as pessoas. Ao compartilhar histórias, criamos laços de intimidade e compreensão mútua.

Sabia que as narrativas nos permitem compartilhar experiências? Pois é, transmitir conhecimento e criar um senso de pertencimento faz parte dos objetivos da contação de histórias. Afinal, as histórias nos conectam com nossas raízes culturais e nos ajudam a encontrar significado e propósito em nossas vidas.

Em um mundo cada vez mais digital e globalizado, a arte de contar histórias continua a ser relevante e necessária.

Embora as formas de contar histórias possam ter evoluído ao longo do tempo – seja por meio de livros, filmes, séries, podcasts ou mídias sociais –, a essência da narrativa permanece a mesma.

Por isso, convido você a tirar as sandálias dos pés, tocar na terra e se conectar com as contadoras de histórias que vieram a este mundo antes de você. A conexão faz pulsar novas possibilidades, e eu estou pronta para seguir com você! Vamos juntas?

No início de 2019, tomei uma decisão em minha vida: já tinha mais de 20 anos na educação e queria alcançar gerações de uma outra forma, contando nossas histórias. Meu primeiro passo foi conhecer e me aproximar de outras grandes mulheres que já faziam isso muito bem e, nesse caminho, fiz o curso de contação de histórias da Drica Shinohara e da Lívia Alencar.

No período, eu trabalhava no interior de Pernambuco, em uma escola da zona rural do município de Pombos, no sítio Maracujá. Lá, atendíamos cerca de 50 crianças em duas salas multisseriadas. Minhas manhãs eram recheadas de desafios, mas sempre foram manhãs felizes!

Acordava cedinho e atravessava dois municípios até chegar à terra do abacaxi. Lá, pegava o transporte disponível aos estudantes e passávamos nos sítios vizinhos, acolhendo-os e levando-os à escola. Além do desafio da distância, tínhamos a defasagem na aprendizagem e, nesse contexto, a contação de histórias foi a escolhida na tentativa de avançar no desenvolvimento das crianças.

No segundo turno, atuava na educação infantil de Jaboatão dos Guararapes, com 20 crianças de 3 anos. Em ambas as escolas, eu aplicava em sala de aula o meu projeto de leitura, o "Era uma vez lá em casa", que buscava unir escola e família por meio de histórias infantis, incentivando a leitura de livros semanalmente e garantindo ao menos dez minutos de conexão adulto-criança em casa.

Com um projeto bem fundamentado, conseguimos concluir o ano com um avanço significativo na produção escrita das crianças e, além disso, sonhos foram realizados. Tivemos a escrita e a confecção das cartas ao Papai Noel e conseguimos contemplar todos os estudantes envolvidos, além de termos tido, no mesmo ano, a aprovação de duas estudantes no projeto "Descobrindo Talentos" da Secretaria de Educação. Pela primeira vez, tivemos a participação dos nossos estudantes na publicação do livro.

Por outro lado, meu tempo no sítio chegava ao fim, e fui transferida para o centro da cidade, buscando alcançar agora a primeira etapa da educação básica, minha melhor escolha: a educação infantil, finalmente nas duas redes.

Assim, iniciamos 2020 com duas turmas de educação infantil com todas as particularidades que envolvem essa faixa etária, sobretudo no início do ano letivo, na fase da adaptação das crianças e famílias à rotina escolar. Todo esse processo precisou ser interrompido com a chegada da pandemia.

Como criar laços com uma turma nova? Como agregar a família neste caminho? Como criar afetividade com crianças que ficariam longe de mim por um tempo indeterminado? Como gerar aprendizagem significativa?

Grandes desafios. Inúmeros obstáculos. Eu estava lidando com uma nova realidade e precisava criar um vínculo afetivo com nossos estudantes... E o que une pessoas? Exércitos? Vidas? HISTÓRIAS!

Conversando com a secretária de educação do município, e minha gestora, iniciei meu canal no YouTube. Seria a primeira porta para conseguir assegurar algum vínculo com os estudantes, criar laços e semear afetividade. Assim, começamos no mundo da contação de histórias e seus encantamentos.

A partir do "Conta aí, tia Jaysa!", ganhei o prêmio municipal de melhor canal infantil de contação de histórias, iniciei minha participação em vários canais de televisão, YouTube e participações em programas de entrevistas, podcasts, dentre outros.

Mas, como conseguíamos funcionar? Toda semana o canal tinha uma nova história que as famílias paravam para assistir com as crianças, conversavam sobre e registravam aquele momento de forma significativa, construindo memórias afetivas. Ainda hoje encontro crianças que escutavam e assistiam as histórias do canal, pedindo para que eu as conte novamente. Crianças que, inclusive, eu nunca vi, mas que me tratam como se eu fosse familiar.

Minha missão sempre foi conectar pessoas, ajudando pais e professores a se comunicarem melhor e a criarem memórias afetivas que ajudam na formação de cidadãos conscientes. Assim, surgiram novas perguntas e desafios: como contar histórias sem recursos? Como criar recursos em papel e/ou recicláveis para chamar a atenção das crianças? Como gravar utilizando seu próprio celular? Como ser professora em tempos de pandemia? Como humanizar através das telas? E quem poderia fazer isso?

Foi assim que eu iniciei na vida das formações de professores, fazendo minhas palestras e cursos, além de aprender e repassar cada conquista para que as crianças do Brasil pudessem ser alcançadas do litoral ao sertão. De Norte a Sul do país, iniciamos um tempo de formação constante e comecei a treinar professores das universidades e da educação básica.

No Brasil, vários estados foram contemplados e conseguimos inserir na rotina escolar a contação de história enquanto prática fundamental e indispensável na formação de nossas crianças.

Mas, não paramos por aí: em 2021, a prefeitura de Jaboatão dos Guararapes iniciou a TV Escola – transmitida até 2022 – e seguimos rompendo as barreiras da tecnologia, criando conexões com crianças e famílias. Diariamente, na TV aberta, tínhamos contações de histórias e aulas direcionadas aos nossos estudantes. Eu, mais uma vez, fiz parte deste projeto, levando às nossas crianças aprendizagens significativas.

Contar histórias é uma jornada emocionante que permite que você compartilhe experiências, valores e perspectivas com o mundo. Ao se dedicar a essa arte, você se torna um agente de mudança, capaz de despertar emoções profundas e inspirar o público.

Hoje, posso dizer que cada história que eu conto é uma oportunidade de tocar corações, despertar reflexões e criar conexões significativas. É por meio das palavras cuidadosamente escolhidas, das emoções transmitidas com autenticidade e da entrega apaixonada que você pode despertar a emoção do leitor e transformar vidas.

Ao contar histórias, lembre-se de que você está compartilhando mais do que apenas palavras. Você está compartilhando sua própria jornada, suas experiências e sua visão de mundo. É essa autenticidade que ressoa com o público e cria um impacto duradouro.

Por isso, sigo inspirando outras professoras a escrever, a publicar seus livros e a vencer seus medos. Tenho um grande prazer em empoderar essas mulheres. Vê-las alcançando prêmios, realizando sonhos e perdendo o medo de falar em público – sobretudo minhas ex-alunas e mentoradas –, me deixa muito realizada.

Não tenha medo de explorar as emoções mais profundas e complexas em suas narrativas. Toque na tristeza, na alegria, no medo, na esperança e em todas as nuances da experiência humana. Ao fazer isso, você permite que o público se conecte com as histórias de uma maneira profunda e pessoal, despertando a emoção que pode levar à transformação.

Lembre-se, também, de que contar histórias é uma jornada contínua de aprendizado e crescimento. Esteja aberto a novas perspectivas, explore diferentes estilos narrativos e experimente técnicas que desafiem você e o público. Por meio dessa busca constante pela excelência, você se tornará um contador de histórias cada vez mais impactante e transformador.

Este é o motivo porque trouxe você até aqui: depois de alcançar e continuar alcançando muitas crianças, hoje alcanço os adultos que lidam diretamente com elas. Pais, professores, famílias! Dessa forma, deixamos uma marca em gerações, com memórias afetivas lindas de ver e viver.

Siga em frente com paixão e dedicação. Conte histórias que toquem almas, que inspirem mudanças e que deixem um legado duradouro. Seja o agente de transformação que o mundo precisa e permita que suas histórias despertem a emoção do leitor, deixando uma marca indelével em suas vidas.

Ela mudou a minha, e vai mudar a sua também, para muito além do "Era uma vez...".

O PAPEL DAS MULHERES NO DESENVOLVIMENTO ECONÔMICO DE DUBAI

É bacharel em Relações Internacionais pela PUC-SP (2003-2007) com intercâmbio na University of Copenhagen (2006) e MBA em Relações Governamentais pela FGV (2016-2017). Foi assessor internacional na Prefeitura de São Paulo (2008-2011), sendo um dos coordenadores da participação da cidade na Expo Xangai 2010. Atuou, também, como coordenador de inteligência comercial na Câmara Americana de Comércio – Amcham Brasil (2011-2013), e, posteriormente, como executivo de negócios internacionais para a região do Golfo Arábico (2013-2015). João Paulo foi, também, gestor da área de Inteligência de Mercado (2016-2017) na Câmara de Comércio Árabe-Brasileira. É, atualmente, Chefe Representante do Escritório Internacional da Dubai Chambers no Brasil, entidade que congrega mais de 300 mil empresas com operações em Dubai.

JOÃO PAULO PAIXÃO

33

CONTATO:

joaopaulo.paixao@dubaichamber.com

O Emirado de Dubai tem visto uma transformação significativa na última década em relação ao empoderamento feminino. A participação ativa das mulheres não só impulsionou o desenvolvimento econômico, mas também redefiniu o papel das mulheres na sociedade. Este capítulo explora a contribuição delas para o crescimento econômico de Dubai, destacando exemplos de sucesso no setor público e privado, além de examinar o impacto das instituições de apoio e a relação com o Brasil.

Histórico e contexto

Dubai, uma das sete cidades-Estado que compõem os Emirados Árabes Unidos, passou por um impressionante desenvolvimento econômico ao longo das últimas décadas. Originalmente uma pequena vila de pescadores e comerciantes de pérolas, Dubai começou a se transformar significativamente nos anos 1960, com a descoberta de petróleo na região, principalmente no emirado de Abu Dhabi, futura capital do país, que se tornaria independente do Reino Unido apenas em 1971. Por ter pouco petróleo e antever a necessidade de garantir seu desenvolvimento econômico a partir de outras fontes, os primeiros lucros do petróleo foram investidos em infraestrutura e desenvolvimento urbano, estabelecendo a base para o crescimento futuro.

Na década de 1980, na contramão de muitos que diziam ser impossível, Dubai diversificou sua crescente economia, focando em setores como comércio, turismo, aviação e serviços financeiros, criando a oferta antes sequer de haver demanda consolidada – uma aposta arriscada, mas que se provou acertada. Em 1979, Dubai cria o Porto de Jebel Ali, maior porto artificial do mundo, e em 1985, cria a Jebel Ali Free Zone (JAFZA), uma das maiores e mais eficientes zonas francas do mundo, e a Emirates Airlines, que hoje possui mais de 250 aeronaves voando para mais de 150 destinos em 80 países, incluindo o Brasil (2007). Com isso, Dubai conseguiu atrair empresas internacionais e fomentou um ambiente de negócios que hoje está entre os 15 mais fáceis do mundo.

Além disso, a cidade se destacou pela construção de marcos arquitetônicos icônicos, como o Burj Khalifa (edifício mais alto do mundo), o Palm Jumeirah (impressionante arquipélago artificial) e o Dubai Mall (maior shopping center do mundo), solidificando sua reputação como um centro global de inovação e luxo. Hoje, Dubai é reconhecida como um *hub* internacional de negócios e turismo, com uma economia diversificada e resiliente que continua a crescer e atrair investimentos de todo o mundo.

A intensa exposição internacional pela qual os Emirados Árabes Unidos (EAU) passaram ao longo das últimas cinco décadas tornou Dubai uma das cidades mais cosmopolitas de que se tem notícia. Dos pouco mais de dez milhões de habitantes dos Emirados Árabes, cerca de 85% são expatriados vindos de outros continentes – essa cifra chega a 90% se considerarmos apenas as três milhões de pessoas que vivem no emirado de Dubai. Além disso, mais de 17 milhões de turistas estrangeiros visitam o país todos os anos, seja como ponto de parada para viagens a outros países da região, seja como destino final a fim de aproveitar toda a infraestrutura hoteleira, gastronômica e de entretenimento que a cidade oferece.

Obviamente, o status de cidade global não foi conquistado da noite para o dia. A conjunção de investimentos públicos de longo prazo em infraestrutura logística e turística, a regulação facilitada com carga tributária quase inexistente, a articulação diplomática que manteve o país em grande medida afastado e protegido de conflitos geopolíticos maiores, além de uma crescente disposição cultural em receber estrangeiros, acabou por atrair um maior fluxo de investimentos externos e de expatriados estrangeiros. Com a crescente interação intercultural e os casos de sucesso de empresas instaladas na cidade, Dubai acabou por, paulatinamente, se abrir ainda mais à presença internacional, ao mesmo tempo em que conseguiu preservar os traços fundamentais da sua rica cultura, criando, desta forma, um ambiente onde a tradição e a inovação coexistem e se retroalimentam de maneira única.

Tais mudanças econômicas e sociais influenciaram e, ao mesmo tempo, foram também impactadas por políticas governamentais desenhadas e implementadas para modernizar o país, de forma a manter sua posição como bastião de segurança, facilidade e previsibilidade nos negócios. Parte relevante dessas políticas foi criada para promover a igualdade de gênero e o empoderamento feminino, refletindo o compromisso do governo em estabelecer um ambiente onde as mulheres – desde sempre fundamentais no invisível trabalho doméstico que enseja o crescimento do PIB de todos os países – possam prosperar e contribuir significativamente para a economia real com sua expertise e força de trabalho.

Nos últimos anos, o governo de Dubai lançou várias iniciativas para promover a inclusão feminina. Um exemplo é a Estratégia de Igualdade de Gênero, que visa aumentar a participação das mulheres no mercado de trabalho para 46% até 2025. Além disso, Dubai ocupa, hoje, a primeira posição no mundo árabe no Índice de Igualdade de Gênero do Fórum Econômico Mundial, criando uma base sólida para que as mulheres floresçam em diversos setores da economia.

Exemplos de mulheres de sucesso

No setor público, várias mulheres têm se destacado em posições de liderança. Sua Alteza Sheikha Lubna Al Qasimi foi a primeira mulher a ocupar um cargo ministerial nos Emirados Árabes Unidos, como Ministra da Economia e Planejamento, em 2004. Sua trajetória inspiradora começou no setor privado, onde ela ocupou posições de destaque antes de entrar na política. Sob sua liderança, o comércio exterior dos EAU cresceu significativamente, e ela foi fundamental na implementação de políticas econômicas que favoreceram a inclusão das mulheres no mercado de trabalho. Apenas a título de ilustração, em 2023, os EAU comercializaram com o mundo aproximadamente USD 1,3 trilhão, sendo USD 953 bilhões em produtos não ligados ao setor de petróleo e gás – com o Brasil, foram comercializados USD 4,4 bilhões, com grande potencial de crescimento a explorar.

Outro exemplo notável é Sua Excelência Reem Al Hashimy, Ministra de Estado para a Cooperação Internacional e Diretora Geral da Expo 2020 Dubai. Ela liderou a candidatura bem-sucedida de Dubai para sediar a Expo 2020 (em competição com São Paulo, Izmir e outras cidades), um evento que atraiu investimentos massivos e colocou Dubai no centro das atenções globais. Sua capacidade de liderança e visão estratégica não só promoveram o crescimento econômico, mas também destacaram o potencial das mulheres em posições de alto nível. Durante 6 meses, o evento recebeu mais de 24 milhões de visitantes, no que foi a primeira Expo no Oriente Médio desde 1851.

No setor privado, Sara Al Madani é uma figura de destaque por ser conhecida por sua participação em várias iniciativas empresariais e por ser uma defensora ativa do empoderamento feminino na região. Al Madani começou sua carreira como empresária aos 15 anos, fundando sua própria empresa de moda (Rouge Couture), desde então, vem diversificando seus interesses comerciais, incluindo restaurantes e empresas de tecnologia. Além do seu sucesso nos negócios, Sara Al Madani é frequentemente convidada como palestrante em conferências e eventos sobre empreendedorismo e liderança feminina, inclusive se tornando jovem embaixadora do Conselho da Juventude dos EAU.

Sua Excelência dra. Raja Easa Al Gurg, diretora-geral do Easa Saleh Al Gurg Group, também é uma das figuras mais influentes no mundo dos negócios em Dubai. Ela transformou a empresa familiar em um dos maiores conglomerados dos Emirados Árabes Unidos, com negócios que abarcam o setor de construção, comércio, varejo, entre outros. Raja também é presidente do Dubai Business Women Council, conselho que opera dentro da Dubai Chambers para articular iniciativas focadas no empreendedorismo feminino em Dubai.

Mona Ataya, fundadora e CEO da Mumzworld, é outro exemplo inspirador. Ela criou a primeira plataforma de comércio eletrônico dedicada a produtos para mães e crianças no Oriente Médio e, sob sua liderança, a Mumzworld cresceu exponencialmente, atraindo investidores internacionais e criando centenas de empregos. Mona Ataya é uma defensora fervorosa do empreendedorismo feminino e frequentemente compartilha sua experiência para inspirar outras mulheres a seguirem seus passos. Durante a pandemia, Mona palestrou em webinar organizado pelo escritório da Dubai Chambers no Brasil sobre casos de sucesso do empreendedorismo feminino no varejo, tanto no Brasil como nos EAU, que contou com a participação de Luiza Helena Trajano, presidente da Magazine Luiza, e Shatha Essa, empreendedora de Dubai do ramo de moda.

Na área de cultura, Nayla Al Khaja, a primeira cineasta e produtora de cinema dos Emirados Árabes Unidos, fundou a Nayla Al Khaja Films. Sua carreira pioneira em um campo dominado por homens inspirou muitas outras mulheres a entrarem na indústria do cinema e do entretenimento, ajudando a quebrar barreiras culturais e a colocar o cinema dos EAU no mapa global.

Outras empresárias notáveis incluem Maryam Bahlooq, CEO da Emirates NBD, uma das maiores instituições financeiras da região. Sua liderança transformou o banco em uma potência de inovação financeira, promovendo a inclusão digital e o acesso ao crédito para pequenas e médias empresas lideradas por mulheres. Sob sua gestão, o banco lançou vários programas de financiamento voltados especificamente para mulheres empreendedoras, contribuindo para o crescimento econômico e a inclusão financeira.

Voltando o foco para as relações EAU-Brasil, temos diversos exemplos de mulheres que foram fundamentais para o estreitamento de laços entre os dois países. Ainda no setor financeiro, temos como exemplo de sinergia entre Brasil e os EAU o trabalho da brasileira Angela Martins, que há mais de uma década atua como CEO da operação do First Abu Dhabi Bank no Brasil, sendo também uma das maiores especialistas em finanças islâmicas na América Latina.

Na diplomacia, foi durante o mandato de Sua Excelência Hafsa Al Ulama, Embaixadora dos EAU no Brasil (2017-2019), que Brasil e EAU assinaram diversos acordos na área de isenção mútua de vistos, cooperação no setor aéreo e a convenção para evitar a dupla tributação entre os dois países. As relações bilaterais se aprofundaram ainda mais sob o mandato de Sua Excelência Saleh Al Suwaidi (2020-), atual Embaixador dos EAU no Brasil, que agora possui como Vice-Embaixadora a sra. Maisoon Aldah, cujo pai é emiradense e a mãe brasileira.

No comércio, temos o incansável trabalho de Julia de Biase, fundadora e CEO da Al Ward, empreendedora brasileira que foi pioneira na importação de perfumes e, em especial, das tâmaras Date Crown (Al Foah) dos EAU para o Brasil. Seus produtos são vendidos em lojas próprias em São Paulo e já são encontrados em grandes cadeias de varejo em diversos estados brasileiros.

Instituições e organizações de apoio

Dubai tem várias instituições dedicadas ao apoio e empoderamento das mulheres nos negócios. A Dubai Women Establishment (DWE) é uma dessas instituições, focada em implementar iniciativas que promovam o desenvolvimento das mulheres em todos os setores. A DWE organiza programas de capacitação, eventos de networking e campanhas de sensibilização para garantir que as mulheres tenham as ferramentas e o apoio necessários para prosperar.

Como mencionado anteriormente, outra organização importante é o Dubai Business Women Council (DBWC), que oferece uma plataforma para mulheres de negócios se conectarem, aprenderem e crescerem por meio de workshops, seminários e programas de mentoria para ajudar as mulheres a desenvolverem suas habilidades e expandir suas redes profissionais. Essas organizações têm sido fundamentais para criar um ecossistema de suporte para mulheres empreendedoras e líderes corporativas.

Além dessas, a Dubai Foundation for Women and Children (DFWAC) fornece apoio vital para mulheres que enfrentam violência doméstica e abuso, oferecendo serviços de abrigo, aconselhamento e reabilitação. Esse suporte não só ajuda a proteger as mulheres, mas também lhes dá a oportunidade de reconstruir suas vidas e contribuir para a economia.

O papel das universidades e instituições educacionais também é crucial. A American University in Dubai (AUD) e a Zayed University têm programas específicos para promover a liderança feminina, oferecendo bolsas de estudo e programas de mentoria que incentivam as jovens mulheres a seguirem carreiras em campos tradicionalmente dominados por homens, como STEM (ciência, tecnologia, engenharia e matemática).

Mesmo entidades não focadas exclusivamente no empoderamento feminino têm dado espaços para mulheres liderarem iniciativas fundamentais para a causa. Em 2024, o escritório da Agência Brasileira de Promoção de Exportações e Investimentos (Apex-Brasil), em Dubai, promoveu um importante webinar para abordar o papel das mulheres no futuro do trabalho nos EAU. A Apex-Brasil, inclusive, já tem, há muitos anos, mulheres à frente do seu escritório em Dubai, primeiro com Karen Jones, e agora com Tatiana Riera, demonstrando que a cidade é atrativa para jovens mulheres em papéis de liderança. O mesmo acontece com o escritório da Agência Paulista de Promoção de Investimento e Competitividade (Investe SP) em Dubai, liderado primeiro por Silvia Pierson, e agora por Ana Beatriz Fernandes, no apoio a empresas paulistas que querem se internacionalizar para o Oriente Médio a partir de Dubai.

Outros exemplos de empreendedoras brasileiras de sucesso em Dubai incluem Maria Eduarda Pavani, fundadora do Café Três Marias, que iniciou sua trajetória como barista e hoje tem papel importante no comércio de café no país; Cleia Junqueira, chefe da torrefação da Coffee Planet por muitos anos e, agora, consultora especializada no segmento de café; Cecília Bicca, advogada atuante na área de gestão jurídica e de equipes em várias empresas em Dubai; Vania Tarkiainen, fundadora e CEO da

Tarkia Wealth e da Thera Compliance, especialista no apoio a empresas brasileiras que querem se estabelecer em Dubai; Zilda Rosa, responsável pelo World Logistics Passport e uma das maiores especialistas em logística e comércio a partir de Dubai; Fernanda Lo Re, Co-Chairwoman do LIDE Woman Emirates; Isabelita Castilho, escritora, influenciadora e executiva de transição de carreira; Fernanda Troy, especialista em ESG; Cláudia Abbas, empresária e especialista em tecnologia; Adrianna Kezh, empreendedora e consultora comercial e jurídica; entre muitas outras. Esses exemplos demonstram como Dubai tem sido um ecossistema favorável para o empoderamento e o sucesso de mulheres empreendedoras, destacando a importância do apoio institucional e da inovação no desenvolvimento econômico e social.

Conclusão

Com mais de 30 escritórios pelo mundo e com operações no Brasil desde 2017, a Dubai Chambers tem testemunhado, como entidade do Governo de Dubai, o sucesso de diversas empreendedoras brasileiras que já estão nos EAU ou sonham em ir para lá com seus negócios, seus projetos ou suas famílias.

Diversas delas descobriram que em Dubai podem ser donas do seu próprio negócio sem precisar de sócio local; que não precisam pagar imposto de renda sobre pessoa física; que não precisam pagar imposto sobre remissão de lucros e dividendos; que podem ter conta em banco em diversas moedas; que pagam apenas 9% de imposto de renda sobre pessoa jurídica e apenas se tiverem lucro líquido acima de USD 102 mil; que podem investir em imóveis com altíssima liquidez e lucratividade, auferindo receitas de aluguéis em dólar; que não precisam aprender árabe, apenas inglês, e que, respeitosamente, podem se vestir como quiserem; que possuem escolas e universidades internacionais de ponta à disposição para sua família; que podem viver em uma das cidades mais seguras do mundo com sua família, estando a poucas horas de voo de estações de ski na Europa, safaris na África, ou ilhas paradisíacas na Ásia.

A organização de missões empresariais e o lançamento de obras como as da dra. Naíle Mamede e seu grupo inspirador de empresárias brasileiras demonstra a força que as mulheres possuem quando se unem para empreender e superar todas as barreiras impostas pela estrutura machista e patriarcal que, infelizmente, ainda persiste em todos os países do mundo. É animador ver homens se juntando nesse movimento positivo de transformação social que vivemos. Os bons exemplos de mulheres brasileiras precisam, de fato, ser divulgados em Dubai como trampolim para a mensagem atingir todos os cantos do globo.

E, da mesma forma, histórias de sucesso de mulheres emiradenses em posições de poder no governo e no setor privado também devem mostrar ao Brasil que Dubai, mesmo distante geograficamente, também luta pela igualdade de oportunidades para homens e mulheres.

ALQUIMIA DO AUTOCUIDADO

TRANSFORMANDO-SE PARA CONQUISTAR O TOPO

Possui uma abordagem inovadora que integra a dermatologia à alquimia floral, reduzindo a dependência de tratamentos alopáticos. Além disso, é o CEO da renomada Clínica JonasBueno de Dermatologia Integrativa. É um visionário na área da saúde da pele. Na sua clínica, em São Paulo, reflete seu compromisso com a saúde, a sustentabilidade e o respeito aos animais. Ele nos lembra que, ao cuidar da nossa pele, também cuidamos do planeta.

DR. JONAS BUENO

34

CONTATOS:

@dermatovegano

11 95552 1150

Neste texto, o dr. Jonas Bueno reflete sobre a importância do autocuidado, do bem-estar e da saúde da mulher no mundo moderno, que se divide entre as tarefas da casa, o cuidado com a família e a carreira profissional. Aborda ainda os benefícios dos cuidados com a pele, sempre lembrando que os cuidados com a alma também são fundamentais para uma vida equilibrada e saudável.

O título deste texto reflete a ideia de que o autocuidado é uma prática transformadora, uma espécie de alquimia pessoal que permite a cada mulher se moldar e se fortalecer internamente, preparando-se para os desafios e as conquistas que definem a jornada rumo ao sucesso e à realização pessoal. Ele sugere que, por meio do autocuidado, é possível transmutar os obstáculos e as dificuldades em oportunidades para crescer e brilhar, alcançando assim o topo do mundo em suas próprias condições e termos.

Em um mundo onde o brilho de cada mulher é uma chama que arde com potencial infinito, a jornada para o topo do mundo é pavimentada não apenas por conquistas visíveis, mas também pelo cuidado silencioso e persistente que cada uma dedica a si mesma. Assim, faço-lhe um convite para entrar nesse universo de autocuidado, um elemento crucial da escalada para o seu sucesso. Eu, como dermatologista há 18 anos, cirurgião, professor, alquimista floral e psicoterapeuta, irei lhe dar orientações para cuidar de si, encontrar o bem-estar e manter a sua saúde, em especial da sua pele, de seus cabelos e de suas unhas. Cuidar de si é um ato de amor-próprio e um investimento no seu maior patrimônio: você mesma. A mulher moderna, em sua essência com múltiplas facetas, encontra-se constantemente em movimento, equilibrando os diversos aspectos de sua vida com graça e resiliência.

Portanto, este texto não é apenas uma seção deste livro, é uma passagem para um reino onde o autocuidado é reconhecido como o pilar fundamental para alcançar e sustentar o sucesso. Em um mundo que frequentemente exige que as mulheres sejam infinitamente adaptáveis, capazes de navegar por múltiplos papéis com destreza, o autocuidado emerge como um farol de equilíbrio e bem-estar. Ao se permitir momentos de introspecção e cuidado, ela não apenas recarrega suas baterias, mas também se reconecta com sua essência, relembrando-se de que a verdadeira resiliência nasce da vulnerabilidade e do reconhecimento de suas próprias necessidades.

A pele é o reflexo da nossa saúde interior. Esse manto que nos envolve é mais do que uma simples superfície: é um diário vivo, inscrito com as narrativas de nossa saúde física, nossas batalhas pessoais, nossas conquistas e a profundidade do cuidado que nutrimos por nós mesmos. Esse tecido delicado e resiliente que cobre cada centímetro de nós não apenas nos protege contra as adversidades do ambiente externo, mas também serve como um espelho fiel das condições internas do nosso corpo, refletindo o equilíbrio ou desequilíbrio de nossa saúde e bem-estar emocional. Portanto, uma rotina de cuidados com a pele é uma prática fundamental, um ritual de respeito e amor-próprio que fala diretamente ao nosso ser mais íntimo. Limpar, tonificar, hidratar e proteger constituem os pilares dessa rotina sagrada, cada passo cuidadosamente orquestrado para nutrir, proteger e revitalizar a pele.

No entanto, a eficácia desses gestos cotidianos reside na escolha consciente de produtos que harmonizem com a individualidade única da nossa pele e, sempre que possível, não sejam testados em animais e sem origem animais nos seus ativos para evitar a exploração e o sofrimento dos mesmos. Cada tipo de pele, com suas peculiaridades e necessidades, demanda uma abordagem personalizada, que considere não apenas as características visíveis, como oleosidade ou secura, mas também as sensibilidades ocultas e as respostas a diferentes ingredientes e formulações. É um diálogo contínuo entre a pele e os produtos que escolhemos, uma conversa delicada que busca o equilíbrio e a harmonia.

A hidratação, elemento vital para uma pele saudável e radiante, inicia-se de dentro para fora. A água é tão essencial para a vida quanto o ar que respiramos, e seu papel na manutenção da saúde da pele é insubstituível. Beber água suficiente ao longo do dia é mais do que apenas um simples ato de hidratação, é uma prática de autocuidado que sustenta a pele, ajudando-a a manter-se elástica, luminosa e rejuvenescida. O gesto aparentemente simples de tomar água é, na verdade, uma poderosa afirmação de cuidado e respeito por si mesmo, uma base sobre a qual todos os outros aspectos do autocuidado se constroem. Portanto, ao cultivarmos uma rotina de cuidados com a pele, estamos fazendo muito mais do que preparar nossa face para o mundo, estamos reconhecendo e honrando a complexidade e a beleza da nossa saúde interior e exterior. Tal prática diária, enraizada na compreensão e no respeito pela singularidade, é um passo fundamental na jornada de cada mulher rumo ao topo do mundo, pavimentando o caminho com saúde, bem-estar e uma beleza verdadeiramente reflexiva da saúde interior.

No que tange aos cabelos, em sua infinita diversidade e esplendor, transcende a mera noção de estética para se firmar como um emblema de identidade e autoexpressão, uma coroa invisível que cada mulher porta com orgulho. Mais do que um atributo físico, o cabelo é um reflexo da saúde interior, um diálogo entre o corpo e a alma que se manifesta por meio de cada fio. Nutrir o cabelo, logo, vai além de um mero gesto de vaidade: é uma profunda forma de autocuidado, de honra e respeito pela própria essência. Uma alimentação equilibrada, com proteínas, vitaminas e minerais essenciais, é o alicerce sobre o qual a saúde do cabelo se constrói. Esses componentes desempenham papéis vitais na nutrição e no fortalecimento dos fios, promovendo o crescimento saudável e combatendo a queda. Atua, assim, sinergicamente para revitalizar os cabelos desde a raiz até as pontas, refletindo o estado de saúde geral do corpo em cada mecha.

Tratamentos específicos, adaptados às características únicas de cada tipo, são igualmente cruciais para manter a vitalidade dos fios. Cortes regulares, além de modelagem e definição de estilo, são fundamentais para eliminar pontas duplas e danificadas, incentivando um crescimento mais forte e saudável.

Lembre-se: o cabelo comunica ao mundo muito antes de uma palavra ser proferida. Ele pode ser uma extensão da personalidade, um símbolo de liberdade e autoafirmação, ou um elo com as raízes culturais e ancestrais. Portanto, cuidar dos cabelos é, em essência, cuidar da própria história e identidade que cada mulher carrega consigo. É um diálogo contínuo com o próprio ser, uma prática de amor-próprio que nutre não apenas os cabelos, mas também a alma.

As unhas, essas pequenas telas em branco situadas na extremidade de nossos dedos, carregam uma importância que frequentemente transcende a mera estética. Elas são, simultaneamente, o toque final de elegância em nosso visual e um espelho fiel da nossa saúde geral. Por meio de suas condições, revelam não só o zelo que temos por nossa aparência, mas também aspectos cruciais do nosso bem-estar interno. Assim, uma alimentação balanceada, que serve como alicerce para a saúde das unhas, deve ser rica em proteínas, ferro e biotina. Esses nutrientes são os pilares de força, vitalidade e brilho, atuando como verdadeiros arquitetos da beleza e da saúde que emanam das pontas dos dedos.

A hidratação, nesse contexto, assume um papel de destaque. O uso de óleos nutritivos, especialmente nas cutículas; não é um mero gesto de embelezamento, mas uma prática essencial de cuidado. Os cuidados regulares com as unhas, portanto, vão além da simples manutenção da beleza. Eles são um ato de proteção. A escolha consciente de produtos, como cosméticos e dermocosméticos, deve levar em conta a paleta de cores ou as tendências da moda, assim como a composição química e o impacto desses produtos na saúde. Produtos enriquecidos com vitaminas e minerais, que prometem nutrir enquanto colorem, são exemplos de como a indústria cosmética pode aliar beleza e saúde.

Em última análise, as unhas são uma expressão de nossa identidade e estilo pessoal, uma janela para nossa saúde interna. Cuidar delas é, por extensão, cuidar de nós mesmos, honrando nosso corpo e nossa saúde de maneira integral. O toque final de elegância é um testemunho do equilíbrio entre beleza, saúde e bem-estar; um lembrete de que os cuidados que dedicamos a nós mesmos refletem em cada aspecto de nossa aparência e, por fim, em como nos apresentamos ao mundo.

Equilíbrio é a chave. Na tapeçaria complexa e multifacetada da vida, em que cada fio representa um aspecto distinto do nosso ser, o equilíbrio emerge como o princípio fundamental, a chave-mestra que desbloqueia a verdadeira essência da beleza. Tal beleza, autêntica e resplandecente, não se limita à superfície, ela brota da harmonia profunda entre o cuidado pessoal e a incansável jornada em direção aos nossos sonhos e aspirações. Nesse contexto, o equilíbrio não é meramente um conceito abstrato, senão uma prática diária, um ato de equilibrismo delicado que desafia a gravidade das obrigações cotidianas e do caos externo. Encontrar tempo para si mesma é um ato de rebeldia contra o ritmo frenético da vida moderna. É uma declaração de independência, um espaço sagrado de tranquilidade e introspecção no qual a mulher moderna pode se reconectar com sua essência, redescobrindo o que realmente a move, o que a faz vibrar em uma frequência única. O tempo dedicado ao autocuidado e à reflexão pessoal é tão vital quanto o ar que respiramos; é o solo fértil no qual as sementes dos nossos sonhos podem germinar e florescer. Nutrir o corpo transcende a alimentação saudável: é também saber ouvir suas necessidades mais profundas, reconhecer seus limites e honrá-los.

Da mesma forma, alimentar a alma não é um luxo, mas uma necessidade intrínseca, tão crucial para o nosso bem-estar quanto o alimento para o nosso corpo. Seja por meio da arte, da música, da natureza ou das relações humanas, a caridade, a meditação, a ioga, o mindfulness etc. Encontrar que nos preenche é essencial para manter a chama interior acesa, iluminando o caminho em direção à realização pessoal e profissional. O equilíbrio não se alcança por acaso, senão por meio de uma busca consciente e uma prática constante. É um estado dinâmico que se adapta e se molda às mudanças da vida, um baile entre o dar e o receber, o agir e o permitir-se descansar. Nesse equilíbrio, a beleza transcende o físico e se torna um reflexo do bem-estar integral, uma luz que brilha irradia de dentro para fora, tocando a todos ao redor. Buscar o equilíbrio que ressoa com o próprio ser é, em si, uma jornada de autoconhecimento e crescimento, em que cada passo, cada escolha consciente de autocuidado, nos aproxima de nossos sonhos e de uma versão mais plena e realizada de nós mesmos.

O autocuidado, portanto, é mais do que um conjunto de rotinas de beleza ou momentos isolados de indulgência; é uma filosofia de vida, um compromisso contínuo de nutrir o corpo, a mente e a alma com a mesma intensidade e dedicação. Ao adotar o autocuidado como um pilar fundamental, cada mulher se arma com confiança, força e resiliência, não apenas para enfrentar os desafios que surgem em seu caminho, mas para conquistá-los, transformando obstáculos em degraus na escalada rumo ao topo do mundo. Esse lugar no topo, tão almejado, deixa assim de ser um destino fixo ou um patamar de chegada e transforma-se em um estado de ser, uma realização contínua que se molda e se redefine com cada nova conquista, cada sonho alcançado e cada barreira superada. O caminho até lá é pavimentado com amor-próprio, cuidado e dedicação inabalável a si mesma; elementos que, dia após dia, tecem a tapeçaria da jornada de cada mulher.

Este capítulo é um manifesto, um chamado à ação para que cada leitora reconheça e abrace o poder transformador do cuidado pessoal. É um convite à reflexão sobre como, ao priorizar o autocuidado, não estamos sendo egoístas ou superficiais, mas sim nos preparando para enfrentar o mundo com nossa plenitude, prontos para reivindicar nosso espaço no topo, seja qual for a nossa definição pessoal de sucesso. Mais do que isso, é uma lembrança poderosa de que, ao nos cuidarmos, estamos nos equipando para a vida, tornando-nos versões mais plenas, realizadas e autênticas. Estamos nos preparando não apenas para subir ao topo do mundo, mas para transformá-lo, influenciando positivamente aqueles ao nosso redor e deixando nossa marca única no universo.

O topo do mundo, com todas as suas promessas de realização e sucesso, não é um lugar reservado para poucas escolhidas: ele aguarda por todas aquelas que, com coragem e determinação, decidem trilhar o caminho com amor, cuidado e dedicação a si mesmas. O topo do mundo espera por você, e o autocuidado é a chave que desbloqueia as portas em sua jornada para alcançá-lo e estou aqui para ajudar você a passar por isso.

Conte comigo.

EMPREVENDEDOR

Nasceu em Santos, no dia 22 de fevereiro de 1964. Casou-se em 8 de abril de 1988 e formou uma linda família ao lado de sua esposa, Cláudia, com quem tem dois filhos, Rafael e Gabriela. Começou sua carreira como garçom, contando com formação em datilografia e tendo o ensino médio completo. Hoje, é diretor-presidente da Avenida Construtora, localizada em Praia Grande/SP, e tem uma carreira de sucesso na construção civil. Liderança, trabalho duro e paixão pelo que faz são os pilares que sustentam sua carreira. No entanto, o pilar mais fundamental em sua vida é, e sempre foi, sua esposa Cláudia. Sem o apoio e a capacidade dela de equilibrá-lo nos momentos mais desafiadores, seu caminho teria sido muito mais árduo. Cláudia é a personificação da frase "lugar de mulher é no topo do mundo". Trabalhando juntos desde que se casaram, ela o inspira a ser um homem melhor, um profissional mais dedicado e um pai mais presente. Jorge é profundamente grato por tê-la ao seu lado, dividindo lágrimas, alegrias e conquistas. Este é o retrato de quem ele é, do que valoriza e do que pretende alcançar.

JORGE FERREIRA

35

CONTATOS:

jorge@avenidaconstrutora.com.br

@avenida_construtora

Residencial Affinity

13 99740 0349

Meu pai, um homem honesto, inteligente e bem-sucedido, ensinou-me desde cedo o valor do trabalho duro. Aos 15 anos, eu já trabalhava pesado em seu atacado. Meus dedos doíam, minhas unhas lascavam, mas a vontade de crescer era maior que qualquer coisa. Aos 18 anos, pedi ao meu pai um novo desafio. Ele negou, dizendo que eu não estava pronto. Porém, minha rebeldia falou mais alto e eu pedi as contas!

Sonhar o impossível é o primeiro passo para torná-lo real.
CONFÚCIO

Após trabalhar na empresa do meu pai dos 15 aos 18 anos, decidi seguir meu próprio caminho. Troquei o manuseio dos temperos que eu precisava embalar por bandejas e talheres, tornando-me garçom. Foi nesse novo mundo, cheio de oportunidades e aprendizados, que eu descobri meu verdadeiro talento: encantar pessoas ao oferecer e sugerir algo que atendesse às suas necessidades e interesses. Naquele momento, eu ainda não sabia, mas já era um vendedor nato.

Hoje, olhando para trás, vejo que cada passo, desafio e conquista me moldaram para ser quem sou. Eu me considero um "emprevendedor" e sou grato ao meu pai por me ensinar o valor do trabalho duro. Também me inspiro em Confúcio, que me motivou a sonhar alto e nunca desistir dos meus objetivos. Esse é o início da minha história, temperada com muito suor, um pouco de pimenta e uma dose generosa de ousadia.

Durante dois anos, trilhei meu caminho no restaurante, ocupando diversas funções: garçom, expedidor, caixa, comprador e, finalmente, gerente. Foi nesse momento que meu patrão, também português, teve a ideia de montar um negócio de marmitas para atender as empresas de Cubatão, me convidando para ser seu sócio com uma participação de 50%. Era a chance de crescer! Na época, já havia comprado meu primeiro apartamento em construção.

Incentivado pela frase do meu, agora, sócio – "Ganha quem compra, não quem vende. Nunca venda um imóvel, pois ele será sua aposentadoria" – adotei esse conselho, que repito até hoje para meus clientes e funcionários. No entanto, a vida é feita de desafios. Sem dinheiro para investir nas marmitas e ainda pagando o apartamento, decidi vender meu Chevette vermelho e me mudei para o restaurante.

Morei entre a laje e o telhado do estabelecimento, onde fazia um calor infernal, o que me fez apelidar carinhosamente o local de "pombal", por causa dos muitos pombos que ali viviam. Meu dia começava às cinco horas da manhã, não com o canto dos pássaros, mas com a sinfonia das panelas gigantes borbulhando. Era a hora do show na cozinha, preparando um batalhão de marmitas para alimentar a galera. A cozinha se transformava em um campo de batalha, com panelas como escudos e talheres como espadas, em um duelo contra o tempo para deixar tudo pronto antes das entregas, que começavam às 10h30.

Mas a guerra não parava por aí. À noite, a cozinha voltava à ativa para preparar o jantar, e a batalha só terminava às 22 horas. E assim era a vida, dia após dia, domingo a domingo, com jornadas de 15, 16, até 17 horas por dia, com poucas folgas divididas com meu sócio.

Ainda assim, nem tudo era dificuldade. A sorte bateu em minha porta quando conheci o amor da minha vida, Cláudia, minha amada esposa. Foi amor à primeira vista, mas com um obstáculo: o pai dela, um médico rigoroso, não aceitava a ideia de sua filha se casar com um garçom sem diploma que fazia marmitas, uma vez que todas as gerações da sua família eram formadas por médicos. Ele organizava jantares com médicos para tentar fazer que a Cláudia me trocasse por um pretendente mais "adequado". Eu, já noivo, esperava do lado de fora até o término das refeições para podermos sair. Nosso amor era forte e resistiu a tudo. Hoje, como pai, entendo a preocupação dele, pois queremos sempre o melhor para nossos filhos.

E o sucesso veio. As marmitas foram um sucesso estrondoso. Começamos com 30 unidades e chegamos a entregar duas mil refeições por dia. Alugamos um hotel com 126 leitos para atender essas mesmas empresas e, aos 22 anos, eu nunca tinha visto tanto dinheiro na minha vida. Troquei o Chevette vermelho por um Monza SLE branco completo, com ar-condicionado e vidros elétricos – o último grito da moda na época. Aprendi que persistência, determinação e um toque de ousadia, acompanhados de boas pessoas, tornam tudo possível. Também descobri que o amor verdadeiro pode superar qualquer obstáculo. Como citou Mário Quintana: "A vida é feita de momentos, alguns felizes, outros nem tanto. Mas são esses momentos que constroem a nossa história".

Surgiu, então, um novo momento. Um belo dia, meu pai apareceu em um restaurante em Cubatão com uma proposta: se aposentar e vender seu negócio. Eu me interessei em comprá-lo, pois a ideia de uma vida mais tranquila era tentadora. Conversamos, calculamos e decidimos vender tudo: restaurante, cozinha industrial e hotel. Devo reconhecer que meu pai facilitou as coisas no pagamento. No entanto, meu sócio, 35 anos mais velho, tinha uma exigência: trabalhar por mais dois anos e depois curtir a aposentadoria em Portugal. E foi exatamente o que ele fez.

Com 24 anos, recém-casado e com um baita desafio pela frente, tive que dar continuidade à empresa do meu pai, que tinha 25 anos de credibilidade no mercado. Foi então que tudo desmoronou. Sentado na sala de espera do dentista, me deparei com uma revista que anunciava um serviço de "supermercado em casa", a primeira empresa de delivery de supermercado do Brasil, em 1994. A ideia era simples: distribuir catálogos com fotos e preços dos produtos, o cliente ligava (afinal, celular era luxo na época) e a empresa entregava. A internet ainda estava engatinhando, mas vi ali a chance de ouro. Liguei para o dono da ideia, tirei algumas dúvidas e decidi: "Vocês são os primeiros, nós seremos os segundos!".

E foi assim que embarcamos nessa aventura. O sucesso foi instantâneo, mas a ambição me cegou. Em 1996, vendi o negócio que comprei do meu pai para me dedicar de corpo e alma ao delivery. Porém, veio o erro fatal: uma quadrilha comprou a empresa. Arrogante, prepotente e ambicioso, ignorei os conselhos do meu pai. Perdi tudo. Eles sugaram a empresa, e eu não vi um centavo. Assisti de camarote enquanto os imóveis e veículos eram levados por oficiais de justiça. Quebrei feio, sem dinheiro nem para o condomínio e alimentação. Papai ajudou. Fui trabalhar como vendedor em um ex-fornecedor, em São Paulo. Minha esposa grávida, tínhamos um filho pequeno e, para piorar, o sogro falava horrores. Mas a dona Cláudia, firme e forte como sempre, manteve-se ao meu lado.

Entendem agora por que ela merece estar no "topo do mundo"? A gente não se entrega fácil! Começamos tudo de novo, do zero. Foi duro, mas sempre tivemos um ao outro e a certeza de que juntos superaríamos qualquer obstáculo. Com muito suor, trabalho honesto e a fé inabalável em nossa força, aos poucos fomos reconstruindo nossas vidas.

Essa história é a prova de que a vida é uma montanha-russa: altos, baixos, curvas inesperadas e paisagens incríveis. O importante é nunca desistir, aprender com os erros e seguir em frente com a cabeça erguida e o coração cheio de esperança. Não só de esperança, mas também de experiência. Criei casca com esses "diplomas" da faculdade da vida. Aprendi que a família é nosso porto seguro, que humildade e sabedoria valem mais do que qualquer fortuna, que os erros podem ser grandes professores, que a perseverança é a chave para o sucesso e que a gratidão é o combustível da alma. Como disse Bill Gates: "O sucesso não é a ausência de falhas, mas a capacidade de aprender com elas e seguir em frente". A vida me deu um belo soco no estômago. Perdi tudo. Mas, como diz o ditado "quem cai, levanta mais forte". E foi assim que sobrevivi, com a garra de um leão e a sagacidade de uma raposa experiente.

Como disse, recomecei do zero, trabalhando como vendedor em um ex-fornecedor. Nesse emprego, tive a oportunidade de me dedicar a outras atividades e dar uma virada na minha história. Era uma questão de determinação. Aproveitei a estrutura e o know-how de telemarketing do meu antigo negócio e, com a ajuda de alguns colaboradores fiéis, especialmente Patrícia Padovani, uma guerreira honesta e dedicada que hoje é nossa diretora financeira, iniciei um novo projeto.

Passamos a vender de tudo: desde cestas básicas, *tupperwares*, produtos estéticos, utilidades domésticas até publicidade na televisão. A televisão se tornou nosso carro-chefe, abrindo portas e impulsionando o negócio para patamares nunca antes imaginados. O sucesso foi tão grande que recebemos um convite para ter nosso próprio programa de TV. Como não tinha conhecimento nesse mercado, o diretor do SBT sugeriu que eu trouxesse um produtor. Nos tornamos sócios e amigos. Ele cuidava da edição dos programas, enquanto eu me dedicava às vendas, minha especialidade. A expansão foi imediata, com o programa sendo exibido na Band e na VTV, alcançando a Baixada Santista e o interior de São Paulo.

Como o tempo de TV não pode ser estocado, eu não podia perder tempo e negócio. Então, a troca virou moeda: eu me tornei um verdadeiro rei da permuta, conseguindo negociar desde refeições até veículos. A criatividade era o limite. Com tantos veículos vindo das permutas, montei uma revendedora de veículos em Itanhaém, a Avenida Automóveis. Também iniciei meus primeiros projetos na construção civil, construindo casas com materiais e lotes adquiridos por meio de permutas. Era uma verdadeira loucura. Não muito diferente das 17 horas de trabalho que eu enfrentava no restaurante, com a revendedora de carros e as obras das casas, dividia meu tempo entre a Baixada Santista e o Vale do Paraíba, gerenciando uma equipe de 20 vendedores distribuídos em 49 cidades. A paixão pela construção civil, no entanto, era cada vez maior e, nela, decidi investir todas as minhas forças.

Fizemos uma proposta irrecusável para a Band, que comprou nosso programa de TV, e oferecemos a loja de carros para a FIAT. Com isso, pude me dedicar de corpo e alma à construção civil, enquanto meu sócio seguia brilhando na agência de publicidade onde trabalha até hoje. Assim, da Avenida Automóveis surgiu a Avenida Construtora, nome que herdei da revendedora e que se tornou sinônimo de qualidade e solidez na região.

Essa jornada incrível me ensinou muito sobre resiliência, adaptabilidade e a importância de se reinventar. Aprendi que, mesmo diante dos maiores desafios, podemos encontrar oportunidades para crescer e prosperar.

Sou a prova viva de que é possível transformar obstáculos em trampolins para o sucesso. E você, já achou seu trampolim? "A mudança é a lei da vida. E quem só olha para o passado ou o presente, perde o trem do futuro", como disse John F. Kennedy. Essa frase resume a filosofia de minha vida e da Avenida Construtora, uma empresa que, assim como eu, se reinventou diversas vezes ao longo da sua história, sempre buscando novas oportunidades. Comecei como garçom, mas a ambição sempre me levou para projetos maiores. Vale destacar: ambição não é o mesmo que ganância, assim como hábito não é o mesmo que vício. Um é positivo, o outro é o inverso.

Hoje, estamos no segmento de multipropriedade, um conceito inovador que permite que um imóvel tenha vários donos, ideal para lazer e renda extra com locação de temporada. A Avenida Construtora é uma empresa familiar, onde meu filho Rafael é o engenheiro responsável pelas obras na Baixada Santista, sua esposa Sophye cuida do setor de compras, minha filha Gabriela é a diretora administrativa, e seu marido Henrique é o engenheiro responsável pelas obras no interior. Eu cuido da área comercial, enquanto minha esposa, Cláudia, cuida de tudo e de todos. Confesso que trabalhar em família nem sempre é fácil. Egos se chocam, ideias divergem. Às vezes, vejo meus filhos repetindo o erro que cometi com meu pai: não ouvir os mais experientes. Mas sei que é importante que eles aprendam com seus próprios erros. E, nesse momento, a expertise da Claudia é fundamental para equilibrar a família e a empresa.

Se eu pudesse voltar no tempo, mudaria duas coisas: teria escutado meu pai e evitado misturar família e empresa. Mas o passado não muda, e o que nos resta é aprender com ele. A ideia da multipropriedade veio dessa nova geração, que eu costumo brincar chamando de "geração mimizenta". No início, resisti à ideia, mas a pandemia da Covid-19 me fez repensar. Era hora de se reinventar (novamente) ou sucumbir. E foi assim que o Residencial AFFINITY, a primeira multipropriedade da Baixada Santista, nasceu. A velocidade nas vendas, impulsionada pela surpreendente aceitação de nossos clientes e investidores, nos animou a lançar o Residencial PRIORITY, um prédio elegante com 134 apartamentos e 30 opções de lazer para seus 804 proprietários. Esse empreendimento também está vendendo como "pão quente".

O projeto CELEBRITY, que são mansões compartilhadas em condomínios fechados, já está em construção. O sucesso da multipropriedade é inegável e hoje é seguido por várias incorporadoras da nossa região. Reconheço que devo esse sucesso à ideia e ao trabalho dessa "geração mimizenta", que praticamente toca a empresa no dia a dia. Em especial meu filho Rafael, que enfrenta o estresse das obras com maestria, e minha filha, que trouxe leveza e transparência à administração com seus controles e planilhas inovadoras. Essa jornada me ensinou muito sobre mudança, adaptabilidade, trabalho em equipe e a importância da família.

Nos altos e baixos que acontecem com todos, permitam-me, humildemente, deixar estas dicas: abrace a mudança como uma oportunidade de crescimento; seja adaptável e esteja sempre disposto a aprender coisas novas; confie no seu potencial e no potencial das pessoas ao seu redor, valorizando-as; tenha paciência e persistência para nunca desistir dos seus sonhos; lembre-se que a vida é uma constante mudança; abrace as novas oportunidades e construa o seu futuro com perseverança, sabedoria e amor.

"O TOPO DO MUNDO" espera por você!

MULHERES QUE AJUDAM MULHERES

Carioca que leva amor no nome e no coração, é empresária e jornalista com uma trajetória marcada por diversas realizações. Foi colunista da seção "De corpo e alma" do *Jornal Diretriz do Comércio* entre 2008 e 2012. Entre 2010 e 2011, presidiu a Casa da Amizade (Associação das Senhoras dos Rotarianos) do Rotary Club da cidade de Paracambi, no Rio de Janeiro. Atualmente, é diretora administrativa da Associação Nacional do Comércio e das Empresas (ANCE), CEO da Convés Web Soluções Tecnológicas Ltda., e sócia-diretora do Banco de Informações Cadastrais Ltda. (Informbank). Pelos relevantes serviços prestados à sociedade brasileira, foi homenageada com diversas honrarias, incluindo a Moção de Louvor e Congratulações pela Câmara Municipal do Rio de Janeiro, em 2016, o título de Comendadora da Ordem Honorífica da Cruz do Mérito Empreendedor Juscelino Kubitschek pela Academia Brasileira de Honrarias ao Mérito, em 2017, e a medalha de Personalidade do Ano de 2023 da Soberana Ordem do Mérito do Empoderamento Feminino pela mesma academia. Além disso, a empresa em que atua como diretora recebeu o título de Empresa do Ano em Software As a Service (SAAS) pela Associação Brasileira da Influência Digital (ABRID), em 2024.

JULIANA AMORIM GARRITANO

36

CONTATOS:

@eusoujulianaamorim

21 98890 9339

As mulheres que atuam nos bastidores de grandes empresas, bem como de personalidades femininas de destaque, são verdadeiras forças invisíveis, sustentando o sucesso com dedicação, inteligência e visão estratégica. Elas lideram equipes, gerenciam projetos, cuidam dos filhos e dos lares, garantindo que cada detalhe esteja perfeito, muitas vezes sem receber o reconhecimento merecido. Essas profissionais são pilares essenciais, impulsionando o progresso e assegurando que as líderes brilhem ainda mais. O poder dessas mulheres vai além dos holofotes, moldando o futuro com coragem, competência e uma determinação inabalável. Elas são as heroínas silenciosas, cuja contribuição é indispensável para o sucesso de outras mulheres extraordinárias e de qualquer grande empreendimento.

Introdução

No cenário dinâmico e em constante evolução da tecnologia em que vivemos, a ascensão das mulheres a posições de liderança continua sendo uma conquista monumental, embora ainda desafiadora. O sucesso pessoal e profissional das mulheres frequentemente requer mais do que apenas habilidades técnicas e conhecimento especializado. Um dos fatores cruciais para essa ascensão é a criação de conexões duradouras com outras mulheres.

Vivemos em uma sociedade onde a igualdade de gênero é um tema central nas discussões sobre desenvolvimento social e profissional. As conquistas das mulheres no mercado de trabalho refletem uma luta incessante por direitos iguais, oportunidades e reconhecimento. No entanto, para cada mulher que atinge o topo de sua carreira, há uma história de superação, resiliência e apoio mútuo. Quero destacar a importância das mulheres que, partindo de um ambiente sem projeção de futuro, alcançam sucesso em suas vidas pessoais e profissionais. Além disso, celebro as mulheres que, nos bastidores, contribuem de maneira essencial para esse sucesso, reforçando a importância da solidariedade e do apoio mútuo.

Superação e resiliência

A trajetória de uma mulher até o topo de sua carreira muitas vezes é marcada por desafios que vão além do ambiente de trabalho. Muitas dessas mulheres vêm de contextos socioeconômicos desfavoráveis, enfrentando preconceitos e barreiras estruturais desde cedo. O caminho para o sucesso exige não apenas habilidades e competências, mas também uma enorme dose de resiliência.

Minha história, por exemplo, é emblemática. Nasci em uma comunidade sem acesso a uma educação de qualidade e trabalhei arduamente desde os 15 anos para concluir os estudos básicos. Enfrentei preconceitos de gênero e limitações financeiras, mas me destaquei pela minha determinação. Hoje, dirijo duas empresas, abordando a liderança humanizada nos negócios.

Apoio e solidariedade: a força das mulheres nos bastidores

A trajetória de milhares de mulheres não seria possível sem o apoio de outras mulheres que atuam nos bastidores. Assistentes, cuidadoras e donas de casa desempenham papéis cruciais no cotidiano de muitas profissionais bem-sucedidas. Essas mulheres, que muitas vezes são vistas como coadjuvantes, são, na verdade, pilares fundamentais para a ascensão das mulheres no mercado de trabalho.

As mulheres que trabalham nos bastidores merecem reconhecimento e valorização. Elas são essenciais para o equilíbrio entre a vida profissional e pessoal das mulheres em suas carreiras. Esse apoio permite que as profissionais se concentrem em suas metas e desafios, sabendo que suas responsabilidades pessoais estão sendo cumpridas com carinho e eficiência.

Não me refiro apenas às assistentes domésticas e cuidadoras, mas também às milhares de mães, avós, tias e sobrinhas que cuidam e educam os filhos, ajudando incondicionalmente outras mulheres a se desenvolverem. Oportunidades de educação, capacitação e reconhecimento profissional devem ser estendidas a todas. A ascensão de uma mulher não deve ser isolada; deve ser um movimento coletivo, onde todas possam crescer e prosperar juntas.

Abordagem humanizada nos negócios

Além das conexões pessoais e profissionais, a humanização da abordagem nos negócios é um aspecto fundamental, que pode transformar a experiência das mulheres em todos os setores do mundo corporativo.

Humanizar a abordagem significa promover um ambiente de trabalho inclusivo, empático e focado no bem-estar dos colaboradores.

A fraternidade, ou seja, o apoio mútuo entre mulheres, é um elemento crucial para a construção de uma sociedade mais justa e igualitária. Mulheres que se ajudam e se apoiam mutuamente criam uma rede de solidariedade que fortalece todas as suas integrantes. Essa rede é especialmente importante para aquelas que enfrentam maiores dificuldades em suas trajetórias.

Tenho em meu time de trabalho várias mulheres que deixam seus lares, seus filhos e seus afazeres nas mãos de familiares e amigas, que se revezam diariamente, comprometidas com o bem-estar de todos ao seu redor. Esse apoio genuíno é incrivelmente inspirador, pois prova que a união e a ajuda mútua podem transformar vidas.

Ações práticas de capacitação para nossas funcionárias, sejam de empresas ou domésticas, como aprender a dirigir, são inspiradoras, pois desenvolvem habilidades cognitivas e aumentam o nível intelectual. Para muitas mulheres, a capacidade de dirigir não apenas aumenta sua mobilidade e autonomia, mas também abre portas para novas oportunidades de emprego e renda. Ao capacitá-las, criamos condições para que também possam buscar melhores oportunidades e alcançar seus próprios sonhos.

A importância dessas iniciativas vai além do impacto imediato. Elas fomentam uma cultura de solidariedade e empoderamento entre mulheres. Quando uma mulher utiliza seus recursos e influência para levantar outras, ela está, na verdade, contribuindo para um efeito cascata de mudanças positivas.

O caminho para a igualdade

Promover a educação, o desenvolvimento profissional e o reconhecimento de todas as mulheres é essencial para construir uma sociedade mais justa. Ao se valorizar e apoiar mutuamente, as mulheres constroem uma rede de solidariedade que fortalece e empodera todas as suas integrantes, criando uma engrenagem de crescimento e sucesso coletivo. Para isso, é fundamental cultivar o autoconhecimento, ou seja, aprofundar-se no próprio "ser". Afinal, o "ser" precede o "ter". Nossas ações e conquistas refletem quem somos internamente. Quando nos empenhamos em ser pessoas melhores, desenvolvendo valores como empatia, integridade e solidariedade, criamos um círculo virtuoso de crescimento e realização para todos.

Ajudar umas às outras é essencial para o nosso desenvolvimento pessoal. Ao praticar o apoio mútuo, fortalecemos nosso caráter e construímos um ambiente de confiança e cooperação. Essas qualidades humanas são a verdadeira riqueza que nos permite não apenas alcançar objetivos materiais, mas também viver de maneira plena e significativa.

Líderes mulheres são fundamentais para a humanização dos negócios. Elas trazem habilidades únicas para a liderança, incluindo comunicação eficaz, empatia e uma abordagem colaborativa. Essas qualidades inspiram e motivam suas equipes, criando um ambiente de trabalho mais coeso e produtivo.

Desenvolvimento sustentável unindo tecnologia e futebol

A presença feminina no ambiente de trabalho tem sido um fator determinante para o sucesso em vários aspectos da minha trajetória. Um exemplo disso é minha posição como sócia-diretora e CEO da Convés Web Soluções em Tecnologia, empresa que atua em parceria com a Secretaria Executiva da Frente Parlamentar da Influência Digital do Congresso Nacional, e com a notável ABRID – Associação Brasileira da Influência Digital.

Fundada em 2023, a ABRID desempenha um papel central na implantação das Frentes Parlamentares da Influência Digital nas cidades, especialmente nas capitais, onde já contribuiu para a criação das frentes no Rio de Janeiro e em São Paulo. A associação surge como protagonista no suporte ao Legislativo, representando os interesses do ecossistema digital.

Gols pelo Brasil: uma goleada contra a pobreza

Um dos empreendimentos sociais mais inovadores lançados pela ABRID, por meio da sua diretoria, é o Instituto Brasil Pelé 2030, inaugurado em 24 de abril deste ano. Utilizando o nome Pelé, que já faz parte do dicionário da língua portuguesa, o instituto visa contribuir com a Agenda 2030 do Brasil, focando no cumprimento dos 17 ODS – Objetivos de Desenvolvimento Sustentável. A iniciativa une tecnologia e a paixão nacional, o futebol, para resgatar ídolos esquecidos do esporte e dar grande visibilidade aos que ainda estão em atividade.

O diferencial do projeto não é apenas celebrar os gols, mas sim a vibração causada por eles. Essa energia contagiante será canalizada para colaborar na erradicação da pobreza. O pioneirismo do projeto está em colecionar um "álbum de figurinhas digital" dos nossos craques, capturando momentos de comemoração após a marcação de um gol. Essas imagens se transformarão em obras de arte únicas e exclusivas, *tokenizadas* em NFTs (tokens não fungíveis) e divididas em 1.100 partes. Essas partes serão vendidas no ambiente digital, e grande parte dos recursos será destinada à construção das chamadas Cédulas de Transformação Social, que serão erguidas de forma sustentável nas regiões mais carentes do país, promovendo educação, cultura, qualidade de vida e tecnologia.

Os grandes protagonistas desse incrível projeto serão os influenciadores digitais e os jogadores que cederem suas imagens para essa nobre causa.

Juntos, vamos ajudar a marcar um golaço contra a pobreza!

EMPREENDEDORISMO FEMININO, SEMEANDO PROSPERIDADE

Empresária, presidente do Sindicato Rural de Mineiros do Tietê e vice-presidente da Comissão Semeadoras do Agro da FAESP e do Conselho Superior Feminino da FIESP. Coordena o Comitê de Mulheres da SRB – região Sudeste – atua em outras entidades. Graduada em Administração de Empresas pela PUC-SP, tem MBA em Finanças, Gestão Empresarial, Auditoria, Controladoria e Logística pela FGV-SP e Administração em Direito Tributário pelo IBMEC.

JULIANA FARAH

37

CONTATO:

@jujufarah

Empreender transforma. A cada dia, essa expressão ganha mais espaço e força, em especial quando se trata de mulheres imprimindo seu jeito de empreender, de realizar, seja no agronegócio, no comércio, na indústria ou nos serviços. Ao longo deste capítulo, vamos apresentar a importância desse movimento: em pouco mais de 10 anos, o número de mulheres no comando de negócios – em especial os de pequeno porte – saltou de 7,5 milhões para 10,1 milhões. Em tempos de crise ou de "normalidade" elas enxergam oportunidades e inovam, atuam em rede, buscam novos aprendizados, persistem, se mantêm em movimento, se comprometem consigo e com quem está ao seu redor. Esses são comportamentos de sucesso de todo empreendedor, independentemente de gênero, segundo a Organização das Nações Unidas (ONU). Esses são comportamentos que propulsionam o desenvolvimento econômico de toda e qualquer nação. Os dados e relatos que apresentamos neste capítulo demonstram a força das mulheres que quebram paradigmas, que se recusam a aceitar o papel de coadjuvante e, sobretudo, apontam as possíveis alternativas para que ocupem o protagonismo a que têm direito.

"Vocês são imparáveis!" Ouvi essa frase durante as comemorações de dois anos de atividades da Comissão Especial Semeadoras do Agro, ligada à presidência da Federação de Agricultura e Pecuária do Estado de São Paulo (Faesp), cujo objetivo é dar ampla visibilidade à mulher do campo, reconhecendo suas conquistas e desafios, fortalecer a cultura empreendedora no meio rural e apoiar o desenvolvimento das produtoras rurais. Até então, ligava a expressão à música de sucesso da cantora e compositora australiana Sia, "Unstoppable", cuja letra encoraja as pessoas a se sentirem confiantes e seguirem avançando, apesar dos obstáculos. Um lembrete de que cada um tem a capacidade de ser forte e se reconstruir sempre. Fui buscar o significado no dicionário e encontrei 12 sinônimos para a expressão imparável, entre elas: irrefreável, irreprimível, incontível, ativo, incansável, infatigável.

Sim, nós somos imparáveis. Tenho vários resultados que comprovam isso, mas vou deixar o da Comissão Semeadoras do Agro que, em apenas dois anos, realizou mais de 100 encontros presenciais com a participação de mais de 30 mil mulheres do campo, entre produtoras e lideranças rurais. Uma verdadeira potência. Os resultados foram além dos projetados inicialmente por nós; ao abrir as janelas do diálogo e colocar a realidade das produtoras rurais em perspectiva, reforçaram uma certeza que me acompanha há anos: a liderança feminina, com seu olhar único e amplo, é um componente essencial para garantir a reconfiguração da atividade agropecuária, tornando o setor ainda mais próspero, sustentável e protagonista de comunidades mais vibrantes e saudáveis. Somos o pilar de sustentação da segurança alimentar no Brasil e no mundo.

E assim também é o empreendedorismo feminino: espinha dorsal do processo de transformação de realidades nos quatro cantos do Brasil, a despeito dos obstáculos a que são submetidas diariamente as empresárias, em especial os promovidos pela desigualdade de oportunidades por conta do gênero e raça.

Recente pesquisa do Sebrae Nacional – Donas de Negócios no Brasil (2023) – utilizou dados da Pesquisa Nacional por Amostra de Domicílios Contínua (PNAD Contínua) e do Instituto Brasileiro de Geografia e Estatística (IBGE) para traçar um raio-X dessa força inquebrantável: somos 10,1 milhões de proprietárias de pequenos negócios (1/3 do total de empreendimentos), sendo que a maioria atua no setor de serviços (5,5 milhões), seguido pelo comércio (2,57 milhões), indústria (1,23 milhão) e agropecuária (582 mil). Trata-se de uma das maiores participações no cenário do empreendedorismo, mesmo após a catástrofe resultante da pandemia de Covid-19.

Para se ter uma ideia da resiliência dessas empreendedoras, o crescimento do número de donas de negócios nos anos pré-pandemia era de cerca de 2,6%; no pós-pandemia, ainda no quarto trimestre de 2020, o incremento foi de 8,6%, o maior da série histórica.

Esta é a cara de milhões de empreendedoras que decidiram não ficar imobilizadas diante dos obstáculos. E sabemos que não são poucos. Além dos tradicionais que afetam todos os empreendedores, independentemente de gênero, como alta carga tributária, excesso de burocracia, difícil acesso ao crédito, somam-se à corrida de obstáculos outros que atrasam a plena atividade.

Ao descermos alguns degraus do estudo do Sebrae, revela-se a realidade por trás dos números superlativos: 88% atuam por conta própria, isto é, sozinhas, sem ter auxílio de um empregado; mais da metade (5,2 milhões) é chefe do domicílio e trabalha entre 30 e 35 horas semanais (contra 43 horas que os homens dedicam ao empreendimento). E a esmagadora maioria (9,82 milhões) afirma que tem somente um trabalho, não computando aí o trabalho invisível, que é cuidar dos afazeres domésticos e das pessoas da família. Menos horas trabalhadas – não por falta de dedicação, mas por falta de opção – refletem diretamente no rendimento mensal: 46,21% ganham até um salário-mínimo (R$ 1.412,00) e 25,82% de um a dois salários-mínimos.

No campo, a situação não é muito diferente. Apesar de ser um setor ainda predominantemente masculino, dados comprovam a evolução da representação feminina no agronegócio. Segundo a Fundação Getúlio Vargas, em 2018, 34% dos cargos gerenciais no agronegócio eram ocupados por mulheres.

De acordo com o segundo Censo Agropecuário de 2017, realizado pelo IBGE, no Brasil temos cerca de 950 mil propriedades rurais geridas por elas (os homens são gestores de 4,1 milhões de estabelecimentos agropecuários). Ao todo, cerca de 30 milhões de hectares são administrados por mulheres (8,5% de toda a área ocupada por sítios e fazendas). Entre as proprietárias, que totalizam 755 mil produtoras, 50% desempenham atividades relacionadas à pecuária e à criação de animais, 32% em lavouras temporárias e 11% na produção de culturas permanentes. Além disso, e tão importante quanto, é o dado que mostra que uma mulher a cada nove homens ocupa funções de liderança na produção agropecuária.

Outro dado que nos permite afirmar que os ventos estão mudando de direção refere-se à liderança feminina nas organizações rurais: no Nordeste, elas são a maioria (57%), seguido das regiões Sudeste (14%), Norte (12%), Sul (11%) e Centro-Oeste (6%).

Sabemos que ainda não é o ideal, mas essas taxas já foram bem menores e guardam muito potencial para melhorar. Passamos da fase da tendência: a presença ativa da mulher no campo é a espinha dorsal de um agronegócio sustentável, forte e inovador, que traz soluções para o combate à fome e a melhoria da nutrição, ou seja, totalmente alinhado ao objetivo 2 dos Objetivos de Desenvolvimento Sustentável da Organização das Nações Unidas (ONU), um apelo feito pela entidade às nações para acabar com a pobreza, proteger o planeta e assegurar que todas as pessoas tenham paz e prosperidade.

Apesar de ainda distante do que se espera em termos de igualdade de gênero, um estudo da Fran6 Inteligência de Mercado aponta que a atuação em rede vem acelerando esse processo: 57% das produtoras rurais integram redes de apoio organizadas e colaborativas, que se constituem palco para a troca de experiências e apresentação de alternativas para mitigar problemas e promover a sustentabilidade dessa nova atuação feminina.

Como é o caso da Comissão Semeadoras do Agro, que reúne lideranças femininas da agropecuária paulista para debater o aprimoramento da atividade e da economia rural e propor ferramentas de valorização do empreendedorismo das mulheres do campo, visando à redução da desigualdade de gênero.

E também o são os grupos dos quais participo e levo a voz das produtoras rurais, como o Conselho Superior Feminino da Federação das Indústrias do Estado de São Paulo (Fiesp), o Comitê das 100 Mulheres Líderes Globais – Global Networking Wing, o Comitê do Agro da Organização Brasileira de Mulheres Empresárias (OBME), o Comitê de Mulheres da Sociedade Rural Brasileira (SRB) – região Sudeste, o Grupo Mulheres do Brasil, a LIDE – Lideranças Empresariais, a Comissão Mulheres Empreendedoras do Sebrae-SP, a Comissão Nacional das Mulheres do Agro da Confederação da Agricultura e Pecuária do Brasil, entre outras.

Essas redes encontradas em todo o país, entre tantas outras, têm contribuído de maneira inexorável não só para buscar políticas e alternativas de fortalecimento das mulheres nos mais diversos setores produtivos, mas também, e principalmente, para garantir a elas o pleno exercício da liberdade de empreender, de redigir, dirigir e protagonizar sua história, emancipando-as das correntes que insistem em dizer que são meras coadjuvantes.

Pessoalmente, isso me é tão caro e, por isso, coloco boa parte da minha energia no exercício voluntário de atividades em prol do empreendedorismo feminino. Assim como a maioria das empreendedoras, ouço vários "nãos", até hoje; mas prefiro focar nas oportunidades que me impulsionam. Prefiro a companhia dos "ãos": educação, conexão, inovação, contribuição, colaboração. Sou de uma família tradicional libanesa, com pai produtor rural e dono de curtume, única mulher dos três irmãos, criada com muito amor, sim, mas cercada pela cultura árabe em que o homem é o centro da família. Desde cedo, portanto, tive que abrir espaço para minhas conquistas e esses "ãos" foram (e continuam sendo) essenciais.

Foi assim que deixei os empreendimentos da família para criar, em 2001, a primeira empresa brasileira especializada em recuperação de créditos e atualização cadastral liderada por mulheres; que deixei um relacionamento pessoal e assumi integralmente a criação do meu filho; que sai de Birigui, com 17 anos de idade, rumo a São Paulo e ali, na Ladeira Porto Geral e rua 25 de Março – tradicionais ruas comerciais da capital –, ao montar um mostruário de bijuterias, decidi que empreender seria meu futuro.

Ao estarmos mais capacitadas, aproveitamos melhor as oportunidades, abrimos espaços para novas conexões, ganhamos autoestima para subir mais degraus, o que nos leva a ser protagonistas de nossas vidas. É um verdadeiro ciclo virtuoso, em que se aplica o que foi aprendido para construir o caminho da conquista, se aprende novamente com os erros e acertos de até aquele ponto da jornada e se reconstrói pontes para continuar avançando e liderando seu processo de vida e ajudando a outras que iniciarão essa trilha de suas vidas pessoal e profissional.

Nos mais de dois anos de atividades da Comissão Semeadoras do Agro, além dos resultados incríveis como o aumento da participação de produtoras rurais nos cursos do Senar-SP e o lançamento do programa Semear é Saúde (em parceria com a ONG Orientavida – Pense Rosa), dedicado a levar informações e ações de saúde para produtoras e trabalhadoras rurais, deparei-me com mulheres incríveis, que já exercem sua capacidade de protagonizar, liderar, inovar, reconstruir e estão escrevendo novos capítulos na história da agropecuária brasileira.

É o caso da Irene Nunes, produtora rural, proprietária e chefe de cozinha do restaurante Caminho das Gerais, em Santo Antônio do Pinhal, localizado na Serra da Mantiqueira paulista. Seu sonho era ter um restaurante e quando recebeu de herança a casa sede da antiga fazendo do sogro – pela qual sempre foi apaixonada – começou a planejar como tirar o sonho do papel.

Frequentadora assídua dos cursos do Senar-SP, promovidos pelo Sindicato Rural de São Bento do Sapucaí, foi o curso de turismo rural que "fechou" a equação. Decidiu resgatar a história do local, que era passagem e pouso de tropeiros, e também a história de sua família, oferecendo a comida tradicional tropeira – como a carne de lata e a caipira, que é marca registrada do local. É a chamada comida afetiva, que atrai turistas de todos os cantos. E quem quer levar um pedaço das doces lembranças pode escolher entre queijos e doces de leite que saem direto do fogão de lenha, inspirados nas receitas da avó que criou os filhos fazendo as especiarias. Mais que aprender técnicas de produção de alimentos, ela credita ao Senar-SP o papel de ser o ponto de encontro de pessoas que, trocando experiências e conhecimento, inspiram e ajudam a realizar os sonhos.

E da Kátia Mastroto, produtora de tilápia em tanque e rede em Presidente Epitácio, na região Oeste do estado de São Paulo. Ela começou trabalhando com a criação e fileteria de tilápia, mas sonhava em ir além do convencional. Diante dos quilos de pele do peixe descartados diariamente, teve a ideia de reaproveitar este material. Compartilhada com um grupo de outros cinco produtores – quatro mulheres e um homem –, foi o primeiro passo de um negócio de sucesso: a empresa que transforma pele de tilápia em produtos diferenciados de couro ecológico, a MF Couros.

Em 2021, o sonho se torna realidade após receber certificação de um curso especializado. E nem a pandemia, que limitou muito o processo, impediu o avanço dos empreendedores. Em 2022, com o apoio de uma zootecnista, finalizaram uma nova técnica de curtimento e, em abril de 2023, teve início o curtimento artesanal. É como dizia o músico Raul Seixas, na canção "Prelúdio": "Sonho que se sonha só / É só um sonho que se sonha só / Mas sonho que se sonha junto é realidade". A empresa liderada por Kátia, a partir desse momento, fez parceria com vários artesãos para o desenvolvimento de peças como cintos, botas, vestuário, bolsas, calçados, biojoias, carteiras, porta-cartões, porta-chaves, entre outros. Uma verdadeira empresa do século XXI: criativa, que estimula a inovação, a diversidade, a sustentabilidade e o desenvolvimento de pessoas.

Dizem que o fruto não cai longe do pé, mas as sementes, ah!, as sementes voam na velocidade dos nossos sonhos, do nosso querer. Somos mais de dez milhões de semeadoras que, diariamente, espalham inspiração e comprovam, na prática, que somos realmente imparáveis. Estamos prontas para assumir quaisquer desafios, somos criativas, inovadoras, resilientes, competentes e comprometidas. Sem as amarras que ainda hoje persistem em atravancar nossa competitividade, estaremos prontas para liderar atos que transformam realidades – das nossas famílias, comunidades e do nosso país.

POR QUE NÃO AS MENINAS?

Cinquenta anos, uma profissional altamente qualificada, com uma sólida formação acadêmica e uma vasta experiência em diversas áreas. Graduada em Logística de Transportes pela Fatec de Botucatu/SP, ela também possui um MBA em Logística pela FGV de Bauru/SP. Além da sua formação na área de logística, é pós-graduada em Psicanálise Freudiana pelo Instituto Líbano de São Paulo/SP, e em Hipnose Ericksoniana pelo Centro de Mediadores Instituto de Ensino, em Brasília/DF. Complementou sua formação com uma pós-graduação em Neurociências Aplicadas na Psicologia Comportamental, pela Universidade Presbiteriana Mackenzie, de São Paulo/SP, e é especialista em linguagem não verbal e programação neurolinguística, com foco em transtorno dissociativo de identidade e transtorno do déficit de atenção e hiperatividade. Atualmente, está cursando Psicologia na Universidade de Saint Leo, na Flórida. Além do seu robusto currículo acadêmico, é poliglota, fluente em português, espanhol, inglês e francês, o que amplia sua capacidade de comunicação e atuação em diversas áreas e contextos culturais.

KARIN LAPERUTA

38

CONTATOS:

karincristinalaperuta@gmail.com

@karinlaperuta

Karin C Laperuta

14 99138 7462

O transtorno do déficit de atenção e hiperatividade (TDAH) é um transtorno do desenvolvimento, e compromete substancialmente a qualidade de vida das pessoas que vivem com a condição, nos âmbitos profissional, social, emocional e psicológico. O diagnóstico precoce é fundamental para que as pessoas com TDAH recebam acompanhamento e medicação adequados desde cedo. A falta de diagnóstico afeta a evolução e o sucesso das pessoas com esse diagnóstico.

Este capítulo é dedicado ao meu anjo, Jerome O'Mara Jr., meu amigo amado. Que Deus sempre ilumine seu caminho, assim como fez com o meu por meio de você.

O TDAH (transtorno do déficit de atenção e hiperatividade) atinge entre 5% e 7% da população mundial. Estima-se que 65% dos meninos com esse transtorno, e apenas 35% das meninas, recebem o diagnóstico ainda na infância. Há quem defenda que o TDAH atinge mais meninos do que meninas, mas isso não é verdade; é uma crença que precisa ser desmistificada. A ideia de que as meninas são mais comedidas, quietas, comportadas e concentradas criou a teoria de que o transtorno atinge mais os meninos. Os principais sintomas do TDAH costumam ser ignorados em meninas, pois são considerados “adequados” ao gênero ao qual pertencem. Como os sintomas se manifestam de maneira um pouco diferente em meninas e meninos, acabam sendo subestimados nas meninas, sob a suposição de que “elas são assim mesmo”.

Essa negligência nos estudos sobre os sintomas do TDAH em mulheres, causada pelas diferenças de características entre os gêneros, resulta, até hoje, na defasagem entre a porcentagem de diagnósticos. O que explica por que cada vez mais mulheres adultas recebem o diagnóstico tardio, assim como eu.

Eu nasci no Dia de Reis, 6 de janeiro, no ano de 1974, e aos cinco anos já sabia ler e escrever. Fui alfabetizada em casa, não na escolinha infantil. Naquela época, meu pai fazia faculdade, e nossa casa vivia repleta de jovens estudantes, tios, tias e seus amigos, que se reuniam lá para estudar, conversar, rir, comer e beber. Durante essas visitas, eles me ensinavam a ler e escrever, contavam histórias e faziam leituras comigo. Eu adorava ver meu pai sentado à sua prancheta de engenheiro para estudar, e sonhava em um dia ter a minha própria prancheta para estudar também. Eu subia no muro e ficava horas comendo as jabuticabas da árvore do vizinho; às vezes, caminhava sobre o muro, brincando de equilibrista. No final do muro, encontrava meu caminho para o telhado, subindo cada vez mais alto, sem a menor noção do perigo que corria.

Quando eu não estava manifestando energeticamente minha hiperatividade, era porque estava hiperfocada em alguma outra atividade. Pessoas com TDAH tendem a entrar em hiperfoco quando algo lhes interessa muito, e isso acontecia comigo quando ouvia meus discos de histórias. Essa atividade alimentava ao máximo minha criatividade e imaginação, inundando meu cérebro de dopamina e me trazendo uma sensação imensamente gratificante.

Eu precisava estar sempre fazendo alguma coisa, caminhava por cima de todos os muros que apareciam pela minha frente: não só o do meu quintal, mas também os das construções do bairro, dos bancos das praças, ou qualquer caminho que não fosse "comum", pois o meu caminho tinha que ser diferente. Adorava andar de patins, bicicleta, brincar em parques com estruturas de metal em formato de gaiola, só para escalar até o topo. Foi assim que quebrei um dos dentes da frente antes mesmo que ele terminasse de nascer por completo. Eu não parava quieta; medo e prudência não faziam parte da minha realidade. Por isso, comecei a me interessar mais em brincar com os meninos do que com as meninas, pois eles sempre tinham as brincadeiras e os brinquedos mais divertidos, mais agitados e animados, enquanto as meninas basicamente brincavam de boneca.

Eu tinha muitas bonecas, jogos de tabuleiro, bicicleta, patins, e não era difícil me entreter sozinha durante todo o dia. Com as meninas, brincava de pular "amarelinha" e colecionava pedras com formatos e texturas estratégicas para conseguir jogá-las exatamente onde eu queria, e assim sempre ganhar das amiguinhas. Eu evitava a todo custo perder em jogos e brincadeiras, pois a derrota me trazia uma sensação insuportável; eu queria sempre ser a melhor em tudo. Isso acontece porque as pessoas com TDAH são emocionalmente mais instáveis e imaturas, e não conseguem aceitar situações como a frustração e, principalmente, a rejeição.

Na adolescência, por exemplo, a idade emocional de um indivíduo de 15 anos com TDAH é comparável à de uma criança neurotípica de 12 anos. Ou seja, nessa fase da vida, há uma defasagem de três anos no desenvolvimento emocional das pessoas com TDAH e, muitas vezes, essa imaturidade permanece na fase adulta, de forma mais discreta, mas ainda capaz de comprometer sua vida social.

Nas reuniões de pais e mestres, minha mãe sempre ouvia a mesma frase: "Ela é inteligente, mas é muito distraída! Ela é desatenta, se distrai com qualquer coisa, fica desenhando ou fica olhando para o ar em vez de prestar atenção na aula". Eu sempre tive notas máximas no início da fase escolar, mas, a partir da quarta série, meu comportamento em relação aos estudos começou a mudar. Passei a ter dificuldades no aprendizado, à medida que era obrigada a decorar questionários imensos, cada um com mais de 40 perguntas, fosse de geografia, história ou língua portuguesa, e isso era impossível para mim. Eu sabia toda a matéria, mas não tinha condição alguma de decorar tantas perguntas e respostas. O mesmo acontecia com as fórmulas de matemática; nada daquilo fazia sentido para mim.

Por causa disso, minha mãe me colocou em um curso de pintura. De certa forma, ela percebia que eu precisava ter atividades, mas não tinha ideia do que se passava comigo. Também frequentei aulas de balé, karatê, violão e órgão acústico, tudo para preencher a minha existência. Na quinta série, ainda na escola estadual, comecei a perceber que os demais alunos aprendiam qualquer coisa com muito mais facilidade do que eu. Ao mesmo tempo, eu percebia ser mais inteligente do que eles, embora tirassem as mesmas notas ou até notas mais altas do que as minhas.

Então, eu estudava cada vez mais, tentava prestar atenção nas aulas, mas quando percebia, a professora já estava no final da explicação. Mas onde estava minha mente enquanto eu olhava para ela? Eu não sabia. Tudo o que eu sabia era que, repentinamente, eu me desligava, mesmo se estivesse muito interessada, mesmo se o assunto fosse alguma coisa que eu realmente gostava. Eu sempre perdia a explicação da professora e depois não conseguia fazer os exercícios. A sensação de estar perdida é inexplicável e frustrante.

Àquela altura, eu já apresentava sinais de extrema ansiedade e baixa autoestima; roía as unhas até sangrar e desenvolvi bruxismo. A falta de diagnóstico me trouxe consequências físicas. Eu me sentia inferior aos outros, incapaz e lenta. Eu sabia que tinha algo de errado comigo; percebia que tinha inteligência, mas não conseguia usá-la. Claramente, havia algum problema e eu tinha consciência disso, mas não sabia o que era. Pedi para minha mãe me levar a um psicólogo, pois sabia que ele teria uma explicação para me dar; eu só queria entender o que estava errado comigo. Ela achou engraçado.

"Psicólogo? Isso é frescura!", e nunca me levou.

Minha mãe não teve estudo, completou o ensino primário e nunca mais frequentou a escola, pois precisava ajudar nos deveres de casa e cuidar dos irmãos mais novos, já que perdeu sua mãe muito cedo. Ela não tinha culpa nenhuma por não entender o que se passava comigo. Eram os anos 1980; a internet não existia nem na imaginação das pessoas, e as informações não chegavam até nós. Ao contrário, éramos nós que corríamos atrás delas. Eu jamais a culpei pela minha falta de diagnóstico. Compartilhei parte da minha infância para ilustrar como se sente uma criança quando não está devidamente adequada ao seu ambiente. O sistema escolar, como um todo, não está preparado para educar crianças neurodivergentes.

Eu tinha todas as características de uma criança com TDAH, e todos podiam notar essas características em mim, mas sem associá-las a um transtorno. Na minha adolescência, eu ainda apresentava os mesmos comportamentos, principalmente com relação à falta de atenção e impulsividade. É fundamental que os adultos, sejam eles educadores ou responsáveis, entendam e se comuniquem adequadamente com a criança neurodivergente, transmitindo segurança nas palavras. Seja em forma de parábolas, metáforas ou explicações que, para ela, façam sentido, é muito importante que ela tenha alguém que olhe nos olhos e diga que está tudo bem, e que é normal ser diferente.

Iniciei e desisti de várias faculdades em áreas distintas: Agronomia, Direito, Rádio e TV, Publicidade. Acabei me graduando em Logística de Transportes aos 32 anos de idade. Quem sofre desse transtorno sabe como é difícil terminar uma tarefa, seja ela qual for, desde lavar a louça até cursar uma faculdade. Naquela época, minha mãe estava internada em estado muito grave no hospital; eu a visitava todos os dias. Quando fui contar a ela que havia passado no vestibular de Logística, sem saber que seria nosso último diálogo, ela pegou na minha mão, quase sem força, com sua mão que parecia feita de seda de tão frágil, e me disse: "De que adianta? Você não vai terminar mesmo".

É essa a imagem que uma pessoa com TDAH transmite para a sociedade e para aqueles que não sabem da existência do transtorno. No meu caso, nem eu mesma sabia. Somos vistas como pessoas preguiçosas, desmotivadas, sem educação, pois interrompemos conversas, não conseguimos ficar parados em um só lugar por muito tempo, não olhamos nos olhos, somos evitativos e, em geral, não conseguimos terminar as tarefas que iniciamos. Somos pessoas que precisam superar pequenas e grandes frustrações diariamente. Iniciamos inúmeras tarefas e não finalizamos nenhuma. Então, no fim do dia, estamos exaustos, porém com a sensação de que não fizemos nada.

A "falta de atenção" também é um termo muito mal aplicado nesses casos. O que na verdade acontece é que elas possuem um excesso de pensamento, e por isso não conseguem dar conta de atender a todos eles, o que causa uma exaustão mental imensa, provocando o que chamamos de "paralisia do TDAH". Nesse estado, a pessoa precisa simplesmente ficar um tempo parada, em silêncio, como se fosse um celular carregando a bateria. Para explicar esse excesso de pensamento, imagine que alguém tem que assistir e dar atenção a 50 canais de televisão ao mesmo tempo, durante 24 horas por dia, a vida toda.

Muitos pais creem que, se a criança tira notas boas e vai bem na escola, ela não tem esse transtorno. Porém, o TDAH é muito mais abrangente do que as notas escolares. A criança ou o jovem pode ter dificuldade em expressar seus sentimentos e realizar tarefas simples, mas, por outro lado, demonstrar criatividade extrema em questões mais elaboradas.

Pode parecer contraditório, mas quando recebi o diagnóstico de TDAH, senti uma felicidade extrema por finalmente entender que meus tormentos eram características desse transtorno, e não falhas minhas. Saber disso salvou minha vida, literalmente. Eu estava em depressão profunda e não sabia. Fiz terapia por dois anos e, a partir daí, minha realidade começou a se transformar. Aprendi que adquirir novos hábitos e resgatar hábitos antigos, os quais abandonei ao longo da vida, me ajudaria a alcançar muitas novas realizações. Tracei novos planos, voltei a estudar, passei a agradecer e parei de reclamar. Mudanças sutis de comportamento me abriram novas perspectivas e atraíram pessoas novas e maravilhosas para a minha vida. E pensar que eu quase desisti dela...

Hoje, posso dizer que, ao receber o diagnóstico de TDAH, eu renasci. Agora, consigo fazer o que eu quiser do início ao fim: sou poliglota, pós-graduada em Neurociências e Psicanálise Freudiana, hipnóloga, especialista em linguagem não verbal e programação neurolinguística, e estou cursando a faculdade de Psicologia, algo que sempre sonhei. Estou empenhada em ajudar pais e professores a identificarem sintomas do transtorno do déficit de atenção e hiperatividade em suas crianças, pois esse é um transtorno silencioso e de difícil convivência, tanto para quem o possui quanto para os que convivem com eles.

Hoje, estou mais conectada com meu corpo, minha mente, meu espírito e a natureza. Minha autoestima agora mora na estratosfera. Tenho a certeza de que nasci para vencer, e nasci no Dia de Reis, pois sou, sim, uma rainha!

Hoje, eu digo sempre: nunca desista! Converse com seu "eu" do passado, pegue a si mesmo pelas mãos e caminhe em direção ao seu "eu" do futuro, determinando-se a nunca decepcionar nenhum dos dois. Fique atento aos anjos que lhe são enviados por Deus, afaste-se de quem não eleva sua autoestima, acredite sempre que você nasceu para vencer e lute por isso!

DO MEU LUGAR ENTRE AS BATALHAS, O SONHAR E A VIDA

Graduada em Direito pela Universidade Metropolitana de Santos (Unimes) e pós-graduanda em Direito Tributário pelo Instituto Brasileiro de Estudos Tributários (IBET). Ela também possui extensão em Advocacia no Contencioso Administrativo Tributário, pelo IBET. Com atuação profissional desde 2006, Karolina possui ênfase nas áreas de direito aduaneiro e direito tributário. Atualmente, é presidente da Comissão de Direito Aduaneiro da OAB – Santos para o triênio 2022/2024. Além disso, ela é membro das Comissões de Direito Tributário, Comércio Exterior, Direito Portuário e Direito Marítimo da OAB – Santos. Também participa como membro efetivo do comitê técnico da revista *Direito aduaneiro, marítimo e portuário*, do Instituto de Estudos Marítimos (IEM). Ela é associada ao Instituto Brasileiro de Ciências Criminais e sócia-fundadora da Manuel & Vitta Sociedade de Advogados. É fluente em inglês e espanhol.

KAROLINA MANUEL

39

CONTATOS:

karolina@manuelvitta.adv.br

@karolinamanuel

Karolina Manuel

13 99714 3237

Da busca pelo sonho na diplomacia à realização como advogada, a determinação e a ousadia como pontes para a conquista e a minha voz para os desafios da mulher no mundo do Direito – um capítulo para inspirar.

Não há limite para o que uma mulher pode conquistar se ela se propuser a isso.
SIMONE DE BEAUVOIR

Vejam, isso não se trata bem de uma história, mas sim de um testemunho. O testemunho de que nada é forte o bastante para impedir uma mulher determinada a ser livre de alcançar aquilo que deseja.

Sou dona e herdeira da força das minhas ancestrais: algumas que vocês muito provavelmente conheceram por óbvio no seio da própria família, eu, pouco (ou nada) conheci. Em compensação, tive amostras e lições inteiras do poder de realização de mulheres como a minha avó, que conjugava em si o próprio contraste entre força, coragem e suavidade. Das minhas irmãs, companheiras a me ensinarem que o amor comparece e permanece nos momentos de desafio. Da minha tia, que além do apoio incondicional, mostrou-se dona da ousadia e de uma pitada de loucura que aprendi com o tempo que eram muito bem-vindas e hoje me dão o contorno e a nutrição para a mulher e guerreira que sou, seja na vida, nas mansas linhas do papel a que me aventuro e nas vozes a ecoarem entre os pés direitos altos dos tribunais a que muitas de vocês já estão familiarizadas.

Alguns amigos sabem, mas aqui confesso a quem interessar possa: o meu sonho era ser diplomata. Não me passava, lá atrás, advogar. O sonho tinha uma razão: era a possibilidade de me conectar com pessoas, novos lugares, outras culturas. Eu queria tingir a minha vida de muitas cores, tecer pontes e entre interesses e diferenças, ora, que ganhássemos todos. As experiências a que nos permitimos e a que permitimos outros nos moldam e, em muitos casos, abrem portas, janelas e inteiros capítulos.

Deixem-me contar sobre a minha primeira batalha vencida no mundo do Direito como advogada. Em 2011, ainda recém-formada e sem muitas expectativas por acreditar que ter saído outro dia da faculdade pudesse ser uma limitação, um cliente me procurou com um caso totalmente novo e diferente dos que, até então, eu já havia atuado. Em um primeiro momento, vivi o que senti ser um fracasso quando o juiz indeferiu meu pedido liminar de imediato. Mas, por acreditar o quão inegável era a "plausibilidade do direito guerreado", atravessando noites agitadas e o que parecia não prosperar, levantei cedo obstinada a mudar o cenário. Retirei o processo físico do fórum, voltei ao escritório e estudei mi-nu-ci-o-sa-men-te cada detalhe e alegação da outra parte. E aí, percebi que a narrativa da outra parte estava muito bem estruturada, quase – ênfase no quase – ocultando uma cronologia distorcida.

Diante disso, preparei uma manifestação esclarecendo o que havia encontrado nos autos e retornei ao fórum – vale dizer que eu estava fisicamente acabada, como se mil tratores tivessem passado por cima de mim, mas com a fé renovada – acreditando no pedido que estava defendendo em nome do meu cliente. O resultado? O fracasso momentâneo tornou-se em vitória e em impulso na minha jornada com a procedência do pedido em todas as instâncias e com a empresa, por mim defendida, continuando a exercer suas atividades.

Outro caso marcante para mim se deu um pouco depois, quando fui procurada por uma empresa que enfrentava o Fisco federal com inúmeras questões que resultaram numa autuação de aproximadamente 50 milhões de reais. Eu não havia feito ou enfrentado um processo administrativo fiscal ou lidado com um desafio num valor que jamais imaginei que pudesse lidar. Bem, proposta aceita, contrato assinado e, apesar do desânimo dos colegas mais experientes do que eu ao afirmarem que era processo perdido, não desanimei. Audácia é ponto marcante na minha personalidade e ali fui: estudo, tempo, dedicação e zelo. E novamente o resultado? Convicta em exercer o meu trabalho com o melhor que sou, consegui exonerar integralmente o crédito tributário.

Assim... não sei se já notaram, mas a maior parte dos nossos planos acabam se tornando outros planos porque a vida, tantas vezes, nos visita inesperadamente, mudando nossas direções. De repente, somos uma, com a inocência de que tudo será do jeito que pensamos, ou abraçados às conclusões de que não será possível, ou de que, para que as coisas deem certo, seja imprescindível passar por certos degraus e específicas dificuldades. É então que novos caminhos se revelam, oportunidades, personagens, histórias se apresentam e se entrelaçam à nossa vida permitindo saltos, crescimento, renovação, êxito e felicidade.

Assim, mudamos as velas do nosso barco no rio do tempo.

Posso dizer que até o momento conquistei aquilo que quis – e ainda pretendo conquistar mais, já que não há limites nem preço para sonharmos – mas de uma maneira que não imaginava. Ainda bem. O que posso lhes dizer, é certo, é que a cada degrau eu não hesitei em colocar as mãos na massa, fazer o que era preciso ser feito, peitar os desafios, contrariar os erros e declarar o que havia para se declarar. E é imprescindível que eu volte a falar das mulheres incríveis à minha volta, porque a voz delas me ajudaram a expressar a minha própria.

Hoje sou empresária, advogada, mulher, ariana, escritora, sonhadora, filha de mil mulheres que vieram antes de mim abrindo caminho para que eu pudesse conquistar o lugar para escrever este capítulo junto a vocês. Hoje, eu faço conexões não na área da diplomacia como um dia desejei, mas junto ao Direito, que hoje me inspira a buscar a justiça e permitir que a sociedade e seus atores criem riqueza e possibilidades. Além de ser contínua a oportunidade de aprender, crescer e tornar-me melhor nas diversas áreas a que sou convocada a ser e a estar. Por isto, lhes digo que o Direito me deu um espelho nítido para me (re)conhecer como ser humano e mulher, além de campos férteis para semear por toda uma vida.

E escrever é parte disto. A Karolina de hoje ganhou gosto na literatura por se debruçar nos inúmeros livros ao longo de uma vida inteira, fosse pelo estudo, fosse pelo prazer. E o livro que agora minhas palavras pertencem e se eternizam é fruto disto. De um atrevimento para ouvir minhas coragens e meu gosto pelo mundo, atravessei dores, diagnósticos, medos e perdas. Mas os atravessei e me atrevi a continuar a viva testemunha dos meus feitos e dos feitos das minhas ancestrais que me abriram os caminhos para que, o sucesso da maneira que eu entendo e que tenho vivido, pudesse nos honrar a todas.

E é disso que falo. Se posso aconselhar você, que agora me lê, é que se ousarmos um pouco mais, confiarmos um pouco mais em nós, nos permitirmos ir um pouco além do que pensamos que poderíamos; se, com o coração e a razão em equilíbrio, descobrirmos o que vale dispensar e quando seguir; se reconhecermos quando é importante pedir por suporte e mesmo assim nos vermos fortes e independentes, moveremos o mundo de inúmeras maneiras, como tenho movido o meu e como vejo tantas mulheres moverem os seus.

Apenas assim enxergaremos um vitral de cores e nuances que todas nós compomos, orquestrado pelo Divino, pois sei da ação dEle na minha vida. Sou uma filha cheia de bênçãos e, do que aprendi, partilho...

O futuro pertence àquelas que perseveram, cultivam a fé, acreditam na própria força e na beleza dos seus próprios sonhos.

NAVEGANDO PELOS MARES DA VIDA

UMA JORNADA DE DESCOBERTAS

Empresária no ramo de eventos socioculturais, graduada em Comunicação Social e Organização e Gestão em Eventos pela Universidade Anhembi Morumbi (UAM). Fez vários cursos de aperfeiçoamento no setor, destacando-se pelo gerenciamento de logística, orçamentos, contratos e fornecedores. Com vasta experiência em pós-evento, é habilidosa na identificação de áreas de melhoria e na coleta de feedback dos participantes. Especialista em relações humanas e do trabalho, atua como diretora administrativa da Universom Eventos e como diretora social e administrativa no Nacional Club.

KÁTIA D'AMICO

40

CONTATOS:

katiadamico25@gmail.com

@katiadamico25

11 94758 8898

Minha trajetória de vida foi marcada por lutas e desafios em diversas áreas: carreira, relacionamentos e saúde. Superar adversidades me trouxe crescimento, aprendizado e resiliência, sempre com o apoio da minha família, a base de tudo que sou hoje. Sou casada há 31 anos, e atuo no mercado de eventos. Sei que o céu é o limite para as mulheres e procuro ser a melhor versão de mim mesma todos os dias.

Acredito que as dificuldades e sucessos nos fortalecem para a grande aventura da vida, essa é a lição que aprendi desde logo. Com apenas um ano, enfrentei a minha maior batalha, adquiri a meningite meningocócica e passei 30 dias no hospital, com severo risco de morte. Internada, contaminei-me com mais três tipos de meningite. Felizmente, atravessei aquela tormenta, sobrevivendo sem sequelas físicas ou psicológicas. Acredito que tenha sido minha maior vitória, porque a saúde e a higidez física são essenciais para tudo o que a vida nos apresenta.

Talvez, essa drástica experiência tenha moldado minha forma de encarar a vida, porque depois disso, sempre me dediquei com responsabilidade e foco a tudo que me propus fazer, aproveitando a chance de ter sobrevivido a uma doença grave, que interrompeu o destino de tantas pessoas.

Vim ao mundo no seio de uma família de classe média, com tudo que isso representa de necessidade de superação no Brasil. Lutávamos com dificuldades, mas meus pais sempre se esforçaram para superar todas as barreiras, compartilhando comigo e com o meu irmão as responsabilidades da família.

Nosso exemplo em casa foi de trabalho e confiança, tanto na nossa capacidade como no futuro. Meus pais são o meu grande exemplo de empreendimento, persistência e trabalho, visando o progresso. Ilza, minha querida e amada mãe, é o meu farol de superação, determinação e trabalho. Reginaldo, meu amado pai, sempre se esforçou para proporcionar o melhor para a família. Ricardo, estimado irmão, aliou sua inteligência e determinação ao esforço da família. É meu aliado e conselheiro em tudo o que proponho para progredirmos e expandirmos os nossos negócios.

Com absoluta confiança, minha família enfrentou todas as dificuldades que empreendedores encontram em um país em que há tudo para se realizar e onde as barreiras são imensas. Conseguimos construir nossa casa em poucos anos de trabalho. Meus pais montaram uma malharia, na qual todos trabalhávamos. Eu participava do trabalho naquilo que podia, desde os meus nove anos. Logo me tornei a modelo da malharia.

Usava os lançamentos e chamava a atenção, conseguindo pedidos de amigos, colegas e professores. Entusiasmei-me com o sucesso e intuitivamente aprendi a vender. Passei a levar malas de roupas para a escola e voltava feliz, trazendo mais pedidos para a nossa empresa. Cada um de nós tinha a sua responsabilidade, com nove anos chegava da escola, preparava o almoço para todos, arrumava a casa e ia para a malharia ajudar a fazer acabamentos nas roupas, com muito entusiasmo, porque amo tudo que faço.

Com tanta dedicação, os negócios da família foram prosperando e chegamos a exportar modelos para o exterior. Experimentei o sabor da vitória com o sucesso conjunto da família. Estudei e trabalhei na malharia até os meus 18 anos, quando, novamente, o destino apresentou-me outra provação: meu pai foi assaltado perto de casa e foi ferido com três tiros. Felizmente, recuperou-se logo, mas perdemos a confiança em morar em São Paulo.

Resolvemos mudar para o interior, na esperança de continuar com a nossa malharia. Em três meses, mudamos e montamos a malharia e uma loja. Todavia, não conseguíamos expandir os negócios. Por falta de mão de obra especializada, a empresa que estava em expansão, desabou. Era o Plano Collor, as pessoas de repente ficaram sem dinheiro e fomos obrigados a voltar para São Paulo. No interior, queríamos mais do que o momento e a cidade podiam nos oferecer.

Apesar das dificuldades, nos anos 1990, ao retornar à São Paulo, adquirimos uma casa noturna, era uma discoteca. Não tivemos o sucesso esperado e perdemos tudo o que havíamos conseguido durante anos de trabalho, até a nossa casa. Por incrível que possa parecer, esse momento difícil propiciou-nos muita experiência para superar os desafios da vida empresarial.

Trabalhar em casa noturna pode fornecer uma compreensão prática de como eventos são organizados, desde a seleção de artistas e DJs até a gestão e a logística envolvida. As habilidades adquiridas ao trabalhar em uma casa noturna são muitas: como organização, comunicação, trabalhar sob pressão, gerenciamento de tempo, imprevistos durante eventos, clientes difíceis e segurança dos participantes. Todas essas adversidades nos proporcionaram experiências valiosas, uma base sólida e insights importantes que nos ajudaram a ingressar no mercado de eventos. Recomeçamos tudo, eu, meus pais e meu irmão, juntos, lutando para achar soluções para os problemas que se apresentavam. Perdemos tudo, menos a esperança de que iríamos vencer.

Mesmo nesse processo de mudanças e tormentas, cursei a faculdade de Comunicação Social e Organização e Gestão em Eventos, que formalizou o meu conhecimento das atividades socioculturais que empreendi, em companhia dos meus familiares, a quem atribuo grande parte das minhas realizações. Continuo fazendo cursos de especialização, para aperfeiçoar as minhas atividades pessoais e empresariais.

Abrimos a Universom Eventos, que atualmente está bem situada no mercado de eventos e locação de equipamentos. Lutamos dia e noite, trabalhando de domingo a domingo, com a convicção de que as dificuldades passadas tinham o propósito de embasar o nosso progresso empresarial. A princípio, foi muito difícil, mas, lentamente, todo o esforço, dedicação e trabalho foi apresentando resultados. Não tínhamos vida social ou qualquer lazer, o nosso foco e prazer era e continua sendo o trabalho. Lutávamos para recuperar o que havíamos perdido e construir caminhos para uma vida melhor.

Ao longo dos anos, minha trajetória no setor de eventos tem sido uma história de crescimento, inovação e sucesso. Desde os primeiros passos, quando eu comecei com pequenos eventos, festas de aniversário e reuniões corporativas modestas, até a consolidação de uma empresa de renome no mercado de eventos, minha jornada é marcada por dedicação e visão estratégica.

Nos primeiros anos, enfrentamos muitos desafios para consolidar a Universom Eventos em um mercado competitivo e ganhar a confiança dos clientes. Com uma abordagem focada na qualidade e na personalização dos serviços, conseguimos nos destacar, sempre buscando entender as necessidades específicas de cada cliente e oferecendo soluções criativas e inovadoras com persistência e dedicação. Com o passar do tempo, a reputação da empresa se consolidou. Os clientes satisfeitos tornaram-se promotores do nosso trabalho, recomendando nossos serviços para amigos e empresas. Nossa capacidade de superar as expectativas e idealizar experiências memoráveis fez com que a demanda pelos serviços aumentasse. Assim, expandimos o portfólio de pequenos eventos de casamentos e reuniões, passando para grandes eventos corporativos, lançamentos de produtos, eventos esportivos e culturais.

À medida que a empresa crescia, investíamos significativamente em equipamentos de som, iluminação e estruturas, com equipes talentosas e dedicadas, que compartilham a nossa paixão por criar eventos inesquecíveis. Tudo isso permitiu o aperfeiçoamento dos serviços prestados aos nossos clientes.

A capacidade de adaptação e inovação foi crucial durante momentos de crise, como a pandemia global, que trouxe desafios inéditos para o setor de eventos. Essas ações não só garantiram a continuidade dos negócios, mas também fortaleceram nossa posição no mercado. Nossa trajetória pode inspirar muitos, mostrando que com paixão, inovação e um forte senso de propósito é possível transformar desafios em oportunidades e alcançar o sucesso empresarial.

Antes de todo esse sucesso, em meio ao esforço para consolidar a Universom Eventos, encontrei o grande amor da minha vida, o Antônio, meu marido. Ele apareceu conquistando-me com um olhar. Naquele encontro de almas, tive a certeza de que nada é por acaso, porque meu marido sempre apoiou minhas iniciativas, incentivando o meu trabalho e comemorando cada vitória. Tivemos sucesso desde logo, conhecemos o insucesso, recomeçamos do zero e de repente o destino nos reservou novos horizontes.

Com meu marido ao meu lado integrando a união com a minha família, estamos juntos há mais de 30 anos. Nesse caminho, sofremos algumas tragédias, meu marido perdeu a mãe em um acidente automobilístico e o meu pai faleceu de acidente vascular. Nos amparamos nas tragédias e prosseguimos cumprindo nossa missão de vida, com fé e esperança nos desígnios de Deus.

Em mais de três décadas de trabalho duro e persistente, a Universom Eventos cresceu muito, além das nossas expectativas, obrigando-me a enfrentar novos desafios. Todos nós seguimos aprendendo com os desafios que se apresentam. O destino sempre traz novos caminhos e experiências.

Em 2016, Antônio assumiu o Nacional Club, tradicional clube sociocultural de São Paulo, localizado no tradicional bairro do Pacaembu, um dos lugares mais lindos de São Paulo, cuja beleza está na razão direta da sua importância para a sociedade de São Paulo e do Brasil no que diz respeito ao desenvolvimento sociocultural. Desde a sua fundação, em 1958, pelo banqueiro Amador Aguiar, em associação com o jornalista Assis Chateaubriand e com o empresário Orozimbo Roxo Loureiro, o Nacional Club tem acolhido grandes personalidades dos mundos empresarial, intelectual e político.

Inaugurou o livro de ouro do clube o então presidente da República Juscelino Kubitschek de Oliveira, que lá frequentou até os seus últimos dias de vida. Pelos salões do clube conviveram banqueiros, industriais, líderes políticos e religiosos, cujas assinaturas constam do livro de ouro, roteiro de uma história. No boletim social de 1963, confraternizaram-se com sua alteza o rei Leopoldo II da Bélgica, os embaixadores da França e da Bélgica, Henry Ford II, os Matarazzo, Ulisses Guimarães, generais, almirantes, brigadeiros, chanceleres e banqueiros. No livro de ouro constam assinaturas de personagens históricos e a honrosa assinatura de Francisco Cândido Xavier, líder espiritual do Brasil e exemplo de generosidade.

Em 2016, enfrentei este novo desafio: administrar o Nacional Club. Tenho colaborado com o objetivo de concretizar a obra sociocultural, iniciada por grandes personalidades da história recente do Brasil, acolhendo grandes eventos e reunindo intelectuais para debater ideias e sugerir novos caminhos, promover networking, compartilhar conhecimento, desenvolver parcerias e estimular oportunidades de negócios, reunir pessoas com interesses em comum, oferecendo um ambiente propício para a troca de experiências, divulgação de produtos e serviços, realização de eventos, palestras, workshops, seminários, além de facilitar o acesso a informações relevantes e atualizadas sobre o mercado global.

As atividades do clube são excelentes oportunidades para expandir redes de contatos, aprender com outros profissionais, identificar novas oportunidades de negócios e fortalecer a atuação no mercado. É uma forma eficaz de manter-se atualizado e conectado, porque as relações mandam no mundo. Muito embora pareça similar às minhas atividades tradicionais, é desafiador porque requer empenho administrativo, comercial e social. Tudo isso estimula e amplia a minha visão empresarial, com um público diferente e com objetivos que vão além do sucesso comercial.

Acredito, por experiência de vida, que as mulheres devem participar ativamente do progresso da humanidade, não só como mães e esposas, mas empreendendo em todos os setores da economia e por que não da política. Há muito, saímos de nossos lares para, ombro a ombro com nossos maridos e familiares, desafiar e participar da grande aventura da vida. A presença de mulheres em cargos de liderança promove a diversidade de perspectivas, experiências e habilidades, enriquecendo as tomadas de decisão e impulsionando a inovação. A representatividade feminina é muito importante no topo de diversas esferas da sociedade, como nos negócios, na política, na ciência, na cultura e em outras áreas. São exemplos para as gerações mais jovens, inspirando-as a sonhar alto, a acreditarem em si mesmas e a perseguirem seus objetivos com determinação.

Esta é a minha trajetória, desde uma malharia até a direção de uma importante empresa de eventos e de um dos mais tradicionais clubes de São Paulo. Confesso que estou satisfeita com o êxito que alcancei depois desse longo e trabalhoso caminho percorrido, mas acredito que a história continua, porque o céu é o limite para todas as mulheres que ousem empreender e realizar os seus sonhos.

O segredo dos campeões é aproveitar todas as potencialidades próprias e, também, as oportunidades que a vida oferece. É como um campeonato de tênis, em que a vitória depende do aproveitamento de todos os lances. O segredo do sucesso é a persistência no trabalho, a coragem para recomeçar e a fé inabalável nos desígnios do Criador!

RAÍZES ANCESTRAIS E O FLORESCIMENTO DA MULHER PRETA

A CEO Fundadora da Florescer 50+ e presidenta do Instituto Saúde Solidária é graduada em Administração pelo Centro Universitário Álvares Penteado, mestre em Psicologia Social pela Pontifícia Universidade Católica de São Paulo (PUC-SP) e doutora em Engenharia de Produção pela Escola Politécnica da Universidade de São Paulo (Poli-USP). Tem experiência nas áreas de gestão de pessoas, diversidade e inclusão e responsabilidade socioambiental. Atua como professora universitária, escritora, palestrante, pesquisadora e consultora de gestão e negócios. Autora dos livros *Casa vida: espaço de afetividade e ternura* e *Coragem para amar: uma experiência em conviver com a AIDS*, ambos editados no Brasil e no México. É coautora do e-book *Responsabilidade social, sustentabilidade e meio ambiente* (2018) e dos livros *A arte do desenvolvimento humano* (2021) e *A arte de vender* (2023). Membro da Rede Mulher Empreendedora, do Grupo Mulheres do Brasil e da Palestrantes do Brasil.

LEIDE SILVA

41

CONTATOS:

florescer50mais.com.br

leidesilvaeducadora@gmail.com

@leidesilvaeducadora

Leide Silva Educadora

Leide Silva Educadora

11 97151 9556

Descubra a trajetória de uma mulher preta e periférica que, desde a infância, superou desafios e preconceitos para conquistar seu espaço nas carreiras profissional e acadêmica. Aos 60 anos, reinventou-se durante a pandemia, e continua a florescer; criou uma startup e inspira outros a honrar suas raízes e alcançar todo o seu potencial nas diversas fases da vida.

Ao olhar pelo retrovisor da vida, revejo os meus sonhos da infância e as imagens surgem à mente como em um filme. Vejo a menina tímida brincando de bola com seus irmãos, correndo na chuva no retorno da escola, curiosa entre livros e cadernos. Embrenhava-se na estrada do conhecimento, em busca por espaços, oportunidades e pertencimento.

Em preto e branco, vi pela televisão o homem chegar à Lua em 1969 e o Brasil ser campeão mundial de futebol em 1970. Era um período de grandes acontecimentos políticos, culturais, sociais, científicos e tecnológicos, cujas repercussões pouco entendia na época. Ser cientista, médica, advogada, psicóloga ou pedagoga era um dos meus sonhos.

Filha de um tapeceiro e de uma funcionária pública, fui criada pela minha tia-avó e pela minha avó paterna. Não cheguei a conhecer meus avós maternos biológicos. Minha bisavó paterna foi vítima da gripe espanhola de 1918, no interior de São Paulo. Com o falecimento dela, a minha tia-avó ficou responsável por cuidar dos irmãos mais novos; seu noivo não aceitou isso e terminaram o relacionamento. Veio para São Paulo com os seus irmãos, entre eles a minha avó, com pouco mais de três anos de idade.

Aos 11 anos, a minha avó foi obrigada a deixar a escola, na quarta série, para procurar um emprego. Foi babá e cozinheira. Ela era muito inteligente; mesmo com pouco estudo era articulada, atualizada e muito comunicativa. Sempre comentava que queria ter estudado mais. Mãe solo, ela criou muito bem seus dois filhos.

Quando minha mãe se casou, foi morar na casa da minha tia-avó. Desse relacionamento nasceram três filhos, sendo eu a primogênita. Ela apreciava ler, principalmente jornais e revistas e assim desenvolvi o hábito da leitura. Mas sua vida conjugal não durou muito devido às brigas constantes.

Ela foi à luta para conquistar sua independência financeira e prestou concurso para um cargo público.

Cresci rodeada por mulheres pretas e resilientes, as quais reverencio e agradeço por terem germinado em mim a coragem e a determinação para lidar com os desafios da vida. Entender e honrar as minhas raízes ancestrais me proporciona uma melhor compreensão sobre mim e da minha posição no mundo. O conceito de ancestralidade está relacionado à conexão com aqueles que nos antecederam, seja do ponto de vista genético, familiar, cultural, identitário ou espiritual.

O meu florescer interior

O caminho do florescer interior é um processo de desenvolvimento pessoal e espiritual, em que uma pessoa descobre e cultiva suas qualidades internas, seus talentos e suas potencialidades. Aceitar-se plenamente, com todas as imperfeições e falhas, é um ato de coragem que cria um solo fértil para o crescimento pessoal.

O florescer interior também envolve a superação dos limites internos que muitas vezes nos impedem de avançar. Esses limites podem ser crenças limitantes, traumas, medos ou padrões de comportamento autodestrutivos. Desafiar tais bloqueios é um passo crucial para liberar todo o potencial que existe dentro de nós. Esse processo pode ser doloroso e exigir paciência, mas é essencial para alcançar uma vida plena e significativa.

Morei na casa da minha tia-avó, juntamente com meus dois irmãos mais novos, e com escassos recursos financeiros parecia pouco provável a realização dos meus sonhos.

Para minha tia-avó, meus irmãos e eu erámos da geração da esperança. Sempre que ela podia comprava a prestação alguns livros, com os seus parcos recursos, ou recolhia dos descartes de lixo.

Estudei em uma escola pública e, quando estava na sétima série, comecei a pensar em uma estratégia para realizar o meu sonho de entrar na faculdade e custear o curso de graduação. O plano consistia em trabalhar para pagar os estudos. Então, aos 15 anos, comecei a minha vida profissional como escriturária em um dos maiores bancos privados brasileiros. Prestei vestibulinho para o ensino técnico em Administração em uma escola particular e comecei a estudar no período noturno. Ah! A primeira mensalidade foi minha avó quem pagou. Para economizar, fazia o trajeto, de cerca de 3,5 km, a pé da empresa até a escola.

Durante o colegial técnico em Administração, tive acesso a novos conhecimentos que ampliaram a minha visão de mundo, tanto do ponto de vista pessoal como profissional. Além das atividades escolares, tive a oportunidade de participar de projetos de voluntariado, tais como visitas à Febem, atual Fundação Casa, à Pestalozzi e ações de inclusão e cidadania. Foram experiências que me marcaram profundamente e ainda hoje me orientam na construção de conhecimentos que contribuam para uma sociedade justa, fraterna e solidária.

Na época, onde eu trabalhava, poucas pessoas estudavam e os colegas me perguntavam: "Estudar pra quê?". E sempre me lembrava do que minha tia-avó dizia: "Estude para você ser alguém na vida!".

No trajeto de ônibus até a empresa, aproveitava para ler e atualizar os meus conhecimentos. Naquela época, celular e internet ainda não existiam por aqui, somente material impresso, livros, revistas e jornais. Nos períodos de provas escolares, estudava no banheiro, no horário do almoço; não era o local adequado, porém o único disponível.

Além do trabalho e da escola, a convivência com a minha família e com as atividades religiosas foram fundamentais para o meu crescimento pessoal e a conexão com a minha essência.

Desafios e conquistas

Ser uma mulher negra e periférica no Brasil é enfrentar uma série de desafios profundamente enraizados em questões de racismo, machismo, desigualdade socioeconômica e exclusão social. Foram diversos desafios e muitas conquistas ao longo da minha jornada, que se manifestaram em múltiplas dimensões da minha vida cotidiana, desde a educação e o mercado de trabalho até saúde, segurança e representatividade.

Quantas vezes, no ambiente de trabalho e mundo acadêmico, fui preterida? Para citar dois exemplos, todas as promoções que tive no banco até chegar ao cargo de gerente-chefe foram conquistadas com muita luta e determinação. Independentemente das minhas qualificações, habilidades e competências, o meu nome nunca estava na lista. Eu que não lutasse! Quando lecionava em uma universidade, surgiu uma vaga para a coordenação acadêmica. A direção da escola, somente composta por homens, afirmava que não encontrava um profissional com o perfil entre os professores da instituição. O diretor sabia que eu era a única com o título de doutora e tinha todos os requisitos para ser promovida. O comentário era "Será que ela consegue?". Depois de muito tempo, consegui ser indicada para a coordenação do curso de Administração.

Vale destacar que nós, mulheres pretas, também somos agentes de resistência e transformação, desafiando estereótipos, superando barreiras e lutando por um futuro mais justo e igualitário.

Entre minhas principais conquistas estão: a graduação em Administração (Fecap), o MBA em Gestão de RH (Faap), o MBA em Gestão de Operações e Serviços Bancários (Fundação Vanzolini), o mestrado em Psicologia Social (PUC-SP) e o doutorado em Engenharia de Produção. Fui uma das primeiras pretas a receber o título de Doutora na Poli-USP e a única mulher preta da turma. Fiz intercâmbios (França e Canadá), conheci vários estados brasileiros e diversos países, sou professora, autora e coautora de livros e artigos científicos. Tenho uma carreira sólida e independência financeira. E, aos 60 anos, estou no processo criativo de uma startup: a Florescer 50+.

Segredos para florescer

No auge dos meus 60 anos, venho aprimorando as minhas habilidades, ampliando conhecimentos, experiências e vivências. Vou compartilhar com você cinco princípios que têm me assegurado a seguir no caminho do aprendizado contínuo, um envelhecimento saudável e ativo.

1. Invista no seu conhecimento

Defina o que você quer aprender, existem tantas possibilidades. Entre elas escolha aquilo que te agrada e esteja alinhado ao seu propósito de vida. Um conhecimento que te leve a realizar os seus sonhos. Consulte fontes confiáveis de conhecimento. Estudar francês, inglês e espanhol, nessa ordem, fez parte da minha estratégia para conquistar as titulações acadêmicas e o meu espaço no mundo corporativo.

Mantenha uma reserva financeira para fazer um curso, comprar um livro e participar de seminários, congressos ou oficinas. Dedique um tempo para expandir o seu conhecimento.

Crie um hábito diário de leitura. Ouça um podcast, um audiolivro enquanto dirige, está na academia ou caminhando. Na correria do meu dia a dia, sempre me programo para fazer uma leitura, ver um vídeo, ser mentorada ou participar de um curso.

2. Seja curioso(a)

Tenha interesse pelo desconhecido. A curiosidade inspira a busca pelo conhecimento. Ao ser curioso(a), você prepara seu cérebro para a aprendizagem e para desenvolver novas habilidades e competências.

Faça perguntas. Uma das características das pessoas curiosas é fazer perguntas e procurar respostas para aquilo que ainda não sabem. Na formulação dos seus questionamentos considere: o quê? Quem? Quando? Onde? Como? Por quê? A partir das respostas, você poderá aumentar o seu conhecimento, construir pensamento crítico e ter um posicionamento fundamentado.

3. Faça viagens

Programe viagens culturais, sempre que possível. Aliar as férias a um roteiro cultural é uma maneira divertida de aprendizagem. Com a família, sozinho(a) ou em grupo, conheça novos lugares, novas pessoas, a cultura e a história local. Pode ser uma viagem nacional ou internacional. A França foi o meu primeiro destino internacional, na ocasião conciliei com as minhas férias do trabalho e com a bolsa de estudos de idioma.

Você realiza networking, conhece realidades diferentes, sai de sua zona de conforto e as informações recebidas podem se transformar em conhecimento e estimular a sua criatividade. Viajei muito pelo Brasil a trabalho na área de Treinamento e Desenvolvimento e isso foi muito enriquecedor.

4. Invista em cultura

Assistir a peças de teatro expande a sua percepção de mundo, aguça a sua curiosidade, estimula o desenvolvimento de novas habilidades e gera novas ideias e soluções.

Visite museus e exposições, pois são espaços de aprendizagem, estimulam a nossa memória, o nosso cérebro, a nossa criatividade e a nossa imaginação.

5. Experimente o novo e saia da sua zona de conforto

Ouse mudar. Por exemplo, faça um trajeto diferente. Isso permite que seu cérebro faça novas conexões e questionamentos. Esse exercício auxiliará no desenvolvimento do seu processo criativo e trará novos aprendizados.

Programe um final de semana diferente com pessoas que gosta. A convivência com a família e amigos é uma fonte de aprendizado. Troque os programas de televisão por momentos de conversas e descontração com os seus familiares.

Participe de uma ação ou de um projeto social. A participação voluntária em projetos sociais é uma experiência de vida e de cidadania inspiradora, com imenso poder de transformação. Você aprende, você ensina. Encontrei o meu propósito de vida ao participar, ainda adolescente, de um projeto social do colégio. A vivência do voluntariado fortalece os meus valores e a minha fé.

Sempre é tempo de florescer

Durante a pandemia da Covid-19, iniciei o meu processo de reinvenção pessoal e profissional. A participação na mentoria com a poderosa Leila Navarro, palestrante e escritora, foi uma oportunidade de descobrir novas habilidades e oportunidades. Entre os resultados, estão a adoção do meu segundo nome, Leide, nas minhas apresentações e a criação da startup Florescer 50+ que atua na área de desenvolvimento humano para pessoas com mais de 50 anos.

Em 2022, participei da primeira turma do Silver Startup Lab, programa do Sebrae voltado para fundadores seniores.

As pessoas estão vivendo mais e o mundo envelhecendo. Estima-se que em 2050, o Brasil será o sexto país mais velho do mundo.

Quando se faz um recorte racial do envelhecimento, no Brasil, com a pesquisa do Centro Brasileiro de Análise e Planejamento (Cebrap), em parceria com o Itaú Viver Bem (2023), observa-se o impacto da desigualdade racial no processo de envelhecimento.

Nessa perspectiva, a Florescer 50+ tem o propósito de promover uma jornada de autoconhecimento, crescimento pessoal e profissional e conexão de pessoas negras na mesma fase da vida, atuando contra o etarismo e pela inclusão etária.

O conceito de florescimento humano diz respeito a encontrar propósito, significado e alegria em cada fase da vida, inclusive na maturidade, uma vez que, com o passar dos anos, acumulamos uma riqueza de experiências e sabedoria.

Assim como uma árvore só floresce plenamente quando suas raízes estão bem estabelecidas e nutridas, o ser humano só pode realmente florescer quando está em harmonia com suas raízes ancestrais, respeitando-as e integrando-as em sua jornada de vida.

Espero que compartilhar a minha história sirva de inspiração e de conexão com a sua ancestralidade, para que você sempre floresça.

Um grande abraço!

A CURA PELA ALIMENTAÇÃO

Advogada com mais de dez anos de experiência, especializada pela Fundação Getulio Vargas (FGV) e com ampla atuação na área jurídica contenciosa. Paralelamente à carreira jurídica, desenvolveu uma paixão pela vida saudável e pela cura por meio da alimentação natural, o que a levou a estudar e adotar práticas alimentares funcionais. Após ser diagnosticada com hipotireoidismo avançado, Luana iniciou uma profunda pesquisa sobre formas de recuperar sua saúde, o que a levou a conhecer os princípios da alimentação natural e motivou-a a aprofundar seus conhecimentos em gastronomia funcional. Atualmente, Luana é formada como *personal chef* funcional, criando pratos nutritivos, equilibrados e saborosos, utilizando temperos naturais e evitando aditivos químicos. Sua missão é ajudar outras pessoas a alcançarem uma alimentação saudável e uma vida equilibrada, combinando seu conhecimento jurídico com sua dedicação à restauração da saúde por meio da alimentação.

LUANA BRITTO

42

CONTATOS:

luanabritto.adv@gmail.com

@naturallua

11 94596 1935

Neste capítulo, compartilho meus conhecimentos sobre os alimentos funcionais e a regressão do hipotiroidismo autoimune. De advogada à *personal chef* em gastronomia funcional, espero despertar nos leitores a curiosidade sobre a possibilidade de transformar a saúde por meio da alimentação natural.

A busca por uma vida saudável é um caminho repleto de descobertas, desafios e conquistas. Sou advogada, e minha história com a alimentação natural começou de forma inesperada. Enfrentei uma batalha contra o hipotireoidismo autoimune já em estado avançado, uma condição que afetou drasticamente minha qualidade de vida, a ponto de desenvolver outras comorbidades devido à tireoide desregulada.

Durante os primeiros anos de tratamento, os exames clínicos indicavam que meus níveis hormonais estavam dentro dos padrões laboratoriais, pois eu estava repondo o hormônio da tireoide com a medicação prescrita pelo médico que me acompanhava. No entanto, meus sintomas diziam o contrário. Sentia uma indisposição constante e uma fadiga que parecia nunca me deixar. Em várias ocasiões, eu não tinha forças nas pernas para sustentar o peso do meu próprio corpo. A sensação de exaustão era minha companheira diária, impactando todas as áreas da minha vida.

Foi nesse contexto que decidi buscar alternativas além dos medicamentos, para alcançar um equilíbrio em minha vida. Por conta própria, comecei a investigar como a alimentação poderia influenciar minha saúde e descobri o conceito de alimentos funcionais – aqueles que, além de nutrir, possuem propriedades benéficas à saúde.

A ideia de que os alimentos possuem propriedades terapêuticas é antiga. Hipócrates já dizia: "Que seu alimento seja seu remédio, que seu remédio seja seu alimento". As antigas culturas orientais conhecem a relação entre alimentação e cura ou prevenção de doenças há mais de 2.500 anos.

Decidi, então, fazer mudanças significativas na minha alimentação, começando pela retirada do glúten e do leite da dieta. A eliminação desses dois componentes teve um impacto transformador. Os sintomas de indisposição e fadiga começaram a diminuir e, mais surpreendentemente, os anticorpos que atacavam minha tireoide começaram a regredir. Ficou evidente que a alimentação estava desempenhando um papel crucial na minha recuperação e na melhoria da minha qualidade de vida.

A importância dos alimentos funcionais

Os alimentos funcionais são verdadeiros aliados na busca por saúde e bem-estar. Eles são definidos como aqueles que, além de suas funções nutricionais básicas, apresentam uma ou mais substâncias com funções fisiológicas e bioquímicas benéficas à saúde humana, como a redução do risco de doenças crônicas degenerativas e cardiovasculares. Podem ser naturais ou enriquecidos, por exemplo, vitaminas, sais minerais, ômega-3, probióticos, que melhoram a saúde intestinal, e antioxidantes, que combatem os radicais livres e ajudam a prevenir diversas doenças.

Alimentos como quinoa, chia, linhaça, açafrão e vegetais crucíferos, como brócolis e couve-flor, tornaram-se parte integrante da minha rotina. Esses alimentos, além de fornecerem energia, oferecem uma série de benefícios ao organismo humano. Eles não apenas ajudaram a regular meu metabolismo, mas também fortaleceram meu sistema imunológico, permitindo que meu corpo reagisse melhor ao tratamento do hipotireoidismo de Hashimoto, uma doença autoimune.

A retirada de glúten e leite

A decisão de eliminar o glúten e o leite da minha alimentação foi um ponto de virada. O glúten, uma proteína encontrada no trigo, centeio e cevada, pode causar inflamação em pessoas sensíveis, agravando condições autoimunes, como no meu caso. O leite, por sua vez, pode ser problemático devido à lactose e às proteínas que também podem desencadear reações inflamatórias.

A retirada do glúten e do leite exigiu adaptações e muita pesquisa para garantir uma alimentação balanceada, nutritiva e saborosa. Descobri novos alimentos e receitas que se tornaram meus aliados. As opções são vastas, e é possível manter uma alimentação deliciosa e variada, mesmo com essas restrições.

A natureza como fonte de cura

A natureza nos proporciona verdadeiros remédios por meio dos alimentos, ervas e especiarias. Ao longo das minhas pesquisas, passei a valorizar ainda mais o poder curativo da natureza. Incorporar esses elementos no meu cotidiano trouxe inúmeros benefícios à saúde. É importante ressaltar que os alimentos funcionais devem estar associados a uma dieta equilibrada, pois não adianta ter uma alimentação natural combinada com a ingestão de gorduras saturadas, um estilo de vida sedentário e cheio de estresse.

Para preparar meus alimentos, utilizo temperos naturais, frescos ou ervas secas, buscando um sabor equilibrado sem aditivos químicos, corantes ou realçadores de sabor. A utilização de temperos naturais, como alho, cebola, coentro, salsinha, manjericão e orégano, não só realça o sabor dos pratos, mas também oferece propriedades antioxidantes e anti-inflamatórias benéficas para a saúde.

Aprofundando o conhecimento em gastronomia funcional

A transição para uma alimentação funcional também despertou meu interesse pela culinária. Decidi aprofundar meus conhecimentos e fiz um curso de gastronomia funcional. Essa decisão transformou minha relação com os alimentos e me capacitou a criar pratos que são, ao mesmo tempo, nutritivos e deliciosos. Hoje, além de advogada, sou *personal chef* especializada em Gastronomia Funcional. Essa nova faceta da minha vida me permite ajudar outras pessoas a alcançarem uma alimentação mais saudável, equilibrada e cheia de sabor.

Os benefícios da alimentação saudável

Os benefícios que experimentei ao mudar meus hábitos alimentares são inúmeros. Além da melhora nos exames clínicos e da redução dos anticorpos, notei um aumento significativo na minha energia e disposição. A alimentação saudável também teve um impacto positivo na minha saúde mental, ajudando a reduzir sintomas de ansiedade e a melhorar meu humor.

A alimentação é uma ferramenta poderosa para a saúde. Cada escolha alimentar pode afetar nosso bem-estar, e, no meu caso, foi fundamental para a recuperação e a melhoria da minha qualidade de vida. Para que esses benefícios sejam realmente alcançados, é essencial consumir os alimentos adequados regularmente e em quantidades apropriadas, de acordo com fatores como idade, peso e outras características individuais.

Além de melhorar minha condição física, a alimentação saudável também trouxe benefícios emocionais e psicológicos. A sensação de bem-estar e a disposição renovada aumentaram minha confiança e autoestima. Cada refeição se tornou uma oportunidade para nutrir não apenas o corpo, mas também a mente e o espírito.

Desafios e aprendizados

A jornada em busca de uma alimentação saudável não foi isenta de desafios. Enfrentei dificuldades ao me adaptar a uma nova rotina alimentar e ao buscar ingredientes alternativos. No entanto, esses desafios se transformaram em aprendizados valiosos. Descobri a importância da perseverança e da paciência. Cada obstáculo superado fortaleceu minha determinação e me aproximou dos meus objetivos de saúde.

A eliminação do glúten e do leite foi particularmente desafiadora no início. Substituir esses alimentos exigiu criatividade e disposição para experimentar novas receitas. Com o tempo, aprendi a preparar refeições variadas e saborosas que atendem às minhas necessidades nutricionais.

Inspiração e propósito

Minha história de superação por meio da alimentação saudável me inspirou a compartilhar meu conhecimento e experiências com outras pessoas. Acredito que todos têm o potencial de transformar suas vidas por meio de escolhas alimentares conscientes. Como *personal chef* funcional, meu objetivo é ajudar as pessoas a descobrirem os benefícios de uma alimentação funcional e a incorporarem hábitos saudáveis em suas rotinas diárias.

O impacto positivo da alimentação na minha vida pessoal e profissional é inegável. Hoje, sinto-me mais energizada, saudável e consciente das minhas escolhas alimentares. Estou determinada a continuar essa jornada e a inspirar outras pessoas a fazerem o mesmo. Cuidar de nós mesmos é o primeiro passo para alcançar nossos objetivos e viver uma vida plena e realizada.

Conclusão

A jornada para uma alimentação natural e saudável é pessoal e única. Foi essa jornada que me ajudou a superar o hipotireoidismo de Hashimoto e a recuperar minha vitalidade. Hoje, estou mais consciente das minhas escolhas alimentares, o que me permite sentir mais energia e saúde. Espero que minha história inspire outras pessoas a buscarem uma alimentação que promova saúde e bem-estar. Nosso lugar é no topo do mundo, e cuidar de nós mesmos é o primeiro passo para alcançar esse objetivo.

A alimentação saudável é mais do que uma dieta; é um estilo de vida que valoriza o bem-estar e a saúde física, mental e espiritual. Cada escolha alimentar pode impactar nosso bem-estar e, no meu caso, foi essencial para a recuperação e para a melhoria da qualidade de vida. Que minha história seja um testemunho de que cuidar da alimentação é um ato de carinho com seu corpo e sua mente!

A SUPERAÇÃO DE UM CASAL EMPREENDEDOR

Formado em Administração pela PUC-SP, técnico em Contabilidade, e especialista em Comércio Exterior e Planejamento Tributário. Atualmente, é CEO do Grupo Platina 8, diretor da corretora Fragazi Seguros e sócio do Grupo I3 Bank. Sua carreira teve início aos 18 anos, como estagiário na empresa Golden Trade Comércio Internacional, onde permaneceu até os 21 anos. Durante esse período, teve a oportunidade de trabalhar em todos os departamentos da empresa, adquirindo uma sólida experiência na área de comércio exterior, em que, hoje, acumula mais de 15 anos. Aos 20 anos, foi convidado pela empresa a liderar um novo projeto em Pequim, na China, onde passou oito meses estudando mandarim e trabalhando na nova filial. Aos 23 anos, iniciou sua trajetória como empreendedor, fundando, com a família, sua primeira *trading company*. Lucas é fluente em inglês e espanhol, com conhecimento básico de mandarim. Seus principais valores são a família, o trabalho, a honestidade, o respeito e a fé.

LUCAS BENEGAS CONGO

43

CONTATOS:

platina8trade.com

l.congo@platina8trade.com

11 99163 0988

Eu sou Lucas. Cresci em uma família tradicional, unida e cristã, na qual aprendi valores profundos de caráter e fé, que hoje busco ensinar à minha filha. Em minha esposa, tenho mais do que uma companheira de vida; ela guia meus pensamentos e ilumina minhas atitudes como ninguém. Com ela, aprendi o verdadeiro sentido da fé e, por meio dela, vejo todos os dias o verdadeiro significado do amor.

Meu nome é Lucas Benegas Congo. Nasci em São Bernardo do Campo e sou o primogênito de uma família unida e cristã, seguido por dois irmãos que estimo imensamente. Cresci em um ambiente maravilhoso e saudável, em que aprendi valores profundos de caráter e fé, que hoje busco ensinar para a minha própria família. Tenho lembranças vívidas dos ensinamentos e da educação que recebi dos meus pais. Em nossa casa, o jantar era um momento sagrado: reuníamo-nos à mesa todos os dias, sem exceção, e nunca começávamos a refeição sem que todos estivessem presentes. Esses momentos fortaleceram profundamente nossos laços fraternos e foram fundamentais para a formação do nosso caráter, ajudando-nos a enfrentar os desafios e as alegrias da vida.

Durante esses jantares, conversávamos sobre tudo: futebol, programas de TV, o concurso de miss em que a brasileira não venceu, e tantos outros assuntos que surgiam. Assim, aprendi a valorizar momentos preciosos em família, que enriqueceram minhas memórias e ainda nos mantêm próximos até hoje. Converso com meus irmãos e meus pais diariamente, e ainda nos reunimos aos domingos para a famosa macarronada que meu pai prepara. Ele leva a sério a tradição, e "ai de quem" não elogiar! Sempre tive uma base familiar muito forte, que hoje replico em minha própria família, transmitindo essa união que tanto sentido trouxe à minha vida. Espero que esses valores se perpetuem em minha filha e, no futuro, nos meus netos.

Quando entrei na faculdade, foi como se eu estivesse nadando em um mar aberto, frequentava as festas universitárias, assistia às aulas e estudava apenas o suficiente para ser aprovado, exatamente como quando era criança. E, dessa maneira, formei-me em Administração de Empresas pela PUC-SP.

Não apenas na faculdade, mas meu histórico escolar na infância e na adolescência também foram conturbados, uma vez que eu, como muitos outros "moleques", só queria saber de bagunça e não prestava atenção nas aulas, o que fazia minha mãe ser chamada pela professora praticamente toda semana. Mas isso não resolvia. O que eu realmente gostava era de jogar bola, andar de bicicleta, ou simplesmente passar o dia na rua. Estudar não estava entre as minhas prioridades, e, por isso, acabei reprovando no segundo colegial. Aos 15 anos, não avançar para o próximo ano letivo junto com a turma é uma experiência traumática, considerando que você fica afastado dos amigos e ainda precisa cursar o ano todo novamente.

Minha mãe, a mulher mais sábia que já conheci, tomou uma decisão crucial quando fui reprovado: ela não permitiu que eu fizesse a prova substitutiva para avançar de ano. Quis que eu realmente "perdesse" um ano inteiro, para aprender a valorizar os estudos e o tempo perdido. Dito e feito. Não sinto que perdi, mas sim que ganhei aquele ano como um presente da minha mãe. Quem sabe não foi exatamente esse ensinamento que me trouxe tanta responsabilidade na faculdade e nos negócios? Tenho certeza de que sim.

Hoje, trabalho com comércio exterior e já estou no ramo há 15 anos. Comecei como estagiário em uma grande companhia de *trading*, onde fui crescendo até ser efetivado e me tornar analista. Trabalhei em diferentes setores até ser convidado a atuar em Pequim, na China, por sete meses. Confesso que, aos 19 anos, chegando a um país tão distante e culturalmente diferente, fiquei um pouco assustado, mas consegui me adaptar e aprendi muito com a cultura chinesa e com o modo como negociam e fazem comércio. Morar na China foi uma experiência valiosa, não apenas profissionalmente, mas também pessoal e emocionalmente. A saudade do Brasil e da família foi constante, mas sabia que aquele momento era de aprendizado e tentei absorver ao máximo cada experiência.

Após trabalhar em praticamente todos os setores da *trading*, passei a atuar no setor comercial, desenvolvendo negócios e adquirindo cada vez mais experiência. Em 2014, desliguei-me da empresa para atender meus próprios clientes. Em 2015, fundei minha primeira empresa, uma *trading company*, e assim começou minha trajetória como empreendedor. Contando com o apoio da minha família, levantei alguns recursos, penhorei um imóvel familiar e comecei a operar no mercado.

No entanto, as coisas não saíram como planejado. Possivelmente devido à minha inexperiência, pouca idade (eu tinha apenas 22 anos) e algumas escolhas equivocadas e ações mal planejadas, acabei enfrentando o meu primeiro grande desafio: a empresa passou por dificuldades e minha família quase perdeu a casa penhorada. No fim, meu pai precisou vender a casa para pagar as dívidas que gerei com a minha primeira empresa, e então passei a dever à minha família, o que foi um alívio em comparação à possibilidade de dever ao banco.

Recomecei basicamente do zero e, a partir das experiências anteriores, iniciei uma empresa mais enxuta. Em 2017, começamos a ter um crescimento significativo e aos poucos obtendo êxito. Foi nessa época que conheci minha esposa. Começamos a namorar e, no ano seguinte, já morávamos juntos. Minha filha chegou na minha vida junto com minha esposa; ela ainda era bem pequena, parecia uma florzinha, delicada e cheia de beleza. Essa menina me ensinou a ser pai, e, a partir daquele momento, minha vida mudou completamente.

Passei a enxergar o mundo de outra forma. Deixei de planejar minhas viagens e comecei a planejar as nossas. Comecei a pensar de forma coletiva, não mais individual. Foi uma grande mudança na minha forma de pensar e visualizar o futuro, pois agora tenho uma família.

Minha esposa sempre trabalhou no ramo de seguros, passando por grandes corretoras. Após muitos anos de experiência nesse mercado, decidiu abrir sua própria corretora. Naquela época, eu já estava financeiramente um pouco melhor e consegui ajudá-la no início do negócio. Porém, ela não quis apenas a minha ajuda financeira; fez questão de que eu fosse sócio. Em 2020, nos casamos, oficializando definitivamente nossa família. Nesse período, amadureci não apenas nos negócios, mas também como pai de família responsável. Minha esposa, Fábia, tem um papel fundamental em toda a minha trajetória. Ela é a protagonista de tudo o que conquistei, ou melhor, de tudo o que conquistamos juntos. Não só ela, mas também minha filha.

Em 2020, a empresa cresceu ainda mais e já estava bem estabelecida no mercado. Iniciamos o ano de 2021 de forma excelente e promissora, mas, ainda no primeiro trimestre, enfrentamos uma fiscalização da Receita Federal, que considerei extremamente abusiva. Isso praticamente nos impediu de trabalhar.

Enfrentamos, então, nosso primeiro grande desafio juntos, o que, para mim, foi muito diferente da experiência que tive no passado, com a quebra da minha primeira empresa. Desta vez, eu não estava sozinho. Embora sempre tenha tido o apoio massivo dos meus pais e irmãos, agora era diferente porque eu tinha minha própria família, e teríamos que enfrentar tudo aquilo juntos. Cresci em uma família tradicional, onde o pai era o provedor e a mãe cuidava dos filhos. Com minha esposa, a dinâmica é diferente, mas esses valores estão dentro de mim. Por isso, fiquei preocupado em não estar realizando um bom trabalho como provedor e pai de família, o que foi perturbador para mim.

Para piorar a situação, em 2022, a empresa foi sentenciada, na minha opinião, de forma arbitrária, e fomos impedidos de fato de trabalhar, pois a empresa foi considerada inapta devido a práticas ilegais de trabalho. Além do impacto emocional e financeiro, ficamos indignados, pois, mesmo tendo vencido a causa no Ministério Público, não foi possível reverter o quadro. Ainda em 2022, trabalhamos arduamente para reerguer a nossa empresa e chegar a 2023 com certo alívio. Mas isso não aconteceu. Não era mais possível manter o negócio, já que mantivemos os funcionários mesmo sem faturamento. Decidimos, então, abrir uma nova empresa no mesmo segmento. Com a experiência que já tínhamos, conseguimos trazer muitos de nossos clientes antigos, e, em apenas simbólicos nove meses, encerramos o ano com uma marca forte e atuante no mercado. Em pouco mais de um ano, erguemos uma empresa muito próspera.

Minha esposa é como um guia de luz na minha vida. Da mesma forma que sou o alicerce da família, ela é a luz, a clareza e a sabedoria. Sempre foi assim: ela me apoia, acredita em mim e sempre diz que eu já deveria ter feito isso há muito tempo, ou seja, montado outras empresas e prosperado com elas. Acreditamos e temos fé em Deus que estaremos sempre juntos, lutando, prosperando, caindo e levantando. Eu guardo as boas lembranças com carinho, e das más, fico com a experiência e a resiliência. Cada desafio que enfrentei trouxe um sentimento diferente; nenhum foi igual ao outro, e os novos problemas sempre foram maiores do que os anteriores. Isso me fortaleceu cada vez mais, como se a cada obstáculo superado, eu ganhasse uma armadura mais poderosa para enfrentar os desafios seguintes.

Vejo a vida assim: passamos por experiências que nos tornam maiores e melhores, criamos nossas "cascas" e fortalecemos nossas raízes. Quantas vezes me senti exausto e com vontade de desistir? Após minha primeira decepção nos negócios, o endividamento e a insegurança quase me derrubaram, quase me fizeram desanimar e desistir de vez. Eu queria jogar tudo para o alto; tinha um turbilhão de sentimentos me atormentando, não conseguia dormir, comer, e não tinha vontade de sair ou ver ninguém. Só pensava nos problemas, nas contas a pagar, e na minha família. Era desesperador pensar que poderia faltar algo para elas. Ainda me preocupava em não deixar que percebessem o quanto eu estava atordoado e sofrendo com aquela realidade; eu precisava, acima de tudo, transmitir segurança.

Mas, graças à educação que recebi, e aos exemplos que tive o privilégio de receber dos meus pais, aprendi que desistir não faz parte do meu repertório. Nunca fui uma pessoa que pensa em desistir; isso simplesmente não faz parte de mim. Por isso, segui meus objetivos, meus ideais e minhas metas, e faço o que for preciso para alcançá-los, sempre com trabalho incessante e honesto. Minha esposa, Fábia, jamais questionou qualquer decisão que tomei; pelo contrário, ela sempre me apoiou, deu bons conselhos e orientação. Ela foi quem me deu todo o apoio emocional quando precisei, oferecendo o aconchego e carinho que eu poderia imaginar.

Quando chegava em casa, queria contar tudo para ela, falar sobre todas as coisas ao mesmo tempo. Eu falava das minhas frustrações, e ela me orientava sobre como resolvê-las. Quando não sabia exatamente o que dizer, buscava apoio de outras formas, sempre lembrando que estaríamos juntos, independentemente de qualquer pedra no caminho. Ela é uma pessoa muito religiosa e sempre faz questão de que busquemos uma solução juntos, trazendo elementos da Bíblia para confortar e tornar a solução mais leve, não importando o problema. Foi com ela que aprendi a me entregar plenamente a Deus; eu, que sempre fui cristão, hoje sou ainda mais apegado à fé, graças à minha esposa, que me fortalece a cada dia.

Hoje, minha prioridade é a família. Valorizo e vivencio plenamente os momentos com minha esposa e filha. Fazemos viagens e também aproveitamos os momentos em casa. Nos fins de semana, reunimos toda a família e criamos novas e lindas memórias para revermos no futuro.

UM UNIVERSO SEM FRONTEIRAS

Gestora cultural com larga vivência em transformar ideias em realidade, fazer da arte e da cultura experiências felizes, levar prazer e emoções ao imaginário das pessoas, além de formar sorrisos e memórias. Também planeja estratégias, desenvolve e produz projetos nacionais e internacionais de cultura, arte e marketing, também atuando como diretora executiva na área administrativo-financeira. É graduada em Artes Plásticas, pós-graduada em Estética e História da Arte e em Psicologia e, há cerca de 30 anos, está à frente da própria empresa, a Cidadania Corporativa. Já publicou dezenas de artigos autorais e centenas de livros de arte de autores renomados, é produtora executiva do cineasta Tim Burton no Brasil, realiza e produz relevantes eventos culturais (como o cine concerto da trilogia *O Senhor dos Anéis* e a exposição *Monet à Beira D'Água*), shows musicais, documentários e produções cinematográficas. E está só começando: grandes coisas ainda virão pela frente!

LULI HUNT

44

CONTATOS:

lulihunt@cidadaniacorporativa.com.br

@lulihunt_oficial

Meu nome é Luli Hunt, e sinto-me privilegiada por ser capaz de realizar sonhos ao levar a arte e a cultura para um mundo sem fronteiras. Trago comigo a convicção de que tamanho, peso e distância não nos limitam, mas sim nos desafiam, pois sei que existem muitos obstáculos a vencer na carreira que escolhi, e por isso certamente para mim, cada evento realizado, cada produção concretizada é uma conquista.

Quando eu poderia imaginar que, ao optar pela faculdade de Artes Plásticas em deferência à faculdade de Direito (com total apoio do meu pai e um tanto de incompreensão da minha mãe...), isso tornaria a minha vida um grande evento!

Nem nas minhas fantasias mais otimistas – ou nas de minha mãe – essa decisão me colocaria por 30 anos na direção da minha própria empresa, a Cidadania Corporativa, à frente de grandes eventos nacionais e internacionais e em contato com pessoas tão diversas e encantadoras. Ou, ainda, que me daria o privilégio de realizar sonhos ao levar a arte e a cultura para tanta gente, de tantos lugares, e o sorriso de admiração e plenitude ao rosto de um público tão diverso. E mais: me permitiria viver em mundo absolutamente sem fronteiras.

Simplesmente, eu amo o que eu faço!

Acredito que você deva estar pensando: quem não amaria? É verdade, eu tenho consciência de que sou uma pessoa abençoada. Principalmente se considerar que, ao longo da minha carreira, estive diretamente ligada a grandes eventos culturais, seja pelo montante do investimento envolvido, pelo tamanho do público alcançado, pela magnitude dos artistas envolvidos, seja pela beleza do que foi apresentado.

***

Como produtora executiva do cineasta Tim Burton no Brasil, desde 2018, tive a oportunidade de levar, a Brasília e São Paulo, a exposição *A beleza sombria dos monstros: 13 anos de A arte de Tim Burton*. Esse evento apresentou desafios como o desenvolvimento do projeto para sua inclusão nas leis de incentivo fiscal, a gestão financeira e a controladoria de todo o projeto – que envolveu um orçamento da ordem de milhões de reais – e detalhes únicos, como a realidade virtual vista através de centenas de óculos, entre outras curiosidades. E, é claro, dando muito palpite na mega experiência oferecida ao público: uma releitura sensorial das 434 páginas que compõem o livro *A arte de Tim Burton*, repleta de ilustrações do acervo pessoal do artista e de conceitos visuais de diversos filmes.

Também estive diretamente envolvida no espetáculo *O Senhor dos Anéis in Concert* – um cine concerto baseado na trilogia *O Senhor dos Anéis* que também foi assessorado pela minha empresa e viabilizado pelas leis de incentivos fiscais. Esse grande evento envolveu orquestra ao vivo, partitura original, filme e evento oficial com 92 músicos e um coro de 150 vozes (50 mulheres, 50 homens e 50 crianças), além de uma solista. Haja fôlego!

É impossível, também, não dar o merecido destaque a uma de minhas experiências recentes mais marcantes: a exposição *Monet à Beira D'Água*, realizada em 2022 e 2023 no Rio de Janeiro e em São Paulo. Também com orçamento milionário, o projeto levou cerca de 18 meses somente em sua preparação: músicas originais, importação de 70 projetores especiais, locação de espaços com 2 mil m² no Rio e 4 mil em São Paulo, estruturas faraônicas projetadas e montadas sob medida.

Totalmente imersivo e interativo, o evento atingiu, em São Paulo, um público de cerca de 160 mil pessoas ao longo de 6 meses – com gratuidade para, aproximadamente, 15 mil alunos de escolas estaduais e municipais! – e outras dezenas de milhares de pessoas nos três meses que ficou em cartaz no Rio de Janeiro. Imagine como foi a prestação de contas ao final do projeto e a administração do volume de documentos fiscais. Essas são outras atividades que ficam sob nossa responsabilidade.

Um dos pontos mais encantadores de encarar esse desafio de fazer um apanhado geral das minhas realizações profissionais é perceber que, continuamente, elas não respeitam limites: de fronteiras, de expressão artística, de perfil de público...

Dos ambientes góticos de Tim Burton à França clássica de Monet; do mundo imaginário de *O Senhor dos Anéis* à Amazônia das crianças, registrada no livro recém-lançado pelo fotógrafo Araquém Alcântara. Este último foi um projeto de quase dois anos desde sua concepção e gestão fiscal e contábil junto ao patrocinador, além de 120 dias de imersão em uma expedição para coleta de material para a construção do livro – que, mais tarde, foi disponibilizado gratuitamente para escolas, ONGs e bibliotecas, e pode ser baixado na plataforma da Amazon, também de forma gratuita... Cultura ao alcance de todos: é isso que me movimenta!

Tamanho, peso e distância não nos limitam, mas sim nos desafiam. Exemplo disso foi a exposição internacional *Espécies raras*, do renomado escultor inglês, mas radicado na Alemanha, Tony Cragg. Em 2019, pouco antes da pandemia, trouxemos ao Brasil (Curitiba e São Paulo) as obras desse artista plástico que se destaca pelo tamanho de suas peças: foram nada mais, nada menos do que 42 toneladas em esculturas! Por aí, você pode imaginar o peso da responsabilidade de um evento desse porte!

O que mais compartilhar aqui da minha carreira de mais de 30 anos? Bom, um dos meus primeiros blockbusters foi a antológica mostra de Rodin. Realizada na Pinacoteca de São Paulo, essa mostra reuniu, pela primeira vez no Brasil, esculturas e fotografias do cotidiano do artista. Milhares de pessoas compareceram, a fila dava voltas no quarteirão. Inaugurado o segmento de exposições blockbusters no Brasil.

Pensando em trabalhos recentes e mudando para outra expressão artística, pode-se imaginar o prazer que foi estar envolvida com o filme-documentário *Fevereiros: a vida da cantora Maria Bethânia*, que ainda se desdobrou em um show no Espaço das Américas para sete mil pessoas, em São Paulo, inaugurando o cenário cultural musical pós-pandemia em 2022.

***

Nem preciso dizer que minha vida é muito corrida. Para se ter uma ideia, em 2019 viajei 16 vezes a trabalho! Segundo a minha assistente, que somou esses dias, foi um total de quatro meses fora. Sem dúvida, uma vida repleta de fortes emoções, mas incrível e plena. Afinal, o que eu faço no meu dia a dia é exatamente o que me motiva e encanta: transformar uma ideia, algo abstrato, em algo concreto. É pegar o sonho do meu cliente – um artista, uma galeria, uma produtora –, planejar e desenvolver a sua inspiração em um projeto consistente e financeiramente viável – muitas vezes enquadrado nas leis de incentivos fiscais –, acompanhar sua execução, entregar ao público algo digno de ser guardado em suas memórias mais preciosas, e encerrar a empreitada pronta para a próxima.

A cereja do bolo é que, no decorrer desses processos, eu posso conviver com a arte e com pessoas interessantes – incluindo, algumas vezes, diferentes países e realidades no roteiro –, levar satisfação aos meus clientes e rechear o imaginário de muitas pessoas que desfrutam dessas experiências.

***

Nem preciso dizer que existem inúmeros desafios e obstáculos inerentes à carreira que eu escolhi: eles aparecem a cada dia, a cada planejamento, a cada desenvolvimento e execução. Tenha a certeza de que é preciso muito jogo de cintura, inspiração e amor pela profissão – tudo junto e misturado.

Não é novidade que trabalhar com produção cultural e artística no Brasil já é, em si, um enorme desafio: nosso país não tem tradição de valorizar as artes, os artistas precisam encarar uma total ausência de previsibilidade (ou mesmo visibilidade) em seu sustento, temos dificuldade em encontrar financiamento e patrocinadores para as produções, há uma prática, muitas vezes, de inferiorização do artista enquanto profissional, o próprio currículo escolar brasileiro é tão deficitário quando se trata de arte... Enfim, podemos passar o dia inteiro aqui, desfiando esse rosário infinito de obstáculos!

E, além das questões estruturais, tem também o lado prático de ser mulher e ter de lidar com o universo masculino das produções, das finanças e da legislação, tudo isso em uma posição de comando. Não é fácil ser mulher, se colocar e se manter no topo do mundo! Dá-lhe empreendedorismo, determinação e competência!

E, por falar em difícil: a pandemia nos impôs um cenário catastrófico em que a maioria das empresas que atuavam neste meio das produções culturais tiveram de fechar as portas. Aquelas que não tinham projetos com captação, como a minha empresa, infelizmente não conseguiram sobreviver. Na minha empresa, produzimos três livros maravilhosos durante a pandemia, junto com o meu cliente baiano, como gosto de chamá-lo. Também tive a sorte – ou a boa estratégia – de na ocasião já estar com a minha empresa e meus fiéis colaboradores dentro de casa. Também durante a pandemia, assumi a vice-presidência do Museu de Arte Contemporânea de Sorocaba (MACS), por três anos.

Hoje, meus clientes e parceiros já nem discutem o local das nossas reuniões: na casa da Luli! Ambiente acolhedor, boa culinária, sabe como é.

E, verdade seja dita: eu amo receber pessoas!

Para fechar o tema dos desafios, eu mesma me proponho obrigatórios dois grandes esforços: a criação e manutenção de um poderoso networking, o que exige dedicação e foco constantes, e a determinação de ter, em mim, a capacidade e o desprendimento de me reinventar continuamente, com humor, flexibilidade, resiliência e muita criatividade.

***

Muitas vezes, paro para pensar o que me fez chegar aonde estou, a alcançar tantas conquistas. Onde, de fato, está o segredo do negócio, o pulo do gato? Qual foi o bonde que peguei em minha jornada que me levou da faculdade de Artes ao meu primeiro trabalho em um ateliê de um artista e, em seguida, ao meu emprego na antiga Febem (Fundação Estadual para o Bem-Estar do Menor de São Paulo), posterior Fundação Casa (onde fui refém de uma rebelião), passando, mais tarde, pela Secretaria de Cultura e Economia Criativa do Estado de São Paulo.

Trabalhar em um equipamento cultural do Estado me levou a visualizar um nicho de mercado promissor e me aprofundar na última das etapas de um projeto inscrito na Lei de Incentivo Fiscal: a prestação de contas. Minha atuação nesta área, de tão diferenciada, rendeu uma matéria na revista da Fenacom (Federação Nacional das Empresas de Serviços Contábeis). O reconhecimento também chegou na forma de premiações para os meus projetos, na construção de um nome no cenário artístico global e no trabalho com renomados curadores do mundo todo.

Certamente, há quem diga que tem um tanto de sorte envolvida: de estar no lugar certo, na hora certa, com as pessoas certas. Não sei, pode ser... Mas o que me levou a estar lá, naquela hora, com aquelas pessoas? Eu acredito que ter um olhar para a arte que é intrínseco, ter facilidade em trabalhar com o abstrato e transformá-lo em algo concreto, ter uma visão empreendedora da cultura e gostar de estar com as pessoas foram algumas das características que fizeram a diferença na minha carreira.

O que eu posso afirmar com total certeza é que, para mim, cada evento realizado, cada produção concretizada é uma conquista. Tudo o que eu fiz e que tirou um sorriso de alegria, que fez bem para a alma de outra pessoa, também foi uma conquista. E, assim, eu vou colecionando minhas pequenas e grandes vitórias, criando memórias e compartilhando a arte e a cultura mundo afora. Aliás, tenho feito isso, também, por meio de uma das minhas últimas empreitadas: um podcast sobre esses importantes temas em uma rádio de plataforma, que já conta com mais de um milhão de ouvintes, e esse podcast gerou-me um convite para o quadro *Cultura em Pauta* com a duração de dez minutos todo sábado no programa *Mãe de Gravata* na Rede Recon de Televisão.

Quando me perguntam quais são os meus próximos passos, os futuros eventos da minha vida, a resposta é: aguardem! Sou uma caixa de Pandora repleta de boas ideias, livros de arte, outros documentários, megaeventos, exposições nacionais e internacionais, interativas e imersivas... e o que mais aparecer. Sempre vou fazer o meu penúltimo evento ou livro, pois a palavra "último" não existe no meu vocabulário.

Como costumo dizer para os meus amigos e parceiros:

BORA PRO RINGUE!

***

Agradecimentos: a todas as pessoas que trabalharam comigo no escritório e colaboraram para a minha trajetória, direta ou indiretamente, durante esses anos.

Aos eternos parceiros de alma, Agnaldo Tadeu Dias, Alan Ramos, Araquém Alcântara, Daniela Bousso, Edna Pontes, Elisabeth Prescher, Evaristo Martins de Azevedo, Fábio Magalhães, Ivete Gomes, Kito Mansano, Leo Rea Lé, Mauro Rossi, Ricardo Ribenboim, Rodrigo Pirigo; e aos meninos, Cohn, Peter, Ulisses e Flávio, sinto-me muito, muito GRATA!

DO INTERIOR DE MINAS AO TOPO DO MUNDO

UMA JORNADA DE SUPERAÇÃO E SUCESSO

Mineira, residente em São Paulo. Executiva, diretora comercial, líder intencional, mãe de três filhos, casada. É formada em Administração de Empresas, com MBA em Gestão de Negócios e Pessoas pela PUC-MG, e possui certificação *C-Level* pela FGV São Paulo. Apaixonada pela família, pelos filhos e marido, tem grande interesse por livros, estudos constantes e, especialmente, pela gestão de pessoas. Desde os 26 anos, dedica-se à sua carreira em liderança comercial, acreditando firmemente na evolução contínua por meio da busca por novos conhecimentos e no desenvolvimento de profissionais para que, em conjunto, todos possam alcançar o topo.

MAGALLY ALEIXO

45

CONTATOS:

@maga.aleixo

31 97177 1515

Minha trajetória é repleta de sonhos e de muita história para contar. Tantas memórias colecionei e deixo como mensagem um breve conselho: escreva também sua história. Anote sua jornada e suas vivências, pois você tem muito a compartilhar. Saiba que sua experiência sempre poderá ajudar alguém que precisa ouvir exatamente o que você tem a dizer. Trabalhe, estude e invista sempre em você mesma.

Nasci em 11 de setembro de 1980. Sempre tive um fascínio por datas e números, e confesso que também por horóscopo. A cidade era Ponte Nova, mas meus pais moravam em Dom Silvério, um pequeno e charmoso vilarejo na Zona da Mata Mineira, com seus 5 mil habitantes, rodeado de montanhas e muitos familiares – tenho 27 tios e tias ao todo. Meu pai, Maurilio Aleixo, era comerciante e filho de um coronel do café, enquanto minha mãe, Maria Luzia, trabalhava como bancária concursada no extinto banco Minas Caixa, pertencente ao estado de Minas Gerais.

Estudei na Escola Estadual Nossa Senhora da Saúde, a única da cidade, que contava com apenas uma igreja, uma praça principal e um clube. Passava boa parte dos meus dias na escola durante a semana, reservando as horas restantes para os deveres de casa, que em Minas chamávamos de "Para Casa". Depois, íamos para a famosa rua do Pontilhão, onde havia uma antiga ponte de ferro, ainda existente, que podíamos ver da janela de nossa casa em Dom Silvério. Esse era um belo cartão-postal da cidade, atualmente considerado patrimônio histórico.

As tardes eram passadas na Baixada, onde passávamos praticamente todo o restante do dia, muitas vezes até o início da noite. Voltar para casa era sempre uma aventura, que podia ser interrompida pelos chamados da minha mãe, que às vezes ligava para as casas onde eu poderia estar e ordenava meu retorno imediato. Outras vezes, meu pai aparecia com seu Fiat 147 para nos levar para casa, onde tomávamos banho, jantávamos e íamos dormir para começar a rotina novamente no dia seguinte.

Os finais de semana, no entanto, eram diferentes; a maioria deles passávamos na fazenda dos meus avós, rodeado de primos, tios e muita diversão. Imagine que, dos 14 irmãos da minha mãe, tenho mais de 60 primos. Era nesse ambiente de uma grande família interiorana que aproveitávamos os finais de semana. Os primos vinham de cidades próximas, como Viçosa, Muriaé, João Monlevade, Alvinópolis, Ipatinga, além da própria Dom Silvério.

Esses encontros, além da diversão, eram recheados de criatividade. Brincávamos no quintal e no grande terreiro da fazenda, fazíamos trilhas nas montanhas, brincávamos de casinha sob os cafezais, procurávamos ovos nos ninhos e no galinheiro, e colhíamos frutas diretamente do pé – laranjas, limas, amoras, goiabas, acerolas, jabuticabas e limões. Era tudo com muita fartura, típico de uma vida no campo. Além desses encontros, também celebrávamos festas tradicionais como o Natal, a festa junina e as novenas de novembro, pois somos católicos e devotos de Nossa Senhora das Graças.

Minha avó era uma grande devota, e mantivemos sua fé e tradição. Durante 17 anos após o falecimento da vovó Nana, continuamos a realizar um encontro festivo em novembro, repleto de oração e fé. Ela, que teve 14 filhos e muitos netos, bisnetos e tataranetos, era uma avó doce, calma e muito amável. Lembro-me com carinho das vezes que ela ficava em nossa casa, especialmente quando minha mãe começava os preparativos para os aniversários meus e das minhas irmãs. A presença da vovó durante a semana que antecedia as festas era certa, então, nos meses de julho, agosto e setembro, tínhamos sua companhia por mais tempo. Ela foi quem me ensinou a rezar o terço. Católica devota, vovó Nana acordava e se deitava rezando o terço – um ritual sagrado, repetido todos os dias.

Vovó Nana vinha para ajudar minha mãe a fazer os doces para os aniversários, que na época eram todos feitos à mão. Você pode imaginar, ou talvez lembrar, o sabor desses doces caseiros. Ah, eram os melhores que já comi. Minha mãe era uma especialista em doces deliciosos, embora não fosse tão boa com salgados. Alguns de seus doces mais tradicionais deixaram lembranças saudosas: o cajuzinho, que minhas tias até tentam reproduzir, mas nunca igualam, o rocambole feito com pão de ló, e seus famosos bolos de aniversário.

Em toda festa e encontro familiar, o bolo era sempre confeccionado por minha mãe, que caprichava no sabor e na decoração. Foram incontáveis os bolos de casamentos, festas de 15 anos, batizados e aniversários de toda essa grande família.

Na década de 1990, uma crise econômica abalou o país, e meus pais sofreram diretamente as consequências. Meu pai, que na época tinha duas mercearias – uma na praça principal e outra no bairro do Cipilho – já sentia os efeitos da inflação. Para agravar a situação, ele adoeceu e foi forçado a arrendar os estabelecimentos comerciais. Minha mãe, por sua vez, perdeu o emprego ao chegar para trabalhar e se deparar com um aviso na porta do banco que dizia: "Atividades encerradas". Foi então que nos mudamos para João Monlevade, uma cidade maior, onde tive contato com uma nova realidade.

Embora comum para muitos, tudo era novidade para mim. Eu apreciava as coisas mais simples, como tomar leite de saquinho ou ir à padaria comprar pão. Andar pelas avenidas movimentadas, com semáforos, trânsito, pessoas e comércio, trazia-me uma sensação de frescor e muito entusiasmo. Ali passamos um semestre de nossas vidas, e logo no início do novo ano, nos mudamos para a capital, Belo Horizonte.

Essa foi uma década cheia de novidades, desde irmos sozinhas de ônibus para a escola até nos engajarmos em novas atividades, como fazer natação no clube perto de casa. Não demorou muito para que eu conseguisse um emprego temporário no comércio varejista, mais precisamente na C&A Modas, no Minas Shopping. Embora alguns familiares, como tios e tias, considerassem precoce eu começar a trabalhar aos 15 anos, meus pais me apoiaram na decisão. Ao final do expediente, todos os dias, eles me esperavam para me buscar. Esse apoio familiar sempre foi uma constante em nossa criação, e foi assim que entrei para o mundo corporativo.

Na C&A, tive meus primeiros e fascinantes contatos com uma grande empresa, conhecendo setores como RH, Marketing, Crediário, e os departamentos feminino, infantil e financeiro. Esse novo universo me encantava. Passava a maior parte do tempo no caixa e no crediário, onde me encantava em interagir com os clientes. Naquela interação, eu via um mar de possibilidades para criar conexões, realizar novas vendas e adquirir experiências.

Tudo fluía muito bem, mas meu sonho era cursar uma faculdade e trabalhar em um banco. Sim, eu queria ser bancária, assim como minha mãe. Então, iniciei uma jornada em busca de uma vaga que havia aberto em um banco. Participei de dinâmicas com profissionais experientes, e, na última fase, quando faria a entrevista final com o gerente geral da agência, senti que estava muito próxima de conquistar a vaga. O grande dia chegou, e a conversa fluiu de maneira tranquila, até que ele finalmente me perguntou minha idade. Respondi prontamente: dezenove anos. Ele mudou o semblante e, com um tom sério, disse que, infelizmente, o banco só contratava pessoas acima de 21 anos. Naquele momento, a decepção tomou conta de mim, e eu, impetuosa, questionei: "Vim aqui todos esses dias e ninguém mencionou essa regra? Desde quando a idade mede a minha capacidade?". Contudo, a regra prevaleceu.

Dias depois, para minha surpresa, recebi uma ligação do gerente, informando que havia conseguido abrir uma exceção e que meu atrevimento poderia ser muito útil na empresa. Assim, lutando pela vaga, consegui o emprego e, a partir dali, minha vida mudou de maneira acelerada.

Após concluir a faculdade, conheci Breno. Namoramos, noivamos e, em cinco anos, nos casamos. Nosso casamento ocorreu em uma tarde de sexta-feira, na capela do Colégio Arnaldo, em uma cerimônia intimista, planejada com muito carinho para celebrar esse momento especial. Grávida de cinco meses, voltamos para nosso apartamento após a lua de mel, ansiosos para finalizar os preparativos para a chegada de Maria Luiza, nossa primeira filha. O nome foi escolhido em homenagem à minha mãe, que tinha o nome similar: Maria Luzia. Minha filha conviveu com a avó por quatro anos. Vovó Luzia mostrava a neta a todos, fazia laços e vestidos para ela. Na família, já tínhamos o primeiro neto, João Victor, que havia chegado cinco anos antes. Ele era o príncipe da família e recebia de seu avô todas as regalias de um pai que só teve filhas.

Em 2011, após uma metástase, o câncer de minha mãe avançou para o pulmão. Recebemos a triste notícia do seu oncologista, dr. Cirilo: diante da gravidade e avanço da doença, sua expectativa de vida era de apenas um ano. No entanto, minha mãe, sempre determinada, mantinha a esperança de que a quimioterapia trouxesse alguma melhora, o que infelizmente não se concretizou em nenhum momento. As festividades de fim de ano em 2011 tiveram um sabor amargo de despedida. Seu olhar, antes tão vivo, já estava distante, e seu corpo, agora 20 kg mais magro, mostrava sinais de fraqueza e lentidão. Ela, que sempre foi tão vibrante, elegante e de sorriso fácil, começou a se despedir de tudo o que mais amava: as reuniões com seus irmãos na fazenda, as rodas de carteado, as longas conversas na varanda, muitas vezes acompanhadas pelo cheiro e pelo som das chuvas típicas de dezembro.

Maria Luiza, então com quatro anos, sentiu espiritualmente a partida da avó, com quem tinha uma forte ligação. Em um momento precoce de sensibilidade, ela me chamou e disse que minha mãe estava clamando por mim. Corremos para o hospital. Minhas irmãs haviam passado a noite lá e se despediram dela quando foi levada do quarto para a intubação na UTI, onde faleceu ao som de nossas orações. Estávamos eu, Breno, sua irmã mais velha, a saudosa Tia Carminha, e sua filha, a médica Aninha, que veio de São Paulo para passar esses últimos momentos com sua estimada tia Luzia.

Essa fortaleza familiar sempre foi a base da minha vida, e não foi diferente na despedida mais dolorosa que vivenciei, no dia 25 de fevereiro, quando Deus a chamou para si. Minha mãe cumpriu sua missão com muita maestria, sem arrependimentos. Sempre dizia que havia feito tudo o que queria nesta vida, que teve tempo para realizar todos os seus sonhos e vontades. Com uma fé inabalável, viveu intensamente os sabores da vida, do amor e da família, e partiu como uma pluma ao vento, leve e dançante.

Em 2012, engravidei do nosso segundo filho. A vida me sacudia, como se quisesse me mostrar a nova realidade da minha família, que tanto precisava de mim. A alegria com a chegada do segundo filho em setembro de 2012 encheu nossos dias de esperança. Bernardo nasceu no dia 30/09/2012, trazendo um novo mundo azul para nossas vidas.

Agora, sem o apoio da minha mãe, contei com a grande ajuda das tias Júlia e Lúcia, que prontamente se organizaram para suprir a ausência dela, garantindo que nada nos faltasse. Assim, os dias se tornaram mais leves, animadores e, ao mesmo tempo, muito cheios. Sempre digo que ter dois filhos não é uma simples soma de 1 + 1. Dois filhos mudam completamente o ritmo da família, e sem dúvida, para melhor. A rotina acelerou, com casa, filhos, escola, trabalho, casamento e família, tudo misturado, exigindo uma organização cuidadosa para darmos conta de todas as novas responsabilidades.

E então, a vida trouxe mais uma mudança. Breno recebeu uma oportunidade de trabalho em 2017 que exigia que ele se mudasse para São Paulo. Testamos esse novo formato, com ele em São Paulo durante a semana, enquanto eu ficava com as duas crianças, trabalhando como líder de uma equipe de mais de 90 pessoas no banco. Meu pai sempre me ajudou com a rotina de levar e buscar as crianças na escola, o que aliviava um pouco o fardo. No entanto, quando ele viajava para Dom Silvério para resolver assuntos relacionados aos aluguéis de imóveis, a correria na rotina se intensificava. Muitas vezes, pedi apoio aos meus colegas de trabalho, que atuavam na região da Cristiano Machado. Não sei quantas vezes a Vaninha e o Gustavo me socorreram levando as crianças para a escola, e em outras tantas, minha irmã Marília, carinhosamente apelidada de Tia Bahia pelos sobrinhos, buscava as crianças.

Essas mãos invisíveis, que se tornam visíveis e essenciais no apoio à rotina de maternidade e carreira, são inestimáveis. Logo percebemos que seria necessário mudarmos definitivamente para São Paulo. Mas essa história da mudança para São Paulo, que ocorreu em 2017, ficará para outro momento.

A você que chegou até aqui, lendo este livro, quero deixar uma mensagem: escreva também sua história, anote sua jornada, suas experiências, pois você tem muito a compartilhar com outras mulheres que possam estar vivenciando situações semelhantes à sua. Trabalhe, estude e todo dinheiro que tiver disponível invista em você, em sua evolução, sempre em busca de novos conhecimentos e experiências.

Sempre li muito, pegava livros nas bibliotecas públicas e nas escolas que passei, também todas de ensino público. Posso afirmar que a leitura é uma das minhas maiores paixões.

Quando tudo parecer difícil e sem saída, entregue seus problemas nas mãos de Deus e mantenha a fé. Persista, pois as respostas virão. Nunca permita que subestimem sua capacidade. Você é incrível e alcançará o topo que deseja! Que sua jornada seja iluminada.

Grande abraço, com carinho.

A JORNADA INSPIRADORA DE UMA MULHER

DA ESCASSEZ À EXCELÊNCIA E À SUPERAÇÃO DO CÂNCER

Advogada com 45 anos de experiência em Direito, especialmente direito privado. Pós-graduada em Docência do Ensino, é colaboradora da revista Polifonia, da Academia Paulista de Direito. Presidente-executiva da Câmara de Mediação e Arbitragem Latino Americana (CALA) desde 2001. Fundadora da Raicher Consultores e Advogados Associados, é mediadora nomeada por Portaria no TRF3 e, desde 2019, supervisora de mediadores. Palestrante em diversos órgãos, incluindo TRT2 e OAB, com destaque para temas como arbitragem e mediação, além de ter atuado na Comissão de Liberdades Religiosas da OAB de Santo Amaro. Na esfera privada, é membro da instituição Na'amat Pioneiras e atende a comunidade judaica ortodoxa. Membro consultivo da OAB de Porto Ferreira, mediadora no CEJUSC Central de São Paulo, Guarulhos e Barueri. Diretora-executiva da Amar-SP e membro da Comissão de Mediação do Instituto dos Advogados de São Paulo (IASP). Autora de diversos livros sobre Direito e resolução de conflitos, é professora titular em universidades variadas, responsável pela capacitação de mediadores na CALA e gestora do site de leilões judiciais: raicherleiloes.com.br.

MARCIA RAICHER

46

CONTATOS:

arbitragemlatinoamericana.com.br

marciaraicher@hotmail.com

@cala_mediacao
@marcia_raicher

11 99658 1318

A história da dra. Marcia Raicher é um exemplo de superação e triunfo. Nascida em um lar humilde, enfrentou a escassez de recursos e encontrou, na educação, a chave para transformar sua vida. Tornou-se advogada, docente universitária, CEO da CALA, juíza instrutora da OAB e autora de vários livros jurídicos. Aos 40 anos, superou um câncer agressivo com determinação e amor pela família. Hoje, é uma líder inspiradora, dedicada à advocacia, mediação e projetos sociais. Sua trajetória é um farol de esperança, mostrando que, com fé e esforço, tudo é possível.

Introdução

Em um cenário marcado pela escassez de recursos e pela luta diária por sobrevivência, surge a minha história de superação e triunfo. Fui uma jovem, moldada pelas dificuldades e impulsionada por um desejo ardente de ascender, trilho um caminho singular que me leva dos campos áridos da infância à consagração como advogada, docente universitária, CEO de uma Câmara de Mediação e Arbitragem vinculada ao Tribunal de Justiça do Estado de São Paulo, juíza instrutora do Tribunal de Ética e Disciplina da Ordem dos Advogados do Brasil e autora de vários livros jurídicos. Minha trajetória, repleta de obstáculos e conquistas, serve como um farol de esperança para aqueles que ousam sonhar alto, mesmo em meio às circunstâncias mais adversas, pois demonstro que, com fé e muita vontade, tudo é possível.

Infância marcada pela adversidade

Nasci, na década de 50, em um lar judaico humilde, e vivenciei desde cedo as agruras da falta de recursos.

A falta de itens básicos, como água na torneira, era uma realidade constante, moldando minha visão de mundo e fortalecendo minha resiliência.

A figura da minha mãe, guerreira e incansável, tornava-se a fonte de força e inspiração que me impulsionava a seguir em frente. Em momentos de extrema necessidade, minha mãe, com amor e sacrifício, buscava na feira folhas de rabanete, disfarçando-as como alimento para um coelho inexistente, e essas folhas eram lavadas, refogadas e servidas como alimento para mim. Esse gesto de amor e devoção, carregado de simbolismo e esperança, demonstrava a força inabalável do vínculo com minha mãe e a capacidade de encontrar soluções criativas em meio à adversidade.

A educação como chave para a transformação

Apesar das dificuldades, jamais me rendi ao desânimo, pois essa era uma palavra que não existia no dicionário da minha casa. A educação, reconhecida por minha mãe como ferramenta de transformação social, tornou-se um refúgio e principal arma na luta contra a pobreza. A escola pública, mesmo com suas limitações, representava um portal para um mundo de oportunidades e conhecimentos. Dediquei-me aos estudos com afinco e perseverança, absorvendo cada lição e cada ensinamento como um passo crucial em minha jornada de ascensão.

A educação é um instrumento poderoso para a promoção da igualdade e da justiça social. Ao garantir o acesso à educação de qualidade para todos, independentemente de classe social, gênero ou etnia, combatemos as desigualdades e criamos oportunidades. Por meio da educação, indivíduos marginalizados podem ter voz, lutar por seus direitos e construir uma sociedade mais justa e equitativa.

Mais do que um conjunto de conhecimentos, a educação também contribuiu para a formação dos meus valores éticos e morais. Desenvolvi a capacidade de discernir o certo do errado e agir com responsabilidade e respeito ao próximo. Essa formação moral foi fundamental para a construção do meu eu e de uma sociedade mais coesa, pacífica e tolerante, onde os direitos humanos são respeitados e a dignidade da pessoa é valorizada.

Em suma, com o investimento em educação, transformei minha vida e a vida da minha família, além de ajudar a construir uma sociedade mais justa e equânime e garantir um futuro promissor para as próximas gerações. É isso que me impulsiona sempre.

Início da carreira e conquistas gradativas

Aos 17 anos, impulsionada pela necessidade de contribuir para o sustento familiar, ingresso no mercado de trabalho. Minha jornada profissional, marcada por desafios e aprendizados constantes, torna-se um trampolim para a realização dos meus sonhos. Cada conquista, por menor que parecesse, era motivo de orgulho e reafirmava minha crença em meu potencial.

Com o fruto do meu trabalho árduo e dedicado, investi em uma formação acadêmica, graduando-me em Direito em 1979, uma época de grandes desafios aos estudantes face ao AI-5. Destemida, segui e conquistei minha carteira da Ordem dos Advogados do Brasil.

Dedicação à advocacia e ao ensino superior

A graduação em Direito abre portas para um novo capítulo em minha história. Como jovem advogada, munida de conhecimento e experiência, dedico-me à defesa dos mais necessitados, lutando por justiça e igualdade social. Minha atuação profissional, pautada pela ética e pelo compromisso com a causa pública, conquista reconhecimento e admiração.

Simultaneamente à carreira jurídica, encontro na docência universitária a oportunidade de compartilhar meus conhecimentos e inspirar novas gerações.

Reflexões sobre a trajetória e impacto social

Creio que meu legado vai além das conquistas profissionais. Minha história serve como um farol de esperança para aqueles que vivem em situação de pobreza, demonstrando que a educação e o trabalho árduo podem ser ferramentas poderosas para a transformação social.

Minha trajetória, que entendo inspiradora, nos convida a refletir sobre a importância de investir em educação de qualidade e na criação de oportunidades para todos, independentemente da sua origem social ou econômica.

O desafio do câncer e a força da superação

Aos 40 anos, minha vida toma um rumo inesperado, e um diagnóstico de câncer surge como um obstáculo desafiador em minha jornada.

Estava em um momento de franca ascensão e fui abruptamente interrompida em todos os meus sonhos e sem nenhuma perspectiva de um final feliz, pois cheguei a ser desenganada pelos médicos, uma vez que o câncer estava em estágio muito avançado e já com muitas metástases. Nesse momento tão doloroso e desesperador, tive a notícia de que seria avó pela primeira vez e essa foi a melhor chama de esperança que eu poderia ter naquele momento.

Meu neto, hoje com 22 anos, foi minha luz de esperança e, além dos meus filhos e mãe, foi por ele que eu vivi. Segui fiel à minha história de superação e enfrentei a doença com a mesma determinação e fé que sempre me guiaram.

A luta contra o câncer foi árdua e dolorosa, exigindo força física e emocional inimagináveis pois, ao longo de quatro anos, realizei dez cirurgias extremamente invasivas e dolorosas. No entanto, não me rendi, tinha uma luz ao final desse túnel. Tive apoio da minha mãe, meus filhos, minha tia, a esperança do meu neto, além do amor à vida e, assim, superei os desafios da doença e emergi ainda mais forte e determinada, tal qual uma fênix.

Se tenho cicatrizes? Sim, essas cicatrizes em meu corpo são marcas físicas de uma batalha árdua, mas também símbolos da minha imensa capacidade de superação e, hoje, as vejo como troféus das minhas vitórias.

Consagração profissional e impacto social

Com a saúde recuperada e a mente ainda mais fortalecida, retomo minha trajetória profissional com ainda mais vigor. Minha experiência com o câncer foi transformadora e me torno uma líder inspiradora e empática, capaz de entender as dores e necessidades dos outros. Chego ao cargo de CEO de uma Câmara de Mediação e Arbitragem, onde utilizo minha expertise jurídica e minha capacidade de diálogo para solucionar conflitos de maneira pacífica, justa e muito mais empática com as dores alheias.

Paralelamente à minha carreira que reputo de sucesso, dedico-me a projetos sociais que transformam vidas, sendo membro da Na'amat Pioneiras que, mais do que uma instituição benemérita, é um movimento que há mais de 75 anos ecoa a voz e impulsiona o protagonismo feminino. Fundada em 1947 por um grupo de mulheres visionárias em São Paulo, a Na'amat rapidamente se espalhou por todo o Brasil, enraizando-se em valores como a justiça social, a igualdade de gênero e a preservação da identidade judaico-sionista.

Ao longo da sua trajetória, a Na'amat Pioneiras se consolidou como um farol de esperança e empoderamento para milhares de mulheres. Por meio de uma rede sólida de voluntárias – as "*chaverot*" (amigas) –, a organização desenvolve projetos e ações que transformam realidades e constroem um futuro mais promissor para todas.

Minha paixão pela educação me levou a criar iniciativas que oferecem acesso à educação de qualidade por meio de cursos de capacitação profissional. Minha história, sem dúvida, é um exemplo de que, mesmo diante dos desafios mais difíceis, é possível superar os obstáculos e alcançar a vitória. A força de vontade e a fé são ferramentas poderosas para alcançar nossos objetivos; O amor pela vida foi o meu maior combustível; minhas cicatrizes são marcas de superação e não de fraqueza. Com minha história, convido a todos a uma reflexão sobre a importância de nunca desistir dos nossos sonhos, por mais difíceis que pareçam.

Conclusão

Minha jornada, como uma sinfonia emocionante, ecoa melodias de superação e esperança, convidando-nos a mergulhar na minha história. Cada compasso narra um capítulo de desafios e conquistas, tecendo um hino à força do espírito humano. Em cada nota, encontro a bravura com que enfrentei os obstáculos, a resiliência com que me reergui após as quedas e a persistência com que trilhei meu caminho, jamais desistindo dos meus sonhos.

Minha trajetória, espero que sirva de farol a iluminar o caminho de todos aqueles que buscam alcançar seus objetivos, mostrando que o sucesso não é um destino traçado por sorte ou acaso, mas sim uma melodia composta por esforço, dedicação e, acima de tudo, fé inabalável no próprio potencial.

Que a minha jornada continue a ecoar como uma sinfonia inspiradora, contagiando o mundo com a força da superação e a beleza da esperança. Acredite: além da minha, a sua história é um presente valioso para a humanidade, um lembrete de que todos nós temos a capacidade de transformar sonhos em realidade, desde que acreditemos em nosso potencial e estejamos dispostos a lutar por nossos objetivos.

Nossa melodia é única e especial. Continuarei compondo a sinfonia da minha vida com paixão, persistência e amor, inspirando e motivando a todos que cruzarem meu caminho. O mundo precisa das músicas, das nossas forças e da nossa esperança.

Com isso, posso dizer sem medo que, hoje, sou uma mulher no topo do mundo!

SUA IMAGEM PODE MUDAR TUDO

Estrategista de imagem e posicionamento, com formação em Consultoria de Estilo e especialista em Cores e Visagismo, certificada pela Estilo.Rio, Escola Renata Meins (Austrália), Studio Immagine (São Paulo), Visagismo Claude Juillard (Paris), Escola de Visagismo Claudia Yafo (São Paulo) e Dresscode by Silvana Bianchini (São Paulo/Lisboa). É palestrante com foco na área de imagem pessoal e posicionamento e comunicação persuasiva. É coautora nas obras literárias *Quem manda na minha vida sou eu*, da editora Literare Books International; *Quem comunica cresce* e *Inteligência competitiva*. Acredita, ainda, que uma imagem poderosa, uma comunicação persuasiva e uma mentalidade vencedora podem mudar uma história de vida. Com essas ferramentas, para ela, qualquer um pode se tornar uma pessoa à altura da vida que quer viver.

MARISSOL COSTA

47

CONTATOS:

@marissolcosta.estilo

Marissol Costa

61 99825 8230

Sua imagem é uma poderosa ferramenta para você transmitir sua mensagem. É a sua vitrine e tem o real impacto de convencer pessoas. Por isso, você deve se preparar para a vida que deseja viver. Você precisa ter coragem para começar e autoconhecimento para continuar. Todo o esforço e dedicação vai valer a pena. **A sua imagem pode abrir portas para você estar onde você deseja.**

Quem é você diante do seu espelho? Quem é você aos olhos do mundo? Sua imagem te representa ou te sabota? São perguntas desafiadoras que ninguém se faz de maneira consciente. A correria do mundo atual não nos permite parar em algum momento para fazer essa reflexão. E a consequência disso pode se manifestar em várias áreas da vida.

Está estagnada na vida profissional, financeira e sentimental? Está se esforçando e investindo para melhorar e prosperar e, mesmo assim, os resultados não chegam? Sua imagem, o que você está transmitindo com ela, pode ser a vilã da história e você nem está percebendo. Sabe por quê? Porque a sua imagem importa e muito. É ela que molda a forma como as pessoas te veem e te tratam, assim como a forma como você se vê e se trata.

Você pode estar perdendo oportunidades todos os dias por não estar com a sua imagem alinhada a seus propósitos. Os ruídos na imagem podem estar te impedindo de avançar para o futuro. E como resolver isso? Identificando e eliminando esses ruídos. Você precisa tomar a decisão. Você precisa deixar de correr o risco de continuar perdendo as oportunidades que podem te levar a outro patamar em sua vida.

Mesmo sem nenhum conhecimento técnico ou contato com profissionais da área de imagem, eu tomei essa decisão há um tempo. Foi mais intuitivo do que proposital, meio sem querer mesmo. A chegada dos 45 anos, as mudanças no corpo e a saúde deram sinais de que precisavam de atenção, o que me obrigou a repensar o estilo de vida. Era a hora da mudança externa e interna.

Nem de longe foi um processo fácil e tranquilo. O cérebro nos sabota. Ele não quer sair do conforto, da inércia, não quer gastar energia. Por isso, mudanças como essa exigem, além da coragem de começar, muita disciplina e persistência para continuar. Entenda: o que distingue aquele que começa e persiste daquele que desiste é o "fazer". Nada resiste a trabalho, dedicação, esforço e suor: essa é a realidade.

As mudanças são inevitáveis. Tudo na vida está em constante evolução. O grande segredo é a gente aprender a se adaptar e a encontrar oportunidades nas mudanças. Nas próximas linhas, vou contar alguns "segredinhos" que me ajudaram nesse processo.

O ano era 2020

O ano era 2020, o ano da pandemia que mudou o mundo e, também, o meu mundo. Fiz do limão uma limonada e, apesar de todas as limitações que o momento impunha, dei início ao meu processo de transformação e consegui mantê-lo apesar de todas as dificuldades. Diferentemente do esperado, a mudança não começou pelas roupas ou cabelo; a saúde gritava mais desesperada e eu tive que ouvir suas súplicas.

Estava 16 kg acima do meu peso ideal, não praticava exercícios físicos há tempos, vários exames alterados indicando alterações hormonais indicativas de climatério, já com vários sintomas, e o mais aterrorizante: estava pré-diabética. Eu tinha que agir. Era isso ou aceitar as doenças e os remédios e isso não era uma opção de maneira nenhuma. Eu só tinha 44 anos, não podia desistir da minha saúde e do meu bem-estar.

Foi um ano desafiador, mas eu venci. Ao final dele, a saúde era outra; o excesso de peso havia ido embora, os hormônios estavam mais controlados e a sombra da diabete já não existia mais. Foi difícil? Muito. É impossível? Não. Você só precisa da orientação certa e de muita, mas muita disciplina e foco, porque quando a vontade de desistir bater à porta, e isso vai acontecer várias vezes, são eles que não deixarão você ceder à tentação.

Com essa parte resolvida, encarei o espelho e me deparei com uma imagem com a qual não me identificava mais. Estava ultrapassada, sem sentido para aquele novo momento de vida que eu me encontrava. Não me reconheci e não me vi mais naquelas roupas, naquele estilo, naquele cabelo. O corpo havia mudado. A forma de ver o mundo também. As prioridades eram outras.

Eu queria mudar o externo, mudar a comunicação, mudar a postura, eu queria alcançar a tão sonhada elegância. Mas toda mudança exige conhecimento e eu não fazia ideia da dimensão que o mundo da imagem tinha a oferecer. Eu tinha vontade, mas também tinha muitas crenças limitantes, muitas ideias arraigadas sobre a real importância da beleza, da aparência. Eu precisava vencer tudo isso se quisesse realmente alcançar a transformação que eu desejava. Precisava entender que a imagem importa e que cuidar dela não era futilidade ou perda de tempo.

E as perguntas que naturalmente surgiram foram: o que eu preciso fazer para aprender tudo isso? Por onde começar? Como ser intencional na construção dessa imagem?

E a resposta se resumiu a uma única palavra: CORAGEM. Era preciso coragem para começar. E essa decisão de começar é o primeiro passo. Todas as conquistas se originam de pequenos começos. O processo de construção de uma nova imagem requer coragem, muita coragem. Não duvide disso. Mas só a coragem não basta. É preciso agir para materializar. Mas agir sem estratégia não trará resultado. Tudo é um processo.

Coragem

Para tudo o que você for fazer na vida você vai precisar de coragem, porque Deus faz tudo, menos o que é a sua parte. Então, sua única escolha é confiar no processo. Mas será que é tão simples e fácil assim? Será que essa coragem de começar, de passar pelo processo surge naturalmente? Certamente a resposta é "não" para a maioria das pessoas. Ter uma atitude corajosa para enfrentar mudanças não é algo tranquilo. E sabe por quê? Porque a coragem só é mesmo coragem quando sentimos medo. E o medo é essencial para a sobrevivência.

Coragem não é a ausência de medo, coragem é você saber escolher, com inteligência e estratégia, quais medos você vai enfrentar para conquistar a vida que você deseja. O foco deve estar em construir coragem para enfrentar esses medos. Para isso, deve-se investir de forma consistente em conhecimento e colocá-lo em prática. Você tem que agir. Dessa forma, você vai se tornar cada vez mais segura e confiante de que é capaz. A coragem é a semente do sucesso.

Preparar-se para a vida que se deseja viver é um ato de coragem e determinação. É olhar para dentro de si, identificar sonhos e metas e traçar um caminho rumo à realização. Alcançar a vida almejada envolve autoconhecimento, planejamento e ação. Precisamos saber quem somos, precisamos nos conhecer, já que ninguém nasce com manual de instrução. Buscar o autoconhecimento vai nos ajudar a desenvolver nossas potencialidades e a expressar o melhor de nós.

Precisamos dar ao cérebro condições de acreditar, de forma real, que somos incríveis e capazes de nos transformar. Mas o cérebro, sozinho, não faz nem decide nada; ele precisa de ajuda. Sabemos o que precisa ser feito, mas não conseguimos fazer o que precisa ser feito. Pensamos muito e fazemos pouco. Não temos coragem de enfrentar o novo. E o que fazer? Precisamos aprender a fazer o que precisa ser feito, pois isso nos dará a sustentação para qualquer desafio e nos levará ao objetivo traçado.

Você deve amar o processo de mudar, amar a jornada de transformação que te fará ser melhor a cada dia. Amar a sua coragem de se expressar livremente e mostrar ao mundo a sua melhor versão.

A sua versão atual precisa deixar de existir para que uma nova mulher nasça. Você tem que mergulhar no autoconhecimento e entender quem você é e qual a sua intenção no mundo, quem você quer ser. É um processo que vai levá-la a se tornar uma mulher à altura da vida que quer viver.

Autoestima: o caminho

Quando você aprender e fizer o que precisa ser feito, a mágica vai acontecer: você vai fortalecer o que você tem de mais poderoso: a sua AUTOESTIMA. O valor próprio que você atribui a si mesma é o mais importante de todos. Você precisa de uma autoestima forte para se reconhecer através da sua imagem.

E um fator imprescindível para você começar a trabalhar a sua autoestima é: passe a ter um olhar especial, passe a estimar, a dar uma atenção especial ao seu corpo e à sua mente, conjuntamente; porque são eles que, quando bem cuidados, bem priorizados, bem equilibrados, farão você ter uma autoimagem positiva que se refletirá em todas as áreas da sua vida.

Você passará a ter autoconfiança, o principal componente da autoestima, uma segurança em si mesma e nas próprias habilidades. Você vai escolher o que vai demonstrar sobre si a fim de influenciar a percepção do outro a seu respeito. Estime-se para conseguir doar o seu melhor, para ser a sua melhor versão.

Todo o esforço valerá a pena, eu garanto. E sabe por quê? Porque a autoestima é uma das principais fontes de alimentação da elegância. Logo, trabalhar a autoestima para que ela se torne sólida e bem estruturada é meio caminho andado para se alcançar a tão sonhada elegância, natural e genuína, que levará você a outro patamar na vida.

E, quando alcançar esse patamar, você vai entender o significado de uma famosa frase que provavelmente já ouviu por aí: "A elegância está nos pequenos detalhes!". E por quê? Porque quanto maior for a sua estima por esses pequenos detalhes, maior será a sua elegância.

O quanto você tem se estimado ultimamente? Você está olhando para seu corpo e sua mente como deveria? Está dando a devida atenção a eles? O quanto do seu tempo você tem doado para si mesma? Você está sendo a sua prioridade?

Elegância: a cereja do bolo

Por que ser elegante? Porque a elegância revela a harmonia e a leveza e afasta a desordem e o caos. Porque a elegância não se resume às coisas que você tem, mas a quem você é e como se mostra ao mundo. Porque a elegância está mais nas atitudes e nas palavras e menos na marca da roupa que você usa.

A elegância traz o refinamento e leva embora o descuido, o desleixo. Ela abre portas para as conquistas tão sonhadas e fecha o ciclo das frustrações tão choradas. Na dúvida, seja elegante.

No dicionário, elegância é definida como uma disposição marcada pela harmonia e leveza nas formas, proporção das partes e no movimento, tal como manifestação de gostos na opção de vestuário e na maneira requintada e discreta de usá-lo.

A elegância está nos pequenos detalhes, na sofisticação discreta, na simplicidade atrelada à máxima "menos é mais". Para além da vestimenta, ela está na forma como você se porta, se comunica, se relaciona com as pessoas. A elegância faz parte de um processo interno intimamente ligado à autoestima, autoimagem e autoconhecimento.

Dominar a arte de se portar bem é ter elegância. Já dominar a arte de se vestir bem é ter estilo. Aliando as duas coisas, você conseguirá transmitir ao mundo uma imagem bem pensada, projetada com atenção aos detalhes e que transmite uma aura de beleza e refinamento.

Alcançar a elegância é a cereja do bolo da construção de uma imagem forte, impactante e inesquecível. A imagem é a forma como você se apresenta ao mundo e como os outros te percebem. Inclui a aparência física, o estilo de vestir, o comportamento, a postura, a entonação de voz, o vocabulário. Uma aparência bem cuidada e uma postura confiante podem transmitir profissionalismo, credibilidade e respeito. Podem expressar sua personalidade, seus valores, seus objetivos.

A imagem formada no subconsciente sobre algo é uma ferramenta poderosa e pode elevar ou diminuir a percepção sobre algo ou alguém. Saiba: a sua imagem é o que você mostra para o mundo. É ela quem molda a forma como as pessoas te veem e te tratam.

Qual mensagem você quer passar para o mundo? Como você quer ser vista? Será que a maneira como você se vê é a mesma que as outras pessoas te veem? Para ter essas respostas, buscar o autoconhecimento é de fundamental importância. Saber quem você é, o que você quer para a sua vida e alinhar isso à sua imagem é um caminho sem volta para você alcançar a sua melhor versão.

Um processo de autoconhecimento como esse leva à criação de uma imagem estratégica, capaz de criar impactos que podem te revelar como uma pessoa autêntica, atraente, acessível, isso tudo por meio das suas roupas, sapatos, cabelo e maquiagem, ou seja, por meio da sua linguagem não verbal.

Conhecer as técnicas de consultoria de imagem e aplicá-las em mim foi um divisor de águas no meu autoconhecimento e na projeção da imagem que eu almejava. Com elas, eu descobri minha essência, meus gostos, meus estilos e preferências e isso se refletiu na forma de me vestir. A consultoria de imagem foi uma ferramenta poderosa que me ajudou a harmonizar a minha imagem com o que eu desejava transmitir com ela. Assim, consegui exteriorizar quem eu sou de verdade e, a partir disso, alinhei o que absorvi ao meu propósito de vida pessoal e profissional.

Recado para você

Não adie mais a decisão de cuidar de você mesma, de construir uma imagem pessoal com elegância e intencionalidade para fortalecer sua mensagem e ocupar o seu lugar no mundo. Tome a decisão agora para colher os frutos dessa escolha no futuro.

Quando você alinhar a sua imagem aos seus propósitos, você vai se descobrir no próprio espelho. Você vai conhecer a mulher que você vê todos os dias. Você vai entender o poder da imagem e vai impactar o mundo transformando-se na sua melhor versão! Será você transformando você!

A LISTA INCOMPLETA (E NADA POLITICAMENTE CORRETA) DOS OBSTÁCULOS FEMININOS NO SÉCULO XXI

Mestre em psicanálise clínica e em meditação. Tem também formação em Filosofia e Ciências Jurídicas e Sociais. Autor de vários livros, entre eles os best-sellers *Como levar um homem à loucura na cama*; *Neo mindfulness*; *A grande lição de Steve Jobs*; *O que Freud não explicou*; *Vida amorosa 100 monotonia*; e do romance *A casa dos desejos*, que concorreu ao prêmio Jabuti. É presidente do conselho da Literare Books International.

MAURÍCIO SITA

48

CONTATO:

mauricio@literarebooks.com.br

Cara(o) leitora e leitor, não escrevi um capítulo açucarado sobre sororidade e empoderamento feminino e outros clichês. Preparei uma lista com algumas das enrascadas em que as mulheres continuam metidas. Lógico que há dezenas de outros perrengues, mas assim como estou sem paciência para falar das mesmas coisas, creio que você também está. Como a lista é pequena, peço que a leia. Pode discordar, tá? Aperte os cintos, respire fundo e prepare-se para gargalhar de desespero! (Homem é assim, imagina que está arrasando no humor e tem a pretensão que gargalhem.)

As pessoas que me conhecem estranharão este texto. A minha amiga dra. Naíle Mamede pensará que seu "amado" pirou. Como assim, pensará ela, nunca imaginei ouvir sair daquele homem tão sério palavras tão irônicas.

À Naíle e demais escritoras e escritores deste livro, justifico que estou usando este estilo de escrita por estar cansado de tanto "mimimi" com relação à liberação feminina, seu empoderamento e outras tantas bobagens. Espero que o dr. Ives não se arrependa por ter prefaciado este livro, ao ler todo o meu besteirol.

Preparei a lista a seguir com algumas das enrascadas em que as mulheres continuam metidas. Lógico que há dezenas de outros perrengues, mas assim como estou sem paciência para falar das mesmas coisas, creio que os leitores também. Como a lista é pequena, peço que a leiam. Podem discordar, tá?

1. O teto de vidro virou teto solar: bonito de ver, difícil de alcançar

Sim, a metáfora é batida, mas a realidade, infelizmente, também. Enquanto os homens pegam o elevador panorâmico rumo ao sucesso, as mulheres precisam se contentar com a escada de serviço. E não se iluda, a vista lá de cima até pode ser bonita, mas os salários, cargos de chefia e tapinhas nas costas (sem segundas intenções, claro) continuam sendo privilégio masculino. Sei que isso está mudando. A Literare Books International já acendeu a luz da igualdade há muito tempo. Hoje, temos no comando 22 mulheres e 8 homens (coitados).

2. A tal da dupla jornada: porque ser dona de casa e profissional exemplar não basta

Ser mulher é como ter dois empregos em tempo integral: um no escritório e outro em casa, onde a faxina nunca termina e a geladeira não se abastece sozinha. E não adianta reclamar, afinal, "lugar de mulher é onde ela quiser", desde que seja entre a pia e o fogão, certo?

3. A ditadura da beleza: rugas são pecados, e celulite, um crime hediondo

Enquanto os homens podem envelhecer graciosamente, como o vinho (ou seria vinagre?), alguns projetam orgulhosamente a barriga, as mulheres precisam ser jovens, belas e perfeitas eternamente. Caso contrário, serão relegadas ao limbo das "solteironas encalhadas" ou, pior ainda, das "senhoras que se vestem como jovens". A vida é um eterno desfile de moda, e ai de quem ousar usar um vestido acima do joelho depois dos 30!

4. A síndrome da impostora: elas são incríveis, mas ninguém acredita

Mesmo quando chegam ao topo, com a competência e a garra que só as mulheres possuem, elas ainda são assombradas pela voz incômoda da insegurança. "Será que eu mereço estar aqui?", "Será que fui promovida por pena ou amizade?", "Será que ele só está sendo legal porque quer alguma coisa?". Relaxem, meninas, vocês são incríveis! Acreditem em mim, um homem que vos escreve. Na Literare, Alessandra (presidente), Cláudia e Julyana, (duas vice-presidentes), dão um banho de competência.

5. O assédio: o "não" parece não fazer parte do vocabulário masculino

Cantadas de pedreiro, olhares invasivos, toques inapropriados... A lista de violências cotidianas que as mulheres sofrem é tão extensa quanto deprimente. E o pior: muitas vezes, a culpa recai sobre elas. "Estava usando roupa curta?", "Deve ter dado mole", "Mas ele é só um cara legal se divertindo". É, minhas caras e meus caros, o machismo mata (ainda bem que só figurativamente, por enquanto, tirando os casos de feminicídios que pipocam o tempo todo).

6. A maternidade compulsória: ter útero não é sinônimo de querer ser mãe

"E os filhos, para quando?" A frase que ecoa nos ouvidos de toda mulher acima dos 25 anos, como um mantra infernal. A pressão para casar, ter filhos e viver em função da família ainda é uma realidade cruel. E ai de quem ousar questionar o "instinto materno" ou, Deus me livre, preferir a carreira à maternidade.

Olho para o meu umbigo e me lembro quando minha filha, Ana Carolina, decidiu trocar a carreira de executiva de multinacional para se dedicar ao seu filho Felipe. "Nossa, você tem um cargo tão bonito", "Aposto que em pouco tempo se arrependerá e voltará ao mercado de trabalho". Enganaram-se todos. Voltar ao mercado? No máximo, frequenta o mercado do bairro.

7. A injustiça salarial: trabalho igual merece salário igual (ou você discorda?)

As mulheres trabalham tanto quanto os homens, muitas vezes até mais, mas continuam ganhando menos. A explicação? Bem, essa é uma pergunta para os economistas (ou melhor, para os machistas disfarçados de homens de negócios). Está mudando, mas lentamente, concordam?

8. A falta de representatividade: lugar de mulher é onde ela quiser, inclusive no poder e no topo do mundo

Sejam bem-vindas ao clube do "meninos, eu posso ir junto?". Seja na política, nas empresas ou até mesmo nas artes, a presença feminina ainda é tímida e, muitas vezes, silenciada. Cadê as mulheres no comando, na liderança, nos cargos de decisão? Ah, já sei... cuidando da casa, dos filhos e, nas horas vagas, ajudando a salvar o mundo, é claro.

Enfim, a lista de obstáculos é longa e desanimadora, eu paro por aqui. Mas não se enganem, queridas leitoras, este não é um texto pessimista, e sim realista (com uma pitada de humor às vezes ácido, confesso). Afinal, como bem disse o poeta, "rir é o melhor remédio", principalmente quando a gente não tem mais lágrimas para chorar. E enquanto o mundo não acorda para a realidade, continuaremos lutando, resistindo e, claro, rindo da própria desgraça. Afinal, rir é um ato revolucionário, e a revolução feminina já começou.

Sim, este livro, com dezenas de capítulos, é a prova de que a revolução feminina está em andamento. *In memoriam* às mulheres do dia 8 de março de 1857, em New York, e das mulheres de 19 de março de 1911, na Áustria, Dinamarca, Alemanha e Suíça. Essa revolução já foi mais lenta, mas muita coisa mudou nos últimos 30 anos, *meno male*.

Não quero aparecer como mais um a defender os direitos das mulheres e a igualdade entre os gêneros, nem ser um usuário passivo de discursos pré-fabricados. Também não estou escrevendo uma ode à mulher (a despeito de que se escrevesse seria totalmente válida).

Vivemos tempos complexos, pois há uma parte da sociedade que continua bradando conceitos feministas e utiliza de muita "mesmice". Conceitos como empoderamento feminino, feminismo, luta por igualdade, defesa dos direitos da mulher parecem todos ultrapassados, apesar de continuarem tendo, na essência, a sua importância. Temos de desenvolver um olhar mais moderno sobre a mulher. Temos de valorizar a mulher, pois sem ela não haveria reprodução.

Grandes filmes, músicas, poesias, livros e pinturas têm como tema a mulher. O quadro mais valioso do mundo é a Mona Lisa. A história de amor mais contada e decantada é a de Romeu e Julieta. Marie Curie é a cientista mais conhecida da Terra. E, se ganhar um prêmio Nobel já diferencia o ganhador dos demais mortais, Curie ganhou dois e sei lá como qualificar tal feito, e por aí vai...

Por mais piegas que possa parecer, muitas vezes nos esquecemos de valorizar a explosão de amor que é a paixão e que resulta na união entre os dois apaixonados e, então, isso pode gerar novas vidas. Justo os homens, que sabem como é bom viver um grande amor, acabam criando barreiras para as mulheres ocuparem o espaço que indiscutivelmente lhes cabe.

"Lugar de mulher é no topo do mundo." A frase ecoa pelas paredes espelhadas do meu quarto de hotel, um mantra repetido à exaustão por gurus de Instagram e palestrantes motivacionais com "sorrisos Colgate" e ideias prontas. E não me entendam mal, a ideia até que é bonitinha. Se você ignorar, claro, a pequena montanha de evidências históricas, sociais e a realidade nua e crua, que teima em contradizer essa escalada ao pódio feminino.

Mas sejamos honestos, meus caros, o mundo nunca foi muito de lógica. Se fosse, ainda estaríamos todos na Idade da Pedra, disputando comida com os macacos e achando que o fogo é bruxaria. Aliás, pensando bem, talvez estivéssemos melhor...

Mas divago. O ponto é: se as mulheres decidiram ocupar o topo do mundo, quem sou eu para discordar? Pelo menos, a vista de cima deve ser melhor do que a bagunça que os homens fizeram aqui embaixo. E sejamos justos, elas merecem um escritório decente depois de séculos cuidando da casa, dos filhos e, nas horas vagas, salvando o planeta da fúria autodestrutiva masculina.

E que ninguém me venha com essa conversa mole de "igualdade entre os gêneros". Igualdade, meu caro, é uma utopia para filósofos de botequim e políticos em época de eleição. O que queremos – ou melhor, o que elas querem, e nós, pobres mortais, devemos aplaudir de pé – é a ascensão feminina a um novo patamar de poder. Um poder que não seja a mera imitação do modelo masculino, com suas guerras, ganâncias e gravatas mal-ajustadas, mas algo diferente, inovador.

Imaginem, só por um instante, um mundo governado por mulheres. Nada de tanques de guerra, mas de tanques de lavar roupa de última geração, capazes de remover até as manchas mais difíceis da alma humana. Nada de mísseis teleguiados, mas sim de maridos teleguiados, capazes de encontrar o caminho de volta para casa depois do futebol. Utopia? Quem sabe? Mas como diria o outro poeta, "sonhar não custa nada", a não ser que você more em Dubai, aí a conta do sonho pode ser bem salgada.

No fundo, essa história de "lugar de mulher" é conversa para boi dormir. Lugar de mulher, meus caros, é onde ela bem entender. No topo do mundo, no pé do ouvido, no comando da nave, no controle remoto da televisão. O importante é que ela esteja lá, com toda a sua inteligência, força e capacidade de organização que, convenhamos, é infinitamente superior à nossa.

E se no final das contas, depois de conquistarem o mundo, elas decidirem nos deixar por aqui, quem sabe como um experimento social para ver até onde vai a nossa capacidade de autodestruição, prometo me esforçar para ser um bom sujeito. Afinal, se tem uma coisa que aprendi em todos esses anos de observação (e de errar feio), é que, quando elas estão no comando, a vida, por algum mistério cósmico, tende a ser um pouco menos infernal.

E isso, meus amigos, já é um bom começo.

E por falar em Dubai...

Senhoras e senhores, bem-vindos a Dubai, a cidade onde tudo é possível, desde que você tenha uma conta bancária com mais zeros do que o código postal da sua avó. Dubai, a cidade-espelho onde Narciso pediria asilo político se não estivesse ocupado se afogando na própria imagem. E agora, neste lugar que parece ter sido desenhado por um arquiteto com delírios de grandeza e um orçamento infinito, estamos aqui para o lançamento do livro *Lugar de mulher é no topo do mundo*. E não poderia ser em outro lugar, afinal, se é para falar de mulheres que estão no topo, que seja no prédio mais alto do mundo, o Burj Khalifa. Aliás, o Burj Khalifa é tão alto que, se você subir até o último andar, pode até sentir que está mais perto de Deus.

Mas, vamos ao que interessa. Lugar de mulher é no topo do mundo. E não, não estou falando de um topo qualquer. Não é o topo da lista de tarefas domésticas, nem o topo da lista de compras do supermercado. Estou falando do topo do mundo, aquele lugar onde a vista é tão espetacular que você se pergunta por que diabos alguém escolheria ficar em qualquer outro lugar.

Vivemos tempos tão complexos, que me permito ser quase repetitivo pelo fato de que conceitos como empoderamento feminino, feminismo e luta por igualdade parecem ter se transformado em palavras de ordem, repetidas *ad nauseam* por defensores baratos. É como se estivéssemos presos em um loop infinito de "mimimi", no qual todo mundo fala, mas ninguém realmente ouve. E, no meio desse barulho todo, a essência da questão acaba se perdendo.

Mas vamos falar sério. Lugar de mulher é no topo do mundo. E não é só porque elas merecem. É porque elas conquistaram esse direito. E não estou falando de um direito concedido por algum decreto ou lei. Estou falando de um direito conquistado com suor, lágrimas e, muitas vezes, sangue. Um direito que vem sendo construído ao longo dos séculos, tijolo por tijolo, por mulheres que se recusaram a aceitar o *status quo*.

Para aqueles que ainda duvidam, basta olhar ao redor. As mulheres estão em todos os lugares. Elas são CEOs de grandes empresas, cientistas renomadas, artistas brilhantes, líderes políticas e, claro, mães, irmãs, filhas e amigas. Elas estão no topo do mundo, não porque alguém as colocou lá, mas porque elas subiram cada degrau, enfrentaram cada obstáculo e conquistaram cada vitória.

Então, da próxima vez que alguém disser que lugar de mulher é na cozinha, lembre-se de que a cozinha pode até ser um lugar importante, mas não é o único lugar ao qual as mulheres pertencem. Elas pertencem ao topo do mundo, no qual a vista é espetacular e o ar é rarefeito. E, se alguém ainda tiver dúvida, basta olhar para o Burj Khalifa e lembrar que, assim como esse prédio, as mulheres também estão sempre buscando alcançar novas alturas.

Para finalizar, uma pequena reflexão: se o Burj Khalifa fosse uma mulher, ele provavelmente estaria usando salto alto. Porque, convenhamos, nada simboliza melhor a busca pelo topo do que um bom par de saltos. E, se alguém achar que isso é besteirol, que seja. Afinal, um pouco de humor nunca fez mal a ninguém. No fim das contas, o que importa é que lugar de mulher é no topo do mundo. E ponto final.

MULHERES EXTRAORDINÁRIAS

É delegado da Associação dos Diplomados da Escola Superior de Guerra de São Paulo, função que ocupa desde novembro de 2018. Formou-se em Direito pela Pontifícia Universidade Católica de São Paulo (PUC-SP) em 1988 e especializou-se em Direito Público pela Escola Superior da Advocacia (OAB/SP) em 2006, com habilitação para o exercício do magistério superior. De 2007 a 2011, atuou como professor de Direito Administrativo na Unibero. Em 2014, completou o Curso de Estudos de Política e Estratégia na Associação dos Diplomados da Escola Superior de Guerra de São Paulo (ADESG-SP - CEPE LVII). Também é formado no Curso de Gestão de Recursos de Defesa (CGERD-SP) pela Escola Superior de Guerra, concluído em 2019, e no Curso de Direito Internacional de Conflitos Armados (CDICA) pela mesma instituição, concluído em 2021. Em 2021, completou o Curso Especial de Inteligência Aplicada no Meio Corporativo pela ADESG-SP e, em 2023, finalizou o Curso de Atualização do Método de Planejamento Estratégico (Campe). Formado no Curso de Diplomacia e Defesa (CDIPLOD) pela Escola Superior de Defesa em Brasília em 2023. Por suas contribuições, recebeu o Colar General de Brigada Médico João Severiano da Fonseca, patrono do Serviço de Saúde do Exército Brasileiro. Detentor da Medalha Bandeirante, concedida pela Guarda Civil Metropolitana, em razão dos excepcionais serviços prestados à corporação e à sociedade paulistana. Detentor da Medalha Amigo da Marinha, concedida pelo 8º Distrito Naval.

NEY ANTONIO MOREIRA DUARTE

49

CONTATOS:

nduarte@nduarte.com.br

11 94751 1000

Fui abençoado com uma esposa e duas filhas. Hoje, com um neto, posso afirmar que não teria alcançado o sucesso que alcancei sem a força, o apoio e o ombro amigo da minha esposa. Tive muitos exemplos de mulheres de sucesso, tanto em minha família quanto no meu círculo de amizades. A relevância da mulher no mundo é um tema que se entrelaça profundamente com a luta por igualdade, poder e reconhecimento ao longo da história.

Fui convidado a escrever sobre o lugar que as mulheres devem ocupar na sociedade atual. A relevância da mulher no mundo é um tema que se entrelaça com a luta por igualdade, poder e reconhecimento ao longo da história. Exemplos como Imperatriz Leopoldina, Indira Gandhi, Golda Meir e Margaret Thatcher ilustram como as mulheres desempenharam papéis fundamentais nas esferas política e social, desafiando normas de gênero e moldando o futuro de suas nações.

Imperatriz Leopoldina (1797 – 1826) foi uma figura central na história do Brasil e da Áustria. Casada com o imperador Dom Pedro I, ela não apenas exerceu influência na política brasileira, mas também foi uma defensora fervorosa da independência do Brasil em relação a Portugal. Leopoldina representou a força de uma mulher que, mesmo em um contexto patriarcal, se destacou como líder e influenciadora, contribuindo para a formação da identidade nacional brasileira. Ela foi a primeira mulher a ocupar o cargo de Comandante da Nação, especialmente no momento crucial da proclamação da Independência, quando enviou a mensagem que alertou Dom Pedro I sobre a situação crítica, resultando no famoso Grito do Ipiranga.

Golda Meir (1898 – 1978) foi uma política de destaque e uma das primeiras mulheres a ocupar um alto cargo de governo em Israel, servindo como primeira-ministra de 1969 a 1974. Ela se tornou uma figura central no movimento sionista e desempenhou diversas funções governamentais antes de assumir o posto de primeira-ministra. Meir é conhecida por sua liderança durante um período de grandes desafios, incluindo a Guerra do Yom Kipur em 1973, quando forças árabes atacaram Israel durante um feriado judaico. Sua gestão e decisões durante esse conflito foram amplamente debatidas e continuam a ser tema de discussão histórica. Famosa por sua personalidade forte, estilo direto e capacidade de comunicação, Golda Meir também é lembrada por promover a igualdade de gênero, embora sua trajetória e legado sejam complexos e gerem opiniões divergentes.

Indira Gandhi (1917 - 1984), a primeira mulher a se tornar primeira-ministra da Índia, foi uma das líderes mais proeminentes do século XX. Sua administração foi marcada por políticas controversas e decisões audaciosas, como a declaração do estado de emergência. Gandhi desafiou expectativas sociais e políticas, tornando-se uma figura icônica que simboliza a luta feminina pelo poder em um dos países mais populosos do mundo. Sua liderança e visão ajudaram a moldar a Índia moderna, e sua vida continua a inspirar mulheres em todo o mundo a buscarem posições de liderança.

Margaret Thatcher (1925 - 2013), conhecida como a "Dama de Ferro", foi a primeira mulher a ocupar o cargo de primeira-ministra do Reino Unido. Suas políticas conservadoras e reformas econômicas controversas deixaram um impacto duradouro no país e no mundo. Thatcher quebrou barreiras em um ambiente político dominado por homens, demonstrando que as mulheres podem exercer poder e liderança de maneira eficaz. Sua trajetória ilustra a importância de ter vozes femininas nas decisões políticas e econômicas, mostrando que a liderança não tem gênero.

Essas quatro mulheres, cada uma em seu contexto histórico e cultural, exemplificam a importância da contribuição feminina em áreas onde tradicionalmente foram sub-representadas. Elas desafiaram normas e expectativas, abriram caminhos para futuras gerações e demonstraram que a presença feminina é essencial para o progresso social, político e econômico. A relevância da mulher no mundo não se limita a figuras históricas; é um chamado à ação para que continuemos a lutar pela igualdade de direitos e oportunidades em todos os setores da vida. Sempre as considerei exemplos de sucesso, até reanalisar o tema para colocar esses pensamentos no papel.

O mundo reconhece a importância e a relevância histórica dessas mulheres, mas algumas associações e instituições ainda relegam a presença feminina ao ofício de "servir ao homem, porque o homem serve a Deus", como se as atividades das mulheres pudessem ser separadas das ordens e missões divinas. Será que Nossa Senhora poderia ter sido substituída por qualquer outra pessoa na missão de conceber, dar à luz e criar o Divino Salvador?

Não só a igreja, mas também diversas associações, como a maçonaria, que se proclama uma instituição voltada para o progresso social, não aceitam a participação de mulheres em seus quadros. Será que não teríamos um progresso maior se houvesse participação individual, independente de gênero, raça, cor, religião – enfim, se as pessoas participassem pelo que são?

Essa discussão é antiga e constante, sem que se chegue a um entendimento pacífico sobre a matéria. O importante é registrar a influência da mulher no mundo atual para viabilizar o amadurecimento dos seres humanos, reconhecendo a importância de ter a mulher lado a lado com o homem na administração da sociedade.

Posso falar com autoridade sobre o tema, pois fui abençoado com uma família composta por uma esposa, com quem estou há cerca de 40 anos, e duas filhas. Hoje, já com um neto, posso testemunhar que não teria chegado aonde cheguei se não tivesse contado com a força, o apoio e a companhia de minha esposa Telma. Formei-me em Direito em 1988, dois anos antes de me casar. Concluí minha pós-graduação em Direito Público, o que me habilitou a ministrar aulas na faculdade, já tendo minhas duas filhas. Sou o atual Delegado da Associação dos Diplomados da Escola Superior de Guerra, no Estado de São Paulo (ADESG-SP), posição que assumi quando recebi meu neto. Enfim, posso contar minha história profissional cotejando os momentos mais importantes da minha vida com as chegadas em minha família, sem a qual não teria conseguido metade do que conquistei.

A importância de uma pessoa não se mede pela posição social ou política, mas sim pela falta que sua ausência faria. Há pessoas que se consideram muito importantes até se perguntarem: faço falta para alguém? Se a resposta for negativa, é necessário reavaliar nossas atitudes e nossa real importância na vida. Falo isso porque vejo em minha esposa a maior e melhor conselheira, e, principalmente, o motivo da minha alegria. Rio muito com ela e, mais ainda, para ela. Parece que confirmei meu pressentimento no dia do nosso casamento. Ao sairmos da igreja, enquanto corríamos pela nave para alcançarmos a rua, virei para Telma e disse: "Só faltam 49 anos, 11 meses e 29 dias para nossas Bodas de Ouro". Tinha certeza de que cresceríamos juntos e construiríamos nossa família, pois contávamos com a proteção de Nossa Senhora do Brasil, a igreja que escolhemos para casar.

Naquela época, Telma já trabalhava como vendedora de anúncios na Listel. Muitos, hoje, não têm ideia do que era isso, mas naquele tempo era uma grande maneira de divulgar marcas. Logo depois, ela foi contratada para ser secretária do então Senador Fernando Henrique Cardoso, que mantinha um escritório em São Paulo. No entanto, quando engravidou de nossa primeira filha, decidiu assumir a profissão mais importante de sua vida: ser mãe. E que mãe ela é! Todas as amigas de nossas filhas tornam-se amigas de Telma, sem formalidades ou hierarquias. Elas se tornam as melhores amigas, mesmo que tenham se conhecido há apenas dez minutos.

Essa simpatia e facilidade no trato não foram transmitidas automaticamente para nossas filhas, Thais e Talita. Precisamos de muito exercício e paciência para criar um ambiente familiar harmonioso que, até hoje, só raramente, graças a Deus, gera faíscas e estalos, mas sempre com muito amor. Thais, produtora de eventos, trabalha nesse mercado há muitos anos, tendo realizado atividades e projetos que envolveram mais de 300 mil pessoas. Ela é responsável pela minha maior alegria atualmente: meu neto Thiago, por quem acabei de rezar enquanto escrevo estas linhas. Talita, formada em Direito, trabalha em um escritório de advocacia de renome mundial, tendo sido cooptada de um outro escritório ainda maior, devido ao desenvolvimento de um sistema/método que é fruto de sua exclusiva capacidade.

Com o tempo, fui reconhecendo na Telma e em minhas filhas, Thais e Talita, os valores que me moldaram e me fizeram assumir plenamente minha condição de ser humano: como protetor, provedor e pai. Ao mesmo tempo, percebi que também precisava buscar melhorias em minha paciência e resiliência. Não é uma tarefa fácil, mas é plenamente possível. Lembro-me de quando parei de fumar. Eu estava tão irritado que até reclamava da minha própria sombra quando ela não estava no lugar que eu desejava. Hoje, consegui dominá-la, e ela não fica mais em lugares nos quais eu não concorde.

Acho que é assim que acontece: acabamos nos acostumando com as situações e vamos superando os obstáculos à felicidade, até o ponto em que acreditamos dominar o momento, assim como imagino controlar minha sombra, tal qual Peter Pan fazia em seu desenho de 1953. Assisti a esse desenho no cinema mais de 10 vezes, sendo superado apenas pelo desenho do *Mogli*, que assisti mais de 17 vezes. Todos os finais de semana, eu ia ao Cine Metro assistir a desenhos com meu pai.

Talvez esse relacionamento tão forte com meu pai tenha despertado em mim a noção da importância da família, inspirando-me a buscar uma que se moldasse às minhas expectativas. Pensando bem, essa supervalorização da família vem do meu lado materno, que tinha em minha mãe um verdadeiro expoente do amor aos laços familiares, à espiritualidade e à Nossa Senhora. Sua devoção era tão intensa que a cada tropeço de um idoso, queda de uma criança ou susto, a exclamação "Nossa Senhora Aparecida" era ouvida a toda hora. Nunca fomos abandonados por nossa Mãe do Céu.

No início deste texto, minha intenção era escrever sobre mulheres que atingiram o auge nas esferas emocional, social e profissional, enfim, mulheres de sucesso. Agora, percebo que esse sucesso é algo muito pessoal. Para algumas pessoas, o sucesso é alcançado ao atingir um determinado cargo na empresa; para outras, é vencer adversários.

Para um terceiro grupo, o sucesso está em formar uma família. Minha mãe se encontrava nesse último grupo, assim como minha esposa. Para elas, o sucesso ou a razão da vida é ter uma família para cuidar, ensinar, alimentar, embalar e aninhar. É uma missão difícil, tanto nos tempos de minha mãe quanto nos tempos de minha esposa. Minha sogra, que também foi uma grande mulher, criou Telma sozinha como uma mulher "desquitada" nos anos 1970. Sua visão de sucesso era ver a filha formada e trabalhando em uma empresa multinacional, com um salário elevado e sem precisar de ninguém.

Esse desejo, no entanto, colidia frontalmente com os sonhos da Telma, que queria ser mãe e cuidar da família. Hoje, além de ser uma mãe espetacular e uma avó coruja, Telma é diretora social da ADESG de São Paulo e trabalhadora do Centro Universalista de Reflexão, Assistência e Tratamento Espiritual Cura-te.

Ao relembrar esses fatos, percebo que tanto minha mãe quanto minha esposa alcançaram o topo do mundo idealizado e sonhado, assim como aquelas quatro heroínas mencionadas no início deste texto. A diferença está no reconhecimento que a sociedade dá ao trabalho de cada uma. Acredita-se que a representação de uma nação seja mais importante do que a gestão de uma família. De fato, pode ser mais complexa, mas nunca mais importante, pois a situação que o mundo enfrenta hoje, com o desrespeito aos valores, decorre do desmoronamento moral que as famílias estão enfrentando. É a velha história do microcosmo e do macrocosmo, onde um reflete e incorpora o outro.

É como perguntar: qual é a peça mais importante de um relógio? Os ponteiros? O mostrador? A cravelha da campainha? Será que a quebra da menor engrenagem não paralisará o relógio? Não existe peça mais importante! O ideal é que todas as partes funcionem perfeitamente. Da mesma forma, o sucesso individual, com pessoas mais felizes, possibilita uma sociedade mais alegre e, por conseguinte, mais próspera e eficiente.

Sucesso é a realização dos próprios sonhos e, eventualmente, dos sonhos alheios, na medida da importância que essas pessoas têm em nossas vidas. Tive muitos exemplos de mulheres de sucesso em minha casa e em meu círculo de amigas. Uma delas, sem sombra de dúvidas, é a amiga que me convidou para participar deste trabalho: Naíle Mamede. Sua jornada me ensinou valores importantíssimos, entre os quais destacaria a frase: "Não deixe sua felicidade nas mãos de ninguém". Sua epopeia virou livro, depois peça de teatro, e, quem sabe, Hollywood a espera.

CADA VOZ, UM CORAÇÃO

Fonoaudióloga há 20 anos, é especialista em comunicação humana e coach vocal, formada pelo Centro de Estudos em Voz (CEV), de São Paulo. É dedicada a potencializar habilidades comunicativas por meio de consultorias, assessorias e acompanhamento fonoaudiológico. Possui ampla experiência em atendimentos em hospitais públicos e clínicas, sendo que atualmente tem a missão de tornar a comunicação de seus clientes mais humanizada, individualizada e coerente. Com formação também em Filosofia, à maneira clássica, há 22 anos, pela renomada Organização Internacional Nova Acrópole do Brasil, atua como professora e palestrante de temas como ética, filosofia, simbologia, oratória e valores humanos. Sua missão é trazer ao ser humano uma comunicação que seja autêntica, personalizada e, acima de tudo, que desperte o melhor que cada pessoa pode ser.

PATRÍCIA CAETANO BRANDÃO

50

CONTATOS:

patriciacmb65@gmail.com

@patriciacvoz

62 99869 1008

Neste texto, narro um pouco de minha trajetória de vida, mostrando como a profissão de fonoaudióloga se apresentou de maneira bem enigmática na minha infância. Apresento também a chegada da filosofia como uma resposta às minhas mais ocultas perguntas e como as certezas fizeram morada em meu coração de maneira cotidiana.

Era uma vez, uma menina que tinha um sonho sempre presente em seus dias. Um sonho simples, leve e cheio de alegrias naturais. Ela morava no coração sereno do interior da Bahia. Desde criança era fascinada pela melodia das palavras e pelo poder transformador da comunicação. Cresceu naquela pequena cidade, cercada por vastos campos verdes e rios que cantavam canções antigas, passadas de geração em geração. Uma das mais sublimes alegrias que povoava sua infância era escutar sua sábia avó materna, protagonista das mais belas narrativas de fatos heroicos e mágicos, os quais soavam como faróis luminosos que despertavam forças internas desconhecidas para aquela menina. Algo que, mesmo sem saber o que era, vibrava em seu coração.

Essa menina, sempre curiosa e sonhadora, observava as pessoas ao seu redor com uma atenção especial, reparando como a fala não apenas transmitia ideias, mas também expressava emoções profundas e conectava corações.

Os mistérios que se apresentam na vida de cada ser humano, sendo familiares, parentes íntimos, amigos queridos, irmãos, filhos, netos, sempre passavam por aquela morada, sendo a avó uma perita para a escuta ativa e uma espécie de pitonisa, proferindo seus conselhos a partir de experiências, decisões, lutas, derrotas, vitórias e conquistas. Assuntos protagonizados em narrativas nos momentos de almoços, ou naquele especial e sempre acolhedor café, que unia uma boa conversa com um gesto tão simples de generosidade. Na companhia da sua grande heroína, em sua casa, sempre ouvia belas histórias, grandes feitos, muitas vidas transformadas por seus conselhos; seu exemplo era sempre tenaz, sóbrio, uma força intrépida perante qualquer fato da vida. Aquela pequena menina, em pleno interior da Bahia, já havia percebido uma amostra singela de uma filha da deusa Atena, a qual conheceria apenas na vida adulta.

Minha protagonista se chamava Virgínia. Um nome de origem latina que vem de *virginis* e significa virgem, castidade ou pureza. De grande pureza de espírito, trazia qualidades comparadas às da deusa Atena, deusa da guerra e da sabedoria. No panteão grego, é uma deidade astronômica; nasce de um jorro de luz sobre Cosmos, aurora de um mundo novo, a ordem sobre o Caos. Com características bem primitivas, na tradição grega, é a deusa pela sua bravura calma e reflexiva. Deusa da inteligência, da razão, personifica a serenidade e a sabedoria, além da paz. Simbolizava a guerra justa e possuía uma disposição pacífica, representando a preponderância da razão e do espírito sobre o impulso irracional. Era guardiã da Acrópole; o aspecto mais elevado e melhor das cidades. Deusa protetora de Atenas.

Minha avó sabia fazer de tudo um pouco. Tecia algodão, costura, bordava, era uma excelente enfermeira, curava qualquer ferimento, amava cozinhar. Uma conselheira única. Viveu suas muitas batalhas solitárias, de bravuras inusitadas. De um belo dia de domingo, precisamente dia 28 de março de 1991, em plena calmaria naquele ensolarado interior baiano, entre muitos sorrisos e orações matinais, recordo aquele cheiro de café no ar, feito por mãos tão generosas, firmes. Ela falava coisas sobre saber viver com bondade e respeito naquela casa – nossa Mãe Terra. Aquela frase soou como um rio cálido, límpido, suave, seguindo seu destino inexorável, uma recordação de um passado muito distante, onde a fonte da vida é sempre una.

A trajetória dos heróis é gloriosa, repleta de paradigmas. E aquela calmaria em pleno mês de março foi interrompida: minha protagonista passaria por sua prova magna, a descida aos infernos, a grande dor do herói perder uma de suas faces, aquela virtude genuína de uma mãe, o Amor. Sua filha, minha tia cheia de mistérios de uma vida dedicada ao reino espiritual, ao rito cerimonial da ordem nas pequenas coisas, ensinava através da fraternidade, da bondade; era freira. A menina curiosa observava seu silêncio perante os fatos da vida comum. Duas forças se expressavam por meio dela e essa consciência, que ainda era de uma criança com nove anos, captava como sendo o amor da maneira mais nobre que a avó podia gerar e a serenidade que era tão evidente em sua tia; esta lhe ensinou sobre ver a serenidade diante da morte. Naquele dia de domingo, a tia fechou os olhos para a vida nesta casa nos braços da avó da menina, que a recebeu com sua força e nobreza perante um dos mistérios mais profundos da vida, no qual o herói desce até o mais escuro e denso sofrimento e depois retorna glorioso, vence a si mesmo.

Naquele dia, o coração de sua heroína ficou mudo, sua voz se escondeu no mais íntimo de seu ser; não sussurrava, não murmurava, não queixava, simplesmente o silêncio profundo habitava aquele lar. O coração da menina curiosa estava estranho, almejava um sorriso, um som, um pouco de voz de sua pítia. Assim, os dias passaram, um silêncio ensurdecedor, cheio de saudades da voz e das histórias contadas pela sua avó.

Como a vida é cheia de mistérios e surpresas, chegou à casa da avó, um tio-avô misterioso, daqueles que se ouvem histórias de superação, crescimento e audácia. Morava muito distante, na capital de outro estado, tinha ido jovem viver suas aventuras, conquistar território, e retornou vitorioso. Quando recebemos a visita daquele ilustre tio-avô Augusto, aquele nome dizia tudo. Nome de origem latina: *augustus*, consagrado pelos augures, grande, magnificente. Sua avó era a irmã mais velha dele, e segunda mãe, visto que havia ficado órfão no seu nascimento. Desde então, Virgínia, com toda sua tenacidade, assumiu seu papel de doadora de vida. Mas, dessa vez, foi ele que veio, de alguma maneira, prestar socorro, fazer com que sua voz retornasse. Ele a levou para a capital, onde passou três meses em um tratamento muito enigmático. Aos poucos sua voz foi se enchendo de cor, de sílabas, de palavras, de sorrisos; eram sussurros, mas seu coração estava em combate para vencer as sombras daquela partida tão inesperada.

A menina curiosa e sonhadora não pensava que o destino a conduziria para caminhos também inesperados. Após dez anos daquele dia tão enigmático, foi também viver suas aventuras. Mudou-se para a mesma capital onde seu tio Augusto residia, a capital no coração do País, no Centro-Oeste brasileiro, cidade de Goiânia. Ingressou em uma renomada universidade do lugar. Dedicou-se intensamente aos estudos, aprendendo sobre os mistérios da voz, da fala e da audição. Mas o que realmente se destacava na sua trajetória era a mesma paixão usada pela sua avó ao transformar vidas, com escuta, conhecimento, experiências, sabedoria.

Em 2001, outro chamado tocou seu coração: a busca por desvelar os mistérios da vida, a filosofia. Foi um despertar para um sentido mais profundo dos mistérios da vida. Em concomitante ao curso de Fonoaudiologia, também começou a fazer o curso de Filosofia, à maneira clássica. Foi um reencontro, uma recordação, um coração quente e ávido por desvendar seus mistérios mais íntimos. Cada ano que passava, nascia mais compreensões em seu coração, tudo ficava mais sereno e cheio de significado. Um mundo novo se apresentava às certezas que trazia de dias felizes de sua infância. A filosofia foi o toque sutil que trouxe tudo que a vida havia reservado de mais precioso, os tesouros guardados em sua alma. No seu imaginário, sempre soube que existiam os heróis, os deuses, as leis inexploradas, as virtudes, os mitos, as cidades antigas, a sabedoria.

Após concluir o curso de Fonoaudiologia, com sentimento de gratidão, precisava retornar às suas raízes. Queria levar consigo toda a sabedoria adquirida e ajudar a sua comunidade a descobrir o poder inato da comunicação. A menina sonhadora se tornou a primeira fonoaudióloga da sua cidade natal e trabalhou por anos no único hospital que havia até então. Fazia idas mensais até a cidade para atender seus pacientes de regiões distantes para receber o tratamento. Aquela era uma profissão pouco conhecida, devido à escassez de profissionais nos interiores do Brasil. Porém, sempre acreditou que no interior de cada ser humano havia um mundo de possibilidades esperando para ser revelado.

Por meio da sua profissão, ela pôde transformar o silêncio em som, em sorrisos, em vidas modificadas. As pessoas começaram a notar as mudanças – uma jovem que antes era tímida agora recitava poemas em auditórios repletos de apreciadores; um senhor que mal murmurava palavras compartilhava suas antigas histórias familiares com uma clareza emocionante. Ela não apenas ajudava na parte técnica da fala, mas também incentivava cada um a acreditar em seu potencial. Ensinava que a comunicação verdadeira vinha de um lugar de autenticidade e confiança.

E assim, com amor e dedicação, a fonoaudióloga do interior da Bahia criou uma vida extraordinária para si e para muitos ao seu redor. Foram muitas viagens internas, muitas memórias de dias mágicos que a conduziram por caminhos distantes... Cruzou oceanos, visitou continentes, museus; foi à Acrópole grega, ao templo de Apolo, contemplou o altar das pitonisas, onde reis, sábios, imperadores e mães buscavam suas palavras de verdade, de futuro, de esperança, mostrando que, por meio da comunicação, é possível despertar o melhor que cada ser humano tem a oferecer ao mundo.

Assim, hoje seus dias são dedicados àqueles que, de alguma maneira misteriosa, chegam até a ela, a qual oferece seu coração, seu tempo e seu espaço para que suas vozes e sua comunicação construam pontes entre seres humanos.

A menina que tinha um sonho, hoje inspirada pelas suas memórias de infância, continua sonhando, pois ela sabe que quem sonha realiza prodígios inimagináveis. E, como recado da sua maior inspiração, oferece a todos que vivem suas batalhas diárias e sentem em seu coração que fazem parte consciente da história, ofereço a poesia âncora de um bem viver: Atena de Pireu.

Atena de Pireu

Vem, toma a minha mão
Eu a estendo em demanda da tua,
Para levar-te a mundos novos, que apenas entrevês.
Levar-te-ei para a luz.
Essa luz brilhantíssima da Sabedoria, que sou eu mesma.
Levar-te-ei para o amor, porque o amor nasce do saber, do conhecer outras almas,
De guardar a união entre todo o criado.
Se olha meus olhos, a inefável doçura do meu rosto,
Como poderias não acudir à chamada de minha mão?
Às vezes me rejeitam.
Penso que me veem distante, inacessível, e me temem.
Quiçá creem que nunca poderão alcançar minha mão, que nunca poderão saber.
E, contudo, tu tens roçado meus dedos, não te destes conta?
Quando lestes aqueles livros, que falavam de beleza, honra e valor, eram meus dedos os que passavam as páginas.
Quando fechastes teus olhos ao feio e teus ouvidos ao sujo eram meus dedos que roçavam a pele de teu rosto.
Quando sorriste ao amor, e sentiste que teu coração era o espelho de toda a felicidade do mundo, estavas segurando minha mão, forte, muito forte.
Quando, em qualquer lugar do mundo, num salão, em um templo ruidoso, sob as estrelas, escutasse as palavras de teu Mestre até fundi-las em tua alma, e ao som, sentiste abrirem-se as portas escuras, então agarravas minha mão, com a força de um menino que aprende a nadar.
Nunca a soltes.
E, quando chorares, pelo que alguma vez tiveres perdido, aperta-a e dá a outro tua mão.
Forma uma cadeia de Amor, de Vontade, de Vida, de Inteligência, de Sabedoria.
Guiar-te-ão aos olhos de Atena.

Referência

FERNANDEZ, M. A. Atena de Pireu. *Caderno de Cultura Nova Acrópole*, n. 274, p. 20, 1998.

TRAJETÓRIA DE TITÃS

NO CAMINHO DA VIDA, LANCEI-ME NA BATALHA. QUEM QUER TERÇAR ARMAS COMIGO?

Formada em Jornalismo e pós-graduada em Direitos Humanos e Políticas Públicas pela PUC do Paraná. Diretora da De Olho no Mundo Agência de Notícias. Entre programas que comandou, estão *Roda Viva*, da TV Cultura; *Canal Livre*, da Band; e o *Direto ao Ponto*, com Augusto Nunes, em plataformas on-line. Tem vasta experiência no segmento de comunicação, eventos, entretenimento, gerenciamento de crises e governança. Passou pelas principais emissoras do país, fez campanhas para a Embratur, na candidatura do Brasil para as Olimpíadas; FEMSA; governos da África do Sul e da Espanha. Foi premiada com o Jacaré de Ouro no documentário *Planeta Água*, que fala sobre economia em mar e rios. Foi diretora cultural da SOAMAR-SP (Sociedade Amigos da Marinha) e tem certificações em qualidade, educação e filosofia.

O valor da vida é a coragem. Não se deixe vencer.
BEATRIZ VIEIRA MARIOSA

PAULA AZZAR

51

CONTATOS:

@paulaazzar
@academiadegigantes
@deolhonomundo

Academia de Gigantes

11 98146 9550

O que nos define? Somos movidas por emoções, apelos e hormônios. Nós, mulheres, guerreamos constantemente para achar nosso lugar ao sol, mas a guerra interna é a mais dura. As mulheres da minha vida me ensinaram e ensinam diariamente. Caíram e se levantaram muitas vezes. Abaixaram a cabeça? Sim, mas isso é sobrevivência. Nas páginas seguintes, conto suas histórias e como me influenciaram. Precisamos saber para onde queremos ir, ou não chegaremos a lugar algum. Vamos traçar nossos caminhos rumo ao topo do mundo.

Não sabes lutar e vencer?
Não és digna
Do pão que comes
Do ar que respiras
Da terra que pisas.
BEATRIZ VIEIRA MARIOSA

Por minha jornada, conheci todos os tipos de mulheres – as alpinistas, as dedicadas, as fúteis, as engajadas, as dissimuladas, as generosas, as narcisistas, todas com algo em comum: guiadas por hormônios. Por mais que alguns intelectuais pensadores digam que isso não muda nada entre os humanos, nós sabemos o que é lidar com o ciclo hormonal.

Somos mais propensas às crises de depressão, ansiedade, ficamos tristes e alegres, frias e quentes, rimos e choramos, tudo ao mesmo tempo. São as mudanças de humores cíclicas, definindo nosso corpo e saúde mental. Logicamente que, acompanhado do caráter e criação, podemos ser uma bomba relógio ou um mar de rosas. Todas sabemos que uma mulher tem o poder de levantar ou acabar com a carreira de um companheiro. Somos assim! A forma como lidamos com isso é que vai fazer a diferença no mundo em que criamos para sobreviver!

Eu nunca gostei de rótulos. E sempre me dediquei a vencer os meus próprios limites, mas isso foi tão natural na minha vida, que nunca delimitei nenhum obstáculo. Sempre passei por eles sem medi-los ou superestimá-los. Apesar de ter orgulho de vários momentos, quando olho pelo retrovisor, não gosto de tudo o que vejo. Busco me esmerar dia a dia e procurar não dar força para o que não gosto. Penso que nunca podemos deixar que alguém nos faça darmos o nosso pior. Difícil, mas necessário. E, na minha vida, defini muito cedo que o meu trabalho sempre seria a minha prioridade. Não me arrependo quanto a isso, mas, hoje, estou muito mais seletiva. Além de que, alguns reencontros me inspiraram a ter outros planos em relação ao que quero no futuro.

Minha força e fonte de inspiração vêm de minha mãe que é preciosa até no nome: Esmeralda. Ela veio de uma família de maioria feminina, criou três filhas, teve mais duas netas, e a Olivia, a primeira bisneta – uma muralha hormonal. Separou-se do meu pai bem cedo, mas ficaram poucos meses afastados um do outro. Decidiram que ficariam morando na mesma casa como amigos, e assim fizeram até o resto da vida. Nos deram o exemplo de que o amor resiste a muitos percalços. Nunca vimos nossos pais se desrespeitando em nenhum aspecto. Muito pelo contrário, conversavam e se respeitavam muito, e mesmo depois de se separarem, sempre saíam para jantar ou até mesmo para tomar um chopinho, mas cada um tinha a sua vida.

Falavam sempre para as três filhas que, para sermos felizes, tínhamos que ser do jeito que éramos e não o que os outros esperavam que fôssemos. Que não precisávamos nos sujeitar a nada para mantermos as aparências. E, principalmente: trabalhem meninas! Sejam independentes!

Aprendi com a primavera a deixar-me cortar
e voltar sempre inteira.
CECÍLIA MEIRELES

Meus pais não faziam parte da "família tradicional" e nem vieram de casas convencionais. Suas referências foram mães que se desquitaram em plenos anos 1950. E nunca tiveram ou fizeram disso um problema.

Nos dias de hoje, dizer que minhas avós eram empoderadas é não prestar atenção ao que as limitavam, ou melhor, não as limitavam. Elas, com certeza, eram mais do que isso. Elas não se contentavam com o que lhes eram impostas. Elvira e Beatriz eram descendentes de europeus. Elas não passavam por obstáculos... elas os atropelavam. As duas se casaram aos 19 anos e se separaram quase três décadas depois.

Elvira, minha avó materna, era filha de italianos. Só conseguiu estudar depois que se casou com Adib, meu avô libanês. Ela se formou na área de medicina e clinicou por décadas. Teve dois filhos, minha mãe e meu tio, e criou outros dois. No meio do caminho se separou. Nunca vi minha avó reclamando de ter sido discriminada ou ter mudado o rumo das coisas que queria por imposição de alguém.

Beatriz, minha avó paterna, era filha de fazendeiros portugueses. Ela se casou com Armando Mariosa. Meu avô veio de uma família italiana responsável por levar o café brasileiro para a Europa. Eles abriram o primeiro escritório de propaganda do café, em Nápoles, na Itália. Apesar de vir de uma família abastada, minha avó trabalhava como jornalista e chegou a ser correspondente na Europa. Teve um único filho, meu pai Paulo, e se separou do meu avô aos 46 anos.

As duas vieram de caminhos diferentes e escreveram quase a mesma história para uma única família. Eram mulheres que se dedicaram como podiam aos filhos e que procuravam, cada uma à sua maneira, simplesmente ser felizes. Acharam um jeito de sobreviver sem pensar se isso as qualificava como "empoderadas"; "engajadas"; "mentoras". Elas eram puramente corajosas e sabiam o que queriam. Se sofreram? Tenho a impressão de que muito! Independentemente do ato que as levou à decisão de se separarem e que as colocou sob severo julgamento da sociedade, na época, elas com certeza passaram por várias recriminações e foram isoladas por parte da família.

Mas elas tinham como se bancar, e isso era o maior trunfo para garantir a própria sobrevivência.

> *A cada dia que vivo, mais me convenço de que o desperdício da vida está no amor que não damos, nas forças que não usamos, na prudência egoísta que nada arrisca e que, esquivando-nos do sofrimento, perdemos também a felicidade.*
>
> MARY CHOLMONDELEY

A separação das avós vinha da difícil convivência com os maridos, que eram considerados os provedores e tinham direitos legais. O marido era o chefe, e a mulher, a companheira, tinha um papel secundário. Mas nenhuma convenção bastaria para as minhas avós baixarem a cabeça para a violência e a traição.

Com três mulheres tão resignadas, o que eu poderia ordenar para o meu futuro? Mulheres que não tiveram mentorias e mentores, ou musas inspiradoras, mas tinham um espírito de luta, de sobrevivência e uma busca incansável para serem felizes.

Às vezes é preciso lutar a mesma batalha
mais de uma vez para vencê-la.
MARGARET THATCHER

Meu DNA reflete a força dessas mulheres. Comecei a trabalhar cedo, aos 15 anos, com moda e, no *show business*, com Barão Vermelho e Rosa Mística. Alguns músicos se tornaram meus amigos: o Toquinho, o Skowa e o Tim Maia.

Apesar da minha avó Beatriz ter falecido quando eu era criança, o jornalismo me encantava desde pequena. Entrei na faculdade de Comunicação Social aos 16 anos e me formei em Jornalismo aos 20. Começava, a partir daí, a desenhar outro cenário na minha vida, com muitas vitórias e derrotas delineadas por passagens marcantes que mudariam o meu futuro para sempre.

Fui trabalhar na televisão a convite do Luciano do Valle, de quem me tornei amiga mais tarde. O conheci ao ser entrevistada por ele em um programa matinal da TV Bandeirantes, como criadora de cães – uma atribuição que vinha da minha família, que criava cães de raça e frequentava muito a cinofilia brasileira. Trinta anos depois, já como diretora de um dos programas mais antigos do Brasil, o Canal Livre, pude agradecer ao Luciano fazendo uma edição especial dos "50 anos de carreira do Luciano do Valle". Acabou sendo uma das únicas entrevistas longas daquele que foi o maior comentarista esportivo do país.

Mas a caminhada não foi nada fácil...

Trabalhei muito, fiz milhares de plantões, natais, *réveillons*, finais de semana, festas, carnavais, pulei várias comemorações e datas importantes por muito tempo. Passei por redações das principais emissoras do Brasil, entre elas a TV Bandeirantes, hoje Band, TV Record, SBT, TV Cultura, além das produtoras independentes. Em toda essa jornada, a minha mentora principal foi minha mãe.

De uma generosidade e educação impecáveis, minha mãe foi minha maior e melhor crítica. Sempre me apoiando, mas, ao mesmo tempo, me mostrando que eu poderia tomar outros caminhos. Não só na vida profissional, mas em minhas relações, ela teve uma paciência incrível para me ensinar a enxergar o mundo.

Com 12 anos, minha mãe me colocou para trabalhar numa ONG dentro da maior favela de São Paulo. O objetivo era me fazer entender que gente é gente em qualquer lugar e, assim, respeitar as pessoas independentemente das condições em que elas vivem. Deixou, desde cedo, que eu mesma criasse minhas opiniões entre o certo e o errado, mesmo que o meu senso não espelhasse o dela. Respeitou minhas escolhas profissionais, espirituais, e nos meus tropeços e tombos, sempre se sentava ao meu lado e colocava a sua mão sobre a minha e perguntava o que eu realmente queria fazer. Me alertava dos caminhos perigosos, mas nunca me impedia de ir por eles.

Perdi minha mãe em 2009 e foi, para mim, o maior baque da minha vida. Um dos grandes legados dela comigo foi me ensinar a gostar das pessoas pelo que elas são e não pelo que eu gostaria que fossem.

O tempo é o senhor da verdade.
ALBERTH GERMÂNIO

Quando eu era editora internacional do jornal da TV Record, em 1994, trabalhava sob uma pressão e assédio absurdos da chefia. Acabei ficando muito doente e tive que fazer uma histerectomia parcial. Só tinha 27 anos e foi uma fase muito difícil. Minha vida tomava outro rumo.

O preconceito que uma mulher que não pode ter filho sofre é tão grande que só temos noção da dimensão quando passamos por isso. Ouvi, de um dos médicos que cuidou de mim, que teria que me preparar porque a sociedade não me aceitaria depois da operação. Mas, quem acha que a discriminação é feita somente pelos homens se engana, as mulheres são até mais cruéis. Foi com frases como essas que eu comecei a me reconstruir! Afinal, por que deixamos que nos apontem como simplesparideiras? Eu começava a escrever outra história para a minha vida, e não sofri mais por isso.

Mais uma espera vã
mas, o bonde passou tão carregadinho,
não havia mais lugar para mim.
Que importa que a chuva molhe minhas roupas;
que meus pés estejam gelados.
Estou bem plantada sobre meus pés!
BEATRIZ VIEIRA MARIOSA

Fui trabalhar na mais antiga produtora independente do Brasil, com o Lemos Britto, um visionário. Coordenei e dirigi dezenas de programas jornalísticos e alguns documentários, um deles, o *Planeta Água*, que ganhou um Jacaré de Ouro. De volta às emissoras, passei a trabalhar nas grandes produções de televisão. Primeiro, nas revistas eletrônicas, fui editora do *Domingo Espetacular*, com Paulo Henrique Amorim; do *Hoje em Dia*; do *Programa da Eliana*, do *No Coração do Brasil*, com José Luiz Datena, do *SBT Repórter* e do *Conexão Repórter*, com Roberto Cabrini.

A convite de Fernando Vieira de Melo, dirigi o *Roda Viva*, na TV Cultura, onde fiquei por quase dois anos até a Band me levar para comandar o *Canal Livre*, onde fiquei por pouco mais de cinco anos.

Nos programas de longos formatos, dirigi os maiores nomes do jornalismo do Brasil, como Mario Sergio Conti, Fernando Mitre, Ricardo Boechat, Boris Casoy e Fábio Pannunzio. Em seguida, a Jovem Pan me contratou para comandar o *Direto ao Ponto* com Augusto Nunes. O programa virou *case* para algumas emissoras. Os 99 episódios dirigidos por mim tiveram cerca de 200 milhões de visualizações, somente no canal do YouTube. Nunca perdi em audiência para nenhum outro programa no mesmo formato.

O tamanho dos seus sonhos deve sempre exceder a sua capacidade de alcançá-los.
Se os seus sonhos não te assustam, eles não são grandes o suficiente.
ELLEN JOHNSON-SIRLEAF

Na TV ou fora dela, sempre estive mais próxima do universo masculino que do feminino, e nunca tive problemas com isso. Não que eu tenha passado totalmente ilesa. Ouvi muita bobagem nas emissoras por onde passei, algumas inenarráveis, tão grotescas e deselegantes que não mereceram nem respostas. Mas nada me impediu de ir até onde eu quis e nunca precisei baixar a cabeça, nem nada mais, para chegar aonde cheguei.

Eu convivo, há muito tempo, com os militares da Marinha do Brasil. Fui condecorada como "Amiga da Marinha", em 1998, e por mais de duas décadas fui diretora da Soamar, em São Paulo. Sempre achei os civis que os rodeiam mais complicados, talvez porque não tenham tanta disciplina e determinação. E eu me espelhei nisso durante a minha carreira. Nunca fui jornalista de fazer festa em redação, nem de sair para happy hour depois do fechamento de um jornal ou programa. Pode ter sido até uma maneira de me proteger, mas não sentia falta desse convívio social.

Apesar de tantos tombos, posso dizer que mais dancei e fui feliz do que caí nesse baile. Conheci pessoas magníficas e lugares que só o jornalismo poderia me levar. Escutei histórias de vida fantásticas e outras bem tristes, mas pude ajudar muitas pessoas. Uma delas foi pressionando o governo para a viabilidade da vacina de HPV na saúde pública. Foram dois anos fazendo programas entre *Roda Viva* e *Canal Livre*, falando e cobrando, na época, do ministro da Saúde. E deu certo. Vitória contra o câncer no útero que, infelizmente, levou minha avó Beatriz e poderia levar muito mais mulheres se não fosse a vacina.

Felicidade é a certeza de que nossa vida
não está se passando inutilmente.
ÉRICO VERISSIMO

O que mais alimenta a minha jornada é o desafio! E em todas as minhas introspecções, a música foi minha aliada, pois acalma a minha alma. Para quem não acredita que pode fazer a diferença, nunca duvide de você. Seja generosa. Cada um tem sua bagagem e caminhos, a sua vida é única. Nunca se compare a ninguém. Seja SEMPRE o protagonista da sua própria história.

Podemos facilmente perdoar uma criança que tem medo do escuro; a real
tragédia da vida é quando os homens têm medo da luz.
PLATÃO

E agora? Um reencontro de 20 anos me leva a novos caminhos que prometem atravessar fronteiras. Estou relançando a Fattoria Mariosa, uma marca de café com raízes italianas que remonta ao século XIX. Minha família começou a seleção dos melhores grãos em São Paulo, e montou o primeiro escritório de propaganda do café brasileiro em Nápoles, na Itália. Retomarei essa tradição, levando o café especial brasileiro para o mercado internacional.

Além disso, com Pedro Fabrini, iniciei o programa *Academia de Gigantes*, que promete inspirar pessoas a superarem desafios, por meio de podcast, premiações e palestras.

Esses são os meus novos desafios!

COMO SE COMUNICAR MELHOR PARA CONQUISTAR OS SEUS SONHOS

Referência nacional em treinamentos de comunicação, inteligência emocional e comunicação não violenta. É um dos grandes educadores contemporâneos sobre o assunto no Brasil. Comunicador e facilitador de grupos há mais de 18 anos, facilitou processos e experiências em 15 países. Formado em *foundation course* em Música (CCCU, Inglaterra), tem graduação em Comunicação das Artes do Corpo (PUC-SP), pós-graduação em Pedagogia da Cooperação e Metodologias Colaborativas (UNIP), e mestrado em Comunicação e Semiótica (PUC-SP). Foi *performer* no espetáculo internacional STOMP (Londres), é cofundador do projeto "Música do Círculo" (música e conexão humana), cofundador do "Festival da Empatia" e cofundador da COLAR (comunidade on-line de prática de comunicação não violenta). É professor convidado na pós-graduação em Pedagogia da Cooperação e Metodologias Colaborativas (UNIP). Tem treinamentos internacionais pelo CNVC (Center for Nonviolent Communication) e, atualmente, trabalha como consultor em grandes empresas e organizações brasileiras.

PEDRO CONSORTE

52

CONTATOS:

pedroconsorte@hotmail.com

@pedroconsorte

Descubra como aprimorar suas habilidades de comunicação e inteligência emocional para alcançar o sucesso em um mundo onde as mulheres enfrentam desafios únicos. Conheça estratégias para superar estereótipos, desenvolver sua voz e criar espaços inclusivos. Saiba como se destacar, ser ouvida e inspirar mudanças, alcançando o reconhecimento que você merece na realização dos seus sonhos.

Se você quer conquistar os seus sonhos, uma coisa essencial para você desenvolver é a sua capacidade de construir relacionamentos sólidos. E um bom ponto de partida é você prestar atenção na forma como se comunica com as pessoas. Se você não consegue se comunicar de forma construtiva com colegas, clientes, marido, filhos, família, vai ser muito difícil estabelecer conexões significativas e, consequentemente, alavancar a sua trajetória pessoal e profissional. Por exemplo, se você não consegue se comunicar de maneira assertiva e acaba se omitindo demais, deixando de dizer o que pensa ou se comunicando de uma forma muito agressiva, pode acabar enfrentando várias dificuldades nos seus relacionamentos.

Então, é importante reconhecer quais são as habilidades de comunicação que ainda precisa desenvolver e ir atrás de desenvolvê-las. Ao mesmo tempo, preste atenção: se você se sentir obrigada a adotar um estilo de comunicação que não é natural, isso pode te levar a sentir insegurança. O ideal é encontrar um estilo de comunicação que preserve a sua personalidade e a sua autenticidade.

Nesse processo de desenvolvimento, é importante você ter em mente que o mundo das mulheres e dos homens pode ser muito diferente em alguns aspectos. Por exemplo, existe um velho estereótipo de que as mulheres devem ser sempre cuidadosas, delicadas e submissas na sua forma de se expressar. Toda mulher que quebra esse estereótipo corre o risco de ser julgada como “mal-educada”, “agressiva”, “arrogante”. Para as mulheres em posições de liderança, os desafios de comunicação são ainda mais acentuados. Elas, muitas vezes, são criticadas por serem vistas como “duras demais” ou “emocionais demais”, enquanto os mesmos comportamentos, quando vêm de homens, são aceitos ou até mesmo valorizados.

Essa lógica faz parte das leis invisíveis e dos acordos silenciosos que existem na nossa cultura para fazer a manutenção dos espaços de poder dominados pelos homens, ditando como as mulheres devem se comportar socialmente. Isso pode resultar em uma pressão grande para que você não seja direta, assertiva ou ambiciosa na sua comunicação. Os homens têm muito mais permissão, socialmente falando, para serem diretos, assertivos, ambiciosos e até agressivos. É como se a agressividade do homem fosse naturalizada e a da mulher fosse recriminada. Além disso, as mulheres frequentemente enfrentam interrupções em conversas, onde suas contribuições são desvalorizadas ou descartadas em favor das vozes masculinas. Esse fenômeno reflete uma dinâmica de poder desigual, na qual as mulheres, muitas vezes, têm menos espaço para serem ouvidas e respeitadas.

Por isso, ao mesmo tempo que pode ser muito importante você buscar o equilíbrio entre ser assertiva e ser gentil, saiba que alguém sempre vai acabar interpretando a sua assertividade como agressividade.

Veja, por exemplo, como a criação das mulheres influencia em como elas se comunicam. Expressões como "isso não é coisa de menina" e "uma menina não deve falar assim" sugerem que as mulheres devem adotar padrões específicos de linguagem e comportamento que reforçam certos estereótipos, levando-as, mais tarde na vida, a duvidar de suas próprias habilidades de comunicação. Frequentemente, as mulheres ouvem desde pequenas a seguinte frase: "seja uma boa menina", mas o que a gente não se pergunta é: "Boa para quem? O que quer dizer isso na prática?". Ser uma "boa menina" muitas vezes é um sinônimo de você não poder se posicionar, não expressar suas necessidades, não colocar limites, não poder dizer "não", e isso tem consequências seríssimas no processo de desenvolvimento das suas habilidades.

Por causa desse tipo de repressão, é muito comum que mulheres cresçam com dificuldade de se colocar e, ainda, sintam culpa por isso. A armadilha aqui é você achar que a responsabilidade é só sua, quando, na verdade, sua criação também cumpriu um papel na inibição do desenvolvimento de certas habilidades. Enfrentar esses desafios não é moleza, mas quanto mais você tem consciência desses aspectos todos, mais consegue se fortalecer para encará-los.

Como mulher, existem várias estratégias que você pode adotar para desenvolver as suas habilidades de comunicação. Se você quer conquistar os seus sonhos, aqui vão cinco habilidades fundamentais para serem desenvolvidas:

1. Aprenda a interromper as violências contra você

É importante ter em mente que a violência contra mulheres acontece, na maior parte do tempo, por meio da forma como as pessoas se comunicam com elas. Geralmente, esse tipo de violência é banalizada. Pode ser que os ambientes que você frequenta tenham algum tipo de cultura que sutilmente desvaloriza ou descredibiliza as mulheres e, por isso, você não vai perceber logo de cara. Ou talvez até perceba, mas as pessoas que convivem com essa cultura há muito tempo nem percebem mais, porque já se acostumaram com ela, o que é péssimo. Isso não se restringe apenas a ambientes de trabalho. Mesmo nos relacionamentos amorosos, existem grandes armadilhas.

Por exemplo, quando você se apaixona por alguém, uma das maiores armadilhas acontece quando essa pessoa começa a te manipular ou a te tratar de formas cada vez mais agressivas e violentas. Amor e violência podem se misturar e isso é extremamente perigoso. Então, aos menores sinais de agressividade, observe porque a violência contra a mulher funciona como uma espiral crescente que começa com comportamentos muito sutis e, aos poucos, vai ficando cada vez mais intensa. Veja, a seguir, uma escala de violência, da mais sutil à mais intensa, e que pode ir aumentando, conforme você não interrompe o ciclo de agressão:

- **Nível preocupante**: descredibilizar, desvalorizar, chantagear emocionalmente, mentir, enganar, ignorar, ofender, humilhar, ironizar, ter ataques de ciúmes, fazer pressão psicológica.
- **Nível muito preocupante**: xingar, intimidar, ameaçar, proibir, controlar, quebrar coisas, destruir bens pessoais, empurrar.
- **Nível extremamente preocupante (aqui sua vida está em risco!)**: golpear, chutar, confinar, puxar cabelo, machucar, agredir, ameaçar com armas, ameaçar de morte, abusar ou violar sexualmente, espancar e mutilar.

2. Desenvolva uma comunicação mais assertiva e aprenda a colocar limites

Invista tempo em aprimorar suas habilidades de comunicação, especialmente a sua assertividade. Não tenha medo de desafiar estereótipos de gênero e expectativas que a sociedade projeta sobre você. Nunca seja educada, quando "ser educada" for sinônimo de você se silenciar. Aprenda a expressar suas ideias, opiniões e necessidades de forma clara, direta e respeitosa. Isso envolve defender-se de maneira firme, mas sem necessariamente ser agressiva, e garantir que suas contribuições sejam ouvidas e consideradas.

Saiba que todo mundo gosta de você quando você faz o que as pessoas querem. Mas poucas pessoas gostam de você quando você coloca limites. Quanto mais você coloca limites, mais você vai vendo quem são as pessoas que realmente te respeitam. E colocar limites pode ser incrível. É desafiador, mas também é libertador. A sua capacidade de colocar limites e dizer "não" está diretamente conectada com a sua capacidade de cuidar de você mesma.

Pratique normalizar as seguintes frases:

- "Eu não quero fazer isso".
- "Eu não gosto disso".
- "Eu não vou".
- "Eu quero parar com isso agora".
- "Eu prefiro não falar desse assunto".

3. Aprenda habilidades de negociação, empatia e gestão de conflitos

A capacidade de negociar de forma eficaz é crucial em muitos aspectos da vida profissional e pessoal. Isso inclui ser capaz de encontrar soluções que sejam boas para todos os lados. Ser capaz de entender e se conectar com as suas próprias emoções, e também com as emoções e perspectivas dos outros, é uma habilidade muito valiosa no desenvolvimento da sua comunicação.

É importante aprender a ouvir ativamente, demonstrar compreensão e mostrar empatia genuína pelos sentimentos e experiências dos outros. Saber lidar com conflitos de forma construtiva é essencial para manter relacionamentos saudáveis e produtivos. Para ser capaz de resolver desentendimentos de maneira colaborativa, aprenda a usar a sua criatividade para encontrar soluções que contemplem os dois lados.

Observe como você reage aos momentos de desentendimento e evite especialmente dois tipos de reações que te desviarão do caminho construtivo:

- Você empurrar a culpa toda para o outro.
- Você pegar a culpa toda para você.

A ideia aqui é diferente: é você se responsabilizar por parte da história e reconhecer que a outra parte também tem responsabilidade. Coloque todas as cartas na mesa e comece a conversar de uma forma que não foque em julgar, criticar ou atacar a outra pessoa, e sim em entender quais são as suas próprias necessidades e quais são as necessidades dela. Para adotar essa nova postura, experimente se expressar de modo não acusatório, principalmente quando estiver em conversas difíceis. Você pode dizer algo do tipo:

> Eu não estou dizendo que o problema é seu e também não estou tentando colocar a culpa em você. Eu acho que o problema é nosso e eu gostaria de sentar com você para conversar e ver se a gente pode se entender melhor, para acharmos uma solução que fique boa para nós dois.

4. Esteja atenta às "vozes" da sua cabeça

É importante aprender a observar como você se comunica com você mesma: os seus pensamentos e diálogos internos. Toda conversa que você tem aí dentro não deveria ser uma conversa baseada em culpa, vergonha, raiva, punição ou fracasso. Esse é um dos lugares mais clássicos que enfraquecem as trajetórias das mulheres. Culpa por não ser uma boa mãe, culpa por não ser uma boa mulher, culpa por não ter conseguido uma posição profissional específica, culpa por não achar um equilíbrio entre vida pessoal e profissional. Essa culpa será um freio de mão puxado na sua trajetória. Por isso, perceba assim que começar a alimentar a culpa dentro de você e interrompa isso imediatamente.

Outra armadilha dentro da sua cabeça é o vitimismo. Ser vítima é uma coisa, ser vitimista é outra. Ser vítima significa que você foi alvo de um comportamento que te prejudicou de alguma forma, algo injusto ou abusivo. Ser vitimista, por outro lado, é um padrão de pensamento de uma pessoa que assume constantemente o papel de vítima, mesmo em situações em que tem algum controle ou responsabilidade sobre a situação. É uma maneira de evitar assumir a responsabilidade por suas próprias decisões, evitando, também, buscar soluções ou lidar com desafios de forma construtiva.

5. Cuide de você mesma e busque apoio

Crie uma rede de apoio e participe de espaços seguros. Busque apoio em outras mulheres e homens aliados que compartilham dos seus mesmos objetivos e valores. Uma rede de apoio sólida pode oferecer suporte emocional, companhia e oportunidades de crescimento profissional e pessoal. Lembre-se de cuidar da sua saúde física, mental e emocional. Priorize o autocuidado e reserve tempo para recarregar suas energias, lidar com o estresse e cultivar seu bem-estar geral. Não confunda egoísmo com autocuidado. Egoísmo é pensar que só você importa. Autocuidado é pensar que você também importa. Por isso, desenvolva estratégias de autocuidado, lembrando que isso não quer dizer que você precisa cuidar disso sozinha e não possa pedir ajuda nesse processo.

Pedir ajuda é uma forma de autocuidado. Abrir mão de certas responsabilidades é uma forma de autocuidado. Se cobrar menos, se exigir menos, se valorizar, se sentir bonita, se sentir amada, escolher estar com pessoas que te valorizam, tudo isso são estratégias de autocuidado. Uma das formas mais trágicas de violência é a violência contra você mesma, e isso geralmente acontece quando você se comunica com você mesma baseada em autocrítica excessiva, perfeccionismo extremo, negação de necessidades, autossabotagem, recusa de ajuda, comparação constante e desvalorização emocional.

Então, seja proativa: distancie-se de quem não te faz bem, frequente ambientes que te apoiam, não espere que as oportunidades venham até você. Busque ativamente oportunidades de desenvolvimento, promoção e liderança. Esteja disposta a assumir desafios e a defender suas próprias necessidades e metas. Trabalhe para criar espaços seguros, onde todas as vozes sejam ouvidas e respeitadas. Lute contra o assédio, a discriminação e outras formas de injustiça, promovendo uma cultura de inclusão e diversidade. Cuide de si mesma.

À medida que as mulheres se capacitam para desafiar as expectativas limitantes impostas pela sociedade e se unem com outras mulheres e homens que também têm essa consciência, podemos nos tornar agentes de mudança e inspirar outras pessoas a fazerem o mesmo.

Assim, continuaremos criando espaços mais inclusivos, capacitadores, democráticos, onde todas as vozes sejam ouvidas e valorizadas. E é assim, com determinação, empatia e autenticidade, que você conquistará o respeito e o reconhecimento que merece na luta pelos seus sonhos.

O SUCESSO DE QUEM PENSA EM INVESTIR NAS PESSOAS

Formada em Administração e Planejamento Tributário, empresária dos setores de turismo e imobiliário, continua o legado do seu pai (*in memoriam*), com quem aprendeu a valorizar as conquistas e a correr atrás dos seus objetivos. Seu trabalho transformou a empresa familiar em uma referência no estado de Sergipe.

RAÍRA SANTOS

53

CONTATOS:

makairesort.com.br

@makairesort

@rairasantosoficial

79 99911 2113

Raíra Santos, formada em Administração e Planejamento Tributário, é empresária atuante nos setores de turismo e imobiliário. Após a morte do seu pai, em 2020, ela assumiu a gestão da empresa familiar, transformando-a em uma referência em Sergipe. Sob sua liderança, o Makai Resort All Inclusive se destacou, tornando-se um dos melhores do país. Raíra superou desafios significativos, incluindo um câncer e a pandemia, sempre priorizando o investimento em pessoas como a chave para o sucesso.

Não escolhemos o nosso papel nesta Terra, e coube a mim nascer como Raíra Santos, nome que recebi e que, na língua tupi-guarani, significa "filha". É um nome apropriado para alguém como eu, herdeira de um legado de tradições, luta e amor pelo trabalho. Ser filha é uma parte essencial de quem eu sou, um reflexo do sangue que corre em minhas veias. Vejo-me como fruto dos meus antepassados e tenho muito orgulho disso. Sou filha de Rosa Maria, uma mulher forte e guerreira, e de Edison Santos (*in memoriam*), um homem visionário e de um coração sem igual. Sou neta de Maria Silva e Raimundo, pais do meu pai, e de Alexandrina e Pedro, pais da minha mãe. Sou parte dessa gente amada, de quem herdei a honra, a ética, o amor ao próximo, a humildade e a coragem para enfrentar qualquer desafio. Carrego comigo a herança dessas pessoas, moldada por suas virtudes e ensinamentos.

Reconhecida como empresária nos setores de turismo e imobiliário há mais de dez anos, mantenho vivo o sonho do meu pai, um líder que começou do nada e, com muito trabalho, visão e força de vontade, conseguiu erguer um dos maiores grupos empresariais de Sergipe. Alguns chegaram a duvidar da sua capacidade, mas muitos foram obrigados a reconhecer o grande homem e empresário que sempre foi. Sua partida inesperada, em 2020, mudou completamente a minha vida.

De repente, me vi diante de grandes responsabilidades corporativas. Já estava me preparando para gerir meus negócios, mas o destino quis que eu fosse obrigada a suceder meu pai e assumir a liderança dos negócios da nossa família. Confesso que senti o peso da responsabilidade, mas o amor à minha família falou mais alto, e encarei meu novo papel com coragem e humildade. Assumi a gestão do grupo sem deixar de lado nenhum familiar.

Precisei adequar o patrimônio aos novos tempos e, junto à minha equipe e família, transformei nossa empresa familiar em uma referência no estado de Sergipe.

Hoje, nossa joia mais brilhante é o Makai Resort All Inclusive, que, com muita honra e alegria, está listado entre os dez melhores do país na categoria "Tudo Incluído", segundo o Tripadvisor – o maior site de avaliações de turismo do mundo. Além disso, somos campeões de vendas e de satisfação dos clientes nas maiores operadoras do Brasil. Somos uma referência, desde a CVC Viagens até a Booking.com, da Decolar até a ViagensPromo. Não há agente de viagens no Brasil que não tenha ouvido falar do Makai Resort, e todos os anos acolhemos dezenas de milhares de famílias para as melhores férias das suas vidas. Um oásis para quem busca paz e conforto em contato com a natureza.

Para quem pensa que o sucesso se mantém apenas com os conhecimentos adquiridos nas escolas de negócios, está enganado. Eu também trilho meu caminho com muita fé, força e determinação no âmbito pessoal, e isso se reflete diretamente no sucesso dos meus empreendimentos. A essência do milagre em minha vida não está apenas nas vitórias, mas nas batalhas. Enfrentei desafios que testaram cada fibra do meu ser e, em cada etapa, aprendi com as pessoas que me apoiaram, cresci e me transformei. Os anos de 2011, 2016 e 2020 foram especialmente marcantes em minha trajetória.

Neste livro, onde muitos buscam alcançar o topo do mundo, principalmente nós, mulheres, que merecemos reconhecimento, quero compartilhar essa jornada. Desejo falar sobre uma liderança que coloca as pessoas acima dos negócios, sobre a importância de investir em gente e como essa filosofia pode ser o verdadeiro caminho para o sucesso, ainda mais no setor de serviços. E como toda a economia, da agricultura à indústria, depende de pessoas e serviços, é essencial entender que o investimento em gente é a chave para o sucesso em qualquer ramo de atividade.

Convido vocês a embarcarem comigo nesta jornada inspiradora. Vamos descobrir juntos como os milagres podem ser encontrados na vida daqueles que ousam sonhar, lutar e transformar. Vamos explorar como podemos criar nossos próprios milagres por meio da liderança, da gestão e do investimento em pessoas. Minha trajetória não começou no topo. Trabalhei em diferentes funções nas empresas do meu pai, aprendendo cada aspecto do negócio.

Esse aprendizado prático, que teve início em 2011, me deu uma perspectiva única e uma compreensão profunda de como cada peça se encaixa, de como as relações inter e intrapessoais são importantes, e de como não são apenas os números que contam a história de uma empresa. Esse conhecimento foi um complemento fundamental à minha formação acadêmica, voltada para a administração, a gestão fiscal e o planejamento tributário. Gosto de enfatizar que, sim, fui camareira, recepcionista, caixa, frentista e, ao mesmo tempo, colega de trabalho, confidente, mãe, esposa. Conheci tanto a fragilidade quanto a força de uma mulher que tenta equilibrar a vida pessoal, com as quase 12 horas diárias de trabalho.

Quando assumi um cargo de gestão, eu não sabia exatamente o que era necessário para liderar com empatia e eficácia. No entanto, intuía que precisava cuidar das pessoas. Naquela época, por volta de 2016, eu coordenava cinco empresas simultaneamente. Focada no administrativo-financeiro, trabalhava muito, cuidava de tudo e de todos, mas acabei negligenciando minha própria saúde. A vida tem uma maneira de nos testar e desafiar de formas inesperadas, e um desses momentos para mim foi a batalha contra o câncer. Foi um período de incerteza, medo e dor, mas também de força, fé e amor, valores nos quais acredito profundamente.

Meu diagnóstico, em 2016, foi um choque, mas eu não estava sozinha. Tive o apoio incondicional da minha família, que esteve ao meu lado em cada etapa. Eles me deram força para lutar, esperança para acreditar e amor para curar. Investiram em mim de um jeito que só quem ama é capaz de fazer. A batalha contra o câncer me levou a revisar meus valores. Percebi que a vida é frágil e preciosa, e que as relações humanas são o que realmente importa. Passei a valorizar mais cada momento com minha família, cada sorriso do meu filho, cada abraço de um amigo. Tornei-me uma investidora desses momentos, muito mais do que qualquer função administrativa-financeira que pudesse ter.

Essa revisão de valores não se refletiu apenas em minha vida pessoal, mas também em minha gestão. Comecei a ver minha equipe não apenas como colaboradores, mas como uma extensão da minha família. Passei a liderar com mais empatia, compaixão e humanidade. Investir em pessoas tornou-se a essência da minha filosofia de negócios. Para mim, pessoas não são apenas recursos; **são o coração e a alma de qualquer empreendimento.**

Acredito firmemente no desenvolvimento, na retenção e no empoderamento da equipe. Isso significa oferecer oportunidades de crescimento, reconhecer esforços e criar um ambiente onde cada um possa florescer.

Mas a vida é feita de ciclos, e um dos momentos mais difíceis da minha jornada foi a partida do meu pai, no início de 2020 – um ano que se provou um dos mais desafiadores da minha vida. Ele foi meu mentor, meu guia, e sua perda deixou um vazio imenso. No entanto, ele também deixou um legado, uma responsabilidade que eu estava determinada a honrar. Meu pai foi uma figura inspiradora em minha vida. Ele me ensinou que liderar não é apenas dar ordens, mas inspirar, motivar e guiar.

Quando assumi a responsabilidade de gerenciar as empresas da família, com mais de 300 famílias dependendo desses negócios, entendi que estava carregando não apenas o legado do meu pai, mas a confiança e as esperanças de cada membro da nossa equipe. Assumir a liderança da empresa depois da morte do meu pai não foi apenas uma transição profissional, mas uma jornada emocional. Sabia que tinha a confiança e o apoio da minha equipe, e juntos, continuamos a construir sobre os alicerces que meu pai havia estabelecido.

Liderar também significa enfrentar desafios. Meu pai não era exatamente o empresário mais organizado, e encontrei importantes lacunas de governança no grupo, que misturava de forma perigosa contabilidades pessoais e empresariais. Justamente no momento em que precisávamos ajustar o espólio, dividir a herança, organizar as empresas, identificar passivos e ativos, e conciliar as expectativas dos parceiros com a realidade que poderíamos entregar, surgiu o maior desafio da história do setor de turismo. Era necessário me dedicar ainda mais à maior empresa do grupo, justamente aquela que apresentava o maior risco de insolvência: o Makai Resort.

Durante a pandemia, com o fechamento obrigatório das empresas de turismo e o isolamento social, tivemos que nos adaptar rapidamente. A maior decisão que tomamos foi confiar em nossos valores. Em 2020, enquanto o setor de turismo encolhia, nós mantivemos os empregos das 300 famílias dependentes do Makai Resort. Não demitimos ninguém. Organizamos *lives* para manter a marca viva nas mídias sociais, realizamos treinamentos para mais de mil agentes de viagens de todo o Brasil, capacitamos nossa equipe, adaptamos produtos e serviços às exigências do isolamento social e ajudamos quem pudemos com doações.

Assim como o meu câncer, em 2016, eu sabia que a pandemia iria passar e que voltaríamos mais fortes, desde que nos mantivéssemos firmes em nossos valores. Não foi um período fácil. Tivemos uma queda substancial de receita, aumento no endividamento, e dependemos das nossas relações pessoais para negociar com fornecedores, clientes e parceiros em geral. Se ainda havia qualquer dúvida sobre a filosofia de vida e gestão que eu havia adotado, ela se dissipou. Cuidamos uns dos outros, reconhecemos os esforços extras e encontramos maneiras de continuar crescendo juntos. Todos os dias, encontrávamos soluções novas. Empoderar nossa equipe significou dar a eles as ferramentas e a confiança para enfrentar o desconhecido.

Em cada etapa e desafio, o investimento em pessoas foi a chave para nosso sucesso. É uma lição que levo comigo todos os dias e que espero que ressoe com cada um de vocês. No setor de serviços, as pessoas são o coração do negócio. Desenvolver, reter e empoderar a equipe não é apenas uma estratégia, é uma necessidade. É o que diferencia uma empresa comum de uma empresa extraordinária. Meu diferencial como líder sempre foi investir em gente. Isso reflete os investimentos que recebi dos meus pais e familiares durante toda a vida, especialmente nos momentos mais difíceis. É essa filosofia que eu levo para o meu negócio, para minha equipe e para cada decisão que tomo. Investimos em nossa equipe, proporcionando treinamento, oportunidades de crescimento e um ambiente de trabalho positivo.

Esse investimento em pessoas se refletiu em cada sorriso, cada gesto de cuidado e em cada momento memorável que nossos hóspedes experimentaram. Os resultados apareceram. Enquanto a pandemia se estabilizava e caminhava para o fim, curávamos nossas feridas pessoais e elevávamos o Makai a patamares nunca antes vistos.

Por fim, o sucesso no setor de serviços começa e termina com as pessoas. Esse é o caminho que escolhi seguir, e acredito que ele pode levar cada um de nós a alturas inimagináveis. Em minha vida e carreira, aprendi que o verdadeiro sucesso não está apenas nos números ou nas conquistas materiais, mas nas relações humanas e na capacidade de desenvolver, reter e empoderar aqueles ao nosso redor. No setor de serviços, e em qualquer negócio, o diferencial está em investir em gente. Esse é um caminho que exige empatia, compreensão e comprometimento, mas que pode levar a resultados extraordinários.

Então, deixo aqui um chamado à ação: olhem para suas próprias organizações e equipes, e perguntem-se: como posso investir mais em pessoas? Como posso liderar com mais humanidade? Como posso transformar meu negócio por meio do cuidado, reconhecimento e empoderamento? Acredito que cada um de vocês tem a capacidade de criar seus próprios milagres e de encontrar seu próprio caminho para o sucesso. Espero que, ao compartilhar minha jornada com vocês, tenha inspirado cada um a buscar esse caminho com coragem, paixão e amor. Que possamos, como empresários e líderes, continuar a investir em pessoas e a construir um futuro mais brilhante, mais humano e mais extraordinário.

MEU DIREITO DE SER MULHER

É advogada, especialista em Direito Processual Civil pela Pontifícia Universidade Católica (PUC-SP). Também é especialista em Arbitragem e Direito Imobiliário pela Escola Paulista de Direito (EPD). Atua como membro efetivo da Comissão Especial de Direito Imobiliário da Ordem dos Advogados do Brasil (OAB/SP), membro do Instituto Brasileiro de Direito Imobiliário (IBRADIM). Como especialista em direito autoral, é membro da Associação Brasileira de Direito Autoral (ABDA), árbitra na Câmara Nacional de Arbitragem na Comunicação (CNAP). É autora e coautora de capítulos publicados em livros de direito autoral e publicidade. Também é mãe do Enzo (11), do Pietro (9) e da enteada Victoria (26), e esposa do Dom.

RAQUEL ALEXANDRA ROMANO

54

CONTATOS:

raquelromano.adv.br

@raquelromanoadvogados
@apaixonadaporbmw

Uma linda mulher pode enfrentar bullying durante toda a sua vida, devido a estereótipos que desvalorizam sua competência. Sua aparência é usada para diminuir suas habilidades e frequentemente é vítima de comentários maliciosos e insinuações envolvendo sua beleza. Eu fui vítima desta realidade, mas aprendi a enfrentar a discriminação. Hoje ajudo mulheres a superar traumas e encontrarem a liberdade.

Meu pai Alexandre, 95 anos, formado em Contabilidade, um homem íntegro, generoso e inteligente, sempre foi muito atencioso com minha mãe Claudete, 86 anos, enfermeira e professora, mulher provedora de personalidade forte. Ela desejava ter um filho homem, mas Deus lhe presenteou com cinco filhas, sendo duas gêmeas: Valéria, Rogéria, Débora, Priscila e Raquel.

Eu sou gêmea e caçula de cinco grandes mulheres, cada uma com sua personalidade e sensibilidade. Posso dizer que somos uma família unida com suas diferenças, mas unida graças à busca constante do meu pai de manter essa união. Afinal, ele vive há 65 anos com a minha mãe, um casamento forte que superou todas as dificuldades de um relacionamento.

Meu pai sempre valorizou a educação, teve duas irmãs professoras e, por essa razão, incentivava as filhas a cursar, naquela época, o Magistério. Fizemos a vontade de papai, mas eu sempre fui diferente de todas as minhas irmãs e talvez parecida com os meus pais na paixão pelos estudos e pelo trabalho. Minha mãe era apaixonada por dirigir e herdei isso dela; adoro dirigir, aprendi muito cedo, pois sempre gostei de velocidade e me sentia confortável dentro de um carro. Quando era criança minha diversão era estudar e escutar música no Dodge da minha mãe.

Nossa cidade natal é São Paulo, capital, mas crescemos no interior, em Taubaté, localizada no Vale do Paraíba, cidade do Monteiro Lobato e da querida Hebe Camargo. Lá viviam os parentes italianos de minha mãe. Minha mãe nunca deixou de ser apaixonada por São Paulo e eu cresci com a sensação de que um dia voltaria para a maior capital da América do Sul.

Como caçula de cinco filhas, loirinha e de olhos azuis, características dos meus avôs italianos e alemães, já tinha uma personalidade empreendedora por ter sido basicamente criada por meu pai. Aos 13 anos, tinha uma amiga no colégio com a qual me tornei sócia na venda de doces. Aos 15 anos, prestava serviços para uma família mineira que era nossa vizinha, e minha mãe, como enfermeira, cuidava do avô acamado dessa família.

Aos 18 anos, já tinha dinheiro para comprar o meu carro, pois, como disse, sempre fui apaixonada por carros, suas marcas e histórias. Atualmente, faço *test drive* de algumas marcas, mas obviamente tenho a minha preferida, que possui o slogan "puro prazer de dirigir" e que é a minha cara, a BMW, inclusive tenho uma página somente sobre essa marca nas redes sociais.

Meu pai nos ensinou a sermos fortes e com seus ensinamentos somados à minha curiosidade, esperteza e ousadia, concluí os estudos como ele desejava, mas não era minha intenção ser professora. Assim, embora questionada por ele, optei pela faculdade de Direito.

A menina cresceu e se tornou mulher, dançarina na categoria dança de salão e estudante de ciências jurídicas. Não me considerava uma mulher bonita e nem me importava com isso. Desde menina na escola, por causa dos cabelos cacheados, sofria bullying, esse mal da humanidade que ainda atinge inúmeras crianças, adolescentes e adultos.

Da vida artística à advocacia para artistas e famosos

Um dia, passeando no shopping, fui abordada por uma pessoa que me perguntou se eu aceitaria fazer fotos para agência de modelos da qual era sócia, denominada Faro Models. Muito tímida e desconfiada, mas nada boba, como uma boa estudante de Direito, pesquisei a agência e aceitei fazer as fotos. E, então, São Paulo passou a ser um destino semanal da minha vida. Entre fotos e eventos, mantinha os estudos, pois, embora trabalhar como modelo fosse o sonho de muitas meninas, o meu era ser uma grande profissional. Eu queria mais!

Terminei a faculdade e me mudei para São Paulo em 2001. Como já sabemos, na ignorância da sociedade, ser mulher, bonita e inteligente não são combinações do mundo da moda e beleza. Sempre existiu e sempre existirá a discriminação de gênero, e comigo não foi diferente: presenciei muitas situações desagradáveis, entre o glamour e a realidade obscura dos bastidores.

Entre o universo da moda e os estudos, jamais imaginei que me tornaria apresentadora em televisão aberta. Pois bem, em 2000, fui convidada para ser apresentadora de um programa exibido na época pela BandVale (Rede Bandeirantes), com transmissão no Vale do Paraíba, Litoral Norte e Serra da Mantiqueira, aos sábados pela manhã. Denominado PONTOCOM, era um programa de entretenimento, música e entrevistas. Tive a oportunidade de entrevistar Marcello Camargo, filho da Hebe Camargo; Rafael Ilha, do grupo Polegar; entre outras personalidades da época.

Novamente surgiram as dificuldades de ser mulher, bonita, jovem e apresentadora, em um mundo completamente masculino que era a televisão na época, com um empresário exigente e incansável. Eu tinha que ser esteticamente perfeita e inteligente o suficiente para lidar e sobreviver em um espaço dominado pelo machismo. Como fui criada pelo meu pai, tirei de letra. A apresentadora foi para São Paulo, pois o seu empresário almejava algo muito maior do que o sucesso de um canal do interior.

Em São Paulo, modelei, fiz campanhas para as marcas Garoto, Nestlé, Lupo, Alert, entre outras, e fui agenciada pela Elite Models e Mega Models. Participei de campanhas publicitárias com Humberto Martins, trabalhei com Fernando Vanucci, Alessandra Scatena, Helen Ganzarolli, Lívia Andrade. Fiz curso de teatro com o grande preparador de elenco Beto Silveira. E, entre tudo isso, concluí a faculdade.

Embora estivesse à frente das câmeras no mundo do entretenimento, meus objetivos foram além e a advocacia estava no meu sangue. Quando conheci Sérgio D'Antino por meio do meu empresário, tive a oportunidade de exercer minha profissão. E olha que ironia! Fui trabalhar com o maior advogado do show business da época, ator e produtor cultural, sócio-proprietário do Teatro Shopping Frei Caneca e do Teatro Bibi Ferreira.

Deparei-me, então, com mulheres, agora na minha profissão, pois Sérgio D'Antino sempre escolheu trabalhar com mulheres. No entendimento dele, elas são mais leais, equilibradas, produtivas, autênticas e fortes. Ele sempre acreditou na liderança feminina.

Na D'Antino Advogados, adquiri experiência no ramo do entretenimento e da propriedade intelectual. A modelo tornou-se a advogada dos bastidores do teatro, televisão, rádio, internet e atualmente das redes sociais. Na época trabalhamos para agências e produtoras, diretores de teatro e televisão, além de grandes nomes como os grupos musicais Capital Inicial e Jota Quest; as duplas Zezé de Camargo & Luciano e Gian & Giovani; os empresários Beto Carrero e José Bonifácio (o Boni) da TV Vanguarda; o ilusionista Issao Imamura, as apresentadoras Ana Maria Braga (jornalista), Eliana, Adriane Galisteu, Cátia Fonseca e Silvia Poppovic, os apresentadores Ronnie Von, Silvio Santos, Gugu Liberato, César Filho (jornalista), José Juiz Datena (jornalista), Carlos Roberto Massa (Ratinho), Gilberto Barros, Danilo Gentili, Fábio Porchat, entre outros; o jornalista e ilustrador Álvaro de Moya; o cartunista Paulo Caruso; os músicos e cantores Luan Santana, Fafá de Belém, Zizi Possi, Kelly Key, dentre outros; atores e atrizes como Francisco Cuoco, Renato Borghi, Fábio Villa Verde, Regiane Cesnique, Antônio Fagundes, Reynaldo Gianecchini, Lima Duarte, Paloma Duarte, Elizabeth Savala, Luigi Baricelli, Eduardo Martini, Paula Lima, Irene Rachave, Alessandra Negrini, Paola Oliveira, Regina Duarte, Kely Nascimento, Beth Lago, Ana Paula Arósio, Henrique Stroeter, Matheus Petinatti, Luiza Brunet, Geraldo Malheiros (produtor), Solange Frazão, Luiza Tomé, Paulo Ivo, Rita Guedes, Sonia Lima, Dan Stulbach, Danton Melo, Daniel Boaventura, Marcelo Medici, Juca de Oliveira, Giuseppe Oristanio, Fabiana Alvarez, Cássio Reis, Glauco Mirko Laurelli, Bibi Ferreira e muitos outros. Desses, alguns ainda são clientes em meu escritório e outros tive a honra de conhecer durante minha trajetória.

Trabalhei também em grandes produções teatrais, como: *O gato vira-lata*, *Os 39 degraus de Alfred Hitchcock* (direção de Alexandre Reinecke), *O mistério de Irma Vap*, *A babá*, *Friziléia*, *Adultérios* (adaptação de obra de Woody Allen), *Cada um com seus pobrema* (com Marcelo Medici), *Hair: o musical*, *Sua Excelência o candidato*, *Adão e Eva: o clássico*, *Trair e coçar é só começar*, *Três homens baixos*, *O vison voador*, o espetáculo musical *Diva*, e muitas outras.

Encontrei-me exatamente onde o destino preparou. Será que era só isso? Quanto mais avançava em minha carreira, sentia que queria mais. Fiz cursos, pós-graduação e especialização; escrevi para revistas, livros e boletins; fui convidada para integrar importantes comissões da Ordem dos Advogados do Brasil; desenvolvi novas áreas do Direito no escritório. Atuávamos na carreira artística dos famosos, mas cuidávamos também de outras questões desses clientes. Além da propriedade intelectual e do entretenimento, busquei especialização em Direito de Família, Sucessões e Imobiliário.

Resolvi, então, trilhar novos caminhos. Em 2017 segui para meu próprio escritório, sem meu mentor Sérgio D'Antino, mas sempre recebendo os conselhos dele. Infelizmente, ele nos deixou em 2021. Tive a oportunidade de homenageá-lo na obra *Direito autoral, novos modelos na sociedade digital*, uma iniciativa da Associação Brasileira de Direito Autoral (ABDA), da qual sou membro.

Mulher e mãe

Aos 36 anos, carreira estável e casamento feliz, eu decidi ser mãe. Assim surgiu o primeiro desafio, pois minha primeira gravidez infelizmente não vingou: sofri um aborto. Foi um aprendizado muito grande lidar com a frustração e o medo.

Com o apoio precioso do Dom, meu amor e companheiro, da minha família e de alguns amigos, compreendi e superei. Como? Não sei responder. Acho que foi a força adquirida dos meus pais e de algo maior que vem do Universo.

Sou daquelas que trabalhava durante a gravidez e na licença-maternidade, sem deixar cair a peteca. Curti meus filhos e serei sempre assim, participo de cada detalhe da vida deles, inclusive com as dificuldades de criá-los em um mundo totalmente digital, influenciável e imediatista.

O conceito de família é importantíssimo na criação dos filhos, passo para os meus o aprendizado que tive dos meus pais, que considero importante para uma base, uma estrutura que será exigida deles no futuro.

Eu e o meu companheiro Dom já enfrentamos dificuldades e momentos únicos. São anos de parceria e cumplicidade. Hoje considero-me uma mulher feliz e realizada, amo ser mãe e amo meu parceiro de vida e minha família.

Dos desafios de ser profissional e mulher

Para a sociedade, a mulher tem que ser profissional, esposa e mãe, e em todos esses quesitos bem-sucedida? Será? Talvez... Será que isso compete somente aos homens?

Pessoalmente, como mulher, advogada e mãe, já sofri inúmeras discriminações feitas por homens e mulheres por causa da minha aparência, ou seja, qualificavam-me, sem me conhecer, como incompetente pela capa. E mais: achavam-se no direito de fazer elogios, cantadas em reuniões, audiências etc.

Um dia fui surpreendida por uma situação constrangedora no Fórum em uma audiência: estavam presentes as partes, os advogados e meu mentor Sérgio D'Antino. Ao final da mencionada audiência, o juiz solicitou que todos saíssem da sala, menos eu e a assistente do juízo, pois ele, com sua autoridade, queria proferir a sentença daquele processo somente na minha presença. Nada aconteceu, nenhuma cantada ou desrespeito pelo Magistrado, mas deixo ao leitor que tire suas próprias conclusões.

Cansada e influenciada por esse estereótipo equivocado, alisei os cabelos para parecer mais madura, estudei ainda mais para enfrentar meus colegas e, por dez longos anos, lutei para ser reconhecida em uma sociedade machista e ignorante. Certo dia, conversando com minha terapeuta, eu disse: "O que acha de eu comprar óculos sem grau para parecer mais madura?". Ela respondeu: "Você ficará mais sexy!". Rimos muito. Porém, sei que hoje conquistei minha liberdade em todos os sentidos.

Não foi fácil, não me arrependo de nada, faria tudo novamente, mas talvez com mais maturidade e menos preocupação com a opinião alheia.

Entre contratos artísticos, produções culturais, teatrais, espetáculos musicais, grandes negociações com emissoras de televisão, demandas contenciosas de violações de direitos autorais e de imagem, atuei intensamente no direito de família, com divórcios envolvendo famosos. E isso me fez conhecer muito mais as dores das mulheres, suas dificuldades e frustrações nos relacionamentos, assim pude aconselhar casais e salvar mulheres de relacionamentos abusivos, da depressão e da dependência emocional e financeira.

Mais experiente, com escritório próprio, independente e despreocupada em parecer mais jovem ou mais madura, não permito que a sociedade conduza minha vida ou minhas decisões profissionais. Tiro de letra piadas, insinuações e cantadas e agradeço pelos elogios. Faço o que quero e ensino mulheres a enfrentar seus medos; encorajo-as a compreender que podem tudo: ser empreendedoras, autônomas, funcionárias, presidentes, mães, mulheres, livres das amarras impostas pela sociedade. Toda mulher pode e deve fazer o que quiser.

Sempre valorizei a família, mas aprendi que casamento não é prisão e ensino muitas mulheres dependentes de relacionamentos fracassados que todos temos o direito de ser felizes novamente. A felicidade não está no outro, mas dentro de cada uma de nós. E no final existe vida após o término de uma relação, independentemente da idade.

Tudo é construção e ressignificação; não existem atalhos, ainda mais quando o assunto é mudança de cultura. As mulheres foram conquistando seu espaço ao longo das décadas, fazendo-se presente, mostrando seus resultados e buscando constantemente manter a graça feminina e o empoderamento.

Toda vez que uma mulher se defende, sem nem perceber que isso é possível, sem qualquer pretensão, ela defende todas as mulheres.
MAYA ANGELOU

É certo que a jornada de evolução das mulheres na sociedade não será nada rápida e muito menos fácil. Hoje vivemos em uma sociedade um pouco mais evoluída, novos conceitos, novas culturas, mais respeito e proteção à mulher; porém ela enfrentará ainda muitos desafios. A mulher tem que transformar sua forma de pensar, parar de aceitar as situações e de ser conivente com aquilo que ela não concorda; tem que denunciar quando preciso; falar e gritar quando necessário; e buscar ajuda.

Não é sobre feminismo, mas sobre acolhimento. Devemos apoiar umas às outras sem concorrência ou comparação, com união.

Espero fazer isso de salto alto, de mãos dadas com outras mulheres, pois **lugar de mulher é no topo do mundo**, e onde ela quiser estar!

Conclusão

Que este capítulo seja inspiração para muitas mulheres que de alguma forma já sofreram ou sofrem algum tipo de desrespeito, discriminação ou violência, e que elas descubram que seu poder está na sua ousadia de ser quem são.

CONSCIENTIZAR E CUIDAR

Nasceu no interior de São Paulo e reside no Reino Unido há 20 anos. Graduada em Psicologia no Reino Unido, é membro da Associação de Psicólogos Britânicos. Terapeuta especializada em pessoas com deficiência (PCD), utiliza o modelo Portage, amplamente reconhecido no país. É casada e mãe de duas crianças: Laurence, que é autista, e Olivia. Atualmente, trabalha prestando apoio para famílias com pessoas com deficiência no Reino Unido, oferecendo o serviço de assessoria que engloba diálogos para esclarecimento de dúvidas sobre o comportamento atípico das crianças, processos para aplicação de benefícios, reuniões com escolas e equipes médicas e tradução para as famílias que não dominam a língua inglesa. Nos últimos três anos, por meio de sua empresa, Wise Advice, realizou mais de 1.500 consultas. É coautora de três livros e palestrante internacional, tendo se apresentado em países como Brasil, Emirados Árabes Unidos, Portugal e Reino Unido. Autora do e-book *Tempo sem culpa*, que deu origem a palestras e workshops para mães. Também é membro ativo de um grupo de pais e cuidadores na região onde vive. Em 2023, recebeu o prêmio Top of Mind como uma das cinco terapeutas mais votadas em Londres. Em 2024, foi vencedora do Guia Londres Woman Awards Internacional na categoria de suporte e assessoria a famílias com crianças PCD. Renata está no processo de publicação de sua própria metodologia.

RENATA NOYCE

CONTATOS:

renatanoyce.com

wiseadviceuk@hotmail.com

@renatanoyce

Renata Noyce

078 2165 9912

Sou Renata Noyce e, por meio da minha própria experiência como mãe atípica e profissional no atendimento de pessoas com deficiência, gostaria de trazer, neste capítulo, aspectos essenciais para a conscientização sobre as famílias atípicas. Desde o diagnóstico de autismo do meu filho Laurence, a minha vida e a da minha família mudaram intensamente. Conscientizar, para mim, significa cuidar, e acredito que só entende 100% quem passa pela situação. Assim, quando as informações são compartilhadas, pode ocorrer um grande e positivo impacto na sociedade.

Nada na vida é para ser temido, é apenas para ser compreendido. Agora é hora de compreender mais, para que possamos temer menos.

MARIE CURIE

Saúde mental das famílias com filhos atípicos

1. Sobrecarga emocional e psicológica

Os pais de crianças PCD frequentemente enfrentam uma sobrecarga emocional e psicológica significativa. O diagnóstico de uma condição atípica pode acarretar sentimentos de choque, tristeza, culpa e até negação. O manejo diário das necessidades do filho pode levar a estresse crônico, ansiedade e depressão. Portanto, o suporte emocional, como terapia e grupos de apoio, é crucial para ajudar esses pais a lidar com tais emoções.

2. Impacto na relação familiar

A presença de uma criança PCD pode afetar a dinâmica familiar. Os pais podem sentir-se isolados socialmente e experimentar uma redução no tempo e na energia disponíveis para outros membros da família. Além disso, os irmãos de crianças atípicas também precisam de suporte emocional, pois podem sentir-se negligenciados ou sobrecarregados com responsabilidades adicionais.

3. Necessidade de conhecimento e habilidades

Os pais de crianças PCD precisam, muitas vezes, adquirir conhecimentos específicos e habilidades para cuidar adequadamente de seus filhos.

Isso inclui aprender sobre a condição da criança, as melhores práticas de cuidado e como navegar pelos sistemas de saúde e educação. Programas de educação para pais e workshops podem ser extremamente benéficos nesse sentido.

4. Rede de suporte

Uma rede de suporte robusta é essencial. Isso inclui familiares, amigos, profissionais de saúde, educadores e outras pessoas em situações semelhantes. Ter uma rede de suporte ajuda os pais a sentirem-se menos isolados, proporcionando um espaço para compartilhar experiências e estratégias de enfrentamento.

Direitos das crianças PCD no Brasil

No Brasil, as crianças PCD têm uma série de direitos garantidos por lei para assegurar sua inclusão e seu acesso a serviços essenciais. Entre os principais direitos estão:

1. Direito à educação

A Constituição Federal de 1988 garante a todos os cidadãos o direito à educação e a Lei de Diretrizes e Bases da Educação Nacional (LDB) estabelece que o sistema de ensino deve incluir o atendimento educacional especializado, preferencialmente na rede regular de ensino. Além disso, a Política Nacional de Educação Especial na Perspectiva da Educação Inclusiva (2008) visa promover a inclusão de estudantes com deficiência, transtornos globais do desenvolvimento e altas habilidades/superdotação.

2. Direito à saúde

O Sistema Único de Saúde (SUS) é responsável por oferecer atendimento integral às crianças atípicas, incluindo diagnóstico precoce, tratamento e reabilitação. A Portaria nº 793/2012 institui a Rede de Cuidados à Pessoa com Deficiência no âmbito do SUS, com o objetivo de articular os diferentes níveis de atenção à saúde para promover o cuidado integral.

3. Direito à assistência social

A Lei Orgânica da Assistência Social (LOAS) assegura a pessoas com deficiência e suas famílias o acesso a benefícios, como o Benefício de Prestação Continuada (BPC), que garante um salário-mínimo mensal à pessoa com deficiência de qualquer idade, desde que comprove não possuir meios de prover a própria manutenção nem de tê-la provida por sua família.

4. Direito ao transporte e acessibilidade

O Estatuto da Pessoa com Deficiência (Lei nº 13.146/2015) garante a acessibilidade nos transportes, nos edifícios públicos e privados e em outros espaços de uso coletivo, além de assegurar a reserva de vagas em estacionamentos.

Suporte do Sistema de Saúde Nacional Brasileiro

O sistema de saúde brasileiro, através do SUS, oferece uma variedade de serviços e programas para apoiar crianças PCD e suas famílias. Entre os principais serviços e programas estão:

1. Centros Especializados em Reabilitação (CERs)

Os CERs são unidades que oferecem diagnóstico, tratamento e reabilitação para pessoas com deficiência. Eles proporcionam atendimento multiprofissional, incluindo fisioterapia, fonoaudiologia, terapia ocupacional, psicologia, entre outros. Esses centros são fundamentais para o desenvolvimento das crianças com necessidades especiais.

2. Equipes de Saúde da Família (ESFs)

As ESFs são responsáveis por prestar atenção básica e integral às famílias, incluindo aquelas com crianças atípicas. Essas equipes realizam visitas domiciliares, orientações e encaminhamentos para serviços especializados quando necessário.

3. Programas de reabilitação

O SUS oferece programas específicos de reabilitação para diversas condições, como deficiências físicas, auditivas, visuais e intelectuais. Esses programas são essenciais para promover a independência e a melhora na qualidade de vida das crianças PCD.

4. Atendimento domiciliar

O Programa Melhor em Casa proporciona atendimento domiciliar para pessoas com necessidades especiais que têm dificuldade de locomoção. Esse serviço é crucial para garantir que as crianças recebam cuidados adequados no conforto de suas casas.

5. Acesso a medicamentos e tecnologias assistivas

O SUS também garante o acesso a medicamentos e tecnologias assistivas, como órteses, próteses e outros dispositivos que ajudem na reabilitação e na melhoria da qualidade de vida das crianças atípicas.

O suporte aos pais dessas crianças é fundamental para a saúde e o bem-estar de toda a família. A rede de apoio emocional, os direitos garantidos por lei e os serviços oferecidos pelo sistema de saúde são pilares essenciais para assegurar que essas famílias recebam o cuidado e o suporte de que precisam. Investir em políticas públicas e serviços de apoio é investir na qualidade de vida das crianças e de suas famílias, promovendo uma sociedade mais justa e inclusiva.

Por meio de uma abordagem integral, que considere as necessidades emocionais, educacionais e de saúde das famílias, é possível criar um ambiente mais acolhedor e propício ao desenvolvimento dessas crianças, garantindo-lhes uma vida digna e plena.

Espero que, por meio deste capítulo, você tenha aprendido um pouco sobre os direitos das pessoas com deficiência e se surpreendido com tantos detalhes. Nesse caso, o foco foi a conscientização para todos que tiverem a oportunidade de ler. O conhecimento permite nos posicionarmos no lugar do outro, promovendo a empatia. Direta ou indiretamente, talvez conheçamos ou conheceremos alguém vivenciando alguma situação parecida com as citadas.

Digo que todo casal que planeja ter filhos sempre deseja que a criança venha saudável e até mesmo sonha com a futura carreira do filho; eu também tive esse comportamento. Deixo aqui, então, o meu parecer como uma mãe atípica: dou colo, porque não tive; dou tempo para escutar uma outra mãe atípica, porque viraram as costas para mim; dou minhas mãos para as famílias que necessitam, porque sei que juntos somos muito mais fortes; dedico-me à conscientização, porque foi o pouco que conhecia sobre a condição do meu filho que me fez ser resiliente e jamais desistir.

TRAVESSIAS DA ALMA

Advogada especializada em direito contratual, direito de família sucessões, direito do consumidor e pesquisadora incansável do direito digital, de novas tecnologias de IA e seu impacto no atual mercado de trabalho. Esposa, mãe, escritora, palestrante, mentora de desenvolvimento de habilidades socioemocionais (*soft skills*), consteladora e terapeuta sistêmica para o desenvolvimento humano com diversas formações na área. Diretora de eventos do The Circle – Reliable Business Women, membro do Rotary Internacional e voluntária da ONG Amigos do Bem.

ROBERTA DI GIÁCOMO

56

CONTATOS:

rgiacomo@adv.oabsp.org.br

@dra.robertadigiacomo

Por meio deste capítulo, convido você a refletir sobre as travessias pessoais que vivenciamos ao longo de nossa vida e como toda a dificuldade desse processo pode ser amenizada pela confiança, resiliência e ação positiva. Nada é impossível para quem se levanta e continua. Abordaremos tanto as jornadas pessoais de superação quanto a nova travessia mundial trazida pelo desenvolvimento da IA – inteligência artificial. Espero trazer uma singela reflexão sobre como as experiências humanas de superação estão interligadas e, possivelmente, serão transformadas pela emergente era da IA.

Que honra fazer parte desta obra que nos leva ao topo do mundo! Sou Roberta Di Giacomo, fiel servidora de Deus, filha da Nilda e do Roberto, irmã do Rodrigo (já falecido), da Renata e de tantos outros irmãos ou irmãs não nascidos, enteada do meu "paidrasto", Rubens, advogada, esposa do Carlos e mãe da Ana Carolina (nome que ela teria se tivesse nascido) e da Ana Beatriz.

Sou uma mulher feliz, sistêmica e que aprendeu a se reinventar diante das travessias obrigatórias da vida. Foi por meio delas que aprendi a ler o presente e me antecipar ao futuro. Até o final deste capítulo, vou levá-los comigo a uma visão mais clara do presente e que talvez você, leitor(a), ainda não tenha se dado conta. Portanto, antecipe-se para fazer a atual travessia obrigatória para toda a humanidade com mais leveza e calma.

Involuntariamente, tornei-me uma especialista em me reinventar diante das travessias da vida, aquelas situações que redefinem quem você é, para onde vai e como será a partir dali. Travessias nos movem obrigatoriamente para mudanças profundas, e mudanças repentinas podem despertar medo, insegurança, tristeza, nos paralisar diante da vida que se impõem ou nos mover a crescer, amadurecer e a nos tornar verdadeiras fênix que ressurgem das cinzas ainda mais fortes.

Nasci em Goiânia, Goiás e, aos 17 anos, minha família precisou se mudar para São Paulo em razão de uma doença já avançada do meu pai, que passou a se tratar no hospital da sua irmã, na capital paulista. Eu me lembro de chegar a São Paulo e respirar fundo. Essa imensa cidade me assustou. Nessa primeira travessia, deixei para trás tudo o que eu conhecia até então: minha cidade, meus amigos, minha escola, minha cultura local. Minha vida se iniciava em uma etapa delicada: meu pai ficou sete meses, praticamente, morando no quarto do hospital com minha mãe ao lado e, por causa da escola, passei alguns daqueles meses morando com a minha tia, que mal conhecia.

A maior dificuldade nas travessias é sairmos do vitimismo, não nos paralisarmos, simplesmente nos levantarmos e seguirmos em frente até que elas sejam concluídas e a vida volte a fazer sentido novamente. Foi assim que aconteceu. O desespero e a tristeza de me ver sozinha em uma megalópole, sem amigos – naquela época não existia celular, FaceTime ou WhatsApp – e sem a família que eu conhecia, tudo isso somado à pressão do vestibular, à dor de ver meu pai no hospital por tantos meses, longe da minha mãe que permanecia ao lado dele, me devastaram. Depois de muitas lágrimas para lavar a dor da alma, o tempo e a minha (re)ação foram se incumbindo de finalizá-la. O tempo para testar a minha resiliência e a atitude de não desanimar, de continuar a seguir em frente, fizeram a travessia chegar ao fim e a vida, mais uma vez, se acomodou tranquilamente.

Entrei na faculdade de Relações Públicas, mas, após um ano, decidi desistir e prestei novamente, desta vez para Direito. Fiquei noiva de um médico que era diretor clínico do hospital da minha tia e já tinha construído amizades preciosas. Eu realmente havia me adaptado à nova vida e passei a amar São Paulo como meu lar. No entanto, quando tudo parecia maravilhoso, meu pai faleceu, provocando uma dor absurda que ainda me faz chorar até hoje.

Pouco mais de dois anos após a morte do meu pai, eu já havia me conformado com a devastadora perda e minha vida parecia estar no auge. Presidente da comissão de formatura da faculdade e eleita oradora da turma, já me acostumara ao fato de ter um padrasto em nossas vidas – confesso, eu já o amava também.

Nessa época, já estava em um relacionamento de seis anos com o meu noivo, com quem eu já morava junto, e começamos a planejar nossa vida a dois: o casamento, a festa, nossa vida, que incluía amorosamente os filhos dele e os planos para termos nosso próprio filho – ser mãe sempre foi o maior sonho da minha vida. Tudo parecia perfeito, se não fosse a insistência da vida em me impor uma nova travessia!

Em um dia qualquer com um lindo céu azul, meu noivo, em vez de me levar para a faculdade, mudou o caminho e disse que precisávamos ir ao pronto-socorro, porque ele estava tendo um infarto. Sinceramente, aquele foi o teste cardíaco mais eficiente que já fiz em mim mesma. Ele foi operado às pressas e, quando o cirurgião informou que tudo havia corrido bem, eu simplesmente derreti na cadeira da sala de espera e respirei novamente. Não me lembro quanto tempo fiquei ali, orando e agradecendo a Deus, até ouvir uma voz dizendo: "Filha, EU sou a sua sustentação". Naquele exato momento, senti que meu noivo estava se despedindo de mim. Ninguém acreditou quando eu gritei que ele havia morrido, até que o médico confirmou a fatídica notícia.

Nova travessia, mais uma vez, tudo o que eu conhecia, sonhava e planejava caiu por terra. Minha vida precisaria ser reconstruída do zero; nem o chão parecia me sustentar mais. Chorei tanto naquela época que quase esqueci de mim mesma. Demorei mais de sete meses para conseguir entregar os pertences dele aos filhos e revivi a dor do luto. Travessias são assim: precisamos de tempo para assimilar a nova realidade e de ação para não nos perdermos no caminho. Mas, como Deus é maravilhoso, amigas amorosas e comprometidas com a minha reinvenção surgiram em minha vida e seguirão comigo para sempre. Elas foram fundamentais, assim como minha amada família, para que eu me reconstruísse. Cada uma, no seu papel, com seu apoio e amor, me fizeram renascer.

Me formei alguns meses depois, passei na prova da Ordem dos Advogados do Brasil e, para fugir daquela realidade que ainda doía muito, me mudei para Milão, na Itália. Lá, morei por dois anos com uma daquelas amigas fundamentais, que advogava em um importante escritório de advocacia onde estagiei (eu não era advogada na Itália, apenas no Brasil). Retornei ao Brasil em 2002 e me matriculei na Escola Superior de Advocacia para uma reciclagem jurídica. Em um dos cursos, conheci um advogado muito elegante e envolvente, Carlos. Como a vida também nos surpreende de forma positiva, nos casamos em 2012 – sim, namoramos por dez anos, mas essa é outra história!

Ainda assim, a felicidade não estava completa, porque eu não conseguia engravidar. O sonho de ser mãe me consumia por dentro; eu já estava na fase de chorar vendo propagandas de fraldas descartáveis – já viram como são fofas essas publicidades? Quando desistimos de tentar naturalmente e decidimos entrar na fila de adoção, viajamos ao exterior para passar algumas semanas na casa do filho e da nora do meu marido. Quando voltamos, adivinhem? Eu estava grávida! Não consigo colocar em palavras a alegria que se instalou em minha vida a partir daquele momento, um amor tão mais intenso, mais importante, mais lúcido do que jamais havia vivido até então.

Minha vida finalmente estava no auge. Agora, sim: nossa filha crescendo linda e inteligente, nosso casamento cada vez mais sólido, minha carreira no auge financeiro e de reconhecimento profissional, os trabalhos sociais que sempre fizemos juntos se tornando cada vez mais intensos. A vida sorria para mim, e eu agradecia a Deus imensamente por isso.

Poderíamos parar por aqui, mas, para reforçar minha força de reconstrução e reinvenção, uma nova travessia se apresentou – a mais difícil de todas, a mais devastadora, que me colocou de joelhos, orando a Deus por Sua misericórdia em minha vida. Quando nossa filha tinha quatro anos, fui diagnosticada com câncer no rim, e uma cruzada pela minha própria vida teve início. Descobri a patologia por puro acaso, mas como não acredito em acaso, sei que Deus me conduzia silenciosamente para que eu tivesse a chance de lutar pela minha vida.

O câncer estava a milímetros de invadir a veia que poderia espalhar as células por todo o corpo, causando o que a medicina chama de metástase. Se isso acontecesse, as chances de cura seriam praticamente nulas. Naquele dia, chorei a noite toda olhando nossa filha dormir serenamente em seu quarto. Quando amanheceu, cansei de me vitimizar e entendi que nada daquilo me ajudaria a superar essa travessia. Paralelamente ao tratamento médico convencional, iniciei um processo muito profundo de autoconhecimento: PNL, ho'oponopono, física quântica, lei da atração, "O Corpo Explica", meditação guiada, constelação familiar sistêmica (estudei tanto que me tornei consteladora sistêmica). Tudo o que estava ao meu alcance foi estudado, aprofundado e aplicado em mim mesma, ao lado das orações diárias fervorosas.

Você já utilizou técnicas de terapias alternativas em sua vida? O retorno é certo quando nos tornamos conscientes da nossa força e temos ferramentas preciosas para nos mostrar a raiz escondida dos nossos problemas e sentimentos. Quando atuamos para absorver e reconfigurar padrões difíceis, o caminho da solução se apresenta, permitindo-nos superar as travessias de forma mais rápida e leve. Precisei operar para retirar um dos rins e, em 26 de novembro de 2023, completei 5 anos de remissão. A medicina me considera curada, mas isso não interrompeu minhas orações a Deus pela minha saúde – Ele é o médico dos médicos, o Dono da Vida!

Essa travessia marcou profundamente minha trajetória, me fez repensar a forma como lidava com a minha profissão, como e com quem usava o tempo sagrado que Ele me concedeu. Busquei retomar o desenho de Deus para a minha vida. Reforço, aqui, que as travessias oferecidas por Deus em nossas vidas podem causar medo, insegurança e paralisia, mas se você continuar em frente, sem vitimismo, com fé e ação, elas sempre o levarão a um lugar melhor.

E, falando em travessia, preciso alertá-los sobre a nova travessia que a humanidade já iniciou, mas que poucas pessoas pararam para analisar: a Nova Revolução Tecnológica acelerada pelo uso da Inteligência Artificial (IA). Não cabe aqui falar tudo o que já está acontecendo no mundo graças a essa revolução, nem o impacto que ela trará para os postos de trabalho e profissões. No entanto, posso adiantar que o avanço exponencial da IA, como o ChatGPT e tecnologias similares, promete redefinir os limites do possível. Preparem-se para essa travessia obrigatória, de modo que possam enfrentá-la com mais leveza.

Nessa nova era, a tecnologia de inteligência artificial não está apenas avançando, mas também alcançando feitos que, até pouco tempo atrás, pertenciam ao reino da ficção científica. Excursões para fora do planeta Terra, assistentes humanoides – robôs superparecidos com humanos –, já são uma realidade. Profissões tradicionais, particularmente aquelas que envolvem tarefas repetitivas ou processuais, estão em risco de desaparecer ou sofrer alterações significativas em muito pouco tempo.

A inteligência artificial já está remodelando o panorama do mercado de trabalho, criando novas oportunidades e trazendo grandes desafios para nós, profissionais. Segundo o relatório *The Future of Jobs Report 2020*, do Fórum Econômico Mundial, 85 milhões de empregos podem ser extintos ou alterados pela automação até 2025, enquanto milhões de novos papéis, adaptados à nova divisão entre humanos, máquinas e algoritmos, podem surgir.

Esse cenário reforça a necessidade de nos anteciparmos a essa realidade, especialmente para as mulheres, que historicamente enfrentam duplas jornadas, se desdobrando entre trabalho, maternidade e cuidados com o lar, e que ainda encontram dificuldades para ocupar cargos de liderança. Embora a ideia de ser trocada por uma máquina possa ser assustadora, esse cenário pode, na verdade, representar uma oportunidade de reinvenção e liderança, especialmente para as mulheres.

A história nos mostra que as mulheres têm uma capacidade única de adaptarem-se e prosperarem em meio às mudanças – as travessias da minha vida, compartilhadas neste capítulo, são um exemplo real disso. Nessa travessia da humanidade, em que precisaremos aprender a conviver com máquinas e algoritmos, é mais crucial do que nunca que abracemos a aprendizagem contínua e nos posicionemos na vanguarda da inovação. Essa capacitação não se limita ao acúmulo de conhecimentos técnicos, mas abrange o desenvolvimento de habilidades socioemocionais, como liderança, criatividade e a capacidade de aprender continuamente, que são essenciais nessa nova era digital.

A capacitação das mulheres na era da inteligência artificial não é apenas uma questão de equidade de gênero, mas uma necessidade econômica e social. A educação e o desenvolvimento de habilidades das mulheres são essenciais para construir sociedades mais justas, resilientes e inovadoras.

Eu posso ajudar você nessa travessia. Siga-me no Instagram: @dra.robertadigiacomo, onde mostrarei o que já está acontecendo no mundo devido à IA e como você pode se preparar para não ser substituída por um algoritmo ou uma máquina. Vamos, juntas, criar uma grande rede de informação e apoio mútuo. Quanto antes você tomar consciência dessa realidade, mais facilmente superará essa travessia mundial e poderá alcançar o topo do mundo, onde é o seu lugar de direito.

CONTATO ZERO

É escritora, poetisa e colunista. Faz parte do Grupo de Poetas Livres de Florianópolis; da Academia de Letras de Fortaleza; da Academia de Letras de Salvador; do Núcleo de Letras e Artes de Buenos Aires; do Núcleo de Letras e Artes de Lisboa; do Civil Society Europe of Phine Arts; da Academia de Letras do Brasil/Suíça; da Academia de Letras do Brasil/RS; da Associação de Jornalistas e Escritoras do Brasil (AJEB/SC), da qual é vice-presidente; da Academia Desterrense de Literatura (ADELIT), da qual é bibliotecária. Autora de 78 livros solo; dez livros em parceria com colega escritor e mais de 80 antologias (publicadas no Brasil, Chile, Portugal, Argentina e França). Recebeu prêmios e condecorações nacionais e internacionais. É mestre em Linguística, pela Universidade Federal de Santa Catarina (UFSC), pós-graduada em Didática de Ensino Superior e graduanda em Letras Espanhol pela UFSC.

ROSANGELA CALZA

57

CONTATO:

@ro.calza

Sou Rosangela Calza, escritora, poetisa e colunista. Em março de 2023, conheci um homem que abalou a minha vida em vários setores. Apaixonada, não enxerguei que estava envolvida com um narcisista, e aprendi, a duras penas, como um relacionamento abusivo é difícil de ser percebido pela vítima, e sair dele pode ser ainda mais penoso. Por isso, hoje faço terapia, escrevo e sigo curando a minha alma.

Naveguemos

Rosangela Calza

O sol nasce todo dia com seu esplendor.
Vem iluminar a terra, a todos trazer seu calor.
E o dia segue lindamente.
Todo mundo segue em frente...
Não importa se com amor ou com dor.
Caminhos desconhecidos...
Muitos sem direção, sem sentido
Sem medo do próximo passo...
Arriscar, atrever-se, aventurar-se...
Se adaptar... ou dançar no seu próprio compasso.
Andar na mesma direção do vento,
ser impelida a continuar...
Andar contra ele também vale...
Mais fortes vamos nos tornar.
É o que se espera de cada um.
Jogar os dados, enfrentar ondas bravias...
Continuar e continuar a viver cada dia...
Alguns momentos, sim, à deriva.
Mas, nunca, nunca mesmo, ficar ancorados.

Março de 2023. Luau no Campeche – linda praia do Sul da Ilha de Santa Catarina. Lançamento do livro da minha amiga escritora, Maria Clara. Noite deliciosa, uma brisa suave vinha do mar e a música a nos embalar deixava tudo perfeito. Vídeos e fotografias... muitos. Todos queríamos postar em nossas redes sociais o que estávamos vivendo juntos. Amigos, escritores, todos juntos para prestigiar o evento. Há pessoas que não gostam de fotos. Eu amo. Então, em cada grupo a ser fotografado, eu estava – muitos celulares e um fotógrafo com uma câmera para lá de profissional: o fotógrafo oficial da festa.

No dia seguinte, pipocaram fotos do evento nas redes sociais. Obviamente, também postei. O dia amanheceu ensolarado... tudo parecia brilhar... como uma premonição da felicidade que estava por vir. Eu sequer imaginava que uma foto no Instagram, parabenizando minha amiga (eu a marquei e ela compartilhou), fosse o estopim para viver um amor como nunca havia vivido.

Alguns minutos depois da postagem, um novo seguidor: o fotógrafo do evento. Por educação, retribuí. Fotos curtidas... comentários... de ambos os lados. Logo começaram as mensagens no direct... e eu respondia, educadamente. Jamais imaginaria um relacionamento amoroso com o lindo e competente fotógrafo. Ele, 20 anos mais novo do que eu, supermalhado, com um sorriso que conquista qualquer mulher. Eu, 65 anos, nunca frequentei academia, vivo uma vidinha simples e, definitivamente, não queria mais nenhum relacionamento. Depois de alguns me quebrarem, construí muros e coloquei cerca elétrica em cima. Relacionamento amoroso? Nunca mais!

Mas... sempre há um "mas", né não? Mais mensagens no Direct do Instagram; logo no WhatsApp. Figurinhas, vídeos com músicas e fotos de lugares incríveis o tempo todo (da parte dele, pois não envio nada disso nunca, para ninguém). Mensagens de voz. Mensagens de vídeo. Conversa por telefone. Tudo isso... e se passaram 20 dias. "Vamos nos encontrar pessoalmente?" Esse foi o próximo passo. Motel nenhum dos dois queria, no apartamento dele não podia ser – morava com um amigo. Na minha casa? Não me sentia confortável. Uma praia. "Que tal Campeche... onde nos conhecemos?", sugeri... e assim aconteceu.

Nos encontramos. Conversamos. Ele pegou em minhas mãos e me beijou. Nossa história começou. O próximo encontro foi em minha casa, aonde ele chegou e se instalou por uns dias. Daí, de repente tinha de ir... trabalhar em outro lugar, ficar com a filha. Ia... e voltava, sempre insistindo muito que queria conhecer minha família. Combinamos um almoço na casa da minha irmã para que ele conhecesse a todos. Um almoço em que fui o centro das atenções. Ele era só elogios para mim: eu era maravilhosa, irradiava uma luz que nunca vira igual, escrevia maravilhosamente bem, tinha milhares de predicados... enfim, ele se sentia o homem mais sortudo e feliz do mundo por ter me encontrado. E faria de tudo para me fazer cada dia mais feliz.

E eu estava muito feliz mesmo. Nunca havia sido amada daquela maneira. Jamais amara um homem assim. Era maravilhoso estar com ele: ele me dava todo o amor do mundo; falava horas e horas sobre qualquer assunto com um domínio surreal; tinha um senso de humor fora do comum, era engraçado demais – me fazia chorar de tanto rir. Cozinhava para mim, fazia supermercado, ajudava a faxinar a casa, cuidava das minhas plantas, varria as folhas do quintal depois de qualquer ventinho, sempre. Eu amava tudo isso.

Porém, logo algumas coisinhas começaram a me fazer desconfiar que ele não era tudo aquilo que havia pintado. "Ele tem TOC", disse para uma amiga. Mas tudo bem, posso conviver com isso. "Ele conheceu minha família... por que não me leva para conhecer a dele?", eu me perguntava, e "Por que não há foto de nenhuma pessoa em suas redes sociais?" e "Por que não quer foto de nós dois juntos nas redes sociais?".

Insisti dizendo que queria conhecer a filhinha dele. Um dia ele concordou. Fomos almoçar nós três. Uma criança encantadora, educada e que insistia em me chamar de "Dona Rosangela". Todo mundo me chama de "Rô", mas não consegui fazer com que ela também assim me chamasse. A propósito, ele também nunca me chamou de "Rô", sempre foi "Rosangela" ou pior "Rosangela Calza". Isso me incomodava muito... até que me fiz de surda e cega, porque também era desse modo que ele se referia a mim em mensagens escritas. Eu estava muito apaixonada e resolvi deixar de me incomodar com isso; afinal, ele havia me colocado em um pedestal e eu estava amando essa posição. Ele me dava toda a atenção do mundo, me enchia de elogios. Eu havia caído na armadilha da validação externa. Vamos, então, a alguns fatos que foram, aos poucos, me colocando em alerta.

Para vir à minha casa, eu que chamava o Uber – ele não tinha o aplicativo no celular. Seu cartão tinha sido roubado, então eu que pagava almoços, jantares, lanches... compras de supermercado eram pagas sempre por mim. Até que, passado um tempo, questionei se o cartão dele não havia chegado do banco ainda. Tivemos a primeira briga. Quer dizer, eu tive a primeira briga, porque ele falou mansinho, controlado e centrado. Serenamente, ele me chamou de mesquinha, disse que eu era extremamente egoísta, que só queria saber de dinheiro e que ele era uma pessoa muito ocupada, por isso não tinha tempo para discutir sobre esse assunto... e saiu, me deu um tratamento de silêncio, que foi como uma facada. Senti, pela primeira vez, que ele estava brincando com a minha mente. Depois, descobri que sim, é um método de punição emocional para mexer com o psicológico.

Comecei a me questionar se realmente o dinheiro era mais importante do que a maravilhosa relação de amor que eu estava vivendo. A tortura psicológica estava apenas começando. Uma pessoa apaixonada é cega, surda e burra? Hoje, olhando para trás, me considero assim. Mas, como agiria diferente se estava experimentando um tipo de amor jamais vivido? Chorei e sofri muito. Enviei dezenas de mensagens, que não tiveram resposta. Liguei dezenas de vezes e não fui atendida. Uns dias depois, uma mensagem chegou: "Somos amigos, nosso relacionamento acabou". Superar esse momento foi terrível. Eu não conseguia entender por que tudo tinha terminado tão rapidamente como começara. E por que seríamos amigos? Ele dissera coisas horríveis sobre mim; me fizera sentir a pior pessoa do mundo, sumira, terminara um relacionamento pelo WhatsApp.

Começaram mensagens diárias com palavras de autoajuda. Eu precisava urgentemente de ajuda, segundo ele. E seria ele que me auxiliaria a ser uma pessoa menos materialista, sem amor excessivo pelo dinheiro... deveria amar pessoas. E eu o amava, sentia falta dele e pensei: "Pelo menos sei dele... vou responder as mensagens... vou mostrar que estou mudando... quem sabe ele volta pra mim?". E funcionou. Em um fim de semana, convidei-o para jantar. Ele disse: "Chama um Uber para mim, que eu vou". Escolheu o restaurante... escolheu o prato... escolheu o vinho e eu paguei a conta. Ficamos juntos – "amizade colorida", disse ele.

O próximo passo em relação ao dinheiro foi "chorar" a necessidade de uma máquina fotográfica nova. Me enviou uma foto do seu extrato com a conta quase zerada e pediu para eu comprar. Comprei uma Canon EOS Rebel SL3 DSLR preta – exigência exata dele –, com a promessa de que as primeiras fotos seriam um ensaio fotográfico comigo na Ilha do Campeche. Ainda estou esperando esse ensaio. Dessa compra para outras, foram crescendo cada vez mais os gastos com meu cartão de crédito.

Claro que tentei algumas vezes argumentar que era ele quem deveria pagar o que comprava. A desculpa era sempre a mesma: "Sou *freelancer* e não estou conseguindo fotografar"; acompanhada de: "Você é aposentada, todo mês tem dinheiro certo na conta". Uma vez, tentei ser mais incisiva. Me deu um empurrão, bati a cabeça na parede e ele saiu batendo a porta. Era o momento de eu fechar a porta de vez para ele. Aproveitei que tinha um lançamento de livro em Nice, na França, e fiquei por lá 20 dias. A distância o tiraria do meu coração...

Ledo engano. Chegando ao aeroporto Charles de Gaulle, dezenas de mensagens dele pipocaram no meu WhatsApp... eram *prints* do avião desde minha saída de Florianópolis, passagem por São Paulo, travessia do Atlântico, até o momento exato do pouso. Um frio percorreu minha espinha, mas também uma alegria imensa me invadiu: ele me amava!

Voltei da França e voltamos a ficar juntos. Recomeçaram as bombas de amor. Fui novamente colocada no pedestal. Deslumbrou-me novamente com elogios, dizendo que eu era maravilhosa; que nosso amor estava destinado desde sempre; eu era a mulher dos sonhos de qualquer homem. E acreditei. Entreguei-me totalmente, continuei a pagar tudo, sem reclamar – transporte, lanches, cartão do supermercado, Pix para tirar o saldo dele do zero, ajuda na pensão da filha. Mas isso não foi tudo.

No primeiro mês que estávamos juntos, quando fui checar os gastos do cartão, percebi alguns que eu não havia feito. O primeiro passo foi questionar o banco. Eram compras on-line. Algumas eram daqui de Florianópolis mesmo. Claro que em um primeiro momento não desconfiei de ninguém próximo, depois, comentei com ele e disse que tinha feito as compras, usando meu cartão, e que não via nenhum problema, uma vez que, estando juntos, um devia ajudar o outro.

Simplesmente bloqueei meu cartão para compras on-line, e não falei mais sobre o assunto. Minha primeira atitude inteligente nesse relacionamento. Claro que eu tentava falar sobre ele pagar suas próprias contas, mas um ódio mortal tomava conta dele, e eu ficava com medo de ser agredida novamente ou de que ele fosse embora e, então, cedia. Também tentei falar sobre ele ter terminado o relacionamento da primeira vez e dizer que éramos só amigos – fui taxada de louca, instável e culpada pelo afastamento dele. Então, eu me calava e deixava-me ser manipulada. Nesse momento, ele começou a culpar minha família pela minha falta de saúde mental, pelas lágrimas patéticas que corriam pelo meu rosto quando me sentia pressionada ou pela minha mesquinharia em relação ao dinheiro. E eu acreditei ser culpada. Afastei-me o máximo possível da minha família e me distanciei também de amigos. Atenção total ao amor da minha vida.

Estava entrando em um território gélido, sombrio, triste e solitário: a fase do *love bombing* (bombardeio de amor) estava passando novamente, ou seja, o homem que havia mergulhado em meu universo, mostrado interesse pelas coisas que eu fazia, que me dava toda a atenção, me dava carinho e afeto, cheio de promessas de um futuro juntos, com gestos exorbitantes de amor, ia se transformando em um homem seco, indiferente, sem empatia nenhuma por mim, um macabro manipulador.

Ele havia decidido que deveria deixar o carro para a mãe da sua filha. Achei um ato louvável. Então, o meu carro praticamente passou a ser dele. Pedia para que eu emprestasse no fim de semana em que iria ficar com sua filha. E eu emprestava. Mensagens do tipo: "Faz um Pix para eu colocar gasolina e te devolver o carro?", foram se tornando rotina.

Nosso primeiro Dia dos Namorados foi a primeira situação de festa comemorativa em que senti que a relação era uma grande mentira. Tudo combinado para jantarmos juntos. Horário acertado. Mensagem de que iria se atrasar. Resposta, da minha parte, de que tudo bem. O atraso de dez minutos virou atraso de meia hora. Reclamação da minha parte. E a resposta duas horas depois: "Então, não vou mais, você já tá toda alterada, brigando comigo, nem me deixa explicar". Até que, um dia, pesquisei "relacionamento abusivo" na internet. A cada texto que eu lia, mais claro ficava: estou com um narcisista, ou seja, um homem com ausência de empatia, ego inflado, exagero em conquistas, acreditando ser merecedor de estar no centro das atenções. Descobri que ele era realmente mau: eu estava dormindo com o inimigo.

Dia após dia, ele me confundia: me machucava e me adulava. Não era sempre só mau... tinha atos de amor e ódio intercalados... e eu não percebia essa perspicácia no seu modo de ser. Me conquistou e me fez confiar nele. Acredito que desenvolvi a chamada Síndrome de Estocolmo... sentia uma empatia muito forte por ele, fui perdendo minha capacidade racional e desenvolvendo mais e mais um lado emocional cheio de piedade, salvação, compaixão por ele.

Como sair dessa relação? Sim, houve vários momentos em que o que eu mais quis era sair definitivamente da relação. No fundo, eu sabia que ele me fazia mal, me roubava, me traía. O problema era que eu ainda estava apaixonada pelo que ele me dava: elogios, sexo, momentos de extrema alegria. Mas eu tinha que me libertar: troquei senhas, cancelei cartão, bloqueei todos os contatos. Aluguei minha casa e vim morar em uma praia. Custasse o que custasse, eu precisava tomar uma atitude drástica e me afastar. Neste momento em que escrevo este capítulo, faz exatamente dois meses que desapareci da vida dele. Contato zero... é o que toda literatura sobre o assunto sugere.

O coração?

Bom, ele vai mais ou menos, obrigada. Faço terapia e escrevo, escrevo, escrevo.

A FORÇA DA MULHER COM LEVEZA E ALEGRIA

MINHA JORNADA DE EMPREENDEDORISMO E RESILIÊNCIA

Formada em Administração de Empresas pela Faculdade Newton Paiva. Pós-graduada em Controle Externo pela PUC-MG. Funcionária da Secretaria da Fazenda Estadual de Minas Gerais, onde ocupei cargos de chefia e gerência em diversos setores, como chefia da Administração Fazendária em Caeté e em Ribeirão das Neves. Também coordenei o setor de parcelamento na Administração Fazendária em Belo Horizonte. Nesses setores tive muita experiência com a legislação tributária. Trabalhei na Corregedoria da Secretaria da Fazenda, e, nesse setor, atuava nos processos administrativos, o que me levou a conhecer legislação processual. Ocupei também o cargo de auditora na Controladoria-Geral do Estado de Minas Gerais, implementando o controle interno em diversos órgãos do governo de Minas Gerais e atuando nas auditorias especiais.

SILVANA MARTINS

CONTATOS:

silvanaauge@yahoo.com.br

@silvanadeoliveiramartins

Silvana Martins

31 99974 7000

Nasci em Patrocínio, Minas Gerais. Desde muito jovem, compreendi que a verdadeira força da mulher reside na leveza e na determinação com que enfrenta os desafios da vida. Sou fruto de uma família em que a união entre mulheres e homens sempre foi essencial, mas na qual a liderança feminina se destaca de maneira marcante. Já tive meu próprio negócio, fiz uma carreira no serviço público e viajei muito!

Que nada nos defina, que nada nos sujeite.
Que a liberdade seja a nossa própria substância,
já que viver é ser livre.
Adaptação de SIMONE
DE BEAUVOIR, *A força da idade*

Desde muito jovem, compreendi que a verdadeira força da mulher reside na leveza e na determinação com que enfrentamos os desafios da vida. Sou fruto de uma família em que a união entre mulheres e homens sempre foi essencial, mas na qual a liderança feminina se destaca de maneira marcante.

Essa força, que transcende barreiras e preconceitos, é o que eu chamo de "mulherismo" e caracteriza a mulher mineira. Esse termo é diferente de feminismo, pois, como muitas mulheres de Minas Gerais, as da minha família não se importavam com o preconceito sexista. Apesar de viverem em uma sociedade paternalista e machista, não competiam com seus maridos; estavam ao lado deles, mas não se furtavam de reconhecer e valorizar suas próprias qualidades e competências para tomar decisões nos negócios, no lar e na vida. O "mulherismo" é um legado que quero passar adiante, uma herança de força e alegria com a qual espero inspirar outras mulheres. É essa filosofia que permeia cada capítulo da minha história, guiando minhas ações e decisões.

Nasci na pequena cidade de Patrocínio, no interior de Minas Gerais, filha de um fazendeiro e uma funcionária pública que atuou na Secretaria de Estado da Fazenda de Minas Gerais. Assim como eu, minha mãe ingressou na carreira pública muito nova, com apenas 17 anos, tendo com isso sua independência financeira precocemente, o que não era comum naquela época. Minha avó materna sempre foi um exemplo de trabalho e tinha a capacidade de se adaptar às mudanças e ver além do seu tempo. Ela decidiu que todos os seus 17 filhos deveriam estudar e fazer faculdade. Minha avó paterna, além de lidar na fazenda da família com uma habilidade impressionante junto com meu avô, coordenava a venda dos produtos e os serviços de casa em geral.

Minha mãe era uma verdadeira líder em todos os sentidos e desempenhou um papel crucial na formação dos meus valores. Sua visão de que uma mulher poderia alcançar tudo o que deseja, desde que acredite em si mesma, foi um pilar fundamental na minha jornada. Ela enfrentou inúmeras adversidades com coragem e entusiasmo, mesmo nas situações mais difíceis, pois sempre transformou desafios em oportunidades.

Lembro-me claramente de ela contar que trabalhar fora foi um grande desafio. Minha mãe já tinha três filhas quando as gêmeas nasceram, e eu tinha apenas três anos e oito meses. Ela se viu com cinco crianças que tinham menos de quatro anos! Após a licença-maternidade, voltou ao trabalho, mas tinha que sair no meio da tarde para amamentar suas caçulas. Seu chefe, certamente um homem preconceituoso, queria que minha mãe desistisse de trabalhar e disse que ela não podia sair do trabalho para amamentar suas bebês. Ela então o desafiou: "Quero ver se alguém irá impedir uma mãe de alimentar suas filhas!". O chefe nunca mais mencionou sua proibição e ela fez valer sua vontade.

Minha jornada começou com essas raízes profundas e inspirações poderosas, que foram minha base para crescer e prosperar, sempre lembrando que a força da mulher está na capacidade de liderar e ser generosa com todos. É essa herança que desejo passar adiante, inspirando outras mulheres a encontrarem e celebrarem sua própria força interior.

Ainda em Patrocínio, minha mãe fazia trabalhos artesanais de tricô e ensinava a todas as filhas. Esse trabalho não visava à remuneração, era para presentear ou confeccionar roupas para suas filhas. Todas nós aprendemos que era preciso adquirir novas habilidades por ser essencial para a nossa vida. Quando eu tinha 13 anos, meus pais decidiram se mudar para Belo Horizonte, pois acreditavam que suas filhas precisavam estudar em melhores colégios. O estudo era prioridade na minha família; queriam que suas filhas fizessem faculdade por acreditarem ser ela o caminho para a realização e a construção de mulheres independentes.

Meu pai havia vendido a fazenda, e não foi um bom negócio. Com a mudança para Belo Horizonte, passamos por dificuldades financeiras. A renda maior passou a ser o salário de funcionária pública da minha mãe. Diante disso, a necessidade de ter meu dinheiro me fez pensar em um trabalho que gerasse alguma renda. Foi aí que comecei minha jornada no empreendedorismo.

Aos 15 anos, comecei a montar e vender bijuterias, e vendia para colegas da escola, conhecidos e vizinhos. Devido ao aumento na produção, procurei lojas e revendedores, o que gerou um aumento significativo nas vendas. O pequeno empreendimento prosperou e minhas irmãs se envolveram; assim, todas puderam ganhar pequenas quantias, o que era muito importante na vida de meninas com menos de 14 anos. Lembro-me das noites em que nos reuníamos em volta da mesa na sala de jantar e, juntas, montávamos colares, pulseiras e broches; conversávamos sobre assuntos diversos da nossa vida cotidiana. Esse foi meu primeiro contato com o mundo dos negócios, e eu adorei a sensação de independência e realização que vinha com cada venda.

Minha maior vitória com o meu primeiro empreendimento foi alugar uma casa na praia de Guarapari, destino dos mineiros, e levar toda a minha família para passar as férias. Não era uma casa luxuosa, mas estava localizada no alto de um morro e tinha uma brisa constante que nos deixava muito confortável. Tínhamos alguns amigos curtindo as férias em Guarapari no mesmo período e todos se reuniam na nossa casa, pois era a mais agradável.

Mais tarde, decidi formalizar meu negócio de bijuterias e aluguei um local exclusivo para montagem e venda. Naquele momento, contratei funcionárias para cuidarem da produção e das vendas. Não foi fácil gerenciar minha "fábrica", já que era a única responsável pela coordenação de todas as etapas e isso me obrigava trabalhar de madrugada.

Uma das lições mais valiosas que aprendi foi a importância da rede de contatos. Participei de feiras, eventos e grupos de empreendedores, nos quais pude compartilhar experiências e aprender com outras pessoas. Essas conexões me ajudaram a expandir minha visão de negócios e a encontrar novas oportunidades de crescimento. Como trabalhava no mundo da moda, a convivência com as mulheres me inspirou e, com isso, pude incentivar outras empreendedoras, fortalecendo o espírito de colaboração e suporte mútuo.

Hoje, olhando para trás, vejo que cada desafio superado me fortaleceu e me preparou para novos empreendimentos. O caminho do empreendedorismo continua sendo uma aventura emocionante, no qual a paixão pelo que faço é a maior recompensa. E é com essa paixão e determinação que sigo adiante, sempre buscando novas maneiras de crescer e inspirar outras mulheres a fazer o mesmo.

Minha primeira experiência no ambiente corporativo foi como estagiária em uma grande empresa. Enfrentei desafios desde o início, inclusive a resistência de alguns colegas que não acreditavam na minha capacidade por ser muito jovem. Esses obstáculos, no entanto, serviram apenas para aumentar minha determinação. Era uma profissional focada e buscava cumprir as tarefas a mim confiadas com excelência, além de entregar resultados de alta qualidade.

Desde cedo percebi a importância de um ambiente de trabalho saudável e cooperativo. Aprendi que, como líder, é essencial valorizar o trabalho em equipe e fomentar um ambiente de apoio mútuo. Promover a colaboração em vez da competição é fundamental para o sucesso de qualquer organização. Quando finalmente assumi uma posição de liderança, lembrei-me dessas lições e fiz questão de criar uma cultura positiva e inclusiva.

Trabalhei liderando homens e mulheres, e as melhores experiências sempre vinham daqueles que valorizavam o trabalho bem-feito e a integridade. O respeito e a ética profissional sempre foram pilares da minha carreira, e serviram de base para os meus liderados.

Houve um local em que fui nomeada para trabalhar onde encontrei uma turma muito jovem, inclusive eu que, na verdade, era apenas poucos anos mais velha que eles, mas com bagagem e experiências bem maiores. No início tive muitos obstáculos, contudo, consegui resolvê-los e isso me credenciou a liderar toda equipe. Percebi que, além do respeito com a chefia, eu fui me tornando o referencial e a conselheira de todos. Repetia os ensinamentos que tinha aprendido com minha mãe e comentava com meus colaboradores: “Quem não estudar não vai conquistar nada na vida”.

Tenho muito orgulho de saber que meus conselhos foram “ouvidos” e todos que trabalharam comigo tiveram suas vidas modificadas por meio da educação acadêmica, tornando-se profissionais de destaque em suas funções. Recentemente, uma das minhas colaboradoras me mandou esta mensagem: “Silvana, você era muito brava, mas tudo que sou hoje eu devo a você". O esforço foi dela, porém saber que meu incentivo foi importante é muito bom! Eu cobrava muito, mas meu interesse e amizade por eles eram genuínos.

Houve um momento marcante em minha carreira quando fui nomeada a um cargo de auditora na Controladoria-geral do Estado de Minas Gerais; um momento de recomeço que demandou novos conhecimentos.

Sempre fui uma pessoa conversadeira! Minha habilidade de me comunicar, acredito, veio logo na infância, pois desde cedo me lembro de ter pessoas à minha volta me ouvindo com interesse. A facilidade de ser comunicativa e estar sempre de bom humor e astral para cima me trouxeram muitos benefícios ao longo da minha vida e permitiram que eu fizesse novos amigos e mantivesse os que já havia conquistado.

Além disso, descobri que contar histórias é uma ótima maneira de entreter as pessoas ao meu redor; mas também sei reconhecer quando é hora de ouvir em vez de falar. Aprendi ao longo dos anos a valorizar não só o poder das minhas palavras, senão o impacto que o silêncio e a escuta atenta podem ter nos relacionamentos. É importante dar espaço para que os outros compartilhem suas próprias histórias e opiniões, e essa consciência tem me ajudado a criar conexões mais profundas e significativas com as pessoas que convivo. Acima de tudo, gostar e ter muita facilidade em comunicar é uma parte fundamental da minha identidade, e continuarei buscando maneiras de usar essa habilidade para promover conexões genuínas entre as pessoas em todos os aspectos da minha vida.

A vida é feita de mudanças e escolhas. Ao viajar e entrar em contato com novas culturas e estilos de vida, a mente se abre para novas possibilidades e visões de mundo. A capacidade de me comunicar é realmente uma habilidade valiosa. Isso tem me permitido estabelecer conexões mais autênticas com as pessoas e criar memórias únicas em minha vida. É uma forma maravilhosa de expandir horizontes e aprender sobre a diversidade do mundo.

Em um voo para Cannes, conheci um brasileiro e começamos a conversar. Ao longo da nossa conversa, percebi que meu "novo amigo" era uma pessoa muito bem relacionada e perguntei-lhe se podia me ajudar a realizar um sonho, que era conseguir ir a uma corrida de Fórmula 1. Não era apenas uma corrida, era a corrida mais charmosa entre todas do circuito. Eu tinha tentado comprar um ingresso, mas estavam esgotados. Para a minha surpresa, ele disse que tinha um convite para ver a corrida no Hotel de Paris, porém não iria usá-lo e então me ofereceu o convite.

A atmosfera elegante e a presença da alta sociedade tornaram o evento ainda mais especial. Comprei as passagens de trem de Cannes para Mônaco e lá fui eu, sozinha. Foi um espetáculo eletrizante, incrível e mágico! Vi muitas pessoas famosas, inclusive o príncipe Rainier estava presente. O barulho ensurdecedor dos motores e o cheiro de combustível e borracha queimada aguçaram os meus sentidos. Conheci um casal de Nice e conversamos durante toda a corrida, por meio de muitas mímicas e um pouco de inglês. Tomamos champanhe para brindarmos a nossa nova amizade. Foi uma experiência indescritível e emocionante. E pensar que tudo começou com uma conversa em um voo...

Hoje, olho para trás e vejo o quanto conquistei. Meu legado é mostrar que a força feminina está na nossa capacidade de sermos leves e alegres, mesmo nas situações mais difíceis. A força da mulher mineira continua viva e inspira novas gerações. Tenho orgulho de ter criado meu próprio negócio, e depois ter feito uma carreira no serviço público e viajado muito, buscando sempre ser uma pessoa melhor. O "mulherismo", conceito que criei e abracei ao longo da minha vida, é uma filosofia que celebra a força inerente a cada mulher. Não se trata de competir com os homens, mas de reconhecer e valorizar nossas próprias qualidades e competências estando todos lado a lado para construir um mundo melhor.

Esse é o legado que deixo e espero que continue a inspirar as pessoas com quem convivo. Quero estimular as mulheres a construírem uma carreira profissional gratificante e, ao mesmo tempo, uma vida pessoal rica e feliz. É uma questão de encontrar seu próprio ritmo, estabelecer prioridades claras e nunca perder de vista o que realmente importa.

Que possamos, todas nós, liderar com amor, sabedoria e, acima de tudo, com leveza e certeza de que nossa força está em sermos verdadeiras.

UMA MULHER QUE CORRE PELA VIDA, MAS NÃO DOS DESAFIOS

Médica formada pela Unigranrio, é neurologista pela Unirio, com mestrado pela Universidade Federal do Rio de Janeiro (UFRJ) e pós-graduação em Medicina do Esporte pelo Comitê Olímpico Internacional (COI). Trabalhou por oito anos no CTI da Marinha no Rio de Janeiro, no hospital de referência Marcílio Dias, saindo como capitão-tenente. É triatleta com 6 conquistas Ironman full e 14 meio-Iron. Tem, no esporte, o caminho para a superação diária. É a orgulhosa dinda de Christian, Malu, Sophie e Vitória, seus filhos de alma; neta da avó Aracy (que continua torcendo por ela em outro plano); filha de pais amados; irmã da Monique; esposa do Erwin; e amiga orgulhosa de alguns seres humanos maravilhosos. Está finalizando a sua autobiografia para inspirar outras pessoas a vencerem seus medos e suas crenças e fazerem tudo o que estiver ao seu alcance nessa missão. Neste relato de superação, busca unir a resiliência diante do câncer à inspiração encontrada no mundo esportivo, especialmente no triatlo. Cada página é um tributo à força interior que nos impulsiona a nadar contra as correntezas da adversidade, a pedalar com determinação pelos altos e baixos da vida e a correr rumo à linha de chegada da cura e da realização pessoal.

SIMONE SCHERPENHUIJZEN

59

CONTATO:

@simonescherpenhuijzen

O esporte é o caminho para a superação. Mas não é apenas a profissão e o esporte que definem a autora deste texto: são as pessoas que a ajudam a construir cada vitória e cada fio de esperança que precisa para lidar com os desafios da vida, incluindo o câncer de mama e o TDAH. Neste relato de superação, busca-se unir a resiliência diante do câncer à inspiração encontrada no mundo esportivo.

Não é uma sigla ou um câncer que podem parar você. Tenho como bandeira levar o esporte e a atividade física para a vida das pessoas e me orgulho muito dessa missão. Porque o esporte cura: quando não cura por fora, cura por dentro.

SIMONE SCHERPENHUIJZEN

Sou Simone Scherpenhuijzen, uma carioca avessa ao calor, mas que compartilha o amor pelo esporte com seus conterrâneos. Desde cedo aprendi a sonhar e a lutar pelos meus sonhos com muita garra. Meu primeiro sonho, herdado do meu tio Luiz, foi entrar para a Marinha do Brasil. Ainda criança, eu ficava admirando cada detalhe daquele uniforme, sonhando em um dia ter um para mim, junto com todas as medalhas que ele ganhava.

Acredito que sou uma costura entre a criança que fui, a adulta que estou sendo (com todos os desafios e alegrias envolvidas), a médica que escolhi ser, a triatleta que me tornei e a teimosa que me transformei na luta contra o câncer. Sou todas as pessoas que me ajudaram a costurar essa história com amor, cumplicidade e amizade. Esse tecido é o meu lenço, que não está mais escondendo os fios que caíram da minha cabeça no primeiro câncer, mas está deixando meu coração bem quentinho com toda a força que eu preciso para encarar o maior desafio da minha vida até então.

Tive uma infância muito estruturada, com pai, mãe e irmã, avós, coelhos e cachorro. Meu pai trabalhava e, como muitas famílias da época, minha mãe cuidava da gente e da casa, levando-nos para a escola, para o inglês, para a natação e para tudo o que precisássemos. Segundo ela, eu não dava muito trabalho, só tinha umas frescurinhas, como não poder me sujar muito; toda hora eu trocava de roupa. Isso é muito diferente do que sou hoje, em função do esporte que pratico.

Na escola, eu era a tagarela da turma; mal sabia eu que o meu TDAH, não diagnosticado na época, tinha grande parte da culpa. Por isso, eu sempre recebia advertência e minha mãe era chamada na escola algumas vezes. Eu me desinteressava facilmente das aulas, achava que não iria usar as matérias para nada e, em vez de prestar atenção, eu conversava. Já cheguei a subir na cadeira do professor e cantar Tim Maia: "A semana inteira, fiquei esperando...". Eu não era a mais nem a menos popular. Só era uma pessoa normal que me dava bem com todos de todas as séries. Quando eu voltava para casa, gostava de desfilar, desfilava na frente dos meus pais para ver o que achavam de determinada roupa. Tudo era motivo para isso, até pensei em ser modelo, o que consegui por um período da minha vida.

Minha família e eu costumávamos passar os finais de semana na casa da minha avó Marieta, mãe do meu pai, minha Vó Preta, como eu a chamava. Meu avô fazia todas as vontades da netinha dele. Aos sábados, como um hábito sagrado, a vó fazia canja e também um sorvete de leite condensado caseiro maravilhoso. Posso sentir o gosto até hoje. No quintal dela, meus primos e eu nos reuníamos no nosso clubinho. Passávamos o final de semana inteiro lá. Falando em avós, também tinha a Vó Branca, a Aracy, quem mais ficava com a gente em casa e com quem acabei construindo um relacionamento mais próximo, para não dizer grudado. Essa senhorinha fazia todas as minhas vontades, me conhecia e entendia mais do que eu mesma. Era ela quem encobria minhas fugidinhas para namorar, quem me acompanhava nas corridas de ruas, até no Maracanã ela já foi comigo. É dela que sinto a maior saudade do mundo!

Dentro do meu lado criança, também existia um lado empreendedor. Lembro que eu dava uma parte do meu dinheiro de mesada para o meu pai comprar chocolate no centro, onde ele trabalhava. À noite, ele chegava com meus chocolates. Eu os derretia numa chocolateira que havia ganhado de Natal e fazia chocolates de vários formatos; certo dia comecei a vendê-los. O negócio foi tomando tamanha proporção que eu passei a não dar conta de tantas encomendas. Quando eu acordava de manhã, já tinha gente batendo na minha porta pedindo pela encomenda. Assim, aprendi a ganhar dinheiro, e ganhava bem. Meu pai me aconselhou a reinvestir o lucro, a não gastar tudo com outras coisas. Ele sempre me ensinou essa parte financeira, coisa que as escolas na época não ensinavam.

Sempre fui uma apaixonada por revistas em quadrinhos, tanto é que sou assinante da Turma da Mônica até hoje, com quase 47 anos. E todas as coisas que eu já quis ser quando pequena eram relacionadas a viagem: piloto de Fórmula 1, piloto de helicóptero, piloto de avião, aeromoça, inclusive modelo. Nunca quis ter aquela rotina de acordar, ir trabalhar, dormir e começar tudo de novo. Também nunca sonhei em ser a milionária com uma casa gigante e o melhor carro do mundo. Meu sonho sempre foi viajar, conhecer diferentes culturas, pessoas e lugares. Sempre pensei em ter uma profissão que ajudasse as pessoas de alguma forma. Mesmo assim, nunca me imaginei de jaleco, sendo chamada de doutora. O que eu queria era a farda branca da Marinha, como já dei spoiler antes. Como nunca fui de esperar as coisas caírem do céu, tracei caminhos para realizar o meu sonho. E consegui.

Como o hospital em que eu trabalhava, o Marcílio Dias, é de referência no Brasil, chegavam muitos pacientes graves, inclusive oncológicos. Gosto de trabalhar com pessoas que se encontram entre a vida e a morte. O melhor termo não seria "trabalhar", mas "estar" ao lado. Como médica, eu tinha um contato estreito com a família, sabia como era o paciente, do que gostava, qual era a religião, no que acreditava. Sempre procurei unir a ciência e a fé para cuidar das pessoas. Dessa forma, eu conseguia estar mais próxima dos meus pacientes e de seus entes queridos nessa fase que requer tanto cuidado e empatia. Aprendi muito com cada um deles.

Cumprido o meu período de oito anos na Marinha, continuei exercendo a Medicina com muita paixão. Eu me especializei em Medicina do Esporte e em Neurologia. Escolhi a Neurologia porque posso fazer diferente e praticar o que eu tanto prego: uma medicina mais humanizada por meio da empatia. Mais tarde, me especializei na área do esporte porque, no triathlon, eu via muita gente fazendo suplementação errada e tratando lesões de forma equivocada. Eu só pensava: "Alguém tem que ajudar essas pessoas". Como sou atleta, seria mais fácil falar com os pacientes de igual para igual. Foi essa a minha motivação e deu certo.

Desde a escola, fazia todas as modalidades esportivas disponíveis: handebol, vôlei, basquete, atletismo, queimado, xadrez, tudo o que tinha nas Olimpíadas do colégio. E em qualquer esporte que praticasse, eu me esforçava para ganhar medalhas. Todos achavam que eu era agitada, ligada no 220, mal sabiam que eu tinha TDAH; aliás, nem eu mesma sabia. Na época, esse distúrbio não era muito conhecido, tanto que meu diagnóstico só veio na faculdade.

Já adulta, fiz muitas corridas de rua pelo Brasil e pelo mundo. Nunca foi pelo fato de chegar em primeiro lugar ou qualquer retribuição em dinheiro. Sempre foi para eu me superar. Se determinada prova eu fazia em uma hora, a outra deveria fazer em 59 minutos, depois, em 58 e eu ficava revoltada se eu tivesse que fazer em uma hora de novo. Em certo momento, quis melhorar a minha performance e resolvi começar a pedalar. Um amigo me emprestou a bicicleta e subiu comigo as paineiras. Quase morri, mas pensei: *É isso o que eu quero!* Finalmente, eu havia encontrado o desafio perfeito para mim, a oportunidade de testar meus limites ao máximo e explorar o que meu corpo e a minha mente eram capazes de fazer: o triathlon. Hoje é o que me faz acordar todo santo dia e encarar cada uma das dificuldades que insistem em aparecer no trajeto. Uma delas é o câncer de mama, que enfrentei, venci e voltei a enfrentar recentemente.

Em 2021, descobri o Billy e o Willy, meus linfonodos de câncer de mama. Tudo meu (carro, bicicleta, objetos) tem nome desde pequena. No caso de doenças graves, dar nomes se torna ainda mais fundamental porque deixa tudo mais leve. Facilita quando vou falar com as pessoas, porque, em vez de sentirem pena e medo diante da palavra "câncer", elas começam a rir dos nomes. Uma risada é muito melhor do que uma cara de pena, não acha? Como eu sempre digo, você não é doente, você tem a doença; portanto, tudo que ajude a tornar o processo de cura mais leve é válido. Existe vida após um diagnóstico de câncer e estou aqui para provar. Há desafios, sim, uma porção deles; mas também tem apoio, amor, fé, otimismo e persistência e muitos aprendizados espalhados pelo caminho.

Precisei me submeter a uma cirurgia, depois ao tratamento de quimioterapia, e confirmei o poder da prática esportiva para a saúde e a cura do câncer. Inclusive, essa é uma das bandeiras mais bonitas que faço questão de carregar. Durante o tratamento, o cansaço causado pela quimioterapia branca era tão grande que tentava não me deixar treinar. Mesmo assim, eu acordava e falava para mim mesma: "Levanta essa bunda e vai treinar, Simone!". Eu fazia com menor intensidade, mas não deixei de fazer. Isso salvou a minha vida, a minha mente e o meu corpo. Com certeza, o exercício físico foi o fator que mais me ajudou durante todo o tratamento.

Após a primeira avaliação pós-cirúrgica, fui liberada para caminhar e escolhi caminhar na areia para fortalecer a musculatura. Era o único momento do dia em que eu podia fazer algo pelo meu corpo e pela minha mente. Assim, eu me sentia viva.

Considerando que um paciente de câncer costuma perder musculatura e tem a autoestima e a imunidade prejudicadas, você pode imaginar o quanto o exercício físico impacta nossas vidas. No geral, foi uma boa recuperação graças aos muitos tratamentos envolvidos: acupuntura, fisioterapia e espiritual; tudo o que estava ao meu alcance. Acredito que a parte espiritual teve grande influência na minha recuperação para manter minha energia vital. Sou grata à espiritualidade que, quando eu fraquejava, chorava e achava que não iria aguentar, nunca me desamparou. Eu sabia que não estava sozinha nessa. Tudo na vida tem um propósito e, embora não soubesse qual era o do meu câncer, sabia que eu tinha que passar por isso. Nada acontece por acaso, não posso me perguntar por que eu, mas sim, para que eu.

Depois do câncer, disputei três provas. A primeira foi o *meio-Iron* em Nice, na França. Depois o *full* no Brasil e o *meio-Iron* na Áustria. Em 2023, fiz o *Iron-full* em Florianópolis sem ter treinado o suficiente. A minha meta era completá-lo, não importava o que acontecesse, nem que eu finalizasse com uma perna só. Cansei, caminhei, caiu uma chuva fenomenal, mas não desisti e consegui completar a prova. Na Áustria, eu já sabia que o câncer havia voltado, então a minha meta era completar a prova mesmo com a cabeça já no tratamento a enfrentar. Eu não sabia quando poderia fazer aquilo de novo e, além de tudo, eu amo aquele lugar. Cada um deve ter uma meta, é isso o que nos move e o que nos faz persistir diante das dificuldades. Na prova da França, um amigo do curso de francês estava lá segurando uma plaquinha para quando eu chegasse. Na placa estava escrito: "*I beat cancer. I am an Ironman*" (Eu venci o câncer. Eu sou uma Ironman). Ele me entregou a placa alguns metros antes do fim da prova e o meu sorriso misturado com o das pessoas que liam a placa me deixaram em êxtase. Cheguei com a plaquinha, todo mundo tirou foto e saí na página oficial do Ironman da França. Foi um verdadeiro UAU.

Entrar em uma prova do Ironman e encarar um tratamento de câncer têm coisas em comum. Você nunca sabe se vai completar: você só tem fé em você e uma força que desconhece até então. Enquanto faço uma prova de Ironman, converso comigo o tempo inteiro: "Vai ficar tudo bem", "Faz mais força que diminui aqui", "Descansa agora, pedala devagar". O comando que eu sempre dei para a minha mente é: "Vai lá e enfrenta". E isso me ajudou também a encarar o tratamento contra o câncer de mama. Então, essa festa da cura representou a cruzada de linha de chegada mais linda que já dei na vida!

Então, ouça sempre seu coração e mantenha a mente forte, tendo a vontade de vencer porque é ela que move todo o universo ao seu redor. Se entrar na luta se dando por vencido, é fato que você vai perder. Entre nesse desafio acreditando na vitória e que todo o esforço vai valer a pena no momento da linha de chegada.

Mas a vida ainda tinha mais desafios reservados para mim. Recentemente, recebi a notícia de que o Billy e o Willy haviam tido filhotes. Está sendo uma batalha difícil e dolorosa, mas estou mais determinada do que nunca a vencê-la. Não posso fazer menos do que lutar com todas as minhas forças, usando minha experiência para inspirar outras pessoas e espalhar uma mensagem de esperança e resiliência. O câncer não me fez encarar a morte, como muitos podem pensar; ele me fez encarar a vida, isso sim. É a vida que precisa de equilíbrio e deve ser vivida em toda sua plenitude. Com a doença, aprendi a valorizar momentos que são valiosíssimos. Vivemos vários dias e somente em um morremos. Por isso, prefiro viver cada dia até a hora em que eu tiver que ir. Mas, até lá, saberei que vivi, que realmente **eu vivi**.

Minha história não acaba aqui. Vejo você por aí, nesta vida boa de meu Deus!

TEATRO É VIDA

É diretora, dramaturga e atriz do grupo Curarte – a experiência teatral na busca de si. Possui pós-graduação *lato sensu* em Direção e Atuação e bacharelado em Artes Cênicas. Além de atuar como docente em Artes, escreveu e dirigiu peças e intervenções artísticas sobre as mitologias guarani e grega, o meio ambiente, a cultura regional, a espiritualidade e a fé. Adaptou para o teatro os livros *Dos pés sujos de barro aos sapatos de solados vermelhos*, de Naíle Mamede, *Mulheres que correm com os lobos*, de Clarissa Pinkola Estés, e o *Livro de Jó*, da *Bíblia Sagrada*.

STELA MARIS BERNARDI

60

CONTATOS:

stela.ber@hotmail.com

11 95669 7068

Este texto propõe apresentar que a montagem teatral do livro de Naíle Mamede, *Dos pés sujos de barro aos sapatos de solados vermelhos*, visa resgatar nossa força interior. Naíle nos arrebata com sua alegria, fé, resiliência, esforço e determinação, conquistando uma vida de honra e reconhecimento em meio a tantos desafios.

A chegada do livro *Dos pés sujos de barro aos sapatos de solados vermelhos* aconteceu de maneira sincrônica. Eu participava de um curso de inverno na USP sobre dramaturgia feminina e ansiava montar um espetáculo feminino que fosse escrito e interpretado por mulheres, e com mais um pormenor: que fosse brasileiro. Leta Rodrigues, atriz que interpreta Naíle Mamede adulta, havia me pedido um texto que trouxesse elementos da nossa cultura quando a amiga Telma A. P. Duarte me procurou dizendo que acabara de ler um livro cuja história estava pronta para o teatro, isto é, o livro de Naíle.

Desde a criação do Núcleo, que posteriormente viria a se chamar Curarte, dentro do Centro Universalista de Reflexão, Assistência e Tratamento Espiritual Cura-te, espaço de expansão de consciência do qual fiz parte desde a fundação, procuro materiais que possibilitem a identificação nos atores e no público.

O Cura-te nasceu do desejo que compartilhávamos de oferecer à sociedade ferramentas integrativas que funcionassem de forma terapêutica, sem vínculo religioso e dogmático, visando ao bem-estar. O teatro é uma delas. A casa reconhece a espiritualidade através da reconexão com o divino, que está em cada um de nós. É um espaço de amor, conhecimento, desenvolvimento pessoal, meditação, arte, oração, assistência social, espiritual, emocional e energética dentro do conceito de espiritualidade universalista. Não é um centro espírita, nem filiado a nenhuma federação ou órgão controlador. Sobrevive de doações, cursos e eventos. Nossos valores são liberdade, ética, fraternidade, transparência, disciplina, respeito, igualdade e a união da espiritualidade com filosofia, ciência e artes para a pacificação do planeta.

A vida de Naíle Mamede, narrada em seu livro *Dos pés sujos de barro aos sapatos de solados vermelhos,* é uma força impulsionadora que dialoga diretamente com as ferramentas que o Cura-te pesquisa, propaga e oferece em suas atividades e vivências. A trajetória dessa heroína moderna nos inquieta, por ativar sentimentos muitas vezes adormecidos, reavaliando nossa força interior. Com uma história de vida cheia de desafios, abuso, violência, decepções e carência de tudo, Naíle nos arrebata com sua alegria e fé, como a transgressão de um caminho quase predestinado, fazendo de seu relato uma ode à vida.

A peça apresenta a jornada dicotômica dos ciclos – esperança e decepção, angústia e alívio – e explora a natureza audaciosa da protagonista, buscando revelar sua personalidade a partir da perspectiva de uma mulher que ressignifica sua história com consciência de si e de seus atos. A narrativa revela conceitos como: lei de ação e reação, natureza divina, amor ao próximo, ética e livre-arbítrio. Isso torna sua jornada emocionante e pedagógica. Sim, Naíle nos dá uma aula de "bem viver".

Podemos observar que as palavras definem pensamentos, produzem sentido de quem somos e estabelecem o modo como nos colocamos diante de nós e do mundo. Sem reclamar, questionar ou julgar, Naíle Mamede agiu rumo a seus objetivos revelando uma personalidade coerente aos ensinamentos e valores apreendidos no seio familiar.

Assim sendo, o espetáculo teatral inspirado na obra de Naíle segue a tradição do teatro grego, como um rito de passagem provocando o público a revisitar sua própria história, crenças e paradigmas. A criação dramatúrgica buscou como referência o filme *Morangos silvestres*, do cineasta sueco Ingmar Bergman, apresentando a narrativa ao público como fragmentos de sua memória afetiva. Nostalgia, ressignificação, esperança, coragem; elementos que transitam com a protagonista orquestrando seu cotidiano.

O cenário de papelão foi idealizado para atender as necessidades dramatúrgicas de cada cena, sendo versátil e sem gerar lixo, assinado pela arquiteta, cenógrafa e professora de cenografia, Lu Grecco, também criadora da cenografia de diversos programas premiados da TV Cultura, como Castelo Rá-Tim-Bum, Cocoricó, O Mundo da Lua, entre outros.

Curarte

O mundo é um palco, e todos os homens e mulheres são atores. Têm suas saídas e suas entradas; cada homem na sua vida representa vários papéis.

WILLIAM SHAKESPEARE

Trabalhar com ator amador não foi uma escolha consciente, mas um caminho natural fruto da necessidade de vivenciar o teatro numa perspectiva simbólica, performática, sistêmica.

Desde minha atuação em *Medeia*, tragédia de Eurípides escrita em 431 a. C., e o efeito gerado pela possibilidade analítica da história que aborda a psique de uma mulher acometida pela dor da traição, busco terreno fértil para meu desenvolvimento humano como artista, num processo que diz respeito à pedagogia da arte mais que à sua prática de entretenimento.

O impacto de *Medeia* produziu um novo olhar ao texto dramatúrgico e, com a vivência num importante coletivo teatral de rua, tive a compreensão da dialética do teatro. Permaneci na companhia durante o período de preparação do espetáculo, resultado de uma pesquisa de dois anos sobre a história do bairro da Barra Funda, a civilização local e a estética do coro no teatro, com influências das tragédias *Prometeu acorrentado*, de Ésquilo (465 a. C.) e *As bacantes*, de Eurípedes (404 a. C.).

Interagíamos com a paisagem urbana fazendo improvisações embaixo de viadutos, do elevado João Goulart (o famoso Minhocão, cenário de filmes de Walter Salles e Fernando Meirelles), da Avenida Angélica, da Praça Marechal Deodoro e de estabelecimentos antigos, como o de Carmo Miguel Arcanjo, barbeiro e contador de "causos" arcaicos. Seu Miguel conheceu o comércio oriundo da linha do trem, a tradicional sorveteria Casa Whisky (demolida para a construção da estação de metrô Marechal Deodoro), o Cine Santa Cecília e o Circo Piolin (do nosso mais importante palhaço, Abelardo Pinto, com seus equilibristas, engolidores de fogo, trapezistas e um cantor "famoso" por tocar guitarra e gaita ao mesmo tempo). Esses relatos flutuaram e germinaram minha imaginação, fazendo com que eu sentisse a arte como uma poderosa travessia de resgate emocional, social e histórico.

Desenvolvi atividades artísticas num abrigo, levando improvisação para dentro da sala de recreação. As cenas criadas pelas crianças apresentavam grávidas, hospitais, bebês. Mais uma vez presenciei a profundidade do teatro.

Durante esse período todo não me reconhecia como artista e me apavorava pensar em repetir o padrão dos meus pais, ambos artistas frustrados, reprimidos, além das inúmeras crenças de incapacidade que carregava como fruto de traumas infantis. Mas precisamos ir além, ressignificando a dor com o amor. Penso que meu amor pela arte me salvou!

Hoje divido com o grupo a experiência teatral em essência com todas as suas idiossincrasias, investigando nossos mecanismos internos e suas manifestações externas coletivamente e desenvolvendo uma percepção mais aguçada sobre nós. Aquela de quem somos, que não diz respeito a um modelo de padrão social, mas ao nosso funcionamento emocional, psíquico e social, resgatando a potência inerente a todo ser humano, muitas vezes, bloqueada, sufocada e reprimida por convenções e paradigmas.

Segundo o médico e psiquiatra Flávio Gikovate (CAFÉ FILOSÓFICO, 2016), precisamos conhecer a nossa própria natureza. Ele completa que o autoconhecimento nos leva ao fortalecimento da razão para conseguirmos agir em direção aos nossos anseios individuais. Assim, Gikovate salienta a importância da autoanálise sem julgamento, para que o indivíduo tenha liberdade e consiga se observar. Nossas ações, nosso controle ou nosso descontrole emocional: o que provoca inveja, raiva, medo, desejo, preguiça, frustração? Que situações geram esses sentimentos? O que nos alegra? Com quem gostamos ou não de estar? Essa formatação sobre nós, o que fazemos e quais são as motivações define o autoconhecimento (segundo Gikovate).

Os jogos teatrais propostos na sala de ensaio, as dinâmicas psicofísicas e as práticas corporais nos conectam com nossas emoções. A exposição e a vulnerabilidade diante da plateia, o estudo de um personagem, a relação com o grupo, tudo converge ao autoconhecimento e ao autodesenvolvimento. O resgate da criança interior acontece naturalmente durante as atividades lúdicas, a exemplo das improvisações que transpassam a imaginação, despertando leveza, alegria, esperança, desabafo, atenção, foco, choro.

No teatro somos atravessados pelas experiências como seres agentes da ação, e não meros expectadores da vida, receptores de informações numa velocidade geradora de angústia, inquietação e estresse pela sensação de que não estamos acompanhando efetivamente tudo que supostamente deveríamos.

Estudos apontam que a vida moderna exige administração de tempo e foco na prevenção de sofrimento emocional e esgotamento mental. Segundo Jorge Larrosa Bondía, professor de filosofia da educação no Departamento de Teoria e História da Educação da Faculdade de Educação da Universidade de Barcelona, o excesso de estímulos e informações oferecidos e a rapidez com que são consumidos, inclusive com a reafirmação do sistema educacional, interferem na memória. A impermanência e a fugacidade dos acontecimentos tumultuam os pensamentos e anulam a possibilidade da experiência.

> [...] a experiência, a possibilidade de que algo nos aconteça ou nos toque, requer um gesto de interrupção, um gesto que é quase impossível nos tempos que correm: requer parar para pensar, parar para olhar, parar para escutar, pensar mais devagar, olhar mais devagar, e escutar mais devagar; parar para sentir, sentir mais devagar, demorar-se nos detalhes, suspender a opinião, suspender o juízo, suspender a vontade, suspender o automatismo da ação, cultivar a atenção e a delicadeza, abrir os olhos e os ouvidos, falar sobre o que nos acontece, aprender a lentidão, escutar os outros, cultivar a arte do encontro, calar muito, ter paciência e dar-se tempo e espaço. (BONDÍA, 2002, p. 24)

Ainda segundo Larrosa: "Tanto nas línguas germânicas como nas latinas, a palavra experiência contém inseparavelmente a dimensão de travessia, perigo". As obras de Larrosa transitam entre literatura, cinema, filosofia e educação. Seus temas refletem a relação da subjetividade, linguagem e experiência, e suas atividades estão ligadas a artistas e mediadores culturais.

Assim, em nossa oficina, estimulamos nosso pensamento crítico e reflexivo através da leitura de clássicos; ativamos nossa criatividade e capacidade imaginativa; e fortalecemos nossa cultura e identidade nacional com dramaturgia brasileira. Movimentamos o corpo e a mente despertando conteúdos inconscientes e exploramos a riqueza dos jogos teatrais.

Em alguns poucos meses de práticas, a turma manifestou o desejo de montar uma "peça de teatro". Foi surpreendente por se tratar de um grupo declaradamente tímido em sua maioria, sem intenção ou desejo consciente, pelo mundo artístico e menos ainda noção de suas aptidões, sensibilidades e capacidades.

No início, alguns declararam ser impossível apresentar-se publicamente em função da grande dificuldade em lidar com exposição, desconforto em relação ao corpo, horror de falar em público; eram profissionais de engenharia, jornalismo, massoterapia, gastronomia, advocacia, cuidadora de idosos, artesão, dentista, dona de casa e estudantes. Mas, faltando um mês para completarmos um ano de existência, entramos em cena com *Memórias*, o primeiro espetáculo de minha autoria, inspirado em nossos estudos com o dirigente do Cura-te, Ronaldo Akamine.

Timidez, depressão, insegurança, vício, fobia, problemas familiares: tudo isso foi manifestado, trabalhado, discutido e ressignificado durante os ensaios, além das impressionantes coincidências e sincronicidades. Foram claras as mudanças ocorridas em relação a fala, consciência vocal, segurança em relação a autoimagem e, principalmente, reconhecimento de que a timidez declarada era fruto de uma preocupação excessiva com críticas externas. Com os exercícios de respiração e a auto-observação em dinâmicas e conversas em grupo, foram adquirindo a libertadora autoconfiança.

A orientação de mestres aprimora, permitindo ao amador – que ou o que ama; que ou o que tem amor (OXFORD, 2024) – recursos técnicos na elaboração de seus processos criativos. Contudo, a arte está no plano dos sentidos, uma riquíssima relação entre o mundo interno e externo; é ativação de energia. A possibilidade de nosso ser criativo agir e transformar o estado de si e do outro, interferindo no espaço e decodificando e expressando emoções, faz da experiência teatral muito peculiar.

Em sua trajetória, o grupo teatral Curarte apresentou peças sobre mitologia guarani e grega; adaptou obras clássicas e contemporâneas; desenvolveu intervenções artísticas sobre carimbó e lundu marajoara com a ONG Letraria Cultural na Horta das Flores, espaço socioambiental no bairro da Mooca e no Cura-te; e elaborou performances e dramaturgias sobre meio ambiente e cultura ancestral com a membro da plataforma *Harmony With Nature*, da Organização das Nações Unidas (ONU), Vanessa Hasson.

Referências

AMADOR. *In*: *OXFORD Languages*. Oxford: Oxford University Press, 2024.

BONDÍA, J. L. Notas sobre a experiência e o saber de experiência. Trad. João Wanderley Geraldi. *Revista Brasileira de Educação*, Campinas, n. 19, p. 20-28, jan./fev./mar./abr. 2002.

CAFÉ FILOSÓFICO. Mudar: caminhos para a transformação | Flavio Gikovate. *YouTube*, 22 dez. 2016. Disponível em: https://www.youtube.com/watch?v=UXVMQ-__aD8. Acesso em: 12 set. 2024.

MEDITAÇÃO E SAÚDE

O CAMINHO PARA O DESENVOLVIMENTO HUMANO PRÓSPERO E SUSTENTÁVEL

Empresária, escritora, mentora, coautora de vários livros, palestrante em Portugal no Summit 2030 – Conectando Mentes e Criando o Futuro (2023), comendadora da ordem nacional do mérito do empreendedor Visconde de Mauá. Empreendedora social, profissional na área de desenvolvimento humano, arte educadora, especialista em educação infantil, gestora de projetos educacionais. Pós-graduada em Docência do Ensino Superior, e Metodologia e Didática do Ensino Superior. Coordenadora pedagógica da rede municipal de educação da cidade de São Paulo, *master coach* com abordagem sistêmica e constelação familiar. Presidente do Rotary Club de São Paulo-Aclimação, Distrito 4563 (2023/2024). Vice-presidente da Associação Aprender e Sonhar. Membro do Comitê Vozes do Grupo Mulheres do Brasil. Embaixadora da Rede Plena (mulheres empreendedoras) e sócia da Integral Woman Global. Conselheira do Instituto Amor em Mechas, que oferece apoio e perucas para mulheres em tratamento quimioterápico.

TÂNIA SOBRAL BENEGAS

61

CONTATOS:

linktr.ee/taniasobralb

@taniasobraloficial

11 93484 8457

Com conhecimentos de meditação e inteligência emocional transformei minha vida. A resposta para muitos de nossos desafios está disponível dentro nós e inicia-se com breves momentos de conexão, respiração, meditação e sentimentos de gratidão. Assim, podemos tecer asas e, lentamente, experimentarmos o poder de ser, criar e viver, voando nas asas do nosso propósito, realizando o que ousamos sonhar.

Será que os desafios da vida são sempre provocações externas tentando nos derrubar?

Atualmente, em nossa sociedade, vivemos uma realidade na qual milhões de pessoas estão excluídas do mercado de trabalho, sem autonomia financeira; pessoas que não realizam, não possuem, nem mesmo ousam criar seus projetos de vida. São milhões que vivem relacionamentos abusivos e desrespeitosos, sem prazer e com a dor de se sentirem fracassadas, com medo, desmotivadas e paralisadas diante da vida.

Contudo, por meio de autoconhecimento, inteligência emocional e até desenvolvimento de habilidades simples, como respiração, contemplação e meditação, é possível gerar mudanças muito potentes nas ações e nos resultados que conquistamos em nossas vidas.

Você já pensou em investir em autoconhecimento?

Falar e refletir sobre as emoções é crucial para a saúde e o sucesso na educação, nos relacionamentos e no trabalho, pois as emoções estão intimamente ligadas ao nosso comportamento e à nossa percepção do mundo.

Quando compreendemos nossas emoções, somos capazes de gerenciá-las de maneira mais eficaz, o que pode nos ajudar a evitar situações de estresse, melhorar nossa comunicação com os outros e tornar-nos mais resilientes diante de desafios.

Talvez em algum momento de sua vida, você já se deparou com a falta de oportunidade no mercado de trabalho, com o desemprego, a demissão ou a falência, com o medo de não ter suas necessidades básicas atendidas, de não ser capaz de suprir a si e as pessoas que você ama.

Momentos desafiadores muitas vezes nos paralisam, nos tiram da zona de conforto. Isso acontece, pois nosso cérebro não está preparado para lidar com o desconhecido. Ele está programado para nos proteger, para poupar nossa energia, e não adentrar zonas ou áreas desconhecidas.

A humanidade permanece vivendo na Terra em consequência às ações de proteção e sobrevivência que instintivamente foram experienciadas desde o início da história da civilização até aqui. Nosso cérebro é programado para sobreviver, porém podemos ir mais além. Com a consciência de nossas emoções, **é possível viver a vida.**

Mas como criar oportunidades de sucesso em um mundo onde a impermanência e a transformação são as únicas constâncias?

Essa talvez seja a grande questão no propósito de desenvolvimento e transformação socioeconômica da atualidade. Como seguir em um cenário de incertezas e grandes desafios? Sentimentos de medo, paralisia e impotência diante da vida se tornaram cada dia mais presentes em nossos dias.

Você, que hoje está lendo este livro, em sua trajetória de vida, já sentiu medo? Em algum momento, diante de desafios e incertezas, sentiu a aterrorizante sensação de estar paralisado?

Pois bem, eu sim. Sou uma mulher nascida na década de 1960, um tempo no qual as mulheres tinham poucos direitos como cidadãs, e a sociedade e a educação contribuíam para a dependência emocional e financeira delas. Até 1974, em nosso país, as mulheres não possuíam direito a cartão de crédito ou empréstimo; para isso era obrigatória a assinatura de um homem. Foi apenas em 1988 que a Constituição Brasileira passou a reconhecer as mulheres como cidadãs com direitos iguais aos dos homens.

Eu, assim como muitas da minha geração, cresci com um grande propósito: ser mãe e esposa, cuidar do lar e dos filhos. Mas também queria alguma autonomia financeira e, para isso, investi na carreira de educação. Como profissional, tornei-me educadora, com foco no cuidar e educar crianças.

Cresci, me formei, passei em concurso público, casei e tive dois filhos. Tudo parecia perfeito, até que, aos meus 39 anos, deparei-me com um diagnóstico desafiador: um câncer de mama. Foi necessário um tratamento bastante invasivo. Durante aquele período, eu reunia forças para lutar pela vida em meu desejo profundo de estar presente para meu marido e meus filhos; queria viver para ver meus filhos formados, chegar à aposentadoria, envelhecer ao lado do meu companheiro e usufruir a vida ao lado dos netos.

Enfrentei o diagnóstico e vivenciei a cura do câncer; voltei ao trabalho, vi meus filhos se formarem e meu marido prosperar profissionalmente.

E então, repentinamente, em uma manhã perto dos meus 50 anos, após 30 anos de casamento, meu marido pediu o divórcio. Meus filhos se casaram e eu me aposentei. Eu me senti paralisada e com medo. Cheguei a pensar que não seria possível continuar...

Foi então que fui em busca de ajuda, autoconhecimento, autocuidado e inteligência emocional. Em 2020, tive a oportunidade de conhecer a Escola Internacional de Filosofia e Meditação Ekam, que fica na Índia. Após esse encontro, iniciei uma jornada de autoconhecimento e transformação da consciência através da meditação.

Participei de várias jornadas nessa academia na Índia, à qual milhões de pessoas em todo o mundo, mais de 120 nações, vão em busca de conhecimento e desenvolvimento pessoal para transformar seus relacionamentos, para romper padrões negativos recorrentes em suas vidas e para se tornarem líderes conscientes e prósperos.

Na academia, por meio de estudos de ciência, energia, neurobiologia e espiritualidade, são compartilhadas práticas de meditação que promovem a consciência e a mudança da frequência das ondas cerebrais do estado Beta para o Alfa. Na maioria das vezes, estamos funcionando a partir de um estado cerebral Beta. Nele, a frequência de ondas cerebrais é rápida, algo entre 13 e 30 Hz por segundo. Com ondas aceleradas, diminuímos nossa capacidade de foco e a criatividade.

Porém, com as práticas de meditação da academia Ekam Oneness, você experiencia uma mudança em seu estado cerebral. As ondas Alfa são mais lentas, variam de 8 a 12 Hz, relaxando e acalmando o cérebro e o sistema nervoso. Quando se vive no estado cerebral Alfa, você conduz tudo o que faz com excelência, porque há atenção em abundância. Quando estamos conectados no estado cerebral Alfa, nosso cérebro potencializa a assimilação de novas informações e há uma quantidade imensa de aprendizado.

Por meio do autoconhecimento e das mudanças em nosso comportamento podemos despertar conexões muito mais produtivas e prazerosas em nossas vidas. Descobri que estar em paz com quem e como somos, e honrando nossas verdades e origens, nos liberta, cura feridas e empodera nosso ser. Passei a sentir prazer e gratidão ao olhar o dia amanhecer, o sol surgir, respirar lentamente, sentindo meu coração pulsar com vida. Um dos caminhos possíveis para esse despertar é a meditação.

Frequentemente, vivemos em busca de sobreviver, cuidar, proteger e nutrir o outro, negligenciando nosso olhar para nós mesmos. Ao nos oportunizarmos alguns momentos de redução da aceleração do ritmo frenético no cotidiano, iniciamos uma caminhada para a conexão com campos cerebrais que potencializam nossa criatividade, a capacidade de percepção de oportunidades e ações com mais assertividade.

Após experiências com práticas meditativas, mesmo por breves momentos, em que levamos nossa atenção à respiração, reduzindo a aceleração das ondas cerebrais e oxigenando mais nossas células, é possível promover um movimento muito potente de transformação em nossa consciência, reconhecendo e atuando com nossas habilidades. Isso também gera mais clareza em nossos pensamentos, aumentando nossos níveis de percepção das possibilidades reais presentes no agora e melhorando a saúde e o bem-estar, resultados estes cientificamente comprovados.

Em setembro de 2023, o Ministério Público da União publicou um artigo sobre os benefícios da meditação para a saúde mental, promovendo uma campanha com ações para cuidar da saúde mental em todas as fases da vida. De acordo com ele, a meditação está associada a uma série de benefícios para a saúde mental, incluindo: gestão e redução do estresse e da ansiedade, melhor qualidade do sono, redução de dores crônicas, aumento da concentração, da empatia e compaixão, entre outros benefícios. Além disso:

> É difícil encontrar argumentos contra a meditação uma vez que os seus benefícios para a saúde mental têm sido repetidamente demonstrados por estudos científicos em diferentes contextos. Além disso, a meditação pode ser praticada por qualquer pessoa, de qualquer idade ou condição física. Inicialmente pode parecer difícil "parar" e meditar, mas apenas alguns minutos de meditação podem trazer benefícios. (MPU, 2023)

Podemos, assim, perceber que a prática da meditação nos possibilita um encontro com um ponto de paz interior, como um porto seguro, que nos permite encarar o novo e desconhecido livre de preconceitos, medos e julgamentos, diminuindo nossos anseios por controle e possessividade.

Os estados de mente serena e consciente nos ajudam a aceitar que nem tudo na vida pode ser controlado e que a mudança é uma parte natural da existência. É a partir desse ponto de paz interior que podemos lidar com as adversidades e mudanças da vida de uma forma mais serena e equilibrada.

E, quando falamos de viver conscientemente, nos referimos justamente à habilidade de estar presentes no momento, de se conectar com nosso interior, de aceitar a nós mesmos e aos outros como são, sem julgamentos. Viver conscientemente nos permite observar nossas emoções e nossos pensamentos sem sermos controlados por eles, nos tornando mais resilientes e abertos às novas experiências e aprendizados que a vida nos oferece.

Portanto, ao estimular a educação emocional, estamos promovendo um caminho para a aceitação do novo, para o desenvolvimento da nossa capacidade de nos adaptar às mudanças e para a vivência consciente e plena das nossas vidas.

É difícil meditar?

Essa é uma pergunta muito comum. Meditar pode parecer difícil no início, especialmente se você tentar fazê-lo sem qualquer orientação. No entanto, com prática e orientação adequada, qualquer pessoa pode aprender a meditar. E os benefícios, tanto para a saúde física quanto mental, são inestimáveis.

Tudo isso está disponível para todos nós. Olhar e sentir essa energia é possível, basta nos reconhecermos, nos conectarmos com a força e a luz que habitam dentro de nós, que se expandem e oportunizam a criação de uma vida mais saudável, com propósito, prosperidade e amor.

Nessa jornada interior, trilhei caminhos com amorosidade, sem julgamento, em um estado de presença, calma, coragem e sem expectativas. Voltei a sonhar! Sonhar algo de bom para mim, experimentar a verdade de estar comigo mesma e, a partir dessa verdade, usufruir do prazer de compartilhar e estar presente, em minha plenitude, na vida das pessoas. Amar, sentir prazer e contemplar o universo nessa caminhada de transformação fortalecem o ser.

Com os conhecimentos de meditação e inteligência emocional, transformei minha vida. Assim, decidi dar voz a essa mensagem de poder pessoal por meio do autoconhecimento e da meditação para o mundo. Aos 59 anos, sou palestrante internacional, mulher empreendedora, voluntária social e vice-presidente da Associação Aprender e Sonhar, que leva cultura e educação empreendedora para crianças da periferia de São Paulo. Também sou membro do Comitê Vozes do Grupo Mulheres do Brasil e embaixadora da Rede Plena – Empreendedoras de Impacto Social, expandindo a mensagem especialmente direcionada ao empreendedorismo e à prosperidade feminina, com o propósito do despertar nas mulheres para a consciência de seu poder de criação e inovação, fortalecendo suas habilidades de autoria, impulsionando a confiança em suas próprias capacidades e incentivando-as a enfrentar e superar os desafios da vida.

Vivencio experiências internacionais como palestrante e escritora. Sou coautora de sete livros com mensagens de coragem e prosperidade ao lado de centenas de pessoas com o propósito de expandir palavras de força e realização para todos. Sou empresária, educadora e presidente do Rotary Club de São Paulo da Aclimação (2023/2024), com o lema "Crie esperança no mundo", além de facilitadora de processos promovidos pela Escola Internacional de Filosofia e Meditação Ekam no Brasil, contribuindo para que pessoas encontrem e realizem seu propósito de ser.

Possuo certificação nos Objetivos de Desenvolvimento Sustentável (ODS) da Organização das Nações Unidas (ONU) e atuo em alinhamento com os ODS 3 (Saúde e bem-estar), 4 (Educação de qualidade), 5 (Igualdade de gênero) e 17 (Parcerias e meios de implementação). Nesse sentido, promovo palestras, workshops, encontros e projetos que expandem as práticas meditativas como caminhos para saúde, bem-estar e prosperidade.

A resposta para muitos de nossos desafios está disponível dentro nós, e se inicia com breves momentos de conexão, respiração, meditação e sentimentos de gratidão, para que possamos, dentro do casulo, tecermos asas e lentamente experimentarmos o poder de ser, criar e viver, voando nas asas do nosso propósito e vivendo a realização que ousarmos sonhar.

O primeiro passo é **sonhar**; em seguida, **acreditar** que o sonho é possível; então, é hora de **criar** esse sonho, desenhando a realização até mesmo em um pedaço de papel. O universo, assim, se abre para infinitas novas possibilidades de **agir** e **realizar**.

Sonhe, acredite, crie, aja, realize e...

SEJA FELIZ!

Se você se interessou pelo poder da meditação, acesse o site da Ekam Oneness World Center for Enlightenment sem sair de casa.

Referências

EKAM Brasil Oficial. *Linktree*. Disponível em: https://linktr.ee/ekambrasioficial. Acesso em: 4 ago. 2024.

MINISTÉRIO PÚBLICO DA UNIÃO (MPU). Benefícios da meditação para a saúde mental. *Portal da Saúde do Ministério Público da União*, Brasília, 6 set. 2023. Disponível em: https://saude.mpu.mp.br/noticias/beneficios-da-meditacao-para-a-saude-mental. Acesso em: 4 ago. 2024.

RÓTULOS? NÃO, OBRIGADA!

MINHA JORNADA MULTIFACETADA NO MUNDO PROFISSIONAL

Palestrante, professora e, atualmente, atua como *Business Partner Lead*, com mais de 20 anos de experiência no mercado, além de ser coautora de livros. Como professora universitária, conduziu pesquisas e desenvolveu projetos de formação em análise de sistemas, pesquisa e extensão universitária. É graduada em Informática, pós-graduada em Gerência Estratégica (Unifor), cursou mestrado em Inteligência Artificial (UFC) e possui um MBA em Business Innovation (FIAP). Iniciou sua carreira como desenvolvedora, analista de sistemas/projetos, *quality assurance* e *business partner*. Com mais de dez anos de experiência em gestão, atuou em áreas como desenvolvimento WEB/Mobile, *Business Intelligence* (BI), *Enterprise Resource Planning* (ERP), sistemas especialistas, além da gestão em projetos, processos, governança de TI e inovação. Após uma transição de carreira, hoje atua na área de *People*, com o objetivo de promover uma cultura de inovação por meio de mudanças de mentalidade, incentivando o pensamento crítico, a criatividade e a experimentação. Tem como meta profissional contribuir para a transformação das empresas, atuando nos campos de tecnologia, mercado e pessoas.

TATIANA CAFRE

62

CONTATOS:

tatianacafre.com.br

tatianacavalcante@gmail.com

@tatianacafre

85 99152 7670

O texto explora a pressão social de se enquadrar em categorias específicas, questionando a importância dos rótulos exigidos pela sociedade em detrimento de perguntas como propósito, motivações e pontos fortes. Destaca a crescente demanda por especialização, o medo de perder o emprego e como isso limita o desenvolvimento pessoal e profissional. A autora compartilha suas experiências na transição de carreira, explorando diversas áreas e descobrindo que o sucesso é dinâmico.

Cada pôr do sol que vejo me inspira o desejo de partir para um oeste tão distante e belo quanto aquele onde o sol sumiu.
HENRY THOREAU

Qual a sua área de atuação? Qual é o seu sexo? Como você se vê daqui a cinco anos? Essas são perguntas que muitos já devem ter ouvido. Sempre que alguém me faz perguntas desse tipo, sinto uma pressão para me encaixar imediatamente em uma das categorias mencionadas. Mas por que precisamos rotular as coisas? Por que essas perguntas são consideradas mais importantes do que: qual é o seu propósito? O que motiva você? Quais são os seus pontos fortes que ajudarão você a alcançar o que deseja?

A quantidade de informação gerada no mundo hoje é cada vez maior. São milhares de novos dados e inputs que recebemos por meio de redes sociais, sites, vídeos de conteúdo, e logo nos vemos na necessidade de nos posicionar, de ter uma opinião sobre o que nos é comunicado.

Quando nos candidatamos a uma vaga de emprego, é apresentada uma lista de atributos que precisamos ter. Mas será que as coisas são tão lineares assim? Precisamos ser especialistas em algo? Um especialista tende a resolver problemas com base naquilo que conhece profundamente, e as pessoas sempre confiam nele por ser um especialista. E, cada vez mais, nos pressionamos para nos tornarmos especialistas em algo. Caso contrário, onde nos encaixamos? Qual emprego devemos buscar? Raramente fazemos uma mudança de carreira ou somos convidados a falar sobre algo que não está diretamente relacionado à nossa posição atual, mesmo que seja sobre uma área em que nos dedicamos e estudamos muito.

Hoje, vivemos sob uma crescente pressão por desempenho e a necessidade de encontrar maneiras de acelerar cada vez mais o aprendizado. O impacto desse cenário sobre os trabalhadores é, muitas vezes, avassalador. Além de toda essa cobrança por conhecimento, o medo de perder o emprego devido às mudanças constantes é uma das maiores causas de estresse entre os brasileiros.

Ouvimos que, em breve, grande parte das profissões pode desaparecer, ou que muitas empresas não vão sobreviver, e nós estamos no meio disso tudo. Aí vem o medo de perder o emprego, e o que acontece quando você tem medo de perder o emprego? Faz apenas o básico, segue aquele roteiro que sabe que vai funcionar, não corre riscos. E, assim, não muda, nem descobre novas habilidades ou as desenvolve. Rotular as pessoas impede o progresso e a evolução tanto das empresas quanto dos indivíduos.

Sempre fui aquela pessoa que seguia na contramão, que fazia o que não era tradicional, ou pelo menos o que ninguém havia dito que não poderia ser feito. Lembro que, quando eu tinha dez anos, meus pais fizeram um quarto para mim. Sempre diziam que meninas usavam rosa, mas eu pedi que o meu fosse azul. Sim, porque azul era a cor que eu mais gostava. Todos que visitavam nossa casa achavam que aquele era o quarto do meu irmão. Na escola onde eu estudava, as meninas usavam saia, mas eu era a única que usava calça.

Quando estava na sexta série, tive aula de computação e decidi que era isso que queria fazer. Por quê? Ninguém tinha computador, nem havia a certeza de que essa seria uma profissão interessante ou com futuro promissor. E aquilo mexia comigo – a falta de definição sobre o futuro. De certa forma, essa ausência de certezas me abria possibilidades. Eu poderia construir o que viria a ser, já que o futuro era incerto. Não existiam expectativas.

Já trabalhando na área, sentia-me na obrigação de escolher uma subárea dentro da TI. Assim, passei por várias, exceto por infraestrutura, que realmente não me motivava. Fui programadora, analista de sistemas, trabalhei com qualidade de software, fui gestora de desenvolvimento, projetos, processos, governança e inovação. Tornei-me professora de Tecnologia em uma faculdade durante quatro anos e nunca me decidi por uma disciplina específica. Acabei lecionando nove disciplinas diferentes durante esse período. Apesar de não ter uma área específica para chamar de minha, em todas essas áreas eu era feliz e amava conversar sobre os temas.

A área de tecnologia é majoritariamente composta por homens, e as mulheres ainda enfrentam dificuldades para alcançar sucesso (infelizmente, essa realidade persiste em muitos lugares). Mesmo assim, sempre tive dificuldade em perceber o machismo. Nunca entendi como ele existia, mesmo quando estava acontecendo comigo. Uma vez, alguém tentou explicar dizendo: "Você é muito racional. Por isso, não consegue ver o porquê de isso existir. Para você, não faz sentido, e por isso não percebe que é por causa do machismo que algumas coisas acontecem". Não sei se é por isso, mas sei que, por não ver isso acontecendo claramente, eu não tinha medo e nem sentia a necessidade de me provar diante dos homens com quem trabalhava.

Durante essa corrida da vida, muitas vezes desejei ter duas vidas diferentes. Queria ser uma palestrante de sucesso, sem família e filhos, viajando pelo mundo e escrevendo livros, totalmente focada na carreira. Outras vezes, só queria ser mãe e com uma vida "normal" e "comum".

Aos 45 anos, fiz uma mudança de carreira. Fui trabalhar com pessoas. Além disso, saí de uma grande indústria para uma startup. Nessa nova área, fui responsável por criar do zero um departamento de RH, onde nunca havia trabalhado antes. Aproveitei a oportunidade para misturar meus conhecimentos de TI com RH. Fazia conexões entre as áreas e ouvia muitos especialistas dizendo: "Isso dá certo? Nunca ouvi falar que poderíamos fazer assim...".

Descobri muito sobre a área, mas principalmente sobre mim. Ainda estou me descobrindo, tentando entender o que me move, o que faz meus olhos brilharem. Muitas coisas me motivam, e é complicado ter de escolher um único lugar para pousar. Sigo nessa busca incessante. Mas, até hoje, quando alguém me pergunta como me vejo daqui cinco anos, sempre respondo: "Onde estarei daqui cinco anos, eu não sei, mas hoje quero ser a melhor no que faço. Tudo o que acontecer a partir disso será consequência dos meus resultados".

Não sei se é necessário escolher uma única direção, mas acredito que ser feliz e se divertir ao longo do caminho é possível e essencial. O principal objetivo deve ser realizar-se durante a jornada, além de se divertir muito nas tentativas.

Aqui estão algumas dicas que uso para ajudar a encontrar clareza na busca por realização profissional e pessoal:

Faça uma autorreflexão para entender melhor e descobrir o que move você

Reserve um tempo para refletir profundamente sobre o que de fato importa para você. Considere suas paixões, valores, talentos e experiências de vida. Pergunte-se o que você quer alcançar e qual legado deseja deixar.

Tenha sempre claro o seu grande objetivo de vida e não perca o foco nele

Um grande objetivo de vida fornece direção e propósito, ajudando você a tomar decisões alinhadas com suas aspirações a longo prazo. Ele serve como um norte, guiando suas ações e esforços diários.

Durante essa caminhada, muitas pessoas vão dizer que as decisões que você toma ou as mudanças de rota não fazem sentido. "Mas como assim você fez TI e trabalha com pessoas?" Sempre que alguém questiona minhas decisões, eu dou um *zoom out* e respondo: "Trabalho em uma startup, e ninguém melhor do que uma pessoa de TI que palestra sobre cultura de inovação para saber o caminho para desenvolver pessoas em uma empresa que trabalha com tecnologia". Foi nisso que o CEO da empresa pensou quando me ofereceu essa oportunidade. E eu só pensava na oportunidade de colocar em prática o que vinha estudando sobre cultura de inovação.

Lembre-se sempre que o significado de sucesso muda com o tempo

Você já se perguntou o que é sucesso para você? Mesmo que saiba a resposta, traga essa pergunta novamente para reflexão. O conceito de sucesso não é estático; ele evolui ao longo da vida, conforme crescemos, adquirimos novas experiências e enfrentamos diferentes desafios. O que consideramos sucesso em um determinado momento pode não ter o mesmo significado em outro. Reconhecer e aceitar essa mudança é crucial para a sua evolução.

Onde você quer chegar pode mudar. O objetivo deve ser revisto constantemente

Já mudei de direção inúmeras vezes na vida, justamente porque sempre estive aberta a isso. Muitas vezes, disseram-me que eu sempre entro em uma reunião com um ar de aprendiz, e a vida é sobre isso. A cada instante, alguém pode te ensinar algo e você simplesmente muda tudo. Suas amizades também mudam, assim como seus interesses ao longo da vida, e muita coisa deixa de fazer sentido.

Os objetivos são reflexos de nossos desejos, necessidades e circunstâncias em um determinado momento. À medida que crescemos e mudamos, nossos objetivos também podem e devem evoluir. Revisar constantemente seus objetivos é essencial para garantir que eles permaneçam relevantes e alinhados às suas aspirações atuais.

Um novo plano sempre pode ser traçado

Faça um plano detalhado sobre como você pretende realizar a mudança. Defina metas claras e prazos realistas. Ter um plano pode reduzir a incerteza e fornecer um caminho a seguir. Comece com pequenas mudanças, em vez de tentar transformar tudo de uma vez. Pequenos passos ajudam a construir confiança e a perceber que você é capaz de se adaptar.

Veja os erros e fracassos como oportunidades de aprendizado. Cada falha é uma chance de melhorar e ajustar o curso, não um motivo para desistir. Sempre enfrente o medo de mudar e tomar um novo rumo. Não tenha receio, por exemplo, de abandonar um livro pela metade porque não gostou dele ao iniciar a leitura. Pense que insistir em algo que não te agrega será mais custoso, por te fazer gastar ainda mais tempo com o que não lhe traz valor. Aprenda a desistir do que foi definido, sem mágoas ou culpas.

Quando alguém disser algo que aparentemente não faz sentido, mesmo assim guarde a informação

Converse com amigos, familiares ou colegas que possam oferecer suporte e conselhos. Ter pessoas que acreditam em você e na sua capacidade de mudar pode fazer uma grande diferença. Mas lembre-se: às vezes, as pessoas falam algo que só fará sentido mais adiante. O que pode parecer irrelevante hoje pode se tornar altamente significativo no futuro, conforme as circunstâncias e o contexto mudam. Informações que parecem sem importância no momento podem se encaixar em um quadro maior mais tarde.

Isso ocorre porque mudamos de posicionamento, opinião e objetivos com o tempo. Nós mudamos, e muitas vezes as peças se encaixam.

Confie. Coincidências não existem

Muitas vezes, nos deparamos com eventos ou encontros que parecem ser fruto do acaso. Pode ser o encontro com uma pessoa que acaba se tornando crucial para sua carreira ou uma oportunidade inesperada que surge no momento certo. Essas situações são frequentemente classificadas como "coincidências", mas há uma perspectiva que sugere que tudo está conectado de maneiras mais profundas e significativas.

O conceito de sincronicidade, introduzido pelo psicólogo Carl Jung, sugere que eventos aparentemente aleatórios estão conectados de forma significativa, mesmo que não haja uma relação causal clara. Para Jung, sincronicidade é a coincidência de eventos que têm um significado pessoal para o indivíduo, além da simples probabilidade.

Se observe. O que realmente conta é o autoconhecimento. Tire um tempo para refletir profundamente sobre seus desejos, medos, habilidades e valores. Examine cada atitude e sentimento com curiosidade. Preste atenção ao que te inspira, ao que te faz perder a noção do tempo, ao que realmente te move. E, acima de tudo, não tenha medo. Mude quantas vezes for necessário, porque a verdadeira excelência vai além dos rótulos que tentamos colocar em nós mesmos. Não se trata apenas de ser de exatas ou humanas; trata-se de criar impacto e gerar valor.

Não é preciso definir se esta será a sua área para sempre ou qual será a próxima se você decidir mudar. O que importa é saber o que faz sentido para você neste momento. Atualmente, meu objetivo é gerar valor na empresa onde trabalho, seja por meio de pessoas, processos ou produtos. Compreender como o negócio evolui e contribuir para essa evolução me traz alegria e motivação.

Imagine o potencial incrível que podemos desbloquear se decidirmos tirar as vendas dos olhos e nos enxergarmos, e ao mundo, de uma nova maneira. Encare o espelho e diga: "Estou pronto para me conhecer. Por onde começamos?". O caminho está à sua frente, pronto para ser explorado. Vá em frente e viva a jornada que você verdadeiramente deseja.

CRIAR RIQUEZA LEVA VOCÊ PARA O TOPO DO MUNDO

É empresária no segmento da construção civil com a Modello Investimentos e consultora de investimentos com experiência bancária de 23 anos. Criou o Método MFV na área financeira, validado por mais de 150 pessoas pela internet. Atua também como palestrante e escritora de livros nas áreas financeira e de desenvolvimento pessoal. Ganhou o maior prêmio de alta performance do Citibank, em um fórum internacional na América Latina.

TATIANA CAMPOS

63

CONTATOS:

contatotatianacampos@gmail.com

@eusoutaticampos
@tatianafinanças

61 98417 0237

A minha história é um exemplo de determinação, superação e conquistas. Digo isso porque nós, mulheres, muitas vezes, enfrentamos obstáculos adicionais na busca por reconhecimento profissional, por uma jornada rumo à independência financeira e à realização pessoal. E é por isso que quero inspirar e dizer a você que é possível se desafiar e alcançar o topo do mundo, mesmo em face às adversidades.

O despertar para meu potencial

Sou a filha mais velha de Matheus e Orlene Campos, nascida em Brasília; somos quatro irmãos, três homens e eu. Venho de uma família classe média baixa. Meu pai trabalhou a vida toda como professor de matemática da Fundação Educacional, e minha mãe, durante algum tempo, trabalhou como recepcionista de uma faculdade. Fui criada de forma humilde, mas com valores sólidos, e aprendi que o trabalho árduo e a persistência são fundamentais para alcançar meus objetivos.

Aos 18 anos, meu grande sonho era comprar um carro. Para isso, comecei a vender pão de queijo, bolo, cosméticos, malhas, bijuterias, joias; enfim, tudo que aparecia para juntar dinheiro. Desde cedo, tinha dentro de mim uma determinação incomum e uma inquietude por alcançar mais da vida.

Aos 19 anos, comecei a trabalhar como professora de inglês do Centro Educacional Católica de Brasília para pagar minha faculdade de Letras/Literatura Portuguesa e seguir juntando dinheiro para comprar meu carro. Depois de quase dois anos de trabalho, comprei um Chevette 73. A alegria de alcançar esse objetivo foi imensa, mas sabia que queria mais.

Mesmo agradecida pela oportunidade de ser professora de inglês, eu tinha certeza de que não queria seguir aquela carreira. Aceitei o desafio por uma questão de sobrevivência e esse emprego foi um ponto de partida crucial em minha jornada, permitindo-me ganhar experiência e habilidades valiosas para construir o futuro dos meus sonhos.

Da adversidade à oportunidade: desafiando meus limites

Enfrentei muitas dificuldades financeiras e limitações no meu emprego como professora, com uma renda mensal de aproximadamente R$ 200,00, insuficiente até para abastecer meu carro. Muitas vezes, chorava ao ver o Chevette estacionado na garagem sem condições de uso. Mas sou uma pessoa persistente e não paro até conseguir o que quero.

Diante dessas limitações, decidi buscar por novas oportunidades. Matriculei-me em um cursinho para concurso público, no qual fiz amizade com Marizete Araújo, que logo tornou-se uma grande amiga. Compartilhei com ela meu desejo de sair da escola e buscar algo novo. Prontamente, ela me apresentou sua irmã, que trabalhava no BankBoston e, sem me conhecer direito, bondosamente me indicou para a instituição financeira.

Fiz uma primeira entrevista no banco para ser contratada como caixa; os entrevistadores amaram meu currículo por mostrar um pouco da minha imensa dedicação aos estudos, mas eu não tinha a experiência bancária que era pré-requisito para a contratação.

Sei que quando entrei na agência pela primeira vez, desejei com toda a força da minha mente trabalhar naquele lugar. E ali começou a minha saga. Fiz várias entrevistas e nada de me contratarem. Eu cheguei a dizer que até de faxineira iria trabalhar ali. Nada iria me impedir de conquistar aquilo. Todos ficavam admirados com minha determinação, mas de fato não queriam me contratar, porque estavam passando por uma auditoria em que haviam sido encontrados muitos erros internos e eles não podiam cometer mais um.

Fui convidada para uma última rodada de entrevista e, ao descer a escadaria da agência, ouvi o gerente administrativo reclamando de um funcionário que tinha sido contratado, recentemente, cometer vários erros por causa dos vícios que trazia da concorrência. Eu mais do que rápido guardei aquela informação.

Entrei na sala de reunião e mais uma vez fui elogiada pela minha persistência em querer trabalhar ali, porém não podiam me contratar por causa da minha inexperiência. Foi aí que afirmei a todos que me contratar era um excelente negócio. Todos questionaram o porquê. Eu disse que poderiam me treinar sem vícios. Eles se entreolharam e disseram: "Você está contratada!".

Ao entrar no meu carro, chorei emocionada. Eu tinha a certeza de que aquela transição para o setor bancário marcaria o início de uma jornada de ascensão profissional, na qual eu enfrentaria desafios e obstáculos, mas também encontraria oportunidades de crescimento e desenvolvimento.

Minha determinação em aprender tudo sobre a minha função, superar as expectativas das pessoas que me contrataram e provar meu valor me tornou uma pessoa proeminente em um ambiente, muitas vezes, dominado por homens.

O poder da educação financeira e minha autonomia

À medida que eu avançava na minha carreira, percebia a importância da educação e da autonomia financeira. Confrontada com meu endividamento pessoal e a falta de conhecimento sobre como gerenciar minhas finanças, mergulhei na leitura e no aprendizado sobre o tema. Conviver com pessoas ricas me ajudou a entender e modelar comportamentos que pouco a pouco me levaram ao sucesso financeiro.

Adotei práticas financeiras sólidas, como organizar minhas finanças, economizar regularmente e investir de forma inteligente. Comprei meu primeiro terreno e continuei a investir em imóveis por meio de consórcios. A cada sucesso, sentia-me mais realizada e segura.

Trabalhei nos principais bancos do País, como BankBoston, Itaú Personnalité, Citibank, Safra, Santander e XP. Fiquei em cada instituição cerca de cinco anos, o que me permitiu valorizar minha experiência e poder ganhar mais.

Em 2011, casei-me com o Helton Queiroz e abrimos nossa empresa, a Modello Investimentos, no segmento de construção civil. Diversificamos nossos ganhos e focamos em construir ativos, ganhar dividendos e ter mais renda passiva.

Depois de 23 anos atuando no mercado financeiro, em janeiro de 2023, saí da XP para atuar como educadora financeira, palestrante e escritora. Desenvolvi o Método MFV (Mentoria Financeira para a Vida), fundamentado em três pilares: trabalhar a mudança de mentalidade das pessoas, direcioná-las para a diversificação de suas rendas e ensiná-las a investir de acordo com seus objetivos de vida. Já instruí mais de 150 pessoas pela internet, as quais, em um curtíssimo prazo, geraram resultados surpreendentes. Eu costumo chamar esse ponto de **ativação de identidade**. Uma pessoa com alta energia, metas claras e sonhos grandes é imparável. É capaz de produzir o dinheiro que desejar. Estou na internet há menos de dois anos transformando vidas e colecionando depoimentos que muito me emocionam.

Atuo ainda como consultora financeira independente, com o objetivo de melhorar a eficiência e a performance dos investimentos da clientela que atendia nos bancos e sem viés institucional.

E, por último, há um ano, tornei-me escritora. Algumas de minhas obras são:

- *@eusoutaticampos – a minha melhor versão*
- *Como transformar sua vida em 40 dias*
- *Como ganhar tempo de vida*
- *Fortaleça sua mente para atrair riqueza*
- *A minha riqueza quem faz sou eu*
- *Como sair da procrastinação*
- *Família, nossa maior riqueza*

Todos esses livros são inspirados na educação financeira e no desenvolvimento pessoal. Neles ressalto a importância de organizar as finanças, quebrar as crenças limitantes instaladas no subconsciente, fazer uma melhor gestão no tempo, estudar, aprender, ter metas claras e bem definidas para, aí sim, construir uma trilha da riqueza e realizar o que está guardado no coração.

Eu sonhava, por exemplo, em juntar meu primeiro milhão. Lembro-me de que era um sonho muito distante da minha realidade. Mas, com sangue, suor e lágrimas, ou seja, depois de muito trabalho e dedicação, alcancei esse feito. Hoje, posso dizer a você que esse número já foi multiplicado muitas vezes. E, se eu consegui, certamente, você conseguirá também. Toda riqueza está dentro de nós, precisamos extraí-la e multiplicá-la.

Empoderamento feminino e liderança

Ao avançar na minha carreira e acumular experiência, emergi como líder inspiradora e defensora do empoderamento feminino. Recebi 11 promoções no BankBoston e, mais tarde, ganhei o maior prêmio de alta performance do Citibank em um fórum internacional na América Latina para reconhecimento do meu esforço.

Sempre estimulei as pessoas ao meu redor a lerem, avançarem e realizarem seus próprios sonhos. Eu me recordo de duas situações que muito me marcaram e quero compartilhá-las com você.

Trabalhou na minha casa, quando eu ainda era solteira, uma moça chamada **Rosana**. Não sabia falar bem o português. E, como sempre gostei de ajudar, contava para ela as histórias que lia nos livros com o objetivo de inspirá-la a ler para aprender coisas novas. Ela logo se interessou por tudo que eu lia e foi desafiada por mim a ler um livro. No início, dizia que sentia muito sono. Eu disse a ela que era normal. Mas que, se persistisse, logo, logo, o sono iria embora. Então, passei a emprestar meus livros para ela.

Depois de alguns anos trabalhando em minha casa, foi embora porque estava com muitos problemas pessoais com o ex-marido e precisou mudar de cidade para não morrer. Perdemos o contato. Porém, cerca de 15 anos depois, ela me encontrou nas redes sociais e pediu meu telefone para conversarmos.

Fiquei superfeliz. Sonhava em saber como estava sua vida. Assim que nos falamos ao telefone, logo perguntei onde trabalhava e em qual cidade morava. Rosana me disse que havia algum tempo que procurava por meu paradeiro para me contar algo importante. Depois de tomar gosto pela leitura a partir de nossas conversas, voltou a estudar e tornou-se advogada. Meu Deus, fiquei impactada, fui instrumento de bênção na vida dessa mulher! Chorei emocionada e feliz por sua conquista.

Outro episódio aconteceu em 2018, quando trabalhei no Banco Safra. Logo que entrei na agência, conheci uma assistente da área administrativa chamada **Shirley**. Era uma moça simples e muito inteligente. Fomos nos conhecendo melhor e, com o passar do tempo, ganhei sua confiança, de modo que desabafou: seu sonho era ser gerente de contas de pessoa jurídica. Eu disse para se candidatar ao cargo e concorrer à vaga. Mas, como não se sentia valorizada pela sua equipe, disse que era impossível. Vi que realmente ela precisava passar por algumas mudanças e ativar sua identidade. Foi, então, que ofereci ajuda com instrução e direcionamento.

Comecei a orientá-la sobre a mudança de sua vestimenta, corte de cabelo, aparelho para corrigir os dentes. Depois disso, fui direcionando seus estudos para se desenvolver e aprender coisas sobre o cargo que almejava. Com toda a sua dedicação, pouco a pouco, várias transformações foram acontecendo e ela começou a ser percebida pela área comercial. Cerca de um ano depois, foi promovida ao cargo que tanto desejava. Trabalhou por muitos anos no Banco Safra e seguiu para um novo desafio, no Banco Itaú, como gerente de pessoa jurídica. Hoje, trabalha no segmento *Corporate* do Banco Itaú e atende as maiores empresas do país. Eu, mais uma vez, fiquei agradecida a Deus por esse feito.

Desafios e conquistas: celebrando o sucesso

Apesar de todos os desafios ao longo do meu caminho, alcancei o sucesso financeiro. Eu queria juntar, em até dez anos, meu primeiro milhão e isso aconteceu bem antes do tempo. Além disso, tive sucesso pessoal, pois, depois de tanto sofrer com relacionamentos tóxicos, conheci meu cônjuge por meio de uma amiga em comum. Depois de três anos de relacionamento, nos casamos e, hoje, temos dois filhos: Higor Queiroz, de 13 anos, e Heitor Queiroz, de 6 anos. Posso afirmar a você que essa é a maior riqueza da minha vida: **minha família**.

Vivo para amar e cuidar da minha família. Temos alguns hábitos e rotinas de beijos e abraços ao nos cumprimentarmos e nos despedirmos quando saímos de casa. Eu posso te dizer que recebi muito mais que pedi a Deus. E é por isso que estou aqui contando a você um pouco da minha vida com o objetivo de te mostrar a importância de acreditar em si mesma e seguir os seus sonhos, se desafiar a conquistar o que deseja e nunca desistir, independentemente das circunstâncias. Até porque lugar de mulher é onde ela deseja estar. O céu é o limite quando se trata de alcançar o sucesso e a realização pessoal.

Lugar de mulher é no topo do mundo: inspirando as futuras gerações

Ao compartilhar um pouco da minha vida e minhas conquistas, quero que siga seu próprio caminho rumo ao sucesso e à independência. Minha jornada é um lembrete poderoso de que você mulher é capaz de alcançar grandes coisas. Abra caminho ajudando outras mulheres, atue como líder, conte sua história de vida, desenvolva o empreendedorismo e mostre a todos que o lugar de uma mulher é, definitivamente, no topo do mundo.

Conclusão

A minha história é um testemunho do poder da determinação, da resiliência e do empoderamento feminino. Enquanto enfrentei desafios significativos ao longo do caminho, também celebrei as conquistas incríveis que tive em todas as áreas da minha vida. Que a minha história sirva como um direcionamento para todas as mulheres, de todas as idades, que sonham, que superam obstáculos e que sabem que podem conquistar o que quiserem. Sabe por quê? **Porque lugar de mulher é no topo do mundo**.

ATITUDES QUE ABREM CAMINHOS

Formada em Administração de empresas com ênfase em Comércio Exterior pela Universidade Nove de Julho e pós-graduada em Gestão de Negócios Internacionais pela Fundação Getúlio Vargas, fez cursos de negociação, comunicação e liderança. Possui mais de 15 anos de experiência na área comercial e em vendas, com atuação em vários países da América Latina e diferentes segmentos industriais. Trabalha atualmente como gerente de vendas da região oeste dos Estados Unidos em uma multinacional do segmento químico. Foi voluntária por mais de cinco anos em Pirituba – bairro da zona oeste da capital paulista – em um grupo independente que prepara almoço para moradores de rua do centro de São Paulo, ajudando a cozinhar cerca de 300 a 400 marmitas. É aquela pessoa que ouve seu nome sendo chamado no aeroporto para o embarque imediato mesmo estando sentada em frente ao portão de embarque, pois está completamente absorvida por um livro. Aquela que chora quando acaba um livro, pois vai ficar com saudade dos personagens e de viver a vida com eles.

TATIANA ROMANI BERRO

64

CONTATOS:

tatiana.berro@terra.com.br

@tatiana_berro

11 94588 0990

Vinda de uma família humilde, aos 16 anos comecei a trabalhar e estudar à noite. Desde então, já queria explorar além das fronteiras. Nunca fui do tipo conformista. Quando percebo que as coisas já não estão tão boas, evito ficar me lamentando. Sei que nem todos estão em posição de assumir certos riscos, mas para mim, a vida também se trata disso; e este texto também.

Eu fui uma criança que, aos quatro anos, ao ver outras crianças maiores no pátio andarem de bicicleta sem rodinha, pediu ao pai: "Tire as minhas?". Ele, receoso, disse: "Vamos tirar uma primeiro, para você ir se acostumando, e depois tiramos a outra". E a resposta foi: "Pode tirar as duas de uma vez". Meio trêmula e cambaleando, comecei minha jornada. Com um temperamento forte, sempre inquieta e questionadora, era chamada (ainda sou) de pimentinha pelo meu pai.

Venho de uma família humilde. Na minha infância tivemos meses de fartura, com cardápios variados, como costuma dizer meu pai. Um dia era ovo, arroz e feijão; no seguinte, arroz, feijão e ovo; e no próximo, feijão, ovo e arroz. Cresci em Pirituba, uma região periférica da cidade de São Paulo. Lá onde as motos passam estalando o dia todo, onde ouvimos cantorias dos boêmios na madrugada, onde as ruas são um labirinto de movimento constante. Mas um lugar de onde tenho muito orgulho de pertencer, pois lá fiz amizades sinceras, conheci muita gente de bem e me tornei quem sou hoje.

Na minha família, não havia diploma universitário, mas meus pais reconheciam sua importância. Não via a hora de completar 16 anos, tirar minha carteira de trabalho para conseguir um emprego, principalmente devido aos recursos limitados. Sabia que teria que estudar à noite. Meus pais desejavam que eu me dedicasse exclusivamente aos estudos, mas, sendo determinada e pimentinha como sempre fui, consegui meu primeiro emprego. Buscava assim iniciar minha independência financeira para poder dar continuidade aos estudos. Um adendo a esta história: minha mãe foi demitida ao se casar com o meu pai, pois trabalhavam na mesma empresa e isso não era permitido. Ela se dedicou exclusivamente à família por muitos anos, criando meu irmão e eu, cuidando da casa e fazendo salgadinhos para vender junto com a minha avó. Mas, quando comecei a trabalhar, ela se encorajou a voltar ao mercado e juntas iniciamos a jornada. Eu começando do zero e ela reaprendendo do zero depois de tantos anos.

Concluí o Ensino Médio aos 17 anos com o desejo inicial de cursar Psicologia (um plano que ainda está presente em meus horizontes). Porém, ao perceber que as oportunidades de emprego na área eram mais restritas, optei por Administração, área na qual as perspectivas profissionais eram mais amplas. Desde então, já sentia uma ânsia por explorar além das fronteiras. Decidi fazer Administração com ênfase em Comércio Exterior. Meus pais auxiliaram com parte da mensalidade nos primeiros meses, porém, logo percebi que somente a graduação, especialmente na área que escolhi, não seria o suficiente. Para ingressar nesse ramo, também era necessário fluência em inglês e, de preferência, espanhol.

Eu estava um pouco iludida achando que bastava estar cursando ensino superior para garantir um emprego melhor. Iniciei a busca por estágios e me deparei com diversas vagas que exigiam "apenas faculdades de primeira linha", o que não correspondia à minha situação. Apesar disso, consegui um estágio no segundo ano da faculdade. Naquela época, estagiários faziam a mesma carga de trabalho de todos, das oito às cinco horas; saía da empresa e ia diretamente para as aulas. O trajeto do trabalho para a faculdade envolvia uma lotação e um trem. Eu fazia uma caminhada de uns 30 minutos pela linha do trem do trabalho para a estação, já naquela época em cima dos meus saltos, para encurtar a caminhada e para economizar um passe e poder comer um milho na porta da faculdade.

Além disso, comecei a estudar inglês e espanhol aos sábados. O dinheiro era contado para esses três cursos, o que me impedia de fazer qualquer outra coisa na vida, mas minha determinação era maior. Aliás, determinada é mais um dos adjetivos que me caracterizam em casa além de "pimentinha".

Agora, farei uma breve pausa na minha trajetória profissional para abordar a parte mais significativa da minha vida, aquela que me proporcionou base e me trouxe até onde estou hoje. Eu não venho de uma família financeiramente abastada, porém, nunca passei por privações extremas, o que já me coloca em uma posição privilegiada em relação à grande parte da população. Sempre tive comida na mesa, uma cama quentinha e uma família repleta de amor. Embora aos olhos capitalistas possamos ser considerados uma família pobre, somos ricos em afeto. Uma estrutura tão forte, começando pelos meus avós e meus pais, e se estendendo aos meus tios e aos meus padrinhos. E por isso digo que fui e sigo sendo muito privilegiada. Mesmo com alguns tantos desafios, esse detalhe já me colocava em uma posição favorecida.

Nunca fui do tipo conformista em relação à minha situação. Quando percebo que as coisas já não estão tão boas, evito ficar me lamentando. Como costumo dizer, eu trato de buscar uma nova turma. O movimento é o que me impulsiona na vida. Quando sinto que estou estagnada, procuro oportunidades dentro da empresa em que trabalho. Se não vejo perspectivas, busco novas oportunidades no mercado. Embora a maturidade tenha me acalmado um pouco, minha essência inquieta continua pulsando.

No entanto, para uma mulher, por mais determinação que tenhamos, o caminho raramente é fácil. Lembro-me de uma vez, trabalhando em uma empresa, quando surgiu uma oportunidade dentro do meu próprio departamento. Apesar de reconhecer que talvez não fosse a candidata ideal para a posição, tomei a iniciativa e abordei meu gerente, demonstrando interesse em assumir novas responsabilidades, mesmo considerando não ter incremento no meu salário em um primeiro momento; era tudo para ampliar meus conhecimentos. Ele me concedeu as tarefas adicionais. No entanto, em certo momento, um colega me questionou sobre os critérios que nosso gerente utilizou para tomar essa decisão. Por que eu? Por que aquelas novas responsabilidades foram designadas para mim? Embora não fosse a funcionária mais qualificada, eu tinha sonhos e, aqui lhes digo, **atitude**, que foi o que me levou adiante. Sempre fui meio respondona, mas naquela ocasião não disse nada, apenas comecei a fazer meu trabalho.

Já me deparei também com uma situação incômoda quando assumi uma nova posição de vendas. Minha colega, ao transferir sua carteira de clientes para mim, me apresentou a um cliente de um setor que, naquela época, ainda era predominantemente masculino, em que ele comentou: “Agora estou entendendo a estratégia da sua empresa. Primeiro tinham uma loirinha e agora estão enviando uma moreninha”. Foi tão chocante que mal consegui responder, apenas disse: “Pode ter certeza de que não estamos aqui por este motivo”. Logo eu, que fui sempre meio bocuda, me senti paralisada mediante àquele comentário machista.

Bom, voltando a minha trajetória, concluí minha graduação aos 21 anos em uma faculdade que não é considerada de elite. Consciente da necessidade de aprimorar meu currículo, decidi iniciar imediatamente um

MBA em uma instituição um pouco mais renomada. Além disso, continuei investindo em minha formação, participando de cursos de liderança, autoconhecimento e vendas. No entanto, mesmo com toda essa bagagem e esforço, minha experiência era, por vezes, desafiada pelo fato de ser uma mulher neste mundo.

Fui conquistando espaços e posições que me permitiram realizar um dos meus maiores desejos: trabalhar com pessoas de diferentes estados do Brasil e de outros países. Sempre almejei desbravar o mundo, conhecer novas culturas, e meus trabalhos me proporcionaram um pouco disso. No entanto, ainda não estava completamente satisfeita. Desde sempre, tive o sonho de viver fora do Brasil. Quando comecei na empresa onde trabalho atualmente, percebi uma pequena oportunidade de tornar esse sonho realidade. Não foi um processo rápido; primeiro, tive que construir minha reputação atuando no Brasil e nos demais países do Mercosul. Em seguida, tive meu filho, e a pandemia adiou um pouco mais esse processo. Mas, no final, aconteceu.

E como aconteceu? ATITUDE!

Infelizmente, ainda há muitas pessoas e organizações que questionam o comprometimento de uma mãe, muitas vezes descartando-as para certas posições devido à percepção de que a dupla ou tripla jornada que geralmente enfrentamos pode interferir. Um ano após meu retorno da licença-maternidade, decidi garantir que seria considerada para oportunidades futuras, caso surgissem. Para ser sincera, não me sentia totalmente preparada naquele momento. Embora pudesse me comunicar em inglês para situações profissionais, negociar em inglês era um desafio adicional para o qual eu não me sentia totalmente pronta. Meu nível de inglês poderia não ser considerado o mais apropriado. No entanto, decidi expor minha vontade ao meu gerente.

Ele ficou surpreso, mas agradeceu por saber que podia contar comigo. Algum tempo depois, surgiu uma oportunidade que exigiria um passo atrás em minha carreira. Apesar disso, manifestei minha disposição, destacando que estava priorizando meu desenvolvimento. Contudo, ele expressou preocupações sobre a viabilidade financeira de uma mudança para os Estados Unidos com minha família nas condições daquela vaga.

Assim, esperei. Até que um dia, ele me ligou informando sobre uma vaga de gerente de vendas que havia surgido e perguntando se eu ainda estava interessada. Apesar de honrada, me senti hesitante. Tinha receios relacionados ao preconceito por ser imigrante, temia que meu inglês fosse julgado inadequado (a gente tenta ser confiante, mas às vezes tem umas vozes que atormentam a gente) e tinha dúvidas sobre minha capacidade de lidar com as responsabilidades do cargo. No entanto, percebi que aquela era a oportunidade que sempre havia sonhado. Se o diretor de vendas acreditava em meu potencial, quem era eu para duvidar?

E aos 38 anos aceitei o desafio, mesmo com medo e receios, não apenas por mim, mas também pelo meu esposo, que teria que deixar sua carreira no Brasil para me acompanhar, e pelo meu filho, que tinha apenas cinco anos na época. Pensava nos nossos pais, avó e em toda a família ainda tão unida que não fica mais jovem com o passar do tempo. Pensei no tempo que, com a mudança, perderíamos com eles. No entanto, ter uma base sólida e saber escolher quem nos cerca faz toda a diferença. E tudo isso só foi possível porque, ao contrário das coisas que vivi e escutei em minha vida, tenho um homem ao meu lado que me apoiou plenamente. Ele concordou em renunciar à sua carreira para realizar o meu sonho.

Precisamos aprender a escolher nossas batalhas, mas, acima de tudo, a escolher nossos aliados.

Estamos aqui há quase dois anos e passamos por tantos perrengues (ainda passamos, na verdade; daria um livro só de pérolas). Diariamente lidamos com a saudade da família e dos amigos, com inseguranças e questões de adaptação. Às vezes, nos questionamos se tomamos a melhor decisão ao vir para cá. A vida do imigrante, o tão aclamado sonho americano, não é apenas sobre conquistas; envolve muitas renúncias. No entanto, se essa experiência fosse apenas isso, certamente não estaríamos mais aqui; já teríamos retornado ao Brasil, onde temos uma família acolhedora e uma vida estabelecida, fruto de muitos anos de suor.

No entanto, mesmo com todos os desafios, a experiência tem valido a pena. Conhecemos pessoas incríveis, tanto locais quanto outros imigrantes que vivem aqui há mais tempo e estão dispostos a ajudar. Não sei se sou sortuda ou se minha personalidade simpática, como diz meu gerente, contribui para isso, mas nunca me senti discriminada por não ser daqui. Recebo palavras de conforto e carinho até mesmo dos meus clientes.

Tenho aprendido muito, não apenas sobre como viver aqui e entender a cultura, mas também sobre o valor desse pequeno núcleo familiar que construímos. Descobri que podemos encontrar em novos amigos uma extensão da nossa família. Aprendi sobre colaboração, sobre ser humano.

Tive alguma sorte ao longo do caminho? Com certeza, sim. Não é sempre que surgem pessoas e oportunidades capazes de nos impulsionar para outro nível. Contudo, acredito que meu esforço, determinação, inquietude em não aceitar a zona de conforto e, principalmente, minhas atitudes foram fundamentais para chegar até aqui. Se eu tivesse esperado estar completamente preparada para assumir novas responsabilidades, provavelmente não estaria onde estou agora. Se tivesse focado apenas no aspecto financeiro e não tivesse buscado incessantemente por oportunidades de aprendizado, sem me preocupar com cargos e salários, é bem possível também que não estivesse como estou agora.

Sei que nem todos estão em posição de assumir certos riscos, mas, para mim, a vida também se trata disso. Trata-se de não se curvar, mesmo quando duvidam do seu potencial. É sobre fé, sobre a energia que dedicamos às coisas e como enxergamos o mundo. Trata-se de acreditar que, sim, é possível. De não se conformar com padrões ainda impostos. É ter gente ao seu lado que te impulsiona.

Esse não é um testemunho sobre uma mulher que só se atirou ao desconhecido, que sempre tirou as rodinhas mesmo sem muito preparo, tampouco sobre um caminho em que não houve quedas; houve muito tombo e sei que ainda haverá outros. É sobre olhar para aquela menininha, a qual provavelmente ainda não tinha total controle sobre o corpo e pensava que ia ser mais fácil do que foi, e mesmo assim teve atitude para conhecer o novo e hoje se vê pedalando em direções que jamais seriam imaginadas naquela realidade.

RESILIÊNCIA E DETERMINAÇÃO

A HISTÓRIA DE TEREZINHA SALAMANCA

Empreendedora social em organizações sem fins lucrativos, utiliza estratégias de negócios para criar, implementar e escalar soluções inovadoras com sustentabilidade financeira para questões sociais. Possui formação em Gestão de Negócios e Finanças, é pedagoga, atriz profissional, e também possui formação em Coach e Líder Coach pela Franquality Consultoria em Recursos Humanos e pelo Integrated Coaching Institute (ICI). Possui uma carreira de 30 anos nas áreas comercial e de relacionamento com clientes B2B e B2C em banco múltiplo e financeiro, atuando na captação e administração de ativos, análise de crédito e serviços. Participou de treinamentos internacionais em recursos humanos (RH), marketing e cartões no HSBC Bank – Canary Wharf, em Londres. Foi coach no programa MiniEmpresa da Junior Achievement, participante do programa *Climate Champions* – Earthwatch Institute e HSBC Climate Partnership e Instituto Ambiental Ratones. Destacou-se entre os 100 selecionados dos mais de 20 mil funcionários do Programa Trainee-Projeto 2000 HSBC. Atualmente, é aposentada e voluntária na ONG Grupo Mulheres do Brasil, no Comitê Inclusão da Pessoa com Deficiência. Autora dos livros *Você é possível* e *O poder de empreender: o poder de aprender para empreender.*

TEREZINHA SALAMANCA

65

CONTATOS:

tsalaman@icloud.com

@tsalamanca

Terezinha Silvestre Salamanca

Terezinha Silvestre Salamanca

11 99938 3331

Nasci em São Paulo, em uma família humilde. Hoje, dedico-me ao terceiro setor como empreendedora social voluntária. Passei por muitas lutas, violências física e emocional no casamento, e aprendi a superar todos os obstáculos que a vida me apresenta com resiliência e muito amor-próprio. Aprendi que pertencemos a nós mesmos e que ninguém pode nos dominar. Somos luz e sempre podemos fazer a diferença!

Nascida em São Paulo, após uma carreira profissional intensa, hoje dedico-me ao terceiro setor como empreendedora social voluntária. Minha trajetória é marcada por trabalho árduo, aprendizado contínuo, superação de desafios e conquistas significativas. Sou uma eterna aprendiz, adaptando-me à vida com deficiência física. Meu maior orgulho é o voluntariado, que me faz acreditar no poder de ajudar os outros. Sou divorciada, sem filhos biológicos, mas tenho sobrinhos que considero filhos do coração. Pedagoga de formação, coach e atriz profissional, minha carreira no mercado financeiro foi exemplar. Tenho paixão por teatro, cinema, literatura, arte, música e viagens, e gosto de estar com familiares e amigos. Sou batalhadora e vivo intensamente.

Nasci em uma família humilde, onde meus pais trabalhavam arduamente para sustentar a mim e meus irmãos. Desde cedo, entendi que melhorar nossa condição social dependia dos nossos próprios esforços. Como filha mais velha, ajudava cuidando dos meus irmãos enquanto meus pais trabalhavam. Sempre gostei de estudar, ler e escrever, e tinha facilidade para compartilhar o que aprendia. Minha dedicação aos estudos chamava a atenção dos professores, pois eu buscava conhecimento além do currículo escolar.

Aos 18 anos, ingressei na faculdade de Pedagogia enquanto cuidava dos irmãos em troca do pagamento dos estudos. Meu sonho, no entanto, era ser bancária. Para isso, comecei a fazer testes em bancos. Trabalhei por 6 meses em uma empresa de treinamentos antes de ser aprovada em 3 bancos aos 21 anos, podendo escolher onde trabalhar e realizar o meu sonho. Conquistei uma formação completa em gestão de negócios e finanças, além de outras formações, acreditando que poderia realizar meus sonhos e metas com atitude, ousadia e determinação.

Aos 24 anos, formei-me em Pedagogia e fiz pós-graduação em Direção e Administração Escolar. No mesmo ano, em 1988, casei-me, mas o casamento durou apenas dez anos, após três anos de namoro e um noivado de dois anos. O casamento foi feliz por sete anos, porém, a minha ascensão profissional o incomodava muito, e cada dia era mais uma disputa e tormento para ele, que, ao invés de me motivar, acompanhar e valorizar, preferia me bloquear e me sufocar.

Os diálogos eram difíceis e suas atitudes cada vez mais machistas e possessivas. Ele achava que era meu dono e chegou a me proibir de estudar inglês, dirigir sozinha, viajar a trabalho e até mesmo visitar meus pais pois, na percepção dele, a família era somente ele e eu. Era controlador, e passei a ser prisioneira da minha própria vida. Fizemos uma segunda lua de mel, para nos reaproximamos e alinharmos a nossa relação. Depois disso, decidimos engravidar. Porém, o tempo passava, mas eu não engravidava. Realizei um exame de fertilidade, a histerossalpingografia. Dias depois recebi o diagnóstico de trompas interrompidas. Eu não podia engravidar.

Foi um choque, e ali nos silenciamos. A doutora nos explicou que havia uma possibilidade de realizarmos uma reprodução assistida por meio da fertilização *in vitro*, mas era uma tentativa bem cara, e estávamos ainda em 1996. O meu então marido respondeu: "Está bem, doutora. Ela vende o carro dela e paga". Naquele momento, olhei profundamente para a médica, e mesmo sem palavras, ela entendeu minha tristeza, afinal, me senti como uma mercadoria, além de culpada, senti-me fragilizada, sem carinho, apoio, amor e sob pressão.

Enquanto tudo isso acontecia na minha vida pessoal, na profissional as coisas iam bem. Conquistei uma promoção, mudei de local de trabalho e obtive um cargo de destaque. Meu casamento foi se deteriorando. Havia muitas mágoas, problemas financeiros, falta de confiança, brigas, falta de diálogo. Em 1997, a empresa para a qual eu trabalhava foi adquirida por uma empresa inglesa, e nesse mesmo ano, a nova empresa fez um processo de seleção para seus 20 mil funcionários, sendo que somente 100 seriam aprovados e participariam do programa Projeto 2000, um projeto onde seria preciso passar 6 meses em outro estado. Fui aprovada, eu era uma das 100.

Senti-me grata pelo reconhecimento do meu trabalho, meu comportamento ético, conhecimento, comprometimento, aprendizado, esforço e dedicação. Lembro de chegar em casa, no ápice da felicidade, para contar a novidade. Ele nem me olhou e respondeu balançando os seus ombros. Assim, fiz a minha interpretação daquela situação e tomei minha decisão. Dois meses depois, viajei para o novo projeto pensando que talvez fosse bom haver alguma distância para nós, mas me enganei. Eu me dediquei de corpo e alma a esse novo ciclo profissional, mantendo o equilíbrio e o silêncio, pois sempre fui muito reservada. Após seis meses, retornei finalmente à casa, cheia de expectativas.

Ingressaria numa nova área, em outro endereço de trabalho, com novo cargo e função, e aumento de salário. Agora, eu era uma executiva de uma empresa internacional e estava capacitada para isso. Tirei uma semana de férias, mas ele não quis ir. Então, viajei com um casal de amigos. Voltei quatro dias depois. Quando ele abriu a porta, gritou e me deu um tapa no rosto, machucando minha bochecha. Eu me desesperei, e ele foi para a casa dos pais. Nunca permiti que voltasse. Foi o fim do casamento, pois faltou o respeito, o amor, a cumplicidade e o diálogo. Percebi que eu tinha amor-próprio e não merecia viver com uma pessoa assim. Jamais uma mulher deve permitir qualquer tipo de agressão, seja na alegria ou na tristeza. Somos donas de nós mesmas e temos o direito de fazer nossas escolhas e estar onde quisermos. Eu escolhi me amar, me respeitar e ser feliz.

O divórcio foi desgastante e levou quatro anos para ser finalizado. Eu abri mão de bens e negócios, pois aprendi que era melhor ser feliz e ter paz na alma do que viver em função de coisas materiais. Paguei dívidas e, com o meu trabalho, obtive novas conquistas. Além disso, tive o apoio incondicional da minha família e dos meus amigos, que me ajudaram a me libertar desse relacionamento tóxico. Na alegria e na tristeza, na saúde e na doença, mas nunca na dor e na infelicidade. Hoje, digo com orgulho às pessoas quando tenho a oportunidade: nunca permitam que destruam seus sonhos. Acredite sempre que você é capaz de alcançar suas metas e de conquistar seus sonhos, independentemente das dificuldades e dos obstáculos que possam surgir.

Ao longo da minha carreira na empresa, que envolvia gestão de pessoas, gestão de clientes, treinamentos, mentoria, consultoria, liderança e desenvolvimento humano, minha formação em líder coach foi essencial para aplicação nas diversas áreas em que eu atuava e fundamental para a vida pessoal. Houve um período no trabalho em que eu atendia grandes e pequenas empresas. Estas, hoje chamadas de empreendedoras. Eu também exerci o papel de mentora, coach e conselheira para a administração de um negócio.

Sempre acreditei que o empreendedorismo deveria ser uma disciplina escolar, desde o início da alfabetização, preparando os jovens para um mercado que exige profissionais com competências múltiplas. Com crianças de três anos, por exemplo, já introduzimos o conceito do cofrinho, ensinando-as a planejar e a guardar dinheiro para realizar seus sonhos de compra em um período estabelecido.

Por meio de um programa do Instituto Solidariedade, da minha empresa, em parceria com uma empresa americana, participei do programa MiniEmpresa, onde foram compartilhados conhecimentos com um grupo de alunos do ensino fundamental de uma escola estadual. Esse programa proporciona aos estudantes do segundo ano do ensino médio a experiência prática em economia e negócios por meio da organização e da operação de uma empresa. Atuando com a função de consultora na criação da empresa e auxiliando na inclusão social de cada um desses alunos para o exercício de uma cidadania consciente, era possível criar uma base sólida para o futuro desses jovens.

Na sala de aula, muitos alunos se cadastraram para o programa, que acontecia à noite, como uma jornada adicional de aulas extraclasse. Após o trabalho, eu ia à escola, pronta para aplicar meus conhecimentos como executiva de negócios, pedagoga e líder coach. Mesmo contratada CLT, eu era uma empreendedora. Ao participar desse programa, voltado para a inclusão social, meu objetivo era abrir e desenvolver uma empresa, gerando lucros e capacitando jovens. Ensinar esses alunos a cumprir esse objetivo foi uma experiência profundamente gratificante. Cada momento com eles, vendo seus olhos brilharem ao entenderem conceitos e superarem desafios, foi incrivelmente recompensador.

Era emocionante ver a evolução deles, do entusiasmo inicial à realização de suas ideias. Para mim, estar com esses jovens empreendedores era mais do que ensinar: era uma oportunidade de compartilhar sonhos, cultivar talentos e contribuir para o futuro deles. Além de impactar esses jovens com o conhecimento, minha missão era a de acreditar neles e contagiá-los com o encanto da motivação, fazendo com que compreendessem que eram capazes e poderiam realizar/criar aquilo que estava proposto.

Sinto orgulho em promover o desenvolvimento do ser humano na busca de sua felicidade e objetivos, preparando-o para ser agente de transformação na sociedade em que não só se vive, mas se convive. Todos podem aprender, muitos podem ensinar, e assim podemos aumentar as oportunidades para que mais jovens adquiram, desde a fase de alfabetização e ao longo da sua educação escolar, os conceitos de empreendedorismo, aplicáveis na vida pessoal e na profissional. Para que entendam a importância dessa ação, peço que leiam, a seguir, o depoimento de um deles:

"Permita-nos contar uma história. Tudo começou quando, como empreendedores, não acreditávamos em nós mesmos ou no que éramos capazes de fazer, apesar do longo trabalho duro. Hoje, reconhecemos nossas conquistas, pois encontramos pessoas que acreditaram em nós antes mesmo de saberem o quanto seríamos capazes. Essas pessoas nos deram força e nos mostraram que vale a pena lutar pelos nossos objetivos, esquecendo nossas diferenças e nos lembrando que o conhecimento é a única coisa que o tempo não pode nos tirar – ele só agrega e transforma. A experiência, a emoção e orgulho são apenas algumas das coisas que ficarão para sempre em nossa memória. O trabalho foi árduo, mas a competitividade do mercado nos impulsionou a seguir em frente, graças a pessoas como você, que fizeram tudo isso valer à pena para nós, jovens empreendedores."

Para mim, foi uma realização total ter proporcionado todo esse conhecimento e, a melhor parte, ver como ele foi absorvido e aplicado, gerando resultados enriquecedores para a vida de cada um e impactando diretamente as famílias. Minha maior satisfação é servir, apoiar e incentivar a capacidade que cada pessoa tem. Claro, isso só é possível quando a pessoa se permite e compreende que é capaz de tudo. Eu, por minha vez, sou feliz porque aprendi a me amar e a gostar de quem eu sou. Sou vitoriosa e sempre conquistei tudo o que coloquei como metas e objetivos. Nada nunca foi fácil em minha vida – sempre batalhei, sofri, chorei, adoeci –, mas acreditei que tudo é possível, que nada é impossível. Quando eu acredito que posso, eu quero, e eu vou conseguir! Minha reputação e minha imagem são parte essencial de quem eu sou, e é por isso que cuido delas com extremo zelo e integridade.

É fundamental preservar minha essência como alguém que valoriza a própria dignidade e caráter, pois é assim que construí uma vida que realmente vale a pena. Amo a mim mesma acima de tudo. Que legado desejo deixar quando não estiver mais aqui? Cada ação ou omissão minha impacta diretamente as pessoas ao meu redor, por isso é crucial compartilhar todo o conhecimento que possuo, por menor que seja, e semear a busca pelo aprendizado. O importante é passar adiante o que aprendemos. Essa é apenas uma parte da minha jornada, repleta de desafios. Nunca me submeti a um relacionamento em que os valores não mais se alinhavam e que mostrava indícios de violência.

Cabe a nós mesmos não permitirmos e não propagarmos isso, libertando-nos para perceber que a vida nos oferece todas as oportunidades, desde que acreditemos em nós e ocupemos o lugar que desejamos e estamos dispostos a conquistar. Pertencemos a nós mesmos, e ninguém pode nos dominar. Nunca desista de melhorar a cada dia! Sempre persevere e continue. Você é luz e pode fazer a diferença! Não me submeto aos pensamentos dos outros. Na minha vida, construo meu mundo e faço dele o melhor possível. Crio meu mundo à minha maneira, feito de sonhos e lembranças, com todas as cores e sem fronteiras, permitindo-me ir aonde eu quiser.

RESHAPE E O JEITO FEMININO DE EMPREENDER

É natural de São Paulo, capital, com profundas raízes no interior, em especial nas regiões de Franca, Sertãozinho e Ribeirão Preto. É economista, administrador de empresas, presidente do sistema Faesp/Senar-SP, vice-presidente do Sebrae-SP. É membro do Conselho Superior do Agronegócio da Fiesp, do Conselho Estadual de Segurança Alimentar de São Paulo, do Senar Nacional, do Conselho Empresarial do IBREI, e é conselheiro da USP e da UNESP. Foi presidente do Conselho Nacional da Pecuária de Corte (CNPC) de 2011 a 2018, e secretário de governo da prefeitura de Sertãozinho de 1997 a 2000. Sua atuação, nas diversas entidades, tem sido pautada pelo desenvolvimento e implementação de estratégias que promovam a integração das mais diversas cadeias produtivas, a fim de fortalecer e tornar mais competitivo e inovador o setor produtivo nacional como um todo. Estratégias essas reconhecidas em diversas oportunidades, como os títulos de Honra ao Mérito Empresarial, recebido durante a participação no 3º Seminário Internacional de Líderes, e de Latin American Sales Personality Award – LASPA 2016, conferido pelo GCSM. É pós-graduado em Administração de Empresas e em Políticas Públicas/Gerente de Cidades pela FAAP.

TIRSO DE SALLES MEIRELLES

CONTATOS:

faespsenar.com.br

@tirsomeirellesoficial

A pandemia da Covid-19 provocou uma revolução em pouquíssimo tempo. Neste capítulo, trago o que vivenciei e o que construí junto com visionários que acreditam que é possível transpor as barreiras do impossível com aprendizado, mobilização, compartilhamento, transparência, ética e fé. É o que chamo de *reshape*, a reconfiguração necessária de atitudes para caminhar e ter sucesso, e que está profundamente ligada ao jeito feminino de empreender.

Qual o nome da mulher que habita seu lado feminino? Ouvi essa pergunta no começo de 2019, quando fui conhecer uma turma do programa do Sebrae-SP dedicado às mulheres em situação de vulnerabilidade, o 1.000 Mulheres. À época, estava na presidência do conselho deliberativo da entidade.

Passou um filme pela minha cabeça; afinal, desde muito cedo convivi – e ainda convivo – com mulheres fortes, decididas, de fé, apaixonadas pelo que fazem. Naquele momento, diante de uma turma de cerca de 80 mulheres, respondi: "O meu lado feminino chama-se Ivelle, nome da minha querida mãe".

Foi o reconhecimento a essa mulher excepcional em todos os sentidos, à frente do seu tempo, que muito antes dos movimentos em prol da emancipação da mulher ganharem força, já segurava com firmeza as rédeas da sua vida e as da sua família. E que ensinou a mim, e aos meus seis irmãos, o valor do respeito ao ser humano, independentemente do gênero, cor, credo ou raça; a importância de todo e qualquer trabalho, a relevância em agir conforme os princípios éticos e de forma transparente, sempre agregando, sempre buscando o melhor não somente para si, mas para todo o entorno. Uma mulher que nos estimula a fazer sempre mais e melhor, a manter-nos em movimento, assim como ela que, até hoje, nos surpreende com seus fazeres e saberes.

Tal reflexão reforçou em mim a certeza de que a consolidação do empreendedorismo como força motora de uma sociedade realmente sustentável passa pelo fortalecimento da empreendedora, conectando-a ao conhecimento, às oportunidades e à inovação, ao mesmo tempo em que desata os nós de uma cultura que teima em representar a mulher como sexo frágil. Os dados demonstram que tal fragilidade é visível somente aos olhos daqueles que distorcem a realidade.

O estado de São Paulo é sede de mais de dois milhões de pequenos negócios conduzidos por mulheres que têm, em sua maioria, entre 35 e 55 anos, escolaridade média superior à dos homens; são, em grande parte, chefes de domicílio e atuam nas mais diversas áreas. Durante a pandemia da Covid-19, que assolou a economia mundial, mesmo sendo as mais impactadas, as menos favorecidas em receber crédito e novos investimentos (e quando conseguem arcam com juros maiores), as que foram mais sobrecarregadas por conta dos afazeres domésticos, as donas de pequenos negócios foram as que menos demitiram, mais insistiram e mais rapidamente adaptaram seus negócios ao mundo digital. Se isso não é ser uma fortaleza, não sei o que é.

Durante o flagelo do coronavírus, conheci milhares de empreendedoras que não se permitiram parar; ao contrário, continuaram em movimento. Entre 2020 e 2021, percorri mais de 200 mil km pelo interior, litoral e região metropolitana de São Paulo, vendo, ouvindo, debatendo a situação daquele momento. Realizei e participei de centenas de reuniões virtuais, transmitidas enquanto estava em rodovias, postos de gasolina, minha casa ou escritório. Desses locais, de um jeito improvisado, mas muito eficiente, conversei com lideranças empresariais, gestores públicos, legisladores, representantes da mídia, todos interessados em participar do movimento de apoio aos pequenos negócios e empreendedores. Que experiência fantástica!

E posso dizer que o pontapé inicial para a transformação imensa que capitaneamos no Sebrae-SP e no sistema Faesp/Senar-SP veio durante conversa com uma empresária do ramo de alimentos. Num final de tarde de março de 2020, um pouco antes da decretação do *lockdown*, eu e um assessor saímos em busca de algo para comer – não tínhamos almoçado. Tudo fechado nos arredores da sede do Sebrae-SP, menos o restaurante Art Esfiha, na capital de São Paulo.

Ao chegarmos, a proprietária Marcia Abud estava sentada à mesa, bem abatida. Quando soube de onde éramos, expôs a situação, que era bem alarmante. Após uma longa conversa, escrevemos no guardanapo de papel o diagnóstico e o prognóstico: mudança de comportamento, renegociação com fornecedores, vendas pela internet e triplicar o controle do caixa. Somado à expertise dos vários consultores da instituição, o rascunho no guardanapo de papel transformou-se no kit de enfrentamento, que trazia técnicas capazes de permitir que o negócio sobrevivesse; e, em pouquíssimo tempo, negociamos com o governo do estado de São Paulo a abertura de linhas de financiamento especiais para aquele momento.

Mais que a solução imediata, nascia ali o conceito do *reshape*, uma nova maneira de organizar pensamentos, estratégias, comportamento e ações, nas vidas pessoal e profissional. Os que têm esse novo olhar agem rapidamente, sem receio de romper paradigmas e saem em busca de soluções para equações aparentemente impossíveis.

Após uns 90 dias, telefonamos para a dona do restaurante árabe e a situação era outra. Muito entusiasmada, nos disse que tinha renegociado contratos, ajustado custos e entrado no mundo das vendas on-line e do delivery, além de utilizar as redes sociais também para realização de negócios. Como consequência, estava trabalhando muito mais, atendendo pedidos de segunda a segunda. Quase pude ver o sorriso estampado no seu rosto enquanto me dava essas notícias.

Assim como este, recebemos milhares de outros relatos de empreendedores aflitos. Como fazer chegar até os entrepostos e consumidores o que era produzido no campo, garantindo a segurança dos transportadores? Como apoiar os produtores no esforço de vender pela internet? Como salvar 2,5 milhões de empregos na cadeia do etanol? Como fazer com que as mais de 1,7 mil feiras livres paulistas se mantivessem em funcionamento? Como facilitar o acesso ao crédito? E assim por diante. Eram todos problemas complexos que exigiam soluções rápidas.

Tendo como base a filosofia do *reshape*, foram construídas, a muitas mãos, cabeças e corações dedicados 24 horas por dia, 7 dias por semana, respostas disruptivas. Foi o caso da plataforma digital Pertinho de Casa, que permitiu o contato direto entre o campo, o comércio e o consumidor, estimulando os empreendimentos locais. Começou em São Paulo, em abril de 2020, e atualmente está em mais de 1.000 municípios nos 26 estados brasileiros e Distrito Federal, com uma base de vendedores de mais de 30 mil empreendedores. Em uma iniciativa da Faesp e do Senar-SP, em parceria com o Sebrae-SP e apoio de Accenture, Facebook, PagSeguro, Vtex e Yami, a plataforma foi (e ainda é) uma oportunidade incrível de presença digital.

Também foi o caso do programa Feira Segura, cujo protocolo sanitário foi elaborado em uma madrugada pelas equipes do Sebrae-SP, Senar-SP, ao lado de técnicos do Ministério da Agricultura e da Embrapa, em um exercício de cooperação de especialistas. Fui pessoalmente a várias feiras, desde a madrugada, para verificar o pleno entendimento das orientações e como o público estava reagindo. O abastecimento não parou em nenhum ponto do estado. Essas e outras iniciativas estão detalhadas no livro *O impossível gerando o extraordinário: um relato da atuação do Sebrae-SP na pandemia de Covid-19*, que organizei em parceria com Renato Fonseca de Andrade, consultor especializado em empreendedorismo e inovação. O olhar humanizado, a capacidade de conectar pessoas e seus conhecimentos e recursos para gerar propostas certeiras, a criatividade e o fôlego incansável para colocá-las em prática o mais rápido possível foram, para mim, resultado dos ensinamentos da dona Ivelle, revividos durante essa jornada. Fui abençoado por Deus por ter convivido com mulheres fantásticas e aprendido com seus estilos únicos de empreender, que traduzo como um pacote de habilidades e atitudes que é a cara deste novo mundo. Não basta ter conhecimento técnico. É preciso ser resiliente e multitarefa, assumir riscos, inovar, estar disposto a aprender e a multiplicar conhecimento, conectar-se com os pares, construir e amplificar uma rede de pessoas com o mesmo propósito: transformar negócios, famílias e comunidades. Unir-se a essa forma singular de empreender é abrir espaço para alcançar propósitos maiores, como a verdadeira sustentabilidade e a justiça social.

É certo que muito se avançou. Mas há espaço para mais. De acordo com estudo do Mckinsey Global Institute, ao promover a igualdade de condições de atuação às mulheres em todos os campos do trabalho, poderia ser acrescido ao Produto Interno Bruto (PIB) cerca de R$ 3,3 trilhões ao ano, algo em torno de 30% do total da soma de todos os bens e serviços finais produzidos por brasileiros.

A questão cultural que pesa sobre as mulheres ainda é muito pesada. A cada minuto, essa empresária vê colocada à prova sua capacidade de gerir uma empresa, de liderar pessoas e de fazer acontecer. Simplesmente por serem mulheres, elas ouvem 20 vezes mais "não" que um homem diante de uma ideia de negócio ou de melhoria de um processo. E precisam se dedicar cinco vezes mais para alcançar os resultados obtidos por empresários.

Ora, num mundo globalizado, conectado, plural e transformado como foi o pós-pandemia, não há mais espaço para esse tipo de comportamento. Precisamos fazer o *reshape* das nossas sinapses. Seremos tão sustentáveis quanto nossa capacidade de garantir musculatura e integrar todos os elos das mais diversas cadeias produtivas da indústria, do comércio, dos serviços, da agropecuária, liderados por homens e mulheres. À frente do Sebrae-SP e do sistema Faesp/Senar-SP, foi e continua sendo nosso compromisso de primeira hora incorporar expertises e processos para garantir vez e voz às empreendedoras, estimulando o compartilhamento de referências inovadoras, que inspiram e provocam novas conexões e o surgimento de novas e fortes redes.

Foi assim com o 1.000 Mulheres. Seus resultados ganharam notoriedade e foram base para o lançamento em 2020 do Sebrae Delas – Elas Realizam, com o foco em fortalecer o empreendedorismo feminino. Queríamos, naquele momento, capacitar mulheres em suas habilidades comportamentais, empreendedorismo e gestão de negócios. Tudo on-line – afinal, estávamos em plena pandemia, com certificação, formalização de negócios, mentorias e acesso a microcrédito e ao mercado. Sucesso total em terras paulistas, logo o Sebrae Delas alçou novo voo e foi nacionalizado, incorporado ao rol de projetos da entidade em todo o país.

Além da sempre competente equipe do Sebrae, o upgrade desses programas foi também resultado do apoio irrestrito das "embaixadoras" 1.000 Mulheres, a quem presto minha homenagem: Luiza Brunet, empresária e ativista, Fabíola Sucasas, promotora de Justiça do Ministério Público de São Paulo e idealizadora do Projeto de Prevenção de Violência Doméstica com a Estratégia da Saúde da Família (PVDESF) e Desirré Mendes, ex-dependente química, chefe confeiteira e empreendedora. Mais que representantes da causa do empreendedorismo feminino, levaram a voz dessas centenas de milhares de mulheres para os quatro cantos do mundo, promovendo o empreendedorismo feminino como caminho a ser seguido para aquelas que decidiram ser protagonistas de suas vidas.

Na Faesp, entidade que atua há quase oito décadas na defesa intransigente dos produtores agropecuários do estado de São Paulo, é nossa responsabilidade desenvolver, ampliar e manter serviços que promovam o desenvolvimento do agronegócio paulista. E ter um espaço dedicado à ampliação do empreendedorismo feminino no campo e ao desenvolvimento profissional da produtora rural era uma de nossas estratégias. Digo era porque, em março de 2022, lançamos a Comissão Especial Semeadoras do Agro, órgão colegiado que tem por objetivos unir esforços em prol do protagonismo das mulheres nas diversas atividades no campo e subsidiar a entidade na implantação de ferramentas de valorização das mulheres do campo.

É incontestável o avanço da presença feminina no campo: hoje, 1/3 dos cargos gerenciais do agronegócio brasileiro está com elas; 20% das propriedades rurais estão sob o comando feminino. Isso sem falar do apoio efetivo das mulheres na administração dos negócios familiares que, na maioria das vezes, é invisível.

Neste ano, ao completar dois anos de intensas atividades – foram mais de 100 encontros presenciais, que reuniram quase 30 mil lideranças, produtoras e trabalhadoras rurais, celebramos o impacto dessas ações, como o incremento expressivo da participação das empreendedoras rurais em capacitações promovidas pelo Senar-SP e na criação do projeto Semear é Cuidar, em parceria com o Programa Promovendo Saúde no Campo (PPSC) do Senar-SP, a ONG Orientavida – Pense rosa, dedicado a oportunizar acesso a informações e ações de saúde para as mulheres do campo, em especial as mais vulneráveis. Em parceria com nossa rede sindical, são realizados seminários e exames de saúde gratuitos, incluindo mamografias e ultrassons, em clínicas parceiras. No ano passado, mil produtoras realizaram exames preventivos. Neste ano, queremos efetivar mais de três mil exames.

Esse é o motor que me impulsiona diuturnamente e é minha forma de agradecer às mulheres pelas experiências incríveis que angariei ao longo da minha jornada e que me enriqueceram profundamente. É dessa forma que quero construir meu legado às novas gerações – em especial para minhas netas, Francesca e Filipa, que, tenho fé, crescerão em um mundo ancorado nos princípios do *reshape*, arquitetando, assim, um futuro mais justo e verdadeiramente sustentável para todos.

É HORA DE QUEBRAR "TETOS DE VIDRO" E AVANÇAR AO TOPO DO MUNDO

Analista Judiciária do Tribunal Regional Federal da Primeira Região, lotada na Subseção Judiciária de Feira de Santana/Justiça Federal da Bahia. Pesquisadora do Núcleo de Pesquisa Científica em Direito do Araguaia (NUPEDIA – UFMT) sobre Administração Pública, Administração da Justiça e o Futuro do Direito (2023–2026). Graduada em Direito (2004), pós-graduada em Gestão Pública e Compliance (2023.2) e em Direito do Trabalho e Ciências Sociais (2011). Escritora, professora, palestrante e formadora da educação corporativa nos cursos de gestão e liderança. Servidora pública há mais de 15 anos, trabalhou em diversos tribunais do país, como: Tribunal de Justiça da Bahia (2006), Tribunal Regional do Trabalho da 16ª Região (2011), Tribunal Regional Federal da 5ª Região (2012), Conselho da Justiça Federal (2013) e Tribunal Regional Federal da 1ª Região (2016).

VIVIAN BRITO

CONTATOS:

conexaovivianbrito@gmail.com

@conexaovivianbrito

71 99352 2170

Na jornada rumo ao sucesso, muitas mulheres enfrentam tetos invisíveis: preconceitos, assédios ou invisibilidade social. Romper esses obstáculos exige, acima de tudo, coragem, inteligência emocional e apoio adequado. E não há ninguém melhor para apoiar e entender uma mulher do que outra mulher. Então, é hora de seguirmos juntas, superando *mindsets*, traçando um novo olhar para nossa forma de liderar os outros e a nós mesmas, e, consequentemente, quebrando o "teto de vidro", que nos aprisiona a um lugar que não é o nosso, já que, definitivamente, o **lugar de mulher é no topo do mundo e ponto.**

MULHER: seja quem você deseja ser, busque seu lugar de fala e conecte-se ao que faz você feliz. Recordar nossa importância e capacidade feminina de superar limites é essencial para que alcancemos nossos propósitos em diversos lugares: na família, no trabalho e no mundo.

O empoderamento feminino é fundamental para a formação de uma sociedade mais justa e igualitária. Uma mulher empoderada e protagonista da sua história tem seus propósitos delineados, sabe aonde quer chegar e luta pelos seus objetivos e direitos.

Esse assunto, por sua magnitude e relevância, foi colocado entre os Objetivos de Desenvolvimento Sustentável (ODS 5) da Agenda 2030 da Organização das Nações Unidas (ONU), cujo título é: alcançar a igualdade de gênero e empoderar todas as mulheres e meninas.

Ao longo da história, avanços foram conquistados pelas mulheres no tocante à igualdade de gênero, principalmente no âmbito da igualdade material, mas ainda há muito a ser feito. Fazendo um paralelo com a máxima aristotélica, "tratar igualmente os iguais e desigualmente os desiguais, na medida das suas desigualdades", muitas mulheres ainda enfrentam uma série de desafios no mercado de trabalho, principalmente quanto à sua promoção e progressão na carreira.

Existem muitas barreiras que impedem a ascensão das mulheres em ambientes corporativos, motivadas por preconceitos, cultura organizacional não inclusiva, ausência de transparência na promoção e progressão da carreira e até mesmo limitações mentais (crenças limitantes).

> Essas barreiras são chamadas na literatura de tetos de vidro (*glass ceiling*), os quais precisam ser quebrados para promoção de ambientes laborais mais justos e inclusivos, em que talentos e habilidades são reconhecidos, independentemente do gênero. (FORLENZA, 2024)

Nesse viés, faço um convite no presente capítulo para a reflexão sobre a importância da "**quebra do teto de vidro**", que é o fenômeno que representa a superação das barreiras invisíveis, entretanto reais, enfrentadas pelas mulheres nas organizações, especialmente quando buscam alcançar cargos de alta gestão e liderança.

Cada passo dado nessa direção não apenas melhora a vida das mulheres, como também serve para o fortalecimento de uma sociedade plural e inclusiva; por um mundo em que todos tenham a **oportunidade de prosperar e chegar ao topo** de seus sonhos e projetos.

É tempo da travessia, e, se não ousarmos fazê-la, teremos ficado, para sempre, à margem de nós mesmos.
FERNANDO PESSOA

1. Tetos invisíveis/barreiras reais

O "**teto de vidro**" (*glass ceiling*) é uma metáfora representativa das barreiras sociais e culturais, que dificultam o crescimento das mulheres na carreira, principalmente quando almejam alcançar posições de liderança. A expressão foi usada pela primeira vez em 1978, por Marilyn Loden, em uma convenção sobre aspirações femininas. (FORLENZA, 2024)

A expressão se espalhou pelo mundo e hoje é, inclusive, utilizada em textos científicos. Pormenorizando-a, **teto** se relaciona a limitações e obstáculos que impedem a ascensão profissional, ainda que não oficialmente impostos, e **vidro** corresponde às barreiras que, de tão sutis, chegam a ser invisíveis, mas são **reais**, e, principalmente, **sentidas** por inúmeras mulheres no âmbito laboral.

Em resumo, o termo "teto de vidro" é mais comumente utilizado para se referir aos obstáculos enfrentados pelas mulheres nas organizações quando são limitadas a progredir ou alcançar cargos de liderança, não pela ausência de competências técnicas, mas por atitudes essencialmente discriminatórias, de gestores que não enxergam a capacidade da liderança feminina.

Tetos de vidro também podem ser encarados como crenças internas, que permeiam a mente de muitas mulheres, limitando sua visão e seu real potencial, impedindo-as de chegar ao topo. Esses tetos são "crenças limitantes" que moldam nosso cérebro e que têm início na infância, formando nossa visão de mundo, autoimagem e a maneira de lidar com desafios. (VIEIRA, 2015)

Mulheres que possuem tetos de vidro mentais não se sentem capazes de alcançar o **topo da liderança feminina**, pois há uma autossabotagem. Outras tantas sofrem da síndrome da impostora, que é a sensação de não ser merecedora do sucesso e das conquistas profissionais que foram galgadas por elas mesmas.

O fato é que todos esses pensamentos limitantes são tetos de vidro que perpassam a mente humana e, como geralmente vêm da infância, são difíceis de serem superados. Mas não é impossível, pois o cérebro humano é elástico e treinável.

Entretanto, para que mudanças mentais ocorram e as barreiras invisíveis da mente se quebrem, é preciso o desenvolvimento de algumas habilidades socioemocionais, a começar pela autoconsciência ou autoconhecimento.

Cada ser humano enxerga o mundo por meio das próprias lentes mentais. Não é incomum que elas estejam distorcidas da realidade real, por causa de julgamentos e preconceitos internos que muito atrapalham o sucesso pessoal e profissional de um indivíduo. Segundo Brené Brown (2019), autora da obra *A coragem para liderar*, nossos pensamentos e emoções podem agir como verdadeiros obstáculos à liderança corajosa e plena.

Há uma força divina e especial em cada ser humano e, em particular, em cada mulher. Que essa força nos impulsione a quebrar tetos de vidro e a ter coragem para enfrentar as discriminações em âmbito laboral, assim como para remover as crenças que nos aprisionam em lugares que não são nossos.

A partir dessas reflexões, tenho uma pergunta à cara leitora: você tem consciência das barreiras e tetos de vidro que limitam seu sucesso? Qual o topo do mundo você deseja alcançar? O que você tem feito para alcançar seus objetivos?

A discriminação de gênero ainda é um dos preconceitos mais profundamente enraizados na sociedade brasileira, apesar de todos os avanços conquistados por nós. Essa desigualdade se manifesta por meio de diferenças salariais, sub-representação das mulheres em espaços de liderança e tomada de decisões e situações de assédio moral e sexual nas organizações, assim como a sobrecarga de **múltiplas jornadas de trabalho**.

Este último tópico requer uma atenção especial, sobretudo pela minha experiência pessoal: desde que me tornei mãe, minha vida mudou por completo, pois, quando **nasce um filho, nasce automaticamente uma mãe, uma leoa, com uma força inimaginável e um amor que transcende a alma**.

A maternidade real, por si só, já nos conduz a transformações inimagináveis, mas foi ao retornar ao trabalho, após a licença-maternidade, que vivi o momento mais desafiador da minha carreira no serviço público, o qual desejo compartilhar com vocês, para que outras mulheres se sintam encorajadas a seguirem seus propósitos e a não desistirem de seus sonhos. **Segue meu relato**:

"A começar, preciso que compreendam que tenho uma carreira sólida, que exige dedicação e eficiência, pois presto um serviço para a sociedade e carrego no coração uma **paixão pelo serviço público**. Entretanto, **minha rotina diária me consumia**: conciliar a dupla jornada, profissional e familiar, com os afazeres domésticos e a maternidade, exige muita força, coragem e fé. Se não bastasse, trabalhava **em outro município, que fica a 124 km da minha residência** (demorava aproximadamente três horas para ir e três horas para retornar), logo, além do tempo perdido, havia os riscos inerentes a toda viagem, principalmente porque dirigia sozinha em uma estrada sinuosa, então **era apenas eu e Deus, e mais ninguém**.

Mas foi nessa estrada e naquele lugar que eu descobri habilidades e competências que jamais imaginava que tinha, pois comecei uma linda trajetória interna de autoconhecimento, encontrando respostas e meus reais propósitos, além de aproveitar o tempo da viagem para ouvir videoaulas. Conclui alguns cursos assim, entre idas e vindas (na estrada do conhecimento), portanto, o tempo já não estava mais perdido, muito pelo contrário: era aproveitado ao máximo. E o melhor de tudo foi aproveitar o percurso e sentir o poder de Deus em minha vida. Seguia firme o ensinamento da minha mãe: "Você tudo pode, mas para isso deve começar a buscar o conhecimento. Quer brilhar na vida? Busque o saber".

Por meio do conhecimento, encontramos poder e sabedoria; por meio do autoconhecimento, encontramos nossos pontos fracos e fortes, nossos talentos e propósitos, proporcionando clareza, direção e autenticidade.

Da busca pelos meus propósitos nasceu uma mulher empoderada, líder de si mesma, que quebrou tetos de vidro e diversificou o próprio leque de habilidades e competências, incluindo lecionar, escrever, palestrar e, principalmente, confiar em Deus, que tudo pode aos que Nele esperam e creem.

3. A beleza da diversidade em um mundo plural

Uma organização de sucesso jamais deve enxergar as diversidades entre seus colaboradores como empecilho ao desenvolvimento. Muito pelo contrário, há uma **inteligência coletiva no ecossistema corporativo composto por pessoas diversas**. É justamente nesse rico mosaico humano que nascem as melhores ideias, desde que todos sejam valorizados e incentivados para tanto.

Promover a quebra dos tetos de vidro e garantir oportunidades iguais em âmbito laboral, para todos os colaboradores, independentemente de gênero, raça, orientação sexual e cultura, entre outros, é a estratégia de sucesso das organizações inovadoras e bem-sucedidas, porque trazem visíveis benefícios, entre os quais, destaco: melhor adaptação em situações de crise; foco nas necessidades do cliente; retenção de novos talentos; mudança da cultura organizacional; e valorização do humano inovador, em razão de suas competências – técnicas e emocionais.

Sem dúvida, organizações que promovem diversidade estão à frente em inovação e eficiência, até porque colaboradores diversos significam perspectivas e experiências diversas, o que promove soluções criativas, e um trabalho mais flexível e focado em resultados.

4. Um novo olhar para a liderança feminina

A liderança é um tema de grande relevância na atualidade, tanto na esfera privada quanto no serviço público brasileiro, principalmente porque um verdadeiro líder faz uma diferença incrível nos resultados da equipe. Porém, um fato que tem chamado minha atenção como servidora pública do Poder Judiciário da União, há mais de uma década, e como pesquisadora da administração pública e do futuro do direito, é observar que os cargos de liderança presentes no tribunal e de magistradas ainda são, majoritariamente, ocupados por homens.

Tal fato pode ser comprovado pelo documento *Justiça em números 2024* (CNJ, 2024), no qual está demonstrado que a média nacional da participação feminina na magistratura brasileira é de 36,8%, sendo 18,8% de ministras e 23,9% de desembargadoras.

No setor privado não é muito diferente. Conforme o estudo das *Estatísticas de gênero: indicadores sociais das mulheres no Brasil* (IBGE, 2024), somente 39,3% dos cargos gerenciais são ocupados por mulheres.

Essas estatísticas revelam um aumento da participação feminina no mercado de trabalho, mas ainda não é expressivo em cargos de liderança. Quando uma mulher ocupa espaços de liderança e influência, contribuições valiosas são trazidas para a organização. É possível observar empatia, amor e alma no trabalho desenvolvido. Além da capacidade técnica, mulheres líderes contribuem para uma cultura organizacional inclusiva, promoção das diversidades e gestão colaborativa.

Líderes femininas demonstram um comportamento mais interpessoal e humanizado, o que coaduna o estilo de liderança que o mundo atual necessita, já que vivemos mudanças constantes e relações humanas superficiais. Olhar os liderados com empatia, comunicação assertiva e, principalmente, como seres humanos em sua integralidade, pode provocar uma diferença enorme nos resultados de toda a equipe.

A adoção da liderança humanizada fortalece a sensação de pertencimento dos liderados e facilita a comunicação, trazendo autonomia e resultados expressivos para a equipe.

Além disso, é oportuno ressaltar que mulheres não precisam imitar os homens, masculinizando-se. A beleza da mulher está justamente na autenticidade e no poder que ela tem de ser quem desejar.

No futuro não haverá líderes femininas, haverá apenas líderes.
SHERYL SANDBERG

Mais do que a capacidade técnica para ocupar cargos de liderança, as mulheres possuem habilidades comportamentais (*soft skills*) essenciais para esse exercício, tais como resiliência, empatia, adaptabilidade, horizontalidade, flexibilidade e capacidade de desempenhar diversas tarefas.

As *soft skills* são habilidades comportamentais de uma pessoa e têm cunho socioemocional, não sendo descritas objetivamente no currículo, mas têm ganhado relevância no mundo corporativo. Diferentemente das *hard skills*, que são competências técnicas e visíveis de maneira objetiva no currículo, como formação acadêmica, qualificações, idiomas e treinamentos.

A transformação das organizações passa pela criação de ambientes onde todos possam alcançar seu pleno potencial, independentemente de gênero, raça ou qualquer característica de cunho pessoal, pois somos todas capazes de chegar ao topo e encontrar nosso lugar de fala. Mas, lembre-se: a mudança que desejamos, nas organizações e no mundo, deve primeiro começar por nós.

Seja a mudança que você quer ver no mundo.
MAHATMA GANDHI

5. Considerações finais: qual o topo do mundo você quer chegar?

Durante o capítulo, observamos que a quebra de tetos de vidro é essencial para promoção de uma sociedade mais justa, igualitária e próspera.

Quando mulheres quebram tetos de vidro, ainda que invisíveis e sutis, elas se tornam referências e inspiram outras mulheres. Essa rede de colaboração e conexão é essencial para o fortalecimento mútuo, união e empatia entre nós: **se uma mulher cresce, todas crescem com ela!**

O fato é que a conquista da liderança feminina não é tão simples; muitos desafios surgem nessa trajetória, principalmente no equilíbrio entre vida pessoal e profissional. Só nós, mulheres, sabemos o quanto é desafiador conciliar os múltiplos papéis diários e, ainda assim **ser feliz, vitoriosa e guerreira**. Ou seja, **SER MULHER**!

Muitos vidros podem ser quebrados, muitos sonhos realizados e **chegaremos ao topo do mundo**, desde que tenhamos **coragem** e **determinação** para vencer lutas externas e internas – crenças limitantes –, que são tendenciosas ao preconceito e à discriminação.

Segundo Tony Robbins: "O melhor jeito de partilhar nossos sonhos é vivendo cada um deles". Para isso, **não podemos desistir de nenhum deles**, pois sonhos são feitos para serem realizados, bem como tetos de vidro são feitos para serem quebrados.

Referências

AGUIAR, N. (coord.). *Mulheres na força de trabalho na América Latina*: análises qualitativas. Petrópolis: Vozes, 1984.

BROWN, B. *A coragem para liderar*: trabalho duro, conversas difíceis, corações plenos. Trad. Carolina Leocardio. São Paulo: BestSeller, 2019.

CONSELHO NACIONAL DE JUSTIÇA (CNJ). *Justiça em números 2024*. Brasília: CNJ, 2024. Disponível em: https://www.cnj.jus.br/wp-content/uploads/2024/05/justica-em-numeros-2024.pdf. Acesso em: 11 set. 2024.

FORLENZA, K. *Quebre o teto de vidro*: estratégias revolucionárias para atingir o próximo nível da carreira (até chegar ao topo). Rio de Janeiro: Rocco, 2024.

INSTITUTO BRASILEIRO DE GEOGRAFIA E ESTATÍSTICA (IBGE). *Estatísticas de gênero*: indicadores sociais das mulheres no Brasil. 3. ed., n. 38. Rio de Janeiro: IBGE, 2024. Disponível em: https://biblioteca.ibge.gov.br/visualizacao/livros/liv102066_informativo.pdf. Acesso em: 11 set. 2024.

SCHEIN, E. H.; SCHEIN, P. *Cultura organizacional e liderança*. Rio de Janeiro: Atlas, 2022.

VIEIRA, P. *O poder da ação*: faça sua vida sair do papel. São Paulo: Gente, 2015.